中国智慧博物馆蓝皮书

· 2020 ·

中国博物馆协会登记著录专业委员会　编

本项目接受中国博物馆协会资助

图书在版编目（CIP）数据

中国智慧博物馆蓝皮书．2020 / 中国博物馆协会登记著录专业委员会编．-- 北京 : 中国书籍出版社，2021.5

ISBN 978-7-5068-8484-6

Ⅰ．①中… Ⅱ．①中… Ⅲ．①博物馆－现代化－概况－中国－2020 Ⅳ．①G269.2

中国版本图书馆 CIP 数据核字（2021）第 096751 号

中国智慧博物馆蓝皮书 · 2020

中国博物馆协会登记著录专业委员会　编

责任编辑　成晓春

责任印制　孙马飞　马　芝

出版发行　中国书籍出版社

地　　址　北京市丰台区三路居路 97 号（邮编：100073）

电　　话　（010）52257143（总编室）（010）52257140（发行部）

电子邮箱　eo@chinabp.com.cn

经　　销　全国新华书店

印　　刷　天津和萱印刷有限公司

开　　本　710 毫米 × 1000 毫米　1/16

字　　数　425 千字

印　　张　22.75

版　　次　2022 年 10 月第 1 版

印　　次　2022 年 10 月第 1 次印刷

书　　号　ISBN 978-7-5068-8484-6

定　　价　86.00 元

丛书编委会

序　言

智慧博物馆是以数字博物馆为基础，充分利用物联网、云计算等新技术构建的以全面透彻的感知、宽带泛在的互联、智能融合的应用为特征的新型博物馆形态。“以人为本”理念在博物馆的深入实践和物联网等新技术在博物馆的普及应用，有力地推进了“以数字为中心”的数字博物馆向“以人为中心”的智慧博物馆的发展。智慧博物馆可以在需求与科技协同作用的条件下，持续进化，不断演变提升，通过对物联网、云计算、大数据和移动互联等新技术的应用，对博物馆传统业务流程进行重塑，使博物馆实现丰富多彩的“智慧服务”“智慧保护”和“智慧管理”，不断提升博物馆的业务水平和公共文化服务能力，有效推动博物馆实现其“为社会和社会发展服务”的宗旨。

近年来，我国不少地方在智慧博物馆领域开展了诸多有益的探索，取得了多方面实践成果。但是，智慧博物馆作为一种全新的博物馆形态，其形成和发展需要在博物馆学、信息学、传播学等多个学科的综合理论指引下，有序推进，确保其服务、保护、传播功能得到有效实现。智慧博物馆是科技和文化融合的新平台，需要在理论和实践中不断探索和完善。由中国博物馆协会登记著录专业委员会组织编辑的《中国智慧博物馆蓝皮书》

组织了博物馆、信息化等多方面的专家，对当前智慧博物馆建设中所面临的热点问题进行了集中梳理，通过深入研究提出了丰富的理论观点和有价值的对策建议，对于当下的智慧博物馆发展和博物馆信息化工作都具有重要的意义。

国家文物局持续推动、深化实施“互联网+中华文明”行动计划，进一步探索和发挥文物资源在构建中华优秀传统文化传承体系中的独特作用，鼓励扶持文博单位和各类市场主体，开发更多弘扬优秀传统文化的产品和服务，满足民众多元化需求，促进文化消费。衷心希望中国博物馆协会登记著录专业委员会能够在目前的基础上，持续做好《中国智慧博物馆蓝皮书》的研究和编纂工作，在智慧博物馆领域推出更多、更好的理论成果，为推进博物馆信息化建设提供理论指引，不断提升博物馆的文化遗产保护和公共文化服务能力，通过智慧化的手段助力让文化遗产活起来。

刘玉珠

目录

概览篇

探索篇

实践篇

概览篇

我国智慧博物馆发展调研报告（2019—2020）

中国博物馆协会登记著录专业委员会
中国文物信息咨询中心（国家文物局数据中心）

概述

智慧博物馆不仅是一项系统工程，一段发展过程，更是一个思想统领，引领和支撑博物馆各项功能的更好实现与创新发展。智慧博物馆的范畴包括智慧保护、智慧管理和智慧服务（智慧利用）三方面，缺一不可。作为依托数字化、网络化、智能化技术而全面升级保护质量、管理效能和服务体验的博物馆发展新形态，智慧博物馆将其可触达的物流、人流、信息流予以数字化，促进实体物理、人类社会和信息网络空间的交互融合，进而实现透彻感知、泛在互联，不断造就和衍生智慧融合、自主学习、迭代提升的能力。智慧博物馆涉及博物馆的各项业务，用智慧化的理念、技术、方法融合起来，以“耳聪目明”“身强体健”的智慧管理为起点，进而达及“运筹帷幄”“反应灵敏”的智慧保护和“融会贯通”“善解人意”的智慧服务，做到全面透彻的感知、宽带泛在的互联、海量互通的数据、精细准确的运算、智能融合的应用，使保护延年益寿、管理精准规范、服务细致体贴。

智慧博物馆建设，业务是根本，技术是保障。当前，物联网、大数据、云计算、人工智能等先进技术，已经在博物馆领域得到不同程度的应用，但总体来看，尚处于将其他行业运用成熟的通用技术“拿到”博物馆来的阶段，真正符合博物馆业务需求的专用技术、定制技术远远不足以对接实际需求，更遑论满足发展的需要。具体来说，文物保存环境智能感知与预警控制、无损检测与风险分析、数字化复原及辅助修复等文物保护需求，博物馆综合业务协同管理、文物电子身份标志、精细化观众接待服务等博物馆管理需求，文物知识图谱、智能交互导览、海量数据呈现等展示传播需求，都还需要先进技术的关注、支持与突破，需要对技术的引进、消化、吸收、再创新。同时，蓬勃发展的博物馆现实，正日益迫切地呼唤广大中小博物馆用得起、用得好的适用技术多多问世、早早成型。

面对新时代人民美好生活的需要，博物馆要通过供给侧结构性改革，以智慧化手段推动高质量发展，向社会提供更多优质文化产品和服务。在保障文物安全和知识产权的前提下，要打破博物馆"围墙"，主动公开馆藏文物信息资源，加大文物知识研究、解读、授权力度；要加强馆际协作，制订统一的智慧博物馆内容、技术和服务规范，搭建交互平台，推动互联互通和共建共享；要与高等学校、科研机构、新闻媒体、IT公司、文创企业结盟，以博物馆建设的有机需求，推动学科建设、理论研究、知识普及、技术研发、创意开发与时俱进，服务实际；要以新技术手段、互联网思维、个性化路径，感知公众需求，扩大公众参与，从而逐步实现馆内资源与馆际资源、社会资源的高度聚合，文物信息内容与新一代信息技术、融媒体的深度融合，博物馆文化事业与文化产业发展的广度契合，营造让文物活起来的良好环境。

为进一步提高智慧博物馆建设水平，提升文物保护、管理、利用能力，推动智慧博物馆高质量发展，要求博物馆及相关技术研发服务机构紧密牵手，整合力量，科学厘清、自觉认知智慧博物馆建设的基本理念、探索路径和创新实践，正确处理技术与业务的关系，共同构建博物馆智慧化发展的新格局。

报告形成

为落实中国博物馆协会下达的2019年智慧博物馆研究课题，中国博物馆协会登记著录专业委员会牵头组建的课题组，会同中国文物信息咨询中心的文博行业信息化现状调研课题组，通过问卷调查、实地调研、会议研讨等方式，进行了相关数据采集和分析、文献收集和整理；围绕课题研究先后举办了2019智慧博物馆论坛（江苏常州）、2019智慧文博论坛（湖南长沙）两次学术活动，组织专家学者就智慧博物馆的理论、标准、技术等进行了专业交流和学术探讨。此外，课题组与相关博物馆工作人员座谈，并咨询相关专家，对智慧博物馆政策与技术问题进行了讨论。

2020年初，突如其来的新冠肺炎（COVID-19）疫情在中国乃至全球扩散蔓延，作为一场世界性的重大公共卫生事件，关系到每一个人的健康安危。为切断病毒传播途径，避免人员聚集引发感染，中国和世界各地的博物馆都在一定时间内相继闭馆。疫情在一定时间，阻断了公众迈进博物馆的脚步，但却没有切断博物馆公共文化服务路径。2020年1月27日，国家文物局党组书记、局长刘玉珠主持召开党组扩大会议，传达学习习近平总书记在1月25日中央政治局常委会会议上的重要讲话精神，贯彻落实1月26日中央应对新型冠状病毒感染肺炎疫情工作领导小组会议精神，专题研究部署文物系统疫情防控工作。会议中，明确要求各单位要做好信息发布工作，鼓励各地文物博物馆机构因地制宜开展线上展览展示工作，向社会公众提供安全便捷的在线服务。疫情期间，以网上展览、网上文物数据库、网上直播导览、网上教育课程等为代表的在线文化服务内容资源，受到了人民群众的普遍欢迎。庞大的流量也反映了社会公众对于博物馆在线文化资源和在线文化服务的强烈渴求。

一、疫情期间的博物馆云传播实践

（一）博物馆收藏数据资源的开放

藏品是博物馆存在的物质基础。我国著名博物馆学者苏东海曾经提到：博物馆是实物遗存的总汇，建立博物馆就是为了保护、保存和提供这种原始的已经稀有了的信息资源；博物馆物是与过去的历史共同存在的，它是历史的见证物，是历史的一部分，是历史的物化，因此它提供的信息具有不可争辩的说服力和不容置疑的客观性、真实性。真实性是博物馆物的知识价值的核心[①]。实践证明，通过有效应用藏品信息资源，可以推动博物馆从“实物导向”向“信息导向”的转变，实现“藏品实物不可再生，但数字化的藏品资源可以无限开发利用”的新模式、新思路，从而提升博物馆的公共文化服务能力，为博物馆事业发展带来更广阔的空间[②]。

据第一次全国可移动文物普查统计，全国102万家国有单位共收藏有可移动文物108154907件（套）[③]。在第一次全国可移动文物普查中，国家文物局组织建设了全国可移动文物信息登录平台，各单位按照统一标准采集文物信息，依据“统一平台、联网直报”的技术路线，对2600多万件（套）15项文物基础信息进行了采集登录，摄制文物图片5000余万张，采集数据总量超过140TB，一个覆盖全国的文物大数据体系基本建成。普查工作在推动博物馆数字文化资源建设的同时，也极大推动了数字文化资源开放的进展。在国家

① 苏东海. 博物馆物论[J]. 中国博物馆, 2005(1).

② 游庆桥. 博物馆藏品信息资源的建设与应用[J]. 中国美术馆, 2016(2).

③ 引自《第一次全国可移动文物普查数据公报》。

文物局政府网站公开普查文物信息数据的同时，北京、河北、吉林、浙江、江西、山东、陕西等省（市），以及苏州市相继建立了博物馆大数据云平台（见表1）。在“互联网+中华文明”行动计划的带动下，“约会博物馆微博矩阵”“博物中国——数字博物馆集群系统”“三峡文化资源大数据平台”等一批示范项目脱颖而出，故宫博物院、中国国家博物馆等一批大型博物馆也先后在网上开通了藏品数据库的查询服务，博物馆收藏资源开放的脚步不断加快①。

表1　各地博物馆大数据平台收录信息一览

序号	平台名称	上线时间	博物馆数量	藏品数量
1	北京市博物馆大数据平台	2019年5月	29家	33137件（套）
2	河北数字博物馆	2019年6月	26家	500件（套）
3	吉林省数字博物馆在线服务平台	2017年4月	83家	63万余件（套）
4	浙江省博物馆公共服务综合平台	2019年上半年	54家	5374件（套）
5	“博物江西”可移动文物普查数据资源服务	2019年5月	143家	64万件（套）
6	山东省博物馆网上展览服务平台	2020年2月	110家	280余万件（套）
7	陕西数字博物馆	2012年	144家	50余万件（套）
8	苏州市文物资源大数据平台	2020年1月	22家	194件（套）

（二）博物馆展览数据资源的开放

展览是博物馆的核心文化产品，据不完全统计，全国5000多家博物馆每年举办各类展览2.6万个以上，其中多数为临时展览，还有很多优秀的境外展览交流，由于展期、地域的限制，很多观众没有机会参观，并且大多数临展结束后仅以“展览回顾”的形式通过简单的图文简介在官网上展示，传播效果、范围和周期很有限。2019年5月，国家文物局政府网站正式推出了“博物馆网上展览平台”，该平台的建设目标是：推动新一代互联网技术发展成果与中华优秀传统文化的传承发展相互融合，创新博物馆陈列展览的传播渠道和形式，建设基于互联网环境的虚拟化“云展览”，集中整合各博物馆陈列展览内容IP，实现跨馆际的线上展览交流互动，进一步提升博物馆的公共文化服务能力。在新冠肺炎疫情防控期间，“博物馆网上展览平台”受到了前所未有的关注。2020年2月1日，国务院办公厅将“博物馆网上展览平台”应用项目推送嵌入“全国一体化在线政务服务平台”，作为10个新型肺炎疫情防控专题部门服

① 博物馆网上送展，温情不打烊[N]. 中国文物报，2020-01-30.

务之一，为丰富防疫期间的精神文化生活贡献力量。2020年2月2日，文化和旅游部将“博物馆网上展览平台”纳入“文旅政务疫情防控公共服务”专栏，向全国重点推送。2020年2月5日，美国有线电视新闻网（CNN）以“疫情没难倒中国的博物馆”为题介绍了国家文物局推送博物馆网上展览的信息。从2020年2月1日到3月3日，在1个多月的时间里“博物馆网上展览平台”分六批推送了300个博物馆网上展览。这些网上展览项目一经上线就得到了在疫情期间居家过年的网络受众普遍欢迎，截至2020年3月15日，平台总浏览量已突破100万人次。这是我国文物主管部门首次集中推送博物馆网上展览项目，是“互联网+”背景下博物馆展示形式创新的标志性事件。

通过对“博物馆网上展览平台”在疫情期间集中推送的300个“云展览”进行分析，发现这些展览涵盖全国31个省份，185家文博机构，其中历史类展览175个，占58%；艺术类展览67个，占22%；自然科学类展14个，占5%；另有文物数字化展示等其他类44个，占15%（见图1）。按照网上展示的数据类型分析，300个展览中，在线展览197个，占66%；数字全景展厅80个，占27%；文物数字化展示14个，占5%；各地博物馆大数据平台9个，占3%（见图2）。

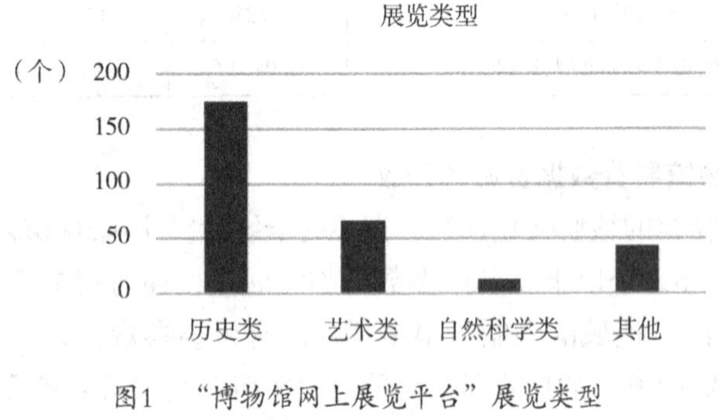

图1 “博物馆网上展览平台”展览类型

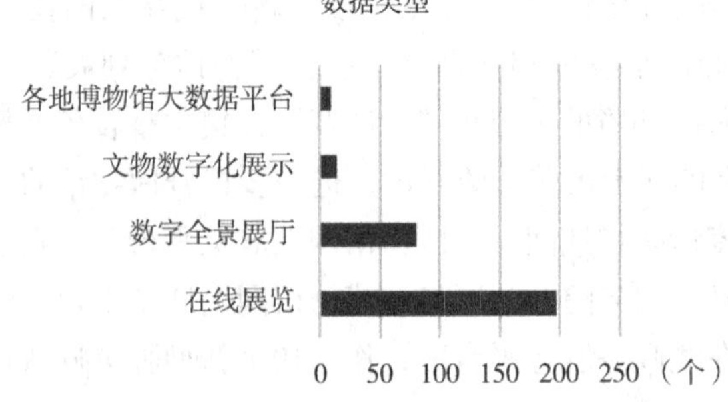

图2 “博物馆网上展览平台”数据类型

（三）博物馆教育活动数据资源的开放

除了陈列展览之外，丰富多彩的博物馆教育活动也是博物馆向公众输出的重要内容产品。在疫情期间，博物馆教育活动与当下时兴的网络直播忽然间紧密结合起来，从2020年2月开始，抖音、淘宝、腾讯、快手等大型互联网平台相继举办“云游博物馆”直播活动，全国几十家博物馆参与，网友反响热烈，单日观看量超过千万。其中故宫博物院4月5日至6日的三场直播，在新华网客户端的直播间涌进了3492万人次网友，将近6万条留言。黄河沿线九省区博物馆在直播平台开展“云探国宝”在线直播活动，3天9场共计530分钟的直播，吸引了1253万网友的围观（见表2）。作为闭馆期间博物馆提供文化服务的一种新方式，直播备受观众欢迎和社会关注，已成为文博行业数字化发展的新趋势①。

表2　部分博物馆直播活动情况

序号	活动名称	时间	参与博物馆	直播平台	直播内容	观看量
1	在家云游博物馆	2月20日起	中国国家博物馆 敦煌研究院 南京博物院 湖南省博物馆 浙江省博物馆 辽宁省博物馆 山东博物馆 山西博物院 广东省博物馆	抖音	通过3D全景、AR（增强现实）、VR（虚拟现实）、直播、3D扫描、360度全景逛展等多媒体和技术方式，让观众足不出户游览博物馆、遍观各类珍贵文物	
2	博物馆与你在一起	2月26日—3月19日，每周3—4场，累计27场	中国人民抗日战争纪念馆 北京市西周燕都遗址博物馆 北京石刻艺术博物馆 民航博物馆 中国电影博物馆 北京奥运博物馆 北京古代建筑博物馆 老舍纪念馆 徐悲鸿纪念馆等	新浪微博、一直播平台	博物馆专家学者、讲解员带领网友一起参观博物馆，讲解文物背后的故事	单场直播的平均观看量达到20万人次，有的博物馆直播观看量达到50万人次

① 直播，开始唤醒那些“沉睡”的文物[N]. 工人日报，2020-03-26(5).

续表

序号	活动名称	时间	参与博物馆	直播平台	直播内容	观看量
3	云探国宝	3月2日—4日，3天9场共计530分钟直播	河南博物院 青海省博物馆 四川博物院 甘肃省博物馆 宁夏博物馆 内蒙古博物院 陕西历史博物馆 山西博物院 山东博物馆等九家黄河沿线博物馆	腾讯直播	通过沿黄九省区博物馆的“镇馆之宝”讲述黄河文化的前世今生	1253万人次
4	文物不言——等待复苏后的倾听	3月31日—4月5日，6期	湖北省博物馆	网易新闻、新浪微博等	每期以湖北省博物馆收藏的一件珍贵文物为切入点，邀请一位与文物气质相符的明星嘉宾作为“文物发声人”，通过时长5分钟的短视频形式解读文物背后的故事	总曝光量1亿159万，其中，网易新闻客户端端内资源总曝光量175万；宋洋、陈碧舸、王一楠、李拉、高晓攀、卢靖姗等六位文物发声人微博直发3000万曝光量；微博矩阵6833万曝光量；文博单位媒体平台51万曝光量；其他合作平台100万曝光量
5	安静的故宫春日的美好	4月5日—6日，3场直播	故宫博物院	新华社、新华网、人民日报、人民网、央视频、腾讯新闻、抖音等	三场直播设置了三条不同的路线，感受闭馆期间故宫的美景，涵盖了西、中、东各路景致和早、中、晚三个不同的时段	新华网客户端的直播间涌进了3492万人次网友，将近6万条留言

（四）中国文物信息咨询中心的工作探索和创新实践

1. 举办“‘互联网＋中华文明’行动计划优秀成果展”

新冠肺炎疫情发生后，国家文物局于2020年1月27日召开局党组扩大会议，要求各单位要做好信息发布工作，鼓励各地文物博物馆机构因地制宜开展线上展览展示工作，鼓励利用已有文博数字资源酌情推出网上展览，向社会公众提供安全便捷的在线服务。中国文物信息咨询中心利用“博物中国”平台举办“‘互联网+中华文明’行动计划优秀成果展”（见图3），并在国家文物局官方微博“中国文博”进行宣传推送。自2020年1月30日至2月4日，在“中国文博”上推送发布《“互联网+中华文明”行动计划优秀成果展》长文微博共7

篇，每篇文章介绍了5项“互联网+中华文明”优秀工作成果，共计推广了35个项目，微博话题的总阅读量为88.1万，转发互动、点赞数达400余次。

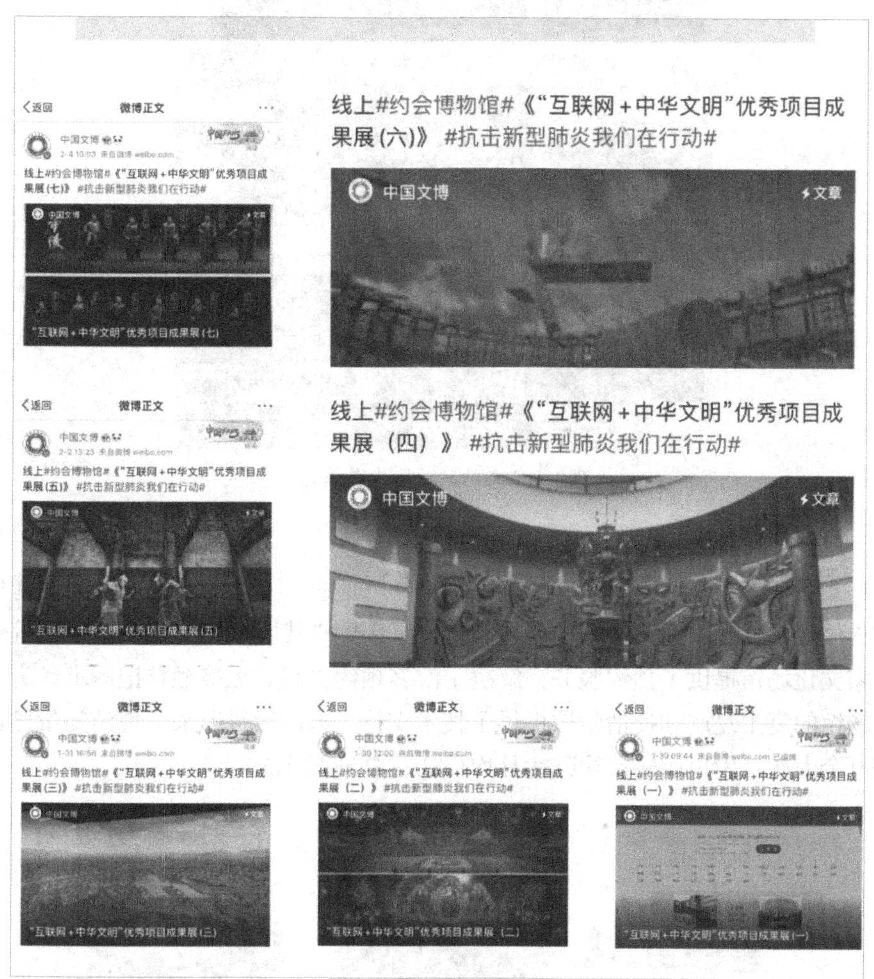

图3 开展“‘互联网+中华文明’行动计划优秀成果展”

2. 推出“文物祝福”专属头像微信小程序，推出专属文物头像

2020年2月14日，继推出“‘互联网+中华文明’行动计划优秀成果展”活动后，中国文物信息咨询中心与湖北省文化和旅游厅、湖北省博物馆精选了荆楚文化最具特色的九件文物，推出“文物祝福”专属头像微信小程序，定制专属文物头像（见图4），用传统文化的实物之声表达对湖北的爱，一起为湖北加油，为中国加油！截止于4月21日，累计换头像17779人次，其中湖北7112人次，湖北以外10677人次 。

图4　“文物祝福”专属头像

3. 推出“博物中国”云预约平台

2020年5月18日，中国文物信息咨询中心通过“博物中国”平台为文博单位提供云服务。试运行期间为清东陵景区、中国现代文学馆、武汉博物馆等数十家文化场馆提供了预约服务，解决了游客预约参观和无接触登记需求，为文化场馆的复工复产和疫情防控提供了技术支持。自试运行以来，现访问量已达10万余人次，用户成功预约已达月均1.4万人次（见图5）。

图5　“博物中国”云预约平台

突如其来的新冠肺炎疫情所导致的社会疏离，反映在文化文物工作领域，最突出的现象则是公共文化服务设施的普遍封闭，这一方面制约了博物馆及各类文物开放场所正常的场馆服务，但另一方面，却又给文博资源的数字化开发利用和移动传播带来了空前机遇，以网上展览、网上文物数据库、网上直播导览、网上教育课程等为代表的在线文化服务，极大地加速了文物、博物馆事业（以下简称“文博”）事业信息化、智慧化的发展建设。

二、智慧博物馆发展的信息化基础

2019年5月至2019年10月，为全面掌握我国文博事业信息化建设的基本现状，深入了解文博领域信息技术应用需求及发展趋势，中国文物信息咨询中心课题组开展了2019年文博领域信息化基础情况调查和研究。本次调研对象共涉及博物馆1090家，其中一级博物馆80家，二级博物馆163家，三级博物馆212家，无级别635家；调研重点聚焦于业务信息化应用和信息化应用系统整合程度两个方面。形成有关调研成果如下：

（一）博物馆服务信息化应用情况

多数博物馆通过自建网站、政务网站、行业第三方平台、App、微信公众号、微博、短视频平台等渠道，向社会提供信息化服务。根据调研结果，主要应用集中在自建网站和微信公众号发布两个渠道。见表3、图6。

表3　服务信息化应用情况

单位：家

	自建网站	政务网站	行业第三方平台	App	微信公众号	微博	短视频平台	其他信息发布渠道
一级	80	10	4	17	82	63	18	7
二级	118	26	12	9	143	60	15	14
三级	101	53	18	10	162	33	10	32
无级别	204	106	46	19	413	91	28	167
总计	503	195	80	55	800	247	71	220

（注：一个博物馆可选择多项。）

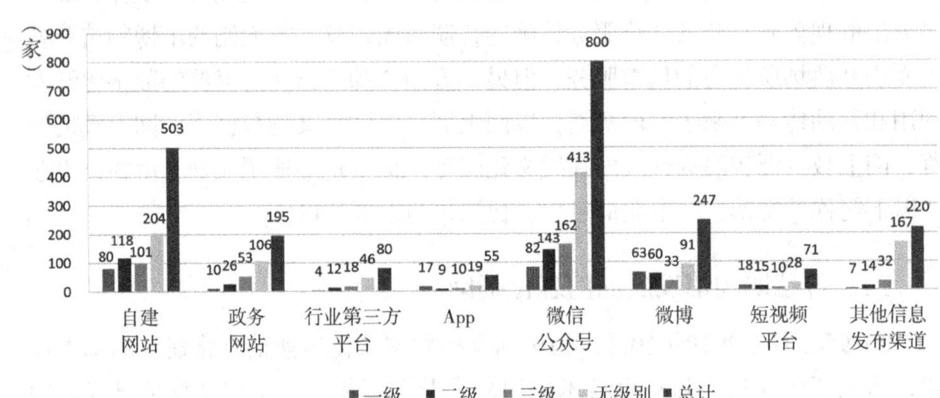

图6 服务信息化应用情况

（二）博物馆管理信息化应用情况

主要应用集中在协同办公和藏品综合管理方面。见表4、图7。

表4 管理信息化应用情况

单位：家

	协同办公管理	项目管理	藏品综合管理	数字资产管理	陈列展览管理	智能库房管理	业务档案管理	图书资料管理	学术资源共享	科研装备管理	展厅数字化设备集中管理	其他业务管理
一级	41	4	52	23	15	11	25	37	16	2	22	13
二级	61	9	98	21	39	11	40	33	28	3	32	32
三级	88	16	107	24	75	9	54	23	17	3	31	44
无级别	222	29	294	50	255	19	157	57	58	3	65	166
总计	412	58	551	118	384	50	276	150	119	11	150	255

（注：一个博物馆可选择多项。）

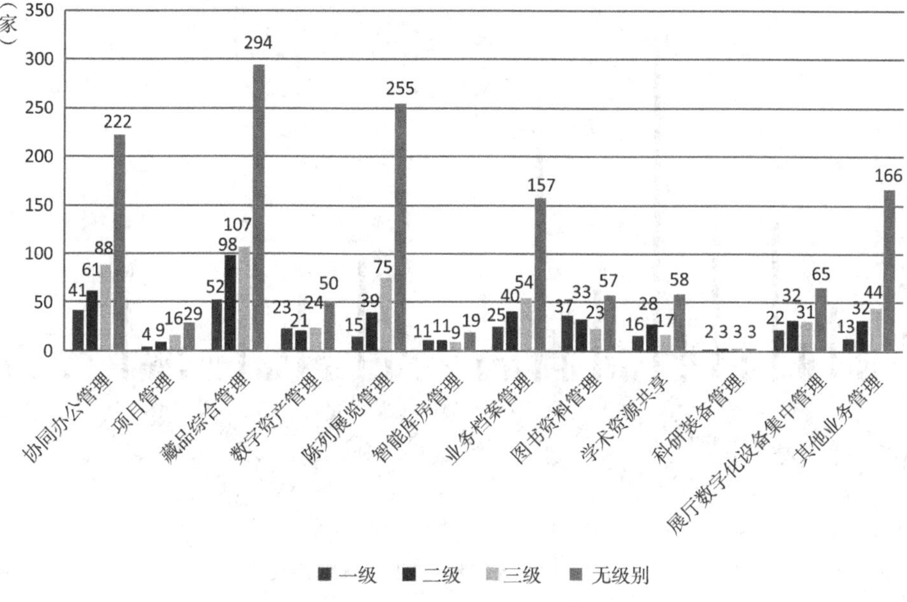

图7　管理信息化应用情况

（三）博物馆文物保护信息化应用情况

主要应用集中在安消防监控、展厅及库房环境监测、安全应急指挥中心及文物本体监测方面。见表5、图8。

表5　文物保护信息化应用情况

单位：家

	文物本体监测	库房环境监测	展厅环境监测	安消防监控	智能预警调控	文物巡查检查	文物空间结构管理	GIS系统	预防性保护	文物保护修复	数字化保护	文物保护大数据分析	安全应急指挥中心	无人机应用	其他文物保护
一级	23	53	52	59	25	37	4	7	41	32	32	8	21	6	1
二级	25	84	60	112	38	66	9	1	52	34	31	4	45	2	12
三级	37	73	62	148	42	112	10	1	50	29	25	6	47	3	12
无级别	83	133	158	380	92	287	28	4	126	91	53	8	80	7	46
总计	168	343	332	699	197	502	51	13	269	186	141	26	193	18	71

（注：一个博物馆可选择多项。）

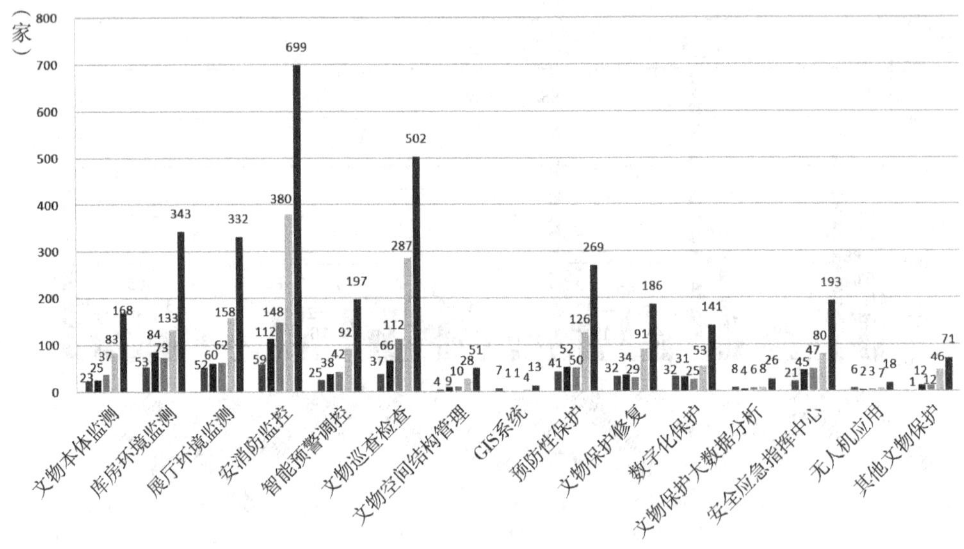

图8 文物保护信息化应用情况

（四）博物馆社会教育信息化服务应用情况

主要应用集中在预约、导览、志愿者和社教服务方面。见表6、图9。

表6 社会教育信息化服务应用情况

单位：家

	预约服务	导览服务	智能讲解	社教服务	志愿者服务	知识服务	数字化展厅	移动数字展	在线课堂	文创服务	观众行为数据采集分析	其他公众服务
一级	49	68	59	55	50	29	37	23	11	34	23	4
二级	82	104	76	87	88	44	53	20	7	42	19	7
三级	102	118	72	106	112	57	34	15	6	40	19	9
无级别	245	277	131	219	259	142	91	22	19	107	39	52
合计	478	567	338	467	509	272	215	80	43	223	100	72

（注：一个博物馆可选择多项。）

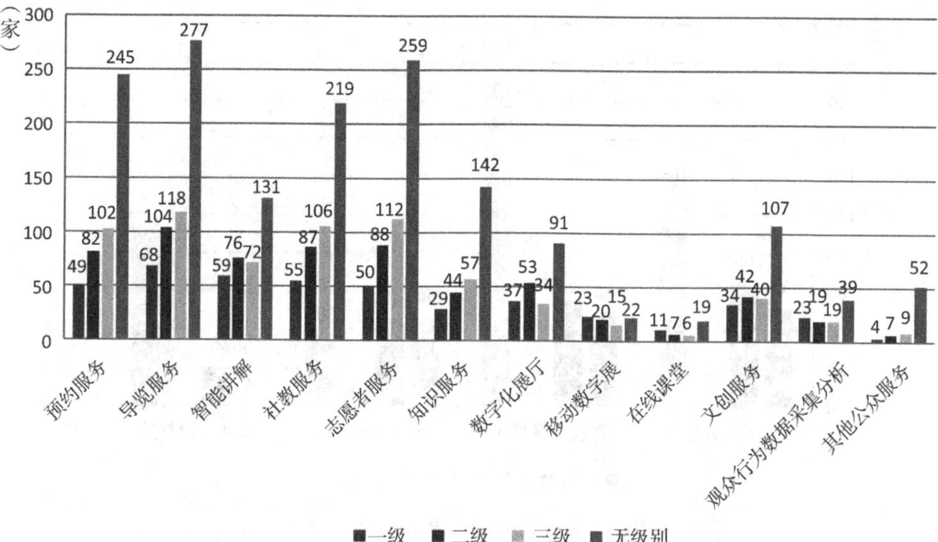

图9　社会教育信息化服务应用情况

（五）博物馆数字展示应用情况

在数字导览、全景展示、虚拟展厅方面均有不俗的应用，其中全景展示应用更广。常设展览的应用情况好于临时展览。见表7—表9、图10—图12。

表7　常设展览数字展示应用情况

单位：家

	数字导览	全景展示	虚拟展厅	其他
一级	52	48	46	2
二级	65	56	45	20
三级	54	75	35	30
无级别	107	176	53	96
总计	278	355	179	148

（注：一个博物馆可选择多项。）

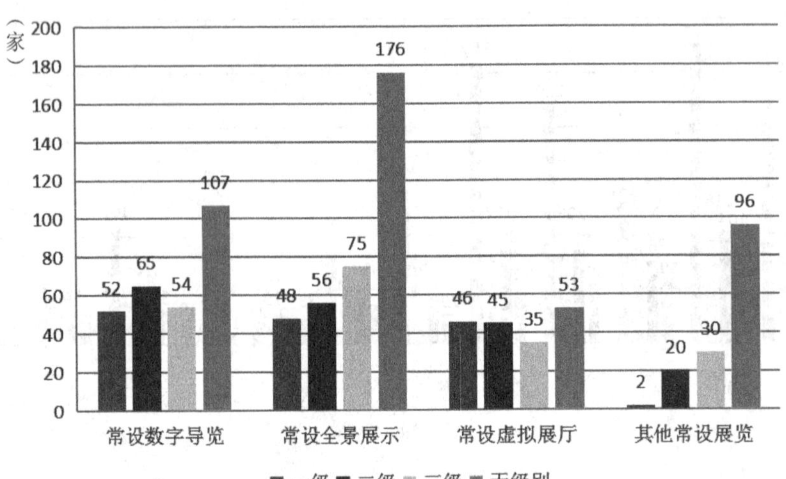

图10　常设展览数字展示应用情况

表8　临时展览数字展示应用情况

单位：家

	数字导览	全景展示	虚拟展厅	其他
一级	28	21	23	5
二级	28	26	17	27
三级	19	38	11	29
无级别	57	122	22	112
总计	132	207	73	173

（注：一个博物馆可选择多项。）

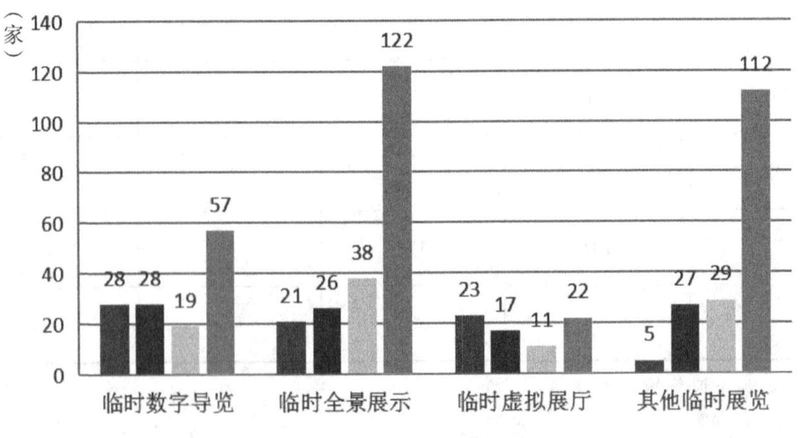

图11　临时展览数字展示应用情况

表9　开放展示区数字展示应用情况

单位：家

	数字导览	全景展示	虚拟展厅	其他
一级	32	24	18	3
二级	34	29	20	25
三级	21	46	11	27
无级别	62	141	24	93
总计	149	240	73	148

（注：一个博物馆可选择多项。）

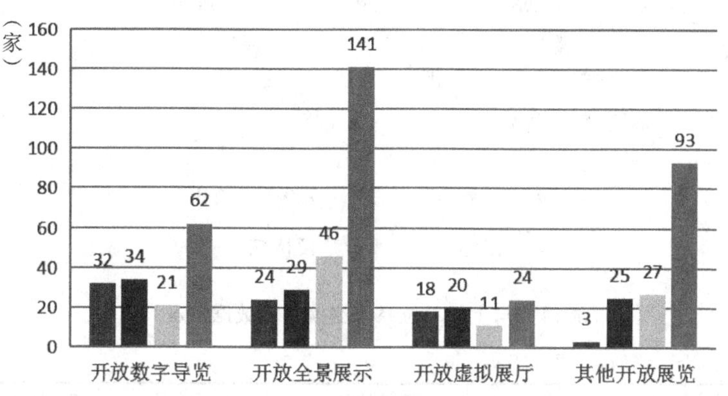

图12　开放展示区数字展示应用情况

（六）博物馆信息化统一平台应用情况

博物馆信息化统一平台建设已有起步，部分平台形成了覆盖展览业务、事务管理、协同办公全业务流程的思路，建成了一些急需的业务应用，对原有系统进行了一定的整合。部分博物馆实现门票与财务、策展与藏品库的对接，有的博物馆实现了与上级单位单个应用软件的数据交互或者共享。见表10、表11、图13、图14。

表10　统一平台建设情况

单位：家

	全部业务系统均基于同一平台构建	全部业务系统已整合到统一平台	部分业务系统已整合到统一平台	各业务系统独立存在，无统一平台	其他
一级	3	4	19	59	1
二级	10	0	51	102	5
三级	18	5	48	140	8
无级别	40	15	138	447	18
合计	71	24	256	748	32

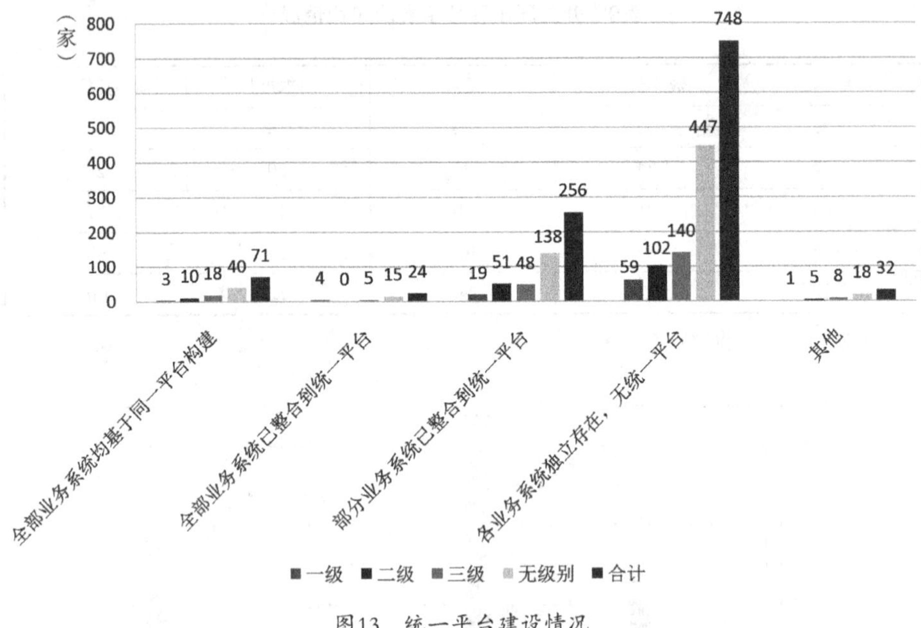

图13　统一平台建设情况

表11　与上级单位系统交换共享数据情况

单位：家

	使用上级系统	系统接口实现交换	使用介质拷贝	与上级单位系统无交换共享数据
一级	20	12	30	36
二级	39	13	62	71
三级	49	10	55	118
无级别	119	28	190	366
总计	227	63	337	591

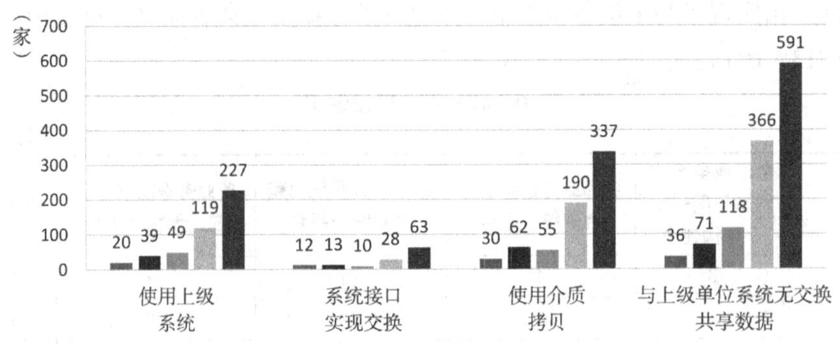

图14　与上级单位系统交换共享数据情况

（七）博物馆数字资源建设应用情况

各博物馆的文物资源目录建设，已经全部完成或者部分完成的占多数；文物资源目录基本能做到定期和动态更新；文物数字资源采集、加工方式以自主采集为主；本单位文物数字资源目录多数实现了部分开放共享；文物数字资源公众展示服务主要是高清图片展示。见表12—表16、图15—图19。

表12　文物资源目录建设情况

单位：家

	全部完成	部分完成	未开展	合计
一级	28	44	14	86
二级	39	86	43	168
三级	40	118	61	219
无级别	159	263	236	658
合计	266	511	354	1131

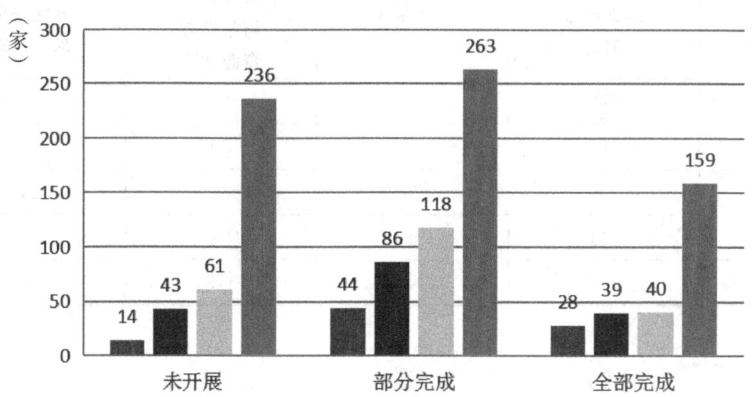

图15　文物资源目录建设情况

表13　文物资源目录更新情况

单位：家

	定期更新	动态更新	不更新	总计
一级	29	43	14	86
二级	70	49	49	168
三级	73	67	79	219
无级别	210	198	250	658
合计	382	357	392	1131

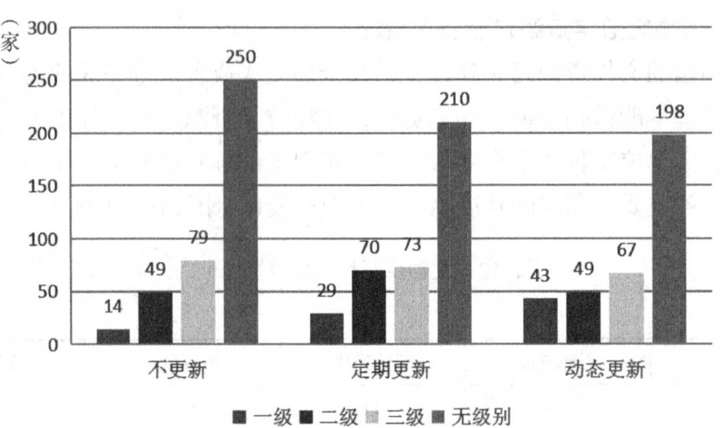

图16　文物资源目录更新情况

表14　文物数字资源采集加工方式情况

单位：家

	自主采集加工	委托采集加工	合作采集与第三方资源共享	其他采集加工方式
一级	53	56	23	2
二级	107	64	30	15
三级	136	75	32	23
无级别	411	149	88	113
总计	707	344	173	153

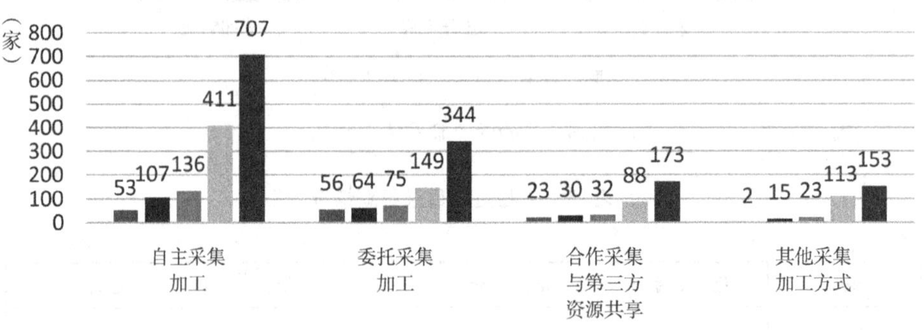

图17　文物数字资源采集加工方式情况

表15 文物数字资源目录开放共享情况

单位：家

	无开放共享	部分文物数字资源开放共享	珍贵文物数字资源开放共享	全部开放共享	其他	共计
一级	21	57	3	1	3	85
二级	71	78	2	6	11	168
三级	100	93	4	8	14	219
无级别	339	189	9	59	60	656
合计	531	417	18	74	88	1128

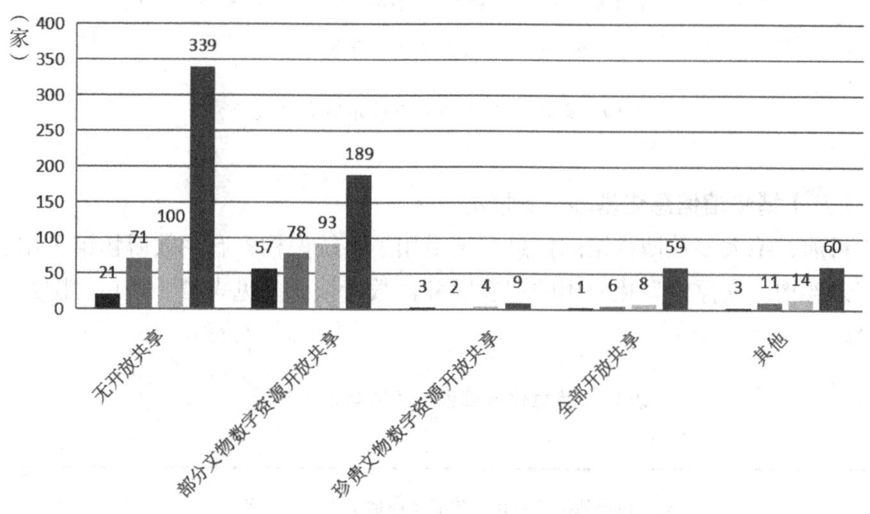

图18 文物数字资源目录开放共享情况

表16 文物数字资源公众展示服务情况

单位：家

	高清图片	全景展厅	三维展示	视频动画	教学课件	VR/AR
一级	63	48	48	41	20	28
二级	109	46	42	42	22	29
三级	124	59	29	31	22	22
无级别	309	123	44	75	57	36
总计	605	276	163	189	121	115

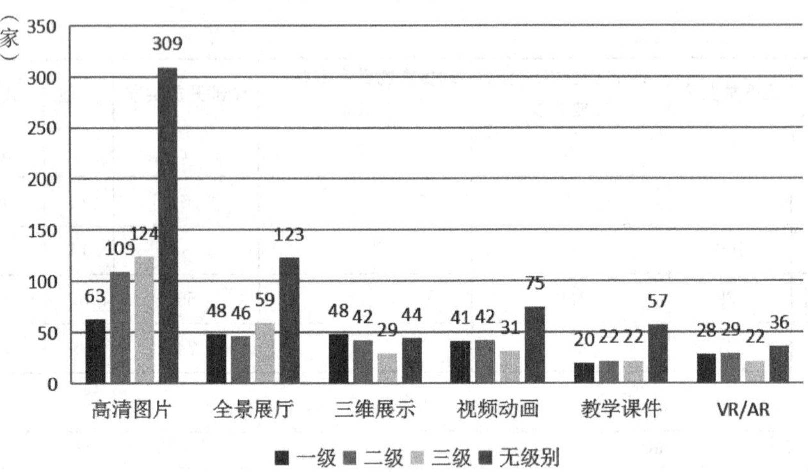

图19　文物数字资源公众展示服务情况

（八）博物馆信息化基础设施情况

目前，绝大多数博物馆的信息系统沿用了传统架构，有少数博物馆采用了私有云架构，支撑信息化应用的现有服务器数量偏低。见表17、表18、图20、图21。

表17　信息化基础设施（服务器）统计

单位：家

支撑传统架构信息系统的服务器数量（单位：台）						
	无	1—5	6—10	11—20	20以上	总计
一级	22	37	10	9	8	86
二级	86	60	11	9	2	168
三级	125	72	12	9	1	219
无级别	375	221	39	14	9	658
总计	608	390	72	41	20	1131

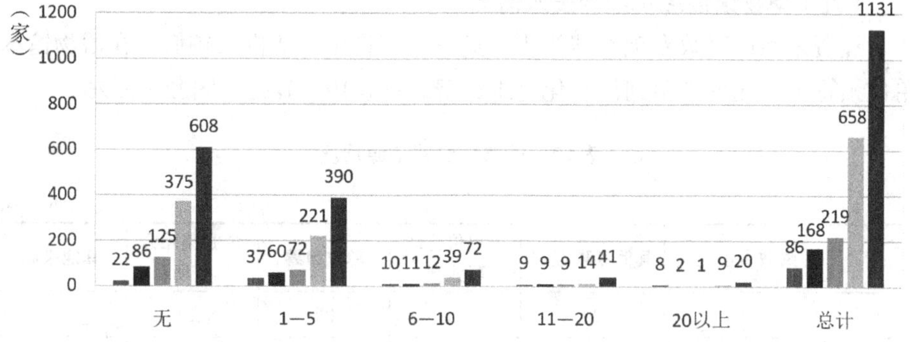

图20　信息化基础设施（服务器）统计

表18　信息化基础设施（私有云架构）统计

	CPU（颗）	内存（GB）	虚拟节点（个）
一级	1342	11626	1303
二级	52	6986	216
三级	80	12038	2082
无级别	159	99480	108
总计	1633	130130	3709

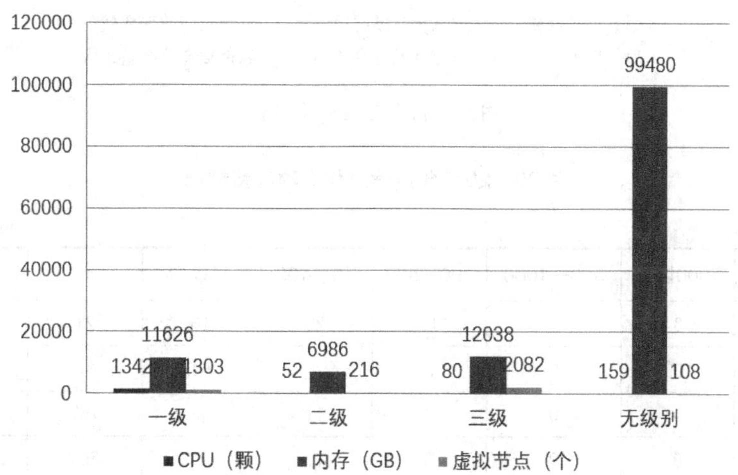

图21　信息化基础设施（私有云架构）统计

（九）博物馆信息化经费投入情况

经费来源以财政专项经费为主，近三年信息化经费投入较低。在博物馆本单位预算中，几乎未单列信息化运维经费。见表19—表23、图22—图26。

表19　信息化经费来源情况

单位：家

	财政专项经费	其他专项经费	本单位行政事业费	单位自筹	企业及社会资助	其他来源
一级	53	20	31	22	1	22
二级	74	30	54	34	0	48
三级	72	38	71	44	2	77
无级别	159	63	135	225	7	202
总计	358	151	291	325	10	349

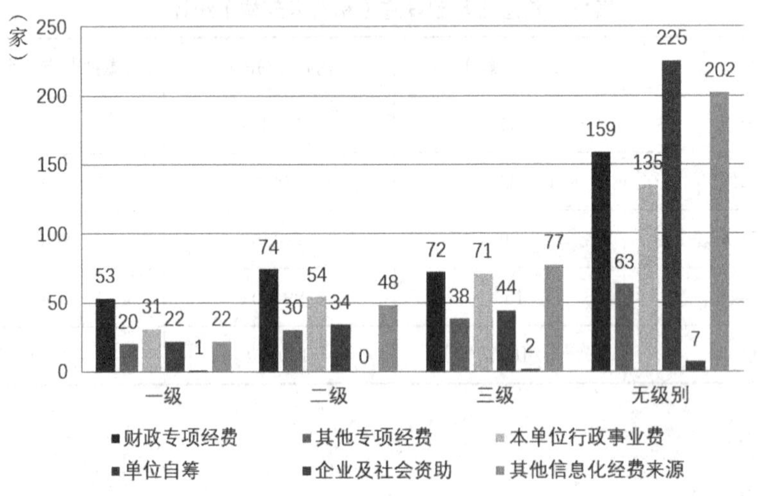

图22　信息化经费来源情

表20　2017年度信息化专项经费情况

单位：万元

	1000以上	500—1000	100—500	10—100	10以内	无	总计
一级	3	1	16	29	16	21	86
二级	2	0	5	20	61	80	168
三级	0	0	3	11	48	157	219
无级别	0	0	6	17	131	504	658
总计	5	1	30	77	255	762	1131

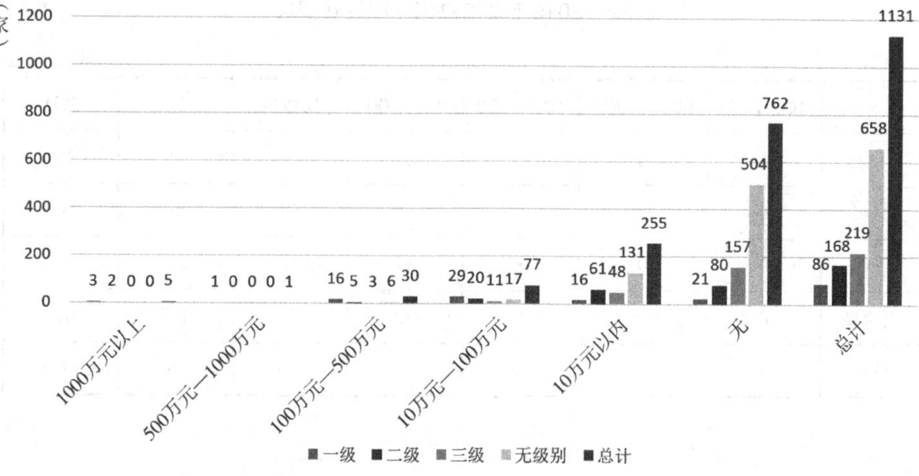

图23　2017年度信息化专项经费情况

表21　2018年度信息化专项经费情况

单位：万元

	1000以上	500—1000	100—500	10—100	10以内	无	总计
一级	5	0	19	29	12	21	86
二级	0	2	6	20	60	80	168
三级	0	0	1	9	58	151	219
无级别	1	0	9	23	149	476	658
总计	6	2	35	81	279	728	1131

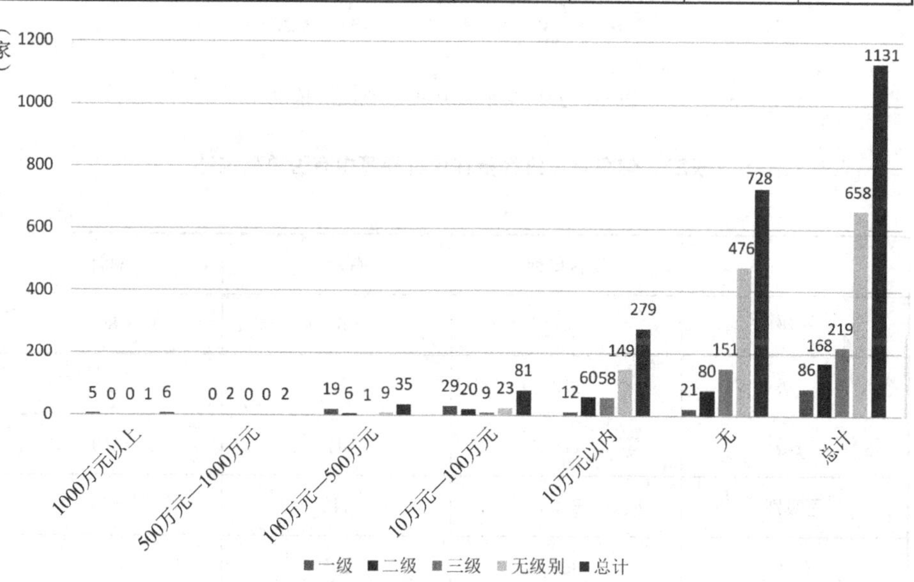

图24　2018年度信息化专项经费情况

表22　2019年度信息化专项经费情况

单位：万元

	1000以上	500—1000	100—500	10—100	10以内	无	总计
一级	4	4	15	24	8	31	86
二级	0	2	8	18	58	82	168
三级	0	0	3	14	52	150	219
无级别	0	0	6	22	153	477	658
总计	4	6	32	78	271	740	1131

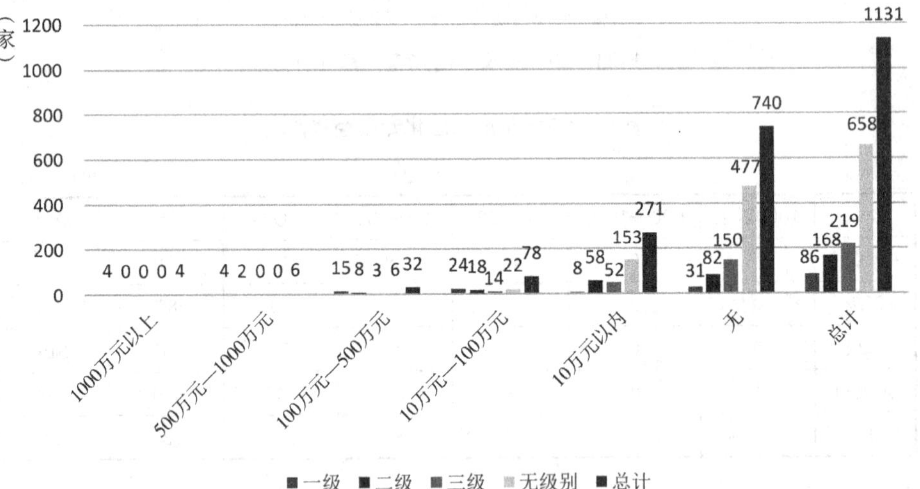

图25　2019年度信息化专项经费情况

表23　信息化运维经费在单位预算中有否单列统计

单位：家

	没有单列	有单列	总计
一级	33	53	86
二级	112	56	168
三级	178	41	219
无级别	545	113	658
总计	868	263	1131

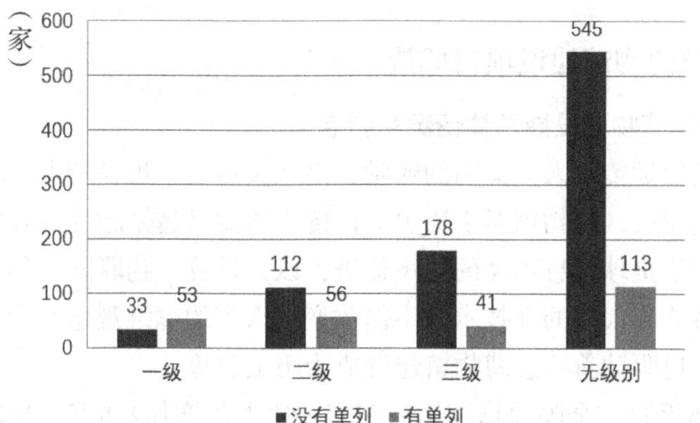

图26　信息化运维经费在单位预算中有否单列

（十）博物馆信息化人才队伍建设

在从事博物馆信息化工作的人员中，本科及以下学历人员占比较高，具有初、中级以下职称的人员占比较高。见表24、图27。

表24　信息化人才情况

单位：家

	本科及以下学历	硕士研究生学历	博士研究生学历	初级职称	中级职称	高级职称
一级	206	65	7	79	120	82
二级	260	61	6	101	110	42
三级	187	24	1	63	52	24
无级别	465	50	0	201	136	43
总计	1118	200	14	444	418	191

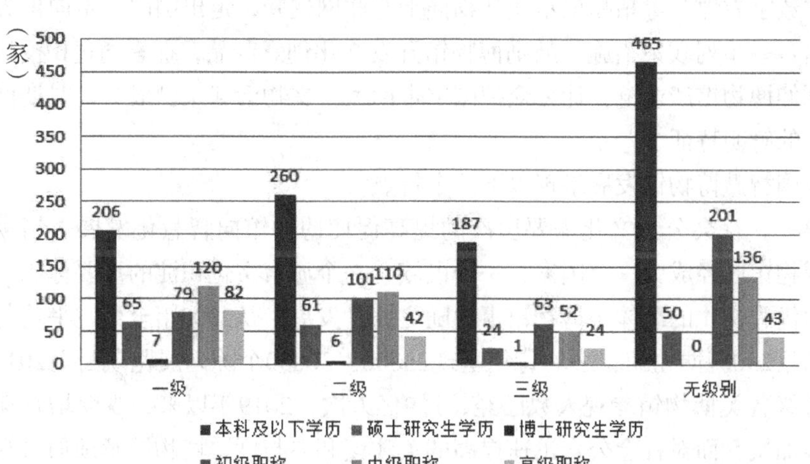

图27　信息化人才情况

三、智慧博物馆建设项目成效

（一）智慧博物馆发展总体情况和特点

博物馆是保护传承人类文明的殿堂，是连接过去、现在和未来的桥梁。随着时代的快速发展，博物馆对于历史文化传承的意义越来越受到人们的重视。近些年来，由于全球信息革命的突飞猛进，以云计算、物联网、移动通信、大数据和人工智能为代表的新技术，不但改变了人类的思维观念、价值取向和生活方式，同时也驱动着智慧博物馆建设成为历史趋势。

截至2018年底，全国博物馆达5354家，比上年增加218家。2018年全国博物馆举办展览2.6万个，教育活动近26万次，观众达11.26亿人次，分别比上年同比增长30%、30%和16%。观众数量较2001年的1.13亿人次增长了10倍。可见，经济的发展拉动了民众对于智慧博物馆服务的需求。馆藏文物活起来，日益成为社会共识。国家文物局党组按照习近平总书记“让收藏在博物馆里的文物、陈列在广阔大地上的遗产、书写在古籍里的文字都活起来”的要求，出台了一系列政策措施，使博物馆成为文物活起来的主阵地。文物部门与中国移动、腾讯、百度、网易等知名企业签订战略合作协议，推进“互联网+中华文明”行动计划，鼓励社会力量参与博物馆建设，通过技术平台的引进，将智慧博物馆由理论推向实践。众多博物馆积极应用大数据、云计算、人工智能技术，建立与公众的“超级链接”，通过门户网站、手机App、公众号等多种渠道，集中展示精美文物，讲好文物故事，不断创新文物传播方式。博物馆与教育、旅游、设计、动漫、影视的融合发展渐次开花，《国家宝藏》《如果国宝会说话》《我在故宫修文物》等节目全面热播，“文物带你看中国”“故宫社区”“数字敦煌”等精品展示使文物插上互联网翅膀，走出国门，走向世界。国家出台一系列政策措施，鼓励博物馆开发文化创意产品，探索通过IP授权等模式延伸博物馆产业链，让公众把国宝带回家。文物活起来已成为新时期博物馆事业的鲜明特征。

我国智慧博物馆发展呈现以下几个特点。

第一，社会公众文化需要层次的提高促使博物馆向智慧化发展。当今时代，博物馆已经成为一个国家、一个民族、一个城市文化积淀的重要标志，成为展示优秀文化的载体，博物馆事业随之蓬勃发展。从2008年至今，平均每年大约新增230座博物馆，平均每年呈现25000～30000个陈列展览项目。2017年全国各级各类博物馆参观人数已经超过9亿人次，2019年以来，观众增长速度进一步加快，面对社会公众迅速提高的关注度和参与度，博物馆亟须通过智慧化转型提升文化产品和服务能力，进一步丰富观众的体验。

第二，全球信息技术发展支撑着博物馆向智慧化转型。信息技术改变了现代社会的生产生活方式，扩展了人类活动空间，文化传播方式、社会公众的欣赏方式发生重大变革，尤其是在智慧城市、智慧旅游不断普及的推动下，博物馆的存在方式、运营方式、展现方式也不断走向数字化、网络化、智能化。当前，智慧博物馆建设开始得到国际博物馆界越来越多的重视，VR、AR以及沉浸式观展屡见不鲜。2018年5月18日“国际博物馆日”当天，百度与国家文物局联合启动了“AI博物馆计划”，旨在利用百度的AI技术与产品矩阵，为用户提供文物拍照识别、语音智能导览等提升游览体验的服务。观众在参观这些博物馆的时候如果遇到看不懂的，可以拿出手机打开百度App，直接拍照识别“百度一下”。2019年5月18日“国际博物馆日”当天，作为全球首个利用5G网络提供资源服务的博物馆，湖南省博物馆通过沉浸式舞蹈表演、博物馆实景解密游戏、VR行走体验和5GXR博物馆展区互动体验等活动，让观者在充满趣味的过程中体验了解古代生活，感受湖湘历史文明的独特魅力。

第三，博物馆自身承担功能的转变也推动着博物馆智慧化不断升级。随着社会经济科技文化的迅速发展，博物馆自身功能也在不断丰富和转变，这就亟须通过智慧化建设加速博物馆转型升级。比如，现在博物馆的文物藏品越来越丰富多样，藏品数量动辄达到数百万件。在这种情况下博物馆藏品管理必须从传统的手工登编向数字化转型，运用数字技术进行数据采集、分析和管理，并进行数据储备，确保无数珍贵文化遗产的安全持续。再比如，在展览工作中，各种临时展览的展期是有限的，而观众希望看到永不落幕的展览，通过“互联网+展览”方式建设的互联网展厅既可以让更多的观众通过互联网、移动端欣赏展览，也可以让展期更加持久，提高展览的更新速度，让观众看到更多更好的展览。2017年，在全球巡展的“大英博物馆百物展”运用了动态地图，让观众看到了“世界历史”的概念，受到公众的好评。此外，在文物修复方面，虚拟现实技术、3D打印技术等也都发挥着越来越重要的支撑作用。

第四，智慧博物馆总体框架已经初现端倪。一是智能化的信息管理系统的实际应用日益增多。通过三维虚拟技术，储存藏品的基本信息、研究数据、使用情况都收录到电子数据库，实现藏品陈列展览、修复和保管等多种业务的自动化管理。不仅如此，还能提供各种搜索功能，响应快速，并可以有效地减少在传统数据查询上浪费的时间和精力。二是智能化的观众行为管理系统渐入佳境。建立大数据库，以此记录参观者的行为信息，并在这些数据的基础上建立服务管理系统。例如，通过跟踪博物馆中的访客，服务可以向外部用户提供关于队列的实时信息，并且环境本身可以根据特定事件（如房间中的用户数量）来修改其状态。三是智能化的移动导览系统得到快速普及。最为普遍的信息交流方式是移动终端，同时它也可以成为现代博物馆提供服务的重要途径。例如，用户可以通过移动导览平台来获取博物馆的具体位置、开馆时间、特定活动等一系列服务，让用户初步了解将要参观展馆的概况。四是开放性的信息资源建设得到广泛的认同。智慧博物馆属于互动的、共同建设的、兼容并蓄的系统，而不是单向传播的系统。通过政府、博物馆自身和公众三位一体共同来建设一个真正意义上的博物馆，以促进博物馆与参观者的及时交互。

（二）七家智慧博物馆建设试点持续推进

2014年3月以来，成都金沙遗址博物馆、甘肃省博物馆、苏州博物馆、内蒙古博物院、四川博物院、广东省博物馆、山西博物院等7家单位，被国家文物局确定为首批国家智慧博物馆试点单位。各试点单位结合自身实际，不断加大智慧博物馆建设的投入，不断推进智慧博物馆的试点工作和创新探索，为我国智慧博物馆的建设和发展积累了有益经验，尤其在2019—2020年间发挥了丰富展陈形式、提供更优服务的作用，进一步展现了试点成果。

1. 山西博物院

山西博物院智慧博物馆建设按照“总体规划，适度超前，分步实施，构建规范，坚持特色，创新发展”的总体策略进行设计，在提炼山西博物院自身特色的基础上，采用国家统一的智慧博物馆技术框架和标准，构建一个“互联网+博物馆”的文物数字化保护平台，以智慧基础信息网络为支撑，以数字资源库为中心，应用总线为纽带，智慧管理和智慧服务并重，面向多层次受众，充实观众体验，突出对观众的服务，实现文物数字化保护的成果积累，互动展示及信息传播，将山西博物院建设成为一座具有时代鲜明特色，智慧化的现代博物馆。

山西博物院的智慧博物馆方案设计力争做到应用创新，技术创新和内容创新，以凸显山西文化特色和山西博物馆特点为基准，具有三个方面的特色和亮点：一是知识化核心。围绕保护，管理，服务三方面的业务需求，以知识图谱知识平台为核心，通过应用总线驱动文物数字化采集、展示展陈、游客导览、馆务管理、文物保护等功能子系统，杜绝信息孤岛，打通业务壁垒，形成知识驱动下的智慧博物馆知识大平台。二是智慧化个性化服务。实现智慧化个性化导览服务，面向游客提供基于移动设备拍照访问的全馆文物识别服务，基于动态用户兴趣趋向捕捉和大数据分析，实现针对个性化导览内容自动生成。三是双向“活”化模式。让博物馆的文物面向游客导览内容不再固化，可以随时动态兴趣演变而变化的多模态“活”内容，从而使核心知识库内容也能够随着大众认知的发展而演变。

2019年7月，山西博物院与中国电信5G战略合作启动仪式在太原举行，标志着山西博物院将运用5G技术助力“智慧博物馆”建设。作为省内最大的文物收藏、保护、研究和展示中心，山西博物院收藏了各类珍贵文物约40万件（套），是全省文物精华的集萃地和展示地。

2019年至2020年，山西博物院充分结合自身特色，在智慧管理、智慧保护、智慧服务等方面进行了积极探索和有效实践。在智慧管理方面，搭建了以藏品为核心的数字资源管理平台，包括藏品管理、数字资源管理、业务数据管理、辅助决策。利用二维数字化采集壁画103件、三维数字化采集藏品271件（套）。在智慧保护方面，建成了山西省可移动文物保护修复数据库系统。在智慧服务方面，研究构建了国内首个文物知识图谱，进行了初步的文物知识图谱系统技术平台构建和文物知识表达模型标准规范建设，涵盖近2000个文物相关实体。利用现代化新技术，优化开展公众服务，开发了智慧导览服务App，以方便观众预约参观，积极开展“来博物馆约会吧”主题直播活动，参与“博物馆短视频达人季”“国宝讲述人——全国文博在线讲解直播推介活动”。推出了“壁画的平行世界——狄仁杰带你探北朝”等一系列智慧展项，借助数字化科技手段提升文物展示展陈效果，从多角度、多渠道全面提升展陈和服务水平，不断满足了观众对博物馆的新期待。

随着数字化、网络化、智能化的发展，5G技术也将在文博领域产生重大而深刻的影响，5G“高速率、低时延和大连接”的三大特性，将助力“智慧博物馆”建设进一步创新发展，为博物馆文物展示、观众服务体验、安全保护管理等方面带来巨大的变革。下一步，中国电信山西分公司将与山西博物院携手，充分发挥在5G、人工智能、云计算、物联网等信息与通信解决方案的创新优势，逐步利用增强现实AR、虚拟现实VR和人工智能AI等新技术，让数字化虚拟体验成为可能，让参观者穿越时空，获得更加新奇的体验。

2. 内蒙古博物院

内蒙古博物院以收藏古生物化石、契丹历史文物、蒙古族文物为其特色，院内收藏有古生物化石、历史文物、民族民俗文物15万余件（套），其中珍贵文物5600余件（套），国家一级文物650件（套）。自2008年建院以来，累计举办各类展览90余个，日观众量最大达13000余人次，年观众量达204万余人次，是目前我国东北、华北、西北地区年观众量最大的博物馆之一，是内蒙古自治区对外文化交流的重要窗口。

2019年，“5.18国际博物馆日”期间，内蒙古博物院首次与新浪内蒙古、网易内蒙古合作，进行“博物发言人”活动直播，直播当日点击量达140万人次。内蒙古博物院还配合中央电视台、内蒙古电视台等媒体进行宣传，与之开展丰富的线上活动，如：“我为国宝点赞”（交通广播网）等系列活动，在新媒体上与观众进行互动。2020年1月至8月，内蒙古博物院开展各类线上活动120场，参与观众约1800万人次。

内蒙古博物院结合区域特点打造了一个移动的数字博物馆，其展览车巡回全区，把文物所承载的历史文化送到基层百姓家门口。参观者通过触摸屏可观看文物细节。所采集的千余件数字文物能快速变更重组，形成不同主题的数字化展览。例如，内蒙古博物院流动数字博物馆展示提升项目——内蒙古草原文化建设的亮丽风景线，在触摸中感知历史，流动中彰显魅力，不仅是科技成果的创新，更是文化服务理念的创新。此外，内蒙古博物院将《我就是鱼龙——萨斯特鱼龙化石动画》利用ZBrush软件进行自由创作3D动画,将古生物研究者的科研成果融入到2亿年前的海洋环境中。建设内蒙古虚拟数字博物馆展示平台，将以全新的"互联网+博物馆"的视角和技术手段，将内蒙古地区的历史文化资源、民族文化资源以及红色革命文化资源加以整合，以数字文物为基础，以虚拟数字博物馆为平台，更好地展示传播内蒙古草原文化。

3. 苏州博物馆

苏州博物馆依据自身特点，首先对大量文物数字资料进行梳理、整理、编辑，创建了一套公众参观云平台。将常设展厅展品的介绍撰写成青少年版解说词，并录制成音频放入参观云平台，使青少年观众学习和分享更多的科普知识。

其次，邀请专家讲述藏品背后的故事，并录制成视频放入参观云平台，通过增强现实技术，让观众在博物馆看完艺术展览后，激发求知欲望，甚至产生消费冲动，购买特展文化衍生品。回味观展过程和观众喜欢的展品，哪怕只买一张明信片也是一种成功，套用当下的流行语便是"把博物馆带回家"。

再次，结合展品的文字、图片、三维模型等信息构成一个网状的知识结构体系，从而将数据转化为知识，更好地实现博物馆的教育和研究的功能。这种基于关联数据的知识组织方式，目前已成为博物馆界普遍关注的方向。基于内容建设的数字化成果展示方式：苏州博物馆观众可以下载博物馆导览App扫描展厅藏品，通过文字、图片、音频、视频、三维模型、专家讲解展品背后的故事等方式全方位地了解展品，从而实现了博物馆数字化产品会"讲故事"的重任。这种智慧化的展现方式由实体与虚拟世界构成，使个人的亲身经历与简明的图文介绍实现了联结，充分激发起公众的求知欲望。

2019年至2020年，苏州博物馆继续实施和推进国家文物局重点试点项目智慧博物馆建设，完成了智慧博物馆二期项目的建设工作，同时推出了苏州博物馆微信小程序，实现了智慧观众全预约系统的升级。

智慧博物馆二期项目内容主要涉及苏州博物馆智慧决策分析系统、文创管理与销售系统、在线MOOC教育系统、智慧教育录播系统、画屏展多媒体系统等多个方面的数字化系统。另外还包含数字采集、三维建模等数字资源采集任务，实现了对青铜器类基础资源的采集与管理，对相关藏品信息进行资源加工、存储，并利用于文化产品创意和在线教育教学（MOOC）等文化传播领域，真正让文物活起来。

苏州博物馆对全预约系统进行了功能优化和业务调整，上线了“苏州博物馆全预约”小程序。观众可以通过小程序快速、便捷地进行苏州博物馆的个人参观预约、活动预约、会员注册等操作。用户直接通过微信授权小程序即可完成注册操作，免去了传统复杂的注册步骤。本次小程序上线，引入了个人预约票改签机制，观众可以根据自身行程安排灵活调整参观时间。并且，可以直接接入导览设备预约服务，为观众提供更全面的博物馆参观服务。

4. 广东省博物馆

广东省博物馆新馆是2010年建成开放的，当时已建成了博物馆数字化平台管理系统，配备了整套硬件设备。2014年其被确定为智慧博物馆试点单位前，数字化管理系统里已建成13个子系统，在功能上基本覆盖了博物馆行政管理、信息数据库、藏品管理系统、展览设计辅助系统、观众服务等各方面。广东省博物馆在进行智慧博物馆整体设计时，充分考虑了文物保护、管理、展示、教育、公众服务等实际需求，在完成第一阶段和第二阶段的资源整合和优化后，第三阶段的重点任务是健全、优化智慧服务，也就是为观众提供更好的体验，不管是浸润式的体验还是互动式的体验，抑或是互联网体验，让观众获得更丰富的参观体验，能够更加喜欢博物馆。

2019年至2020年，在夯实智慧博物馆基础的同时，广东省博物馆推动5G博物馆的建设，5G信号全馆覆盖，与中国移动、中国电信等运营商探索“5G+4K”“5G+直播”等新模式应用。广东省博物馆与互联网企业加深合作，拓展博物馆的服务边界，先后与携程网、腾讯进行深度合作，打通了携程3亿用户可预约粤博参观的通道，更新了广东省博物馆在携程网的资料，良好的树立了广东省博物馆的网络形象。入驻腾讯博物官小程序平台，成为新的互联网内容聚合平台，使观众可以搜索和浏览到广东省博物馆的概况、展览、馆藏。创建“粤博珍宝”栏目，发布了20件珍贵文物三维展示模型数据，不仅有效提升了观众的参观体验，还拓展了广东省博物馆微信公众号的服务能力，填补了在小程序应用的空白。广东省博物馆将网络信息安全纳入博物馆大安全范畴，履行安全责任书的相关责任，网络防卫体系共计抵御高危198万次SQL注入攻击、145万次疑似跨站攻击。

5. 四川博物院

四川博物院既有苏州博物馆那样的虚拟博物馆，也有内蒙古博物院那样的流动“大篷车”。四川博物院的研究和教育活动充分调动了业外人士，其组建的6个“博物馆之友联盟”，包括了数字化信息联盟。四川博物院正在筹建全国首家省级博物馆下属的历史文化类少年儿童博物馆，该馆将利用现代高科技陈列手段，融知识、趣味、互动、娱乐为一体建设。

疫情之下的2020年，四川博物院充分利用自身馆藏资源，与科技平台合作，用“耳目一新”的方式将文物呈现在公众面前。同时，线下的活动也逐步开展，“见字如面，文物传情”——四川博物院AR公益明信片创意活动拉近了博物馆与公众的情感距离。这次公益活动中，四川博物院利用了AR技术，让文物“活化”，生动地展示在更多人的面前。用户只要打开手机，扫描明信片上的二维码，就能看到一段由“战国牛鼠纹铜矛”演绎的一段动画。四川博物院选取“战国牛鼠纹铜矛”为公益明信片核心元素，寓意金鼠乘矛，斩破各种不顺。通过形象的方式，借由蕴藉历史的文物，表达出战疫必胜的信心、传递出为抗疫“逆行者”的祝福，寄意构筑起疫情之后的信心，开启健康、如意、顺利的生活。目前，该活动已走进了医院、学校、社区、消防等单位，参与公众近万人。

6. 成都金沙遗址博物馆

以提高观众的参观感受为核心，致力于实现“资源利用数字化，公众展示智能化，业务管理信息化，产业整合网络化”的成都金沙遗址博物馆，是智慧博物馆领域的开拓者之一。成都金沙遗址博物馆为推进“智慧金沙”建设，制定了统一的数据融合与交换标准，通过统一的顶层设计搭建起智慧保护、智慧管理和智慧服务的智慧博物馆基本体系框架。近年来，成都金沙遗址博物馆打造了更多服务于观众的智慧化展示方式。

2019年，成都金沙遗址博物馆启动综合信息管理平台升级工作，对不同时期、不同供应商建设的系统进行了融合集成，力破信息孤岛，重点建设了项目管理系统、协同办公系统，对工作门户、藏品管理系统、数字资源管理系统、会员管理系统、志愿者管理等系统进行了升级，真正实现了全馆的精细化管理、业务的无缝协同与公众服务的高效便捷。完成了遗迹馆及精品文物的高精度三维数据采集，建成了文物自动三维建模私有云系统，同时运用文物数字化保护成果完成了遗迹馆首次升级改造，打造了更多服务于观众的智慧化展示方式，推出了智慧导览知识驿站、“考古时空门”“金沙祭祀”沉浸式体验空间，利用增强现实技术，将3000多年前的金沙文化栩栩如生地展现在观众面前；制作了“创意金沙”VR三维观看环境，以展示金沙文化和古蜀文明；建设了线上云观展平台、微服务平台。至2020年底，成都金沙遗址博物馆构建起完善的文化遗产保护体系、统一的综合信息管理平台和以观众为本的智慧融合服务体系，也为博物馆未来的创新发展开拓出全新途径。

7. 甘肃省博物馆

近两年来，甘肃省博物馆秉承科技赋能的理念，在加快智慧博物馆建设方面，持续推进了下列工作：

一是扎实做好基础工作，积累系列化文物数字化资源。甘肃省博物馆积极申报国家级、省级相关文物数字化保护项目，共获得专项资金近1800万元，共完成丝绸之路类、彩陶类、壁画砖类、革命文物类等1300余件（套）文物三维数据或二维高清图片采集，为后期文物数字化保护利用奠定了坚实的数据基础。

二是利用数字资源，打造数字化展览。结合馆藏特色，甘肃省博物馆利用大量的文物数字资源打造文物数字化展览。

三是主动联系媒体，打造网红文物。甘肃省博物馆参与了央视《国家宝藏》《如果国宝会说话》等栏目制作，让文物以现代化的传播方式，契合观众的心态。馆藏文物铜奔马、人头形器口彩陶瓶、鼎形铜灯等明星文物受到了观众的追捧。

四是健全“两微、一站、一抖”建设，做好自媒体宣传。甘肃省博物馆同时也注重吸引更多年轻人主动了解古人的生活方式和文物的精神内涵，用年轻人的沟通方式去传播文化，甘肃省博物馆的微博粉丝量现已达到29万人次，抖音粉丝量6.6万人次。2019年，甘肃省博物馆首创的微信文物表情包全网的转发、阅读量累计上亿次。

五是后疫情时代，让更多的观众通过“直播”逛博物馆。新冠肺炎疫情发生后，甘肃省博物馆充分发挥数字资源优势，与新华网、天猫、假日博物馆等平台合作，推出了各种直播活动近50场，累计观看人数达1700万人次，提升了甘肃省博物馆的知名度和影响力。

（三）非试点博物馆自主创新

尽管智慧博物馆建设处于起步阶段，博物馆距离实现智慧化还任重道远，但国内众多博物馆结合自身特征，不断做出有益的尝试，无疑推动了博物馆从数字化向智慧化的转型升级。

一些博物馆尝试将本馆特色与数字技术相结合，打造独具特色的数字展示方式。湖北省博物馆对镇馆之宝——曾侯乙编钟及其他7件乐器进行高精度文物模型复原，对文物复原件及部分原件进行真实录音，并且统筹在一个平台上，通过触控屏进行操作。这套“3D古乐器演奏系统”使众多游客能够以手指敲击或者弹奏的方式对“乐器”进行自由演奏，并且不会对文物造成伤害。这套系统使游客在虚拟场景下“触摸”并演奏古代乐器，在互动的基础上使观众感受古代文明发出的韵律。文物修复具有不可逆转性，湖北省博物馆正在尝试在计算机上对文物进行3D虚拟复原，并在此基础上进行虚拟修复。目前，已有100余件文物进行虚拟复原。

充分利用手机、平板电脑等移动设备，实现博物馆展示与体验、教育与研究、分享与传播功能，是智慧博物馆的重要特征。故宫博物院推出的“3D故宫”iPad应用软件，就可以通过虚拟的主人公的视角游览故宫；系统还带有每个景点的语音讲解，可以使用户将有趣的历史知识与全景式故宫图像结合起来，使观众足不出户领略故宫的魅力。

许多博物馆对文物保护如何从“抢救性”向“预防性”转变，做出了积极尝试。上海博物馆文物保护与考古科学实验室对200多种藏展材料进行测试，运用标准化方法，绘制出“藏展材料适用性等级表”。

南京博物院已将RFID（无线射频识别技术）应用于文物管理，对每件文物进行藏品档案文字录入、图片资料扫描和数码照片处理、摄像数字化处理，为每件文物建立唯一的身份凭证，并将RFID标签与文物藏品数据库相结合，使管理人员便于完成文物藏品管理、查询、统计报表方面的工作。同时，南京博物院还将RFID技术应用于库房文物管理，在文物入库前预先录入电子标签，此后文物进出库房，系统会进行自动扫描，并将扫描信息录入计算机，为文物管理提供有效的管理依据和手段。

在借鉴各博物馆的经验中，吉林省博物院也有进一步的创新：一是讲解，在原有简单的讲解词基础上，加入一些更生动的语言甚至是挖掘出来的故事，让观众对文物有一个更深入的了解；二是二维码利用，没下载吉林省博物院App的观众只要扫一下二维码，也可以听讲解，给观众更多选择；三是注重创意开发，现在已经成型的开发功能包括预约、查询、远程学习等；四是开展“互联网+”线上项目，互联网应用拉近了博物馆与观众的距离，各种互动活动也成为重点打造的线上项目。同时，在与观众的互动中，还设计了“寻宝游戏”，以吸引儿童的注意力；还有“随手拍”，拍摄一张老物件照片后，可以在线与专家交流，得到更专业的指点；此外，观众可以为自己办展览，如果观众是字画收藏爱好者，可以将各博物馆精品字画数字化信息整合在一个平台上，自己设计主题，设计展厅，办一次书画展，如果观众有很多藏品，也可以拍好照片，配上文字说明，给它们办一次展览。

四、智慧博物馆建设面临的机遇和挑战

（一）智慧博物馆建设面临的问题

智慧博物馆建设是一项复杂而庞大的系统工程，现有的管理机制、人力资源、技术标准很难满足建设智慧博物馆的需求。为了使智慧博物馆能够有序、健康和可持续发展，智慧博物馆的顶层规划、实用技术评估、通用架构设计、数据共享机制、管理运行等各环节的规范与各领域的实践是必不可少的。目前还没有统一的建设标准用于全球的智慧博物馆，以表达出实现博物馆各类信息流动、所需标准的类目和内容的共享。此外，资金和人才投入也严重不足。数据显示，博物馆在专业人才建设方面存在严重不足的现象。主要存在的问题可归结为以下几个方面：

一是缺乏智慧博物馆建设的统一标准。智慧博物馆不是简单的建立一些应用系统和多媒体展示，而是需要一整套"人+物+应用+管理"的多端融合体系，需要在统一的标准体系指导下，结合各自博物馆实际有序建设和完善。早在2014年3月，国家文物局就支持7家省级博物馆作为试点单位，启动智慧博物馆建设的探索和实践。2017年2月，国家文物局正式发布《国家文物事业发展"十三五"规划》。尽管如此，迄今为止仍没有人能够清晰地描绘出智慧博物馆应该是什么样子的，许多博物馆在实施智慧化建设过程中仍然各吹各的号，各唱各的调。这一问题如不有效解决，将制约智慧博物馆的建设。

二是传统博物馆管理体系封闭分割。传统博物馆的运营过程中各个部门相对自成体系，部门间沟通互动较少，效率相对较低，而智慧博物馆追求的却是智能高效，往往是牵一发而动全身，需要各个部门之间沟通顺畅、配合紧密。在科学技术迅猛发展的时代，传统博物馆在保护、研究、展示、阐释文物及服务社会等方面都存在制度创新的瓶颈，极大制约了博物馆智慧化建设。这就需要对博物馆的整个管理体系进行格局重塑、流程再造与组织重构，除了理顺部门职能外，更要保证各个部门之间的沟通顺畅、信息共享、执行有序，从整体上提高效率。

三是资金和人才投入不足。随着互联网、移动互联网、新媒体和其他现代技术的快速发展，推动博物馆管理和运营更加智慧化、定制化和科学化，特别需要一大批既懂博物馆业务又懂信息技术的高端复合型人才积极参与。由于项目周期时间更长，科技含量更高，因此智慧博物馆建设往往需要更多的资金和人才，然而资金和人才投入不足一直是各个博物馆所面临的问题。一些中小型博物馆和民间博物馆，情况则更加严峻。而资金投入的不足又直接导致博物馆在人才激励方面的灵活性偏低，不容易吸引并留住高水平人才。

四是智慧博物馆发展很不平衡。不仅存在严重的地区间的不平衡，即使在同一级别的博物馆之间也存在较大的不平衡。由于博物馆性质的特殊性，发展较好的博物馆，大多是省会城市的博物馆，而市、县级的中小型博物馆存在藏品不多、受到的重视不够、自身技术力量薄弱等因素的制约，发展起来难度较大。因此在数字化背景下，要建设智慧博物馆，必须要关注中小型博物馆的发展，实现博物馆整体统一协调。当然，在数字化背景下建设智慧博物馆并不是单纯地整合数据、建立信息平台，还要求在博物馆的数据更新、信息系统建设、资源补充等方面下功夫，这些都是智慧博物馆建设的基本需求。唯有提升智慧博物馆的整体建设水平，才能使智慧博物馆在数字化的潮流更迭中长期健康地发展下去，达到智慧博物馆建设的目标。

（二）智慧博物馆的共识与政策

相比某些西方发达国家，我国在智慧博物馆建设方面起步较晚。2014年下半年开始，智慧博物馆的概念逐渐在业内外得到了认可，同年年底，国家文物局开展了智慧博物馆建设的试点工作。从2016年底国家文物局、国家发展和改革委员会、科学技术部、工业和信息化部、财政部五部委联合发布《“互联网+中华文明”三年行动计划》开始，我国出现了一系列推动智慧博物馆建设的政策文件。

2017年2月，国家文物局印发《国家文物事业发展“十三五”规划》，进一步将智慧博物馆纳入规划，不但提出了智慧博物馆建设工程的概念，而且提出了要运用物联网、大数据、云计算、移动互联等现代信息技术；研发智慧博物馆技术支撑体系、知识组织和“五觉”虚拟体验技术；建设智慧博物馆云数据中心、公共服务支撑平台和业务管理支撑平台；形成智慧博物馆标准、安全和技术支撑体系等一系列具体要求。《国家文物事业发展“十三五”规划》中指出，要“坚持政府积极引导、社会共同参与，推动互联网的创新成果与中华优秀传统文化的传承、创新与发展深度融合，充分发挥市场作用，通过观念创新、技术创新和模式创新，推动文物信息资源开放共享，推进文物信息资源、内容、产品、渠道、消费全链条设计，丰富文化供给，促进文化消费，进一步发挥文物资源在培育社会主义核心价值观、构建中华优秀传统文化传承体系和公共文化服务体系中的独特作用”。智慧博物馆以博物馆为实体基础，以数字化为实现手段，采用物联网及互联网技术实现数据采集，通过大数据、云计算及人工智能技术构建数据存储与分析系统，凭借虚拟现实（VR）、增强现实（AR）、3D打印、web应用、三维动画等技术构建文物展示系统，利用人工智能与物联网等技术构建博物馆在线监测与监控系统，为博物馆功能的全面升级以及中华优秀传统文化的展现与传承等工作奠定了技术基础。

2017年4月，文化部印发《文化部关于推动数字文化产业创新发展的指导意见》。2018年10月，中办、国办印发了《关于加强文物保护利用改革的若干意见》，提出了：激发博物馆创新活力；分类推进博物馆法人治理结构建设，赋予博物馆更大办馆自主权；发展智慧博物馆，打造博物馆网络矩阵；鼓励文物博物馆单位开发文化创意产品，其所得收入按规定纳入本单位预算统一管理，可用于公共服务、藏品征集、对符合规定的人员予以绩效奖励；落实非国有博物馆支持政策，依法依规推进非国有博物馆法人财产权确权等一系列政策要求。

（三）促进智慧博物馆建设发展的对策建议

在习近平新时代中国特色社会主义思想的指引下，在国家文物行政管理部门的指示下，通过在全国文博工作者的共同努力，我国的智慧博物馆建设具备了一定的基础，取得了一定的经验。今后一个时期，我国的智慧博物馆建设，应当注重以下六个方面，以进一步促进智慧博物馆的健康、快速发展。

一是认真贯彻党中央、国务院相关文件精神，促进新一代信息技术在博物馆领域的广泛应用。党的十八大以来，党中央、国务院对文化事业、文博事业非常重视，在有关文件中多次提出，要应用以互联网、大数据、人工智能为代表的新一代信息技术，引导数字经济和实体经济深度融合；国家要统筹规划公共数字文化建设，构建标准统一、互联互通的公共数字文化服务网络，建设公共文化信息资源库；要提升公共文化服务效能，丰富优秀公共文化产品供给，不断推进公共文化服务均等化；要大力发展“互联网+教育”“互联网+文化”，开发数字文化产品，推动人工智能在人民日常工作、学习、生活中的深度运用，创造更加智能的工作方式和生活方式；充分发挥图书馆、文化馆、博物馆、群艺馆、美术馆等公共文化机构在传承发展中华优秀传统文化中的作用。因此，我们应当结合智慧博物馆的研究与建设，进一步将这些政策学习好、领会好、利用好。

二是加强与智慧城市建设的衔接和配合，融入其中，共同发展。自从国家发改委、工信部、科技部、公安部、财政部、国土部、住建部、交通部八部委2014年印发《关于促进智慧城市健康发展的指导意见》之后，全国有超过500个城市动工智慧城市建设，在政务、交通、环保、安防、教育、医疗、养老、文化、食品安全等领域取得了一些进展，所形成的以人为本、柔性化治理、精细化服务能力，成为新型城市的象征。文博行业应当准确定位，适时融入智慧城市的规划和建设，充分利用智慧城市形成的信息化环境，使用智慧城市安排的信息化资金，使智慧博物馆成为智慧城市的组成部分；要及时总结、推广智慧博物馆融入智慧城市建设的做法和经验，让更多的博物馆在为智慧城市增光添彩的同时，彰显自己的存在。

三是继续抓好博物馆的管理信息化、藏品资源数字化建设。管理信息化、资源数字化是智慧博物馆的基础，很难想象一个只有手工藏品登记账的博物馆，能一步跨入智慧博物馆的门槛，一个连日常办公都在运转纸质文件的博物馆，能成为智慧城市的一个节点。因此，要紧跟地方政府信息化建设的进程，借助当地项目建设的投资和力量，继续提高文博行业信息化程度。国家级文物行政主管部门可以委托技术机构，采用观摩、交流、评比等方式，对现有博物馆信息化单项应用的功能进行总结、归纳，对关乎数据交换的数据格式等提出推荐性的意见，编制单项应用软件功能的技术规格说明书，力争使新软件开发、旧软件升级能在更加科学合理的基础上进行。

四是发挥主管部门作用，积极引领智慧博物馆建设持续不断前进。国家级文物行政管理部门，要充分发挥行业主管部门的作用，尽其所长，避其所短。当前文博行业信息化建设的投资和管理以地方为主，但是涉及文博业务一定是以文博行政主管部门为主。信息化是当今文博行业管理的手段，业务主管部门是信息化的需求方和最终用户，要主动在自己最擅长的领域发力。当前要把适时修订文博行业标准使其适合信息化管理的工作放在重点位置，包括但不限于修订登记著录规范、影像采集规范等现有规范性文件，也包括新建智慧博物馆建设标准、博物馆信息化等级评定等新的规范。考虑到博物馆规模差异很大，国家级文物行政主管部门要行使服务职能，以行政手段和市场力量相结合的方式，建立一个或者若干个的采用云计算技术的博物馆云应用，使更多的中小型博物馆不必自行开发即可为当地的智慧城市系统提供配套，并向社会提供更好的智慧服务。

五是进一步加强文博系统信息化人才队伍建设。文博系统信息化人才队伍建设包括三个方面：

（1）IT人员的配备。实践证明，专业的IT人员是智慧博物馆建设的必要因素，无之必不成，不能配备IT人员的博物馆，其智慧博物馆的建设和运营宜采取外包或者上收的方式进行。

（2）现有博物馆的业务人员的再教育。要通过在职培训、实践锻炼的办法，使现有博物馆的业务骨干，具备信息化条件下藏品管理、策展、展陈以及博物馆日常运作等的能力，实现博物馆工作方式的跨越式转变。既懂文博，又会应用信息技术的工作人员，是智慧博物馆成功的基础，是博物馆事业发展的希望。

（3）领导干部指挥能力适应改造。信息化条件下的智慧博物馆管理有其特殊的规律，需要给具有丰富传统博物馆管理经验的文博行政主管人员、博物馆馆长以足够的学习机会，通过参加信息化建设项目、观摩交流、系统培训IT知识等方法，争取在较短的时间内，成为指挥智慧博物馆建设、管理智慧博物馆运营的行家里手。IT人员、业务人员、领导干部三支力量形成合力，是智慧博物馆事业发展的核心。

六是加强博物馆之间学习借鉴，有针对性地开展国际交流合作。建设智慧博物馆不仅是信息化系统的建设和升级改造，也是组织机构变革、业务流程再造和组织文化变迁的过程，管理、组织、政策等非技术层面因素将起到重要作用。博物馆之间要加强合作，共享发展经验和科研成果，消除信息孤岛，实现应用系统之间信息共享；充分利用以藏品信息为核心的相关数据，满足博物馆策展和公众参观的需求。要在道路自信、理论自信、制度自信、文化自信的基础上，有针对性地开展国际交流合作。要充分利用协会、博物馆的优势，走出去，请进来。放眼世界，开阔视野，有利于找到差距，少走弯路；讲好中国故事，有利于中华民族优秀文化的对外传播。

（执笔人：张喆、李晨、刘璐、华联剑、耿坤、王硕、刘赪娜、陈璐）

探索篇

颠覆性技术如何影响了博物馆?

安来顺*

毫无疑问，日新月异的数字技术无一例外地渗透到所有的社会细胞，当然也包括博物馆。这些新技术与博物馆愈益深入的融合，而且仍在极大地改变着今天博物馆的面貌。正如任何新生事物进入某一专业领域一样，数字技术之于博物馆自然也引起了博物馆业界和相关科技领域的兴趣与思考。诸如，数字技术与博物馆融合深层次逻辑是什么？在哪些方面影响到当今博物馆的发展？如何找到实现的主要途径？或者偏激一点说，博物馆的数字化仅仅是追赶潮流的“髦的合时”，还是博物馆在新形势下的文化再创造？数字化为博物馆带来的是“新的技术工具”，还是“新的文化价值”？博物馆如何能在避免对新技术无视的同时，又不任由各种技术所“绑架”？等等。这些事关数字时代博物馆发展走向的命题，始终在不同语境下被不同的利益相关方所持续讨论。2020年的新冠肺炎疫情的暴发和蔓延，让博物馆与数字技术前所未有地紧密关联在一起。由于疫情防控很有可能成为博物馆的一种新常态，这让博物馆与数字技术关系的话题愈加炙手可热。笔者非数字技术相关领域的专家，但站在一个博物馆人立场上的分享，或许会有助于多一个角度进行讨论。

一、数字技术与博物馆融合的深层次逻辑是人类两种基本行为，这种融合是博物馆发展的驱动力之一

现代博物馆作为公共文化机构已经有250多年的历史，而且仍然在持续

* 安来顺：上海大学教授、国际博物馆协会副主席、中国博物馆协会副理事长。

发展。1975年世界各国登记注册的博物馆总数为25000座。2012年，仅202个国家的统计，博物馆数量达到55097座（根据2012年版的Museums of the World）。中国国家文物局的官方数据显示：我国1978年改革开放前的博物馆数字是349座，2008年增至2970座。随后进入快车道：2017年5136座，2018年5354座，2019年5535座。在全球范围内，联合国教科文组织（UNESCO）和国际博物馆协会（ICOM）2020年5月的测算，目前全世界共拥有至少9.2万座博物馆。这个数字意味着，当今世界上80%以上博物馆的历史不超过40年。

在现代博物馆的认知体系中，博物馆无疑是关于真实实物的（从艺术珍品、历史文物、自然标本，到其他人类和环境的物质性见证），同时博物馆又是关于人的（从走进博物馆的观众、博物馆工作的员工，到路过博物馆对其围墙背后的一起充满好奇的人们）。乍一看，图片、数据等构成的数字化世界，似乎与博物馆既不一样，又毫无关联。那么，究竟是什么把这看似不关联却又确实存在关联的两个世界相接在一起呢？结论是，它源于人类共有的两种基本行为：传播交流和收集储存。

从传播交流方面看，从语言发明开始，人类从来没停止过开发各种交流工具的步伐，并且为了更好和更快捷地传播，这些工具不断微型化（Miniaturization），从照相机、电报、电话、电影、收音机、电视，到今天的互联网。从这个意义上讲，数字技术带来的革命只是历史必然地给博物馆提供了传播信息、满足人类交流需求的新可能。再从收集储存方面看，博物馆是一个收集和储藏人类及其环境见证的机构，数字化可以通过其强大的储存、分析和发布功能，让博物馆各类信息和数据的保存、保护、藏品的使用，直至博物馆的智慧，在数字化的世界里得以增强、加速（Accelerate）和共享。[①] 2019年全国各类博物馆举办展览2.86万个，参观量12.27亿人次，其中不在少数的观众是借助各种数字化途径了解和使用博物馆的。截至2016年，经过五年的第一次全国可移动文物普查，普查全国可移动文物10815万件（套），国有可移动文物数字化备案2661万件（套），6407万件，国家文物局数据中心藉此积累了近170T的文博大数据（包括可移动和不可移动）。[②]数字化对当今博物馆发展的驱动效果由此可见一斑。这便是数字技术之所以与博物馆相融合的内在逻辑。

---

① Manual of Planning the Digital Museum, Edited by Ali Hossaini and Ngaire Blankenberg with Gail Dexter Lord and Barry Lord, Rowan & Littlefield, 2017, P xiii- xiv.

② 姚兆．文博信息化3.0时代悄然到来［N］．中国文物报，2017-08-08.

二、与博物馆主要业务功能外化有关，不同的数字技术循序渐进且多途径地进入博物馆的各个专业领域

从20世纪80年代开始，博物馆的核心功能开始逐渐外化，这一趋势在进入21世纪之后进一步加剧，进而带来了一系列“新的博物馆现象”。这些现象挑战和改变了传统（或主流）的博物馆理念与实践。观察发现，博物馆功能的外化与若干种外部驱动力有关。例如，休闲产业的发达为公众休闲消费提供了更多选择，无论我们是否愿意承认，休闲产业正在与博物馆竞争“消费者”；知识经济带来的信息渴求，人们需要不同的知识平台和信息获得场来满足公众自我更新和自我提升的需要；公众期待博物馆的传统形象发生改变，因为在社会公众心目中，某些“老式的”博物馆还是相对封闭甚至是麻木和冷漠的。同时也不难发现，在功能外化的过程中，博物馆也在进行着自我调整：传统博物馆几乎只关注对物质性遗产的收藏保存，就是那些在物理意义上存在的实物，而今天，非物质的遗产也逐渐受到博物馆越来越多的青睐；过去博物馆的陈列展览能为观众提供的参观体验方式是很单一的（或者简单的实物加标牌，或者是百科全书式的冗长讲述），如今博物馆开始追求观众在参观陈列展览中的多重体验；过去博物馆中所呈现的事物和表达的观点基本上代表着唯一选择，但今天博物馆的传播和教育则开放和包容了许多。

作为博物馆功能外化的一种具体表现，数字技术引入博物馆已逐渐为博物馆业界和社会公众所接受。这是不争的事实。美国人克莱顿·克里斯坦森（Clayton M. Christensen）是“颠覆性技术”（Disruptive Technologies）概念的提出者，20世纪90年代他将所有另辟蹊径、会对已有传统或主流技术产生颠覆性效果的，能重新配置价值体系并引领全新的产品和服务的技术归纳为“颠覆性技术”。可以观察到的是，“颠覆性技术”中的许多已经或可能进入博物馆领域，包括：人工智能、机器学习、量子计算、物联网、区块链和分布式账本技术、云服务、边缘计算（云对边缘技术）、游戏化、沉浸式体验（虚拟和增强现实技术、基于先进技术的工具（如搜索、发现、发布、数字取证）、图形数据库、自动化产品（机器人、交通工具等）等。这些对收藏、保存数字化藏品（如软件）和数字设备（硬件+软件）具有颠覆性或挑战性。见图1—图4。

图1　巴西里约热内卢明日博物馆的多媒体展示

图2　巴西里约热内卢明日博物馆的多媒体互动项目

图3　美国华盛顿国家自然历史博物馆“好奇中心”交互式藏品数据库

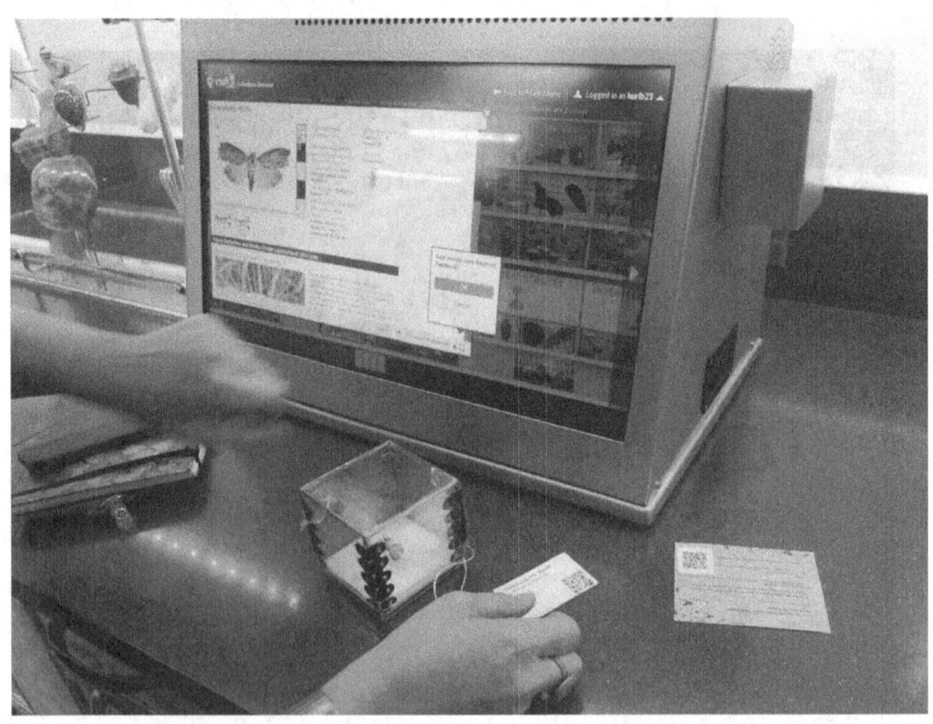

图4　美国华盛顿国家自然历史博物馆“好奇中心”观众智能卡

尽管技术的选择是多样的，然而在具体实践中人们对如何在博物馆实现和应用这些技术还未达成一致。比较常见的情况是，博物馆只是简单借助数字技术地将实体博物馆换了一个现场，不少采用数字技术的项目出现了信息孤岛现象。对此，有研究者选取了一个最具代表的样本——“虚拟博物馆”（Virtual Museum），解剖了实现博物馆数字化所经历的十个基本步骤（或阶段）。一是单向关联的网站和数字信息；二是将数字元素植入博物馆、陈列展览和解说的语音和多媒体导览；三是指令、请求、用户和观众反馈的交互元素设计；四是社交媒体行为和参与；五是藏品和展品的归档存储，在必要时作线上展示；六是有引导或无引导的数字化的展厅；七是智能手机应用程序（App）；八是兼具模拟式博物馆与数字博物馆特征的增强现实（AR）集成；九是虚拟现实（VR）元素的集成；十是“虚拟博物馆”。在他看来，虚拟博物馆，不是把实物、资料等带到互联网上的一座传统博物馆的“计算机空间”，而是安家在虚拟世界中的一个实体。它不使用一座实体的建筑作为物理意义上的设施，而是建立在程序软件上的，使用数字传播媒体的一个混合体，并依赖经过特色化处理过的元素而运行着。[①]今天的人们在博物馆融合颠覆性技术的征途上的探索远没有就此停止。过去十年间中国的博物馆界受智慧城市理念的启发，提出了“智慧博物馆”这一全新的博物馆文化、技术和管理概念。希望人们借此理念重新梳理和构建博物馆各要素的关联关系，以便形成合力，达到博物馆服务、保护和管理协同发展的目的，使包括物联网、云计算、大数据和移动通讯等在内的技术更加多样化地支撑博物馆的各项业务功能和管理功能。

当然，涉及数字化之于博物馆许多问题的讨论还将持续下去。例如，今天的博物馆互联网思维中，如何更加符合博物馆行业自身固有的发展规律，实体博物馆与虚拟博物馆如何实现优势互补？我们在确认互联网带来创新机会的同时，是不是也伴随着潜在的风险？等等。2018年的国际博物馆日，全世界的博物馆和关注博物馆的人都围绕一个特定的主题展开讨论，因为当年国际博物馆日的主题是：“超连通的博物馆：新方法，新公众”（Hyperconnected museums: New approaches, New publics）。

---

① Bernd Günter “Virtual museums: ‘know time’ - a concept for a virtual museum, its stakeholders, and its marketing”, Presentation at ICOM MPR session at the International Council of Museums ICOM General Conference Milan / Italy, July 3-9, 2016.

三、数字技术对博物馆的贡献是多维度的，也许不仅是作为技术工具，还可能延伸至博物馆的文化价值

技术专家从管理、服务和体验三个层面解读博物馆与数字技术，无疑是正确性的。数字化管理，即以数字化手段实施博物馆藏品、观众等信息库的管理，是一种精细化的管理；数字化服务，即通过互联网向实在的和潜在的博物馆观众提供内容更丰富、形式更多样的服务；数字化体验，即利用更好、更新、更便利、更友好的技术改善观众的博物馆参观和学习体验，同时提高博物馆管理者的管理效能。然而，除此以外，数字技术的影响有可能延伸到博物馆文化价值层面，在理论和实践层面也许包括：创造一种全新的与公众对话的模式，博物馆从单一或数个渠道变成全渠道，置信息或数据于博物馆的核心，优化博物馆与所服务社区关系的途径，帮助大众在数字时代更好的博物馆学习，开辟博物馆观众体验新领域，等等。

当然，除了带来近乎无限的可能和优势外，数字技术的应用其实还在引发博物馆认识一些其他问题。例如，数据（未加工的数字和事实）—信息（处理过的数据）—知识（鉴别过的信息）—智慧（数据+信息+知识+行动+反馈）之间的关联与区别在哪里？如何警惕单纯靠技术解决所有的文化问题？以及大数据应用中应如何恪守博物馆职业伦理？等等。尽管这些问题中的绝大多数在博物馆是研究不够的。

突如其来的新冠肺炎疫情及其在全球的蔓延，客观上让线上资源和虚拟技术与博物馆产生了全所未有的联系，数字技术在本次博物馆抗疫中的作用得到了充分验证，社会对博物馆线上资源的认可度大幅提升。当数十亿人在空间上彼此分离的时期，包括博物馆提供的线上文化服务在令人焦虑和充满不确定性的时候给人们带来了慰藉、鼓舞和希望。2020年9月ICOM的跟踪调查显示，目前已经开发或正在考虑开发新工作方法的博物馆占30%；已经加快或正在考虑加快数字化服务进程的占40%；已经选择聚焦或正在考虑聚焦新观众群体的占61%。[①]可见，在疫情防控新常态下，现代数字技术在博物馆中的应用潜力巨大。但也有一些统计数据会让我们警觉，例如疫情居家期间，英国的一项调查显示50%的受访者参加线上活动，但真正使用数字藏品者仅占17%。该调查提示，博物馆线上资源不仅是宣传推广，更应该是博物馆资源的有效延伸，要真正成为教育活动，要更加关注这些项目的包容性和对人们健康福祉贡献。这是值得我们正视和认真思考的。

---

① 数据参加ICOM网站相关专题：https://icom.museum/en/news/follow-up-report-museums-covid-19/.

智慧博物馆与博物馆智慧

陈　刚*

随着近期大数据、人工智能等新技术的兴起，智慧博物馆建设得到了长足的发展。智慧博物馆通过充分运用云计算、物联网、移动通信、大数据、人工智能等新一代信息技术，采集相关的人、物、活动和数据信息，实现博物馆征集、保护、研究、传播、展示和管理活动智能化，提升博物馆服务、保护、管理能力，以更加全面地达到研究、教育、欣赏之目的的博物馆。从技术应用视角看，智慧博物馆是物联网、移动互联网、大数据、云计算、人工智能等新一代信息技术的应用集成。从业务功能视角看，智慧博物馆要通过技术手段，实现博物馆征集、保护、研究、传播、展示和管理活动智能化。从内容服务视角看，智慧博物馆通过采集、加工、展示博物馆的人、物、活动及数据内容资源，构建智慧博物馆知识生产与知识服务体系。

目前对智慧博物馆的研究与应用大部分集中于博物馆的技术应用，有小部分集中于博物馆的业务功能探索讨论，从博物馆内容服务方面的研究极少。本文拟从博物馆知识和智慧分析出发，对智慧博物馆的概念、功能与知识服务等问题进行探讨，给出了智慧博物馆的知识服务体系架构，并就智慧博物馆大数据和机器学习技术进行了讨论。

---

*　陈刚：北京国际文化贸易服务中心理事长、高级工程师，研究方向为博物馆数字化与智慧博物馆、文物与文化领域信息化管理。

一、博物馆的知识与智慧

（一）数据、信息、知识与智慧

数据（Data）是对客观事物的原始记录。记录的形式包括数字、文字、图像、声音和视频等。记录的手段既可以直接通过人的感官，也可以利用专门的采集设备和装置等。数据的显著特点是具有可鉴别性和不确定性，可鉴别性是指数据能区分于其他数据，不确定性是指单个数据的含义是不确定的，只有在和其他数据发生联系后才能形成确定含义。例如："公元857年""山西五台山佛光寺东大殿"都是数据。

信息（Information）是经加工后具有确定含义的有意义的数据。一般来说，信息是对至少两项数据进行加工处理、平凡组合后，得到的有确定含义，并对用户有意义的数据（集）。此处提到的"意义"不仅限于对人的意义，也包括对自然界一切生命体，甚至非生命体的意义。信息是数据的内涵，数据是信息的载体，信息加载于数据之上，对数据作具有确定含义的解释。例如："山西五台山佛光寺东大殿建成于公元857年（唐大中十一年）"是信息。

知识（Knowledge）是相互具有内在联系的有意义的信息集合。知识是结构化的信息集，不同于信息只是对事物的简单陈述，知识通常具有不同事物确定含义信息之间的某种结构（逻辑的或非逻辑的）关系。知识一般包括由前提和结论等多条信息在内，组成的具有完整意义的信息集合。例如：

（1）19世纪二三十年代，日本学者断言：中国已不存在唐代木构建筑，要想看唐代建筑只能去日本奈良。

（2）1937年6月，梁思成和林徽因在全国寻访1800多座古建筑后，根据敦煌壁画五台山图，探访五台山佛光寺。

（3）佛光寺东大殿左右四根梁上，唐朝人留下的题记中有"佛殿主上都送供女弟子宁公遇"。

（4）佛光寺东大殿前方的石经幢上刻有建造年代"唐大中十一年"，并出现"送供人宁公遇"（见图1）。

（5）佛光寺东大殿建成于公元857年（唐大中十一年），是我国现存最古老的唐代官式木构建筑。

以上5条信息分别由背景描述、前提条件和结论信息构成，共同组成一个完整的知识单元。它不仅有确定的含义，并且还具有完整的意义。

智慧（Wisdom）是对未来和全局的理解和洞见。智慧是人们根据已有知识基础，对当前面临的问题进行分析、判断，给出解决方案的能力，以及人们深刻理解人、事、物、社会、宇宙、现状、过去、将来，思考、分析、探求真

图1　佛光寺东大殿与石经幢

理的能力。数据、信息和知识都是通过对已发生的客观事实进行采集记录、加工处理和分析归纳获得，智慧则是要对当前即将要发生的事件做出决策，或者对未来和全局的局势进行研判。

有知识并不等于有智慧，知识可以通过学习获得，学习可以掌握很多技能，但这并不意味着通过学习获得知识，就具备解决问题和洞察未来的智慧。智慧无法通过学习获得，智慧无法复制、不能传播、难以习得，获得智慧必须靠“顿悟”。例如，通过深刻理解前文介绍的梁思成、林徽因夫妇发现我国最早唐代官式木构建筑方面的知识，有人可能会由此顿悟出从事古建历史研究的规律和方法，也有青年人可能会从中顿悟出兼顾事业与爱情的人生发展道路。

（二）博物馆的知识生产

知识生产是指人们通过人脑或智能化系统对信息进行分析、比较、归纳、演绎，形成相互关联的有意义的信息集合，即知识产品的完整过程。物质生产的目的是直接满足人类的物质需要，包括生产物质性的生产产品和物质性的生活产品。知识生产的目的则是获取各种知识，用以满足人类的各种精神生活的需要，同时也为人类的各种生产提供理论和方法。物质生产主要以体力劳动为主，劳动者运用劳动工具，加工原材料而生产物质产品。知识生产则是以脑力劳动为主，充分运用人类的知识和智慧的创造性劳动。

博物馆以收藏、研究、传播、展示人类及其环境物质遗存为主要内容，物质性是博物馆存在的基础。但博物馆并不生产物质性产品，博物馆从来就不是物质生产机构。早期以珍品收藏为主要目的的原生意义上的博物馆，是物质性藏品的保管机构。现代意义上的博物馆不再局限于藏品的收藏与保管，还在藏品收藏、研究和传播展示过程中，解读与表达藏品特征及文化内涵，构建与阐释藏品蕴含的特定意义及思想观念。现代博物馆已发展成为典型的知识生产机构。博物馆藏品往往是碎片化的、不完整的，脱离了原有的自然与社会环境，很难完整表达人类及其环境的真实状况。通过博物馆藏品来全面认识与了解自然与社会的途径唯有博物馆知识生产。

博物馆是记忆社会的专门机构，博物馆藏品蕴含了人类社会发展过程中产生的大量知识。博物馆藏品蕴含的知识主要以两种形式存在：一是显性知识，也称固化知识，主要指用概念、文档、图表、公式、语言文字表达的知识，这类知识一般以碑刻、铭文、古籍等形式存在；二是隐性知识，又称意会知识，即“只可意会，不可言传”，没有明确表达出来的物化知识，这类知识依附于藏品，需要专门的方法加以获取。

博物馆藏品保留的知识大部分是碎片化的、缺乏时代意义的支撑，不再具有信息和知识要求的确定性和意义价值。从藏品中还原知识需要数据采集、信息加工、知识获取三个步骤（见图2）：

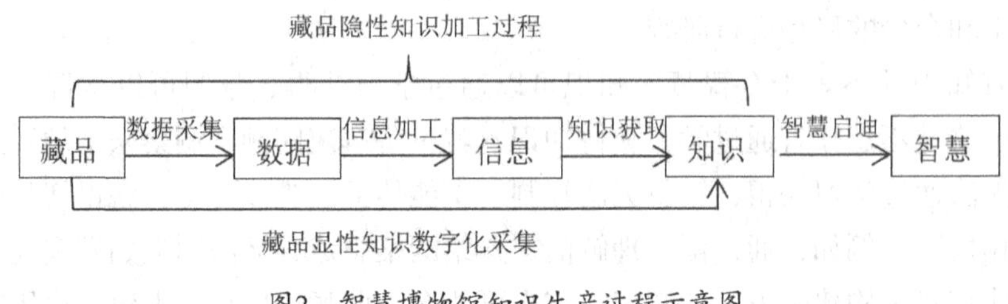

图2　智慧博物馆知识生产过程示意图

第一步：数据采集。通过目测或专门的采集设备和装置，记录采集藏品的名称、外观、材质、尺寸、纹饰、年代、用途等方面的数据。

第二步：信息加工。对采集的数据进行加工处理，得到藏品的物理信息、结构与功能信息、自然与社会环境信息，以及藏品的历史事件与空间信息等。

第三步：知识获取。对藏品各方面信息进行分析、比较、归纳、演绎，获取和还原藏品蕴含的知识，实现博物馆藏品的意义再现，帮助社会公众实现从博物馆中汲取知识、启迪智慧的目标。

（三）博物馆的智慧内涵

博物馆的智慧主要体现在内容、服务与业务模式等三个层面：

第一个层面是博物馆拥有智慧的内容。博物馆收藏的藏品是人类与人类环境的物质遗存，具有极大的历史、艺术和科学价值，是不同历史时期人类智慧的结晶。博物馆通过藏品收集、保管，忠实地记录着人类社会的发展历程，成为彰显人类历史文明发展成就的重要象征；通过举办面向观众开放的陈列展览，帮助观众从历史汲取知识、开启智慧，发展成为普及教育、启迪民智的重要场所。博物馆在藏品研究、展示传播过程中，通过对藏品特征进行解读与表达，对藏品意义进行阐释与构建，为观众提供全方位的知识生产服务。观众通过参观访问博物馆实体藏品及其知识产品，了解人类社会已有知识经验和思维方法，开拓头脑的思维视野和层次，实现不同领域、不同层次知识的融会贯通，最终提升自己的智慧境界。

第二个层面是博物馆提供智慧的服务。如果把博物馆作为生命体进行人格化处理，则当博物馆具有认知能力以后，其自身就可以称为博物馆主体，与之交互作用的观众对象就是博物馆的客体。博物馆工作人员，博物馆展示、传播、研究、保护等活动，博物馆藏品、场馆与设备设施等共同构成的博物馆主体，为博物馆客体对象——观众，提供智慧的服务。智慧服务包括智慧的服务内容和智慧的服务行为两种含义，其中智慧的内容服务是博物馆主体通过建立各类传感设备和物联网系统，实时感知客体观众对象的个性化需求。观众客体的需求和问题经由大数据处理和智能分析，形成可靠的解决方案，及时反馈给观众。从观众视角看，博物馆就是一个完整的智慧体，博物馆不仅能就观众直接提出的问题给出合理的答案，还能自动感知观众将要面临的问题自动给出答案。

第三个层面是博物馆建立智慧的业务模式。博物馆智慧的业务模式是指通过博物馆内外部业务管理高度智能化，实现提升业务工作效率、降低业务工作成本的目标。博物馆内部业务管理重点围绕藏品资源、馆舍资源、财产资源和人力资源等进行业务管理智能化升级。智慧博物馆外部业务管理主要通过加强对博物馆体系之外的观众、管理机构与合作单位等利益相关者的联系，实现博物馆外部业务管理水平的提升。博物馆通过建立藏品管理、展厅管理、库房管理、观众访问行为管理及协同办公管理支撑体系，建立以知识作为联结的博物馆内外部业务协同管理网络，提高业务工作效率，降低业务工作成本，实现真正的博物馆智慧业务模式。

博物馆从私密收藏到提供智慧化服务的过程见图3。

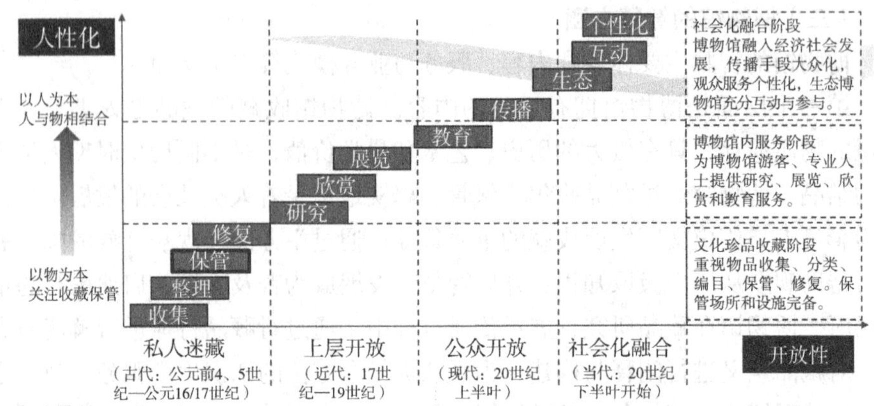

图3　博物馆形态发展变化路径

二、智慧博物馆概念、功能与知识服务

国内智慧博物馆应用研究仍存在不少认识误区，以及因概念混乱造成的不利影响，为加快推进智慧博物馆发展，需要进一步厘清智慧博物馆相关基础概念，为智慧博物馆发展提供清晰完善的理论研究与应用实践保障。

（一）智慧博物馆概念发展

早期关于智慧博物馆的探索主要来自两方面技术的出现：一方面是由于各类传感技术兴起，有人把可以感知外部环境变化（温湿度、振动、压力、烟感等）的博物馆建筑，称为智能博物馆；另一方面是随着移动网络技术兴起，有人把通过手机等移动终端设备，根据自身需求获得更多个性化信息和更为丰富有趣的观展体验的移动应用系统称为智慧博物馆。

国内最早提出的智慧博物馆概念基本来自于智慧城市。IBM在2008年提出“智慧地球”战略后，继而提出智慧城市这一商业概念延伸而来。智慧城市是商业企业为占领技术和市场制高点，通过整合移动网络、物联网、云计算等技术，对社会公众和资源，实现泛在互联、人人参与、应用融合的一种公共服务与治理基础建设解决方案。基于智慧城市的理念，2013年首次提出智慧博物馆的概念：

智慧博物馆是以数字博物馆为基础，充分利用物联网、云计算等新技术，构建的以全面透彻的感知、宽带泛在的互联、智能融合的应用为特征的新型博物馆形态。

针对上述概念缺乏对智慧博物馆功能及内容的阐述，宋新潮先生提出了智慧博物馆体系框架，并增加了智慧服务、智慧保护、智慧管理三大基本功能。本蓝皮书总报告给出的完整智慧博物馆概念如下：

通过充分运用云计算、物联网、移动通信、大数据等新一代信息技术，感知、计算、分析博物馆运行相关的人、物、活动和数据信息，实现博物馆征集、保护、研究、传播、展示和管理活动智能化，提升博物馆服务、保护、管理能力，以更加全面地达到研究、教育、欣赏之目的的博物馆。

目前对智慧博物馆的应用研究存在两个极端，一是过于强调技术因素，偏重于从移动网络、物联网、大数据技术，到虚拟现实、三维重建等具体技术应用。二是仍然停留在愿景描述层面。本研究认为，智慧博物馆发展将回归基于藏品本身的知识生产与知识服务，应该加强对博物馆内容大数据和人工智能技术应用，为智慧博物馆创造一个基本相当于人类智力的智慧博物馆“大脑”。作为智能中枢，它可以通过各种物联网感知终端让智慧博物馆基础设施拥有感知能力，利用网络技术建立一个神经传导系统，构成智慧博物馆这个生命体的基础架构，使智慧博物馆拥有学习能力，能够基于自身的藏品和知识构成体系，深入了解观众的知识需求与偏好，自主与观众进行沟通、咨询等知识交流，同时知悉智慧博物馆外部社会环境动态，自主完善博物馆知识体系，自主调控博物馆的空间环境、展览环境和安全状态。

（二）智慧博物馆的智慧功能

智慧博物馆主要涉及两部分智慧功能的实现：一是博物馆自身认知体系和管理体系智能化；二是智慧博物馆与外部要素互动智能化。具体可以分为三个方面：智慧博物馆的馆藏与知识分析挖掘，智慧博物馆观众以及观众访问行为分析预测，以及智慧博物馆展陈、保护、研究活动与环境状态分析。

1. 藏品与知识描述

传统的藏品描述主要是从藏品本体角度出发，给出藏品的名称、年代、外观、尺寸、材质、纹饰、功能、照片等信息。这些数据既不能涵盖藏品的知识内容，也不能完全体现藏品在知识网络中的地位，导致博物馆知识生产和知识服务只能停留在藏品展陈的简单标签描述层面。随着语义网、框架与知识图谱技术的发展，已经能够对藏品描述文字、图片、相关文献进行内容层面的描述，并按照预设的模型匹配标识的内容信息，为深入藏品信息的语义研究与探索提供了可能。

2. 观众需求描述与预测

观众作为博物馆服务的核心对象，服务的现象和形式表现为藏品浏览，服务的内容和本质是知识服务。观众访问行为和知识需求是驱动智慧博物馆不断提高服务质量唯一的动力。由于涉及观众隐私等问题，一直以来，博物馆尽量避免过多收集观众信息，导致智慧博物馆对观众的了解，大多停留在认得出、能找到阶段，并不关注观众的内在知识构成、工作生活特征以及兴趣爱好等与知识需求密切相关的信息，导致智慧博物馆仅仅只能根据简单的流通统计数据，判断观众的知识需求偏好。

3. 馆藏知识描述与动态更新

智慧博物馆的成长与发展需要不断持续发掘藏品知识，更新馆藏知识内容。在资源有限的情况下，博物馆需要不断发掘藏品蕴含的知识，补充和更新藏品知识的种类和数量。在大数据、人工智能技术的支持下，利用智慧博物馆馆藏知识大数据、观众及观众访问行为大数据、博物馆场馆环境监测大数据，以及博物馆展陈、保管、研究等活动大数据，把智慧博物馆的馆藏与知识、观众以及观众需求，以及展陈、保护与环境馆藏状态有效结合起来，在充分揭示观众、藏品和活动三者之间规律的基础上，更加有效地把握智慧博物馆知识服务动态，建立高效的智慧博物馆知识生产与知识服务模式。

（三）智慧博物馆知识服务体系

从主客体视角观察博物馆服务体系，智慧博物馆观众为客体，除观众之外的博物馆及其他部分为主体。智慧博物馆主体主要包括三部分：一是以藏品、场馆和设备设施等为主要内容的“物”，二是博物馆机构及其工作人员构成的“人”（不含观众），三是由博物馆工作人员组织运行的展示、传播、征集、保管、研究等“活动”。智慧博物馆主体和客体互动形成智慧博物馆的服务体系。智慧博物馆以博物馆工作人员为核心，利用博物馆藏品、场馆、设施等，精心组织开展一系列研究、展示、传播活动，提供知识生产服务。博物馆知识消费服务以观众的知识需求为驱动力，通过观众参观访问智慧博物馆的各种信息行为，形成观众与智慧博物馆之间的知识互动。博物馆知识生产与知识消费构成完整的智慧博物馆知识服务体系。在这个知识服务体系中，智慧博物馆的藏品及其信息服务、展览陈列、场馆配套服务仅仅是吸引观众的手段；观众对博物馆的知识需求和博物馆提供的知识服务是联结智慧博物馆与观众的纽带。

智慧博物馆的知识服务运行主要是通过人工服务、自助服务等模式，为观众提供免费的票务、导览、讲解服务。智慧博物馆知识服务主要围绕智慧博物馆主体核心对象藏品、活动和客体对象观众之间的知识互动，以智慧博物馆场馆设施为基础，支持智慧博物馆的常规运行。基础设施越完善，越能减轻智慧博物工作人员的劳动强度，在传统手工时代，是以博物馆工作人员的智能和体力为基础展开运行，随着物联网传感器等基础设备的引入，智慧博物馆知识服务进入感知时代或智能时代，又随着大数据处理和人工智能技术逐渐引入，智慧博物知识服务从手工服务开始，经历了人工服务、自助服务阶段之后，即将迎来智慧服务时代。

三、智慧博物馆知识服务体系架构

智慧博物馆知识服务总体架构设计将以“3+2”博物馆信息化建设架构为基础，即信息化设备、数据管理和应用系统构成的3层主体架构，以及标准规范、安全监控2层支撑架构，同时加大博物馆数据的采集范围和处理能力，重点实现大数据分析、机器学习、知识加工能力，加大人工智能的应用范围和深度。其中，数据源和数据，形成最基础的支撑层，机器学习的算法和能力，构成知识型智慧博物馆的核心层，功能层作为人工智能的表现，通过应用层的智能设备，实现智慧博物馆系列智能化和自动化应用。

（一）数据源与数据

智慧博物馆数据主要包括来自人（博物馆工作人员和观众）、物（藏品、展馆与设施）、活动（展陈、保护、研究等）三方面数据。这些数据根据其随时间变化的频率，又可区分为静态数据和动态数据。其中，静态数据主要是人、物、活动的基本信息数据，动态数据主要是人的行为、物的变化、活动的过程动态记录数据，以及来自各种信息系统运行状态数据和传感器动态实时捕捉的智慧博物馆环境状态数据。智慧博物馆对静态数据采集一般采取人工直接文字录入、使用采集设备采集（照相拍摄、二三维扫描、测量检测分析等）和智能采集系统自动分析获取。智慧博物馆动态数据采集，需要使用各种自动采集记录设备、系统自动分析等方式采集。

（二）机器学习

智慧博物馆的机器学习根据需要学习的内容主要分为三部分：

第一部分是馆藏知识的学习。人工智能要根据藏品知识的描述层次，了解智慧博物馆有哪些藏品，根据每件藏品的物理结构、功能用途、自然与人文历史环境描述信息，以及藏品相关的文献研究记录信息，初步了解智慧博物馆每件藏品的知识分布情形与状态，进而根据馆内藏品相互之间，以及馆内藏品与其他馆相关藏品之间的关系内容，学习智慧博物馆藏品及其整体知识框架内容。

第二部分是观众需求的学习。通过智慧博物馆票务、导览、展厅定位、视频监测等系统对观众的访问行为进行全面观察了解。然后根据观众的具体特征和分类，重点对观众参观路线、停留时间等访问行为习惯进行重点分析，进而对观众的行为和需求趋势进行判断，并根据对观众的全方位了解，更加深入和具体地预测观众需求。

第三部分是对藏品展示、保护、研究活动及其状态的学习。智慧博物馆主要以实现藏品征集、保护、研究、传播、展示和管理等活动的智能化为具体目标，这些活动的举办过程同时涉及来自外部观众与社会环境的外部需求，博物馆藏品、场馆、设施等物理条件，以及博物馆人员和机构的专业水平和管理水平等。传统博物馆的人工方法无法对活动进行全面的内容、质量、效率和过程管控进行识别和把控。智慧博物馆需要对上述要素进行综合分类和初步筛选，对已有活动的成果进行合理利用，对未来的活动进行择优选择。

（三）需求与响应

智慧博物馆通过机器学习获得的知识，归根结底是服务于观众的知识需求和藏品的保护管理，直接的服务对象是观众和博物馆工作人员。智慧博物馆观众访问行为分析、跟踪回访服务对智能化要求较高，需要通过文字、语音、行为（体感互动）等方式，对观众提出的参观体验要求进行识别、响应和输出；智慧博物馆藏品保管状态与展陈、保管环境密切相关，藏品知识生产需要根据观众需求与馆藏建设要求，提出藏品征集、预防性保护、信息采集、知识加工等具体要求，并提出报告方案和依据。

四、智慧博物馆大数据

智慧博物馆在知识生产和服务过程中，一方面形成多层次、多类型交互的描述与记录数据集合；另一方面，知识载体和藏品本身，又构成庞大的数据集合。

（一）观众数据

观众数据包括对观众静态描述的基础数据和动态数据。静态描述的用户基础数据包括观众一般描述数据和观众背景数据。一般描述数据指观众姓名、性别、出生日期等身份证数据，以及通信联系方式、注册时间地点、押金和罚款记录等数据，是智慧博物馆在常规工作情况下，需要为观众建立的基本数据。观众背景数据是指隐含观众的知识程度数据，包括观众的学历、专业、职业、职称、婚姻状态等具有档案性质的数据。动态数据包括的内容较多，数据获取方式与途径也较为复杂，具体可概括为智慧博物馆内的用户参观访问与互动数据、包括馆外潜在观众在内的智慧博物馆观众日常关注与兴趣数据，以及影响观众日常工作生活的重大事件等。观众大数据价值高，涉及用户隐私保护，使用时必高度谨慎。

（二）内容数据

内容数据包括藏品内容、陈列展览内容、文献出版内容数据，内容数据是构建智慧博物馆知识生产与服务体系的核心内容。藏品内容数据既包括藏品本体的物理结构描述数据，如藏品名称、年代、尺寸、形制、材质、纹饰、功能、外观照片等信息，也包括藏品在不同时间点与自然环境、社会环境的关联信息，如藏品生产、制作、使用、流通、保管、展览的历史时间和空间信息等。智慧博物馆陈列展览是基于特定主题对孤立的藏品内容进行重新组合排列，由历史研究、藏品内容研究与展陈设计人员思维碰撞而成，是智慧博物馆现有工作人员成果的集中反映。与藏品相关的文献出版主要是不同历史时期相关研究学者的研究成果，以文字、图标或音视频形式表达。无论是过去的文献研究内容，还是现在的陈列展览内容，都是从更高层次上对藏品知识进行的深度诠释，不仅是智慧博物馆知识的重要组成部分，也对构建智慧博物馆知识体系具有重要指导意义。

（三）管理数据

管理数据主要包括藏品管理、人员管理、场馆设施及资产管理等数据。其中藏品管理从藏品保护角度，记录藏品保管状态、进出库（藏）情况、修复情况、展陈与保存环境状态。人员管理记录博物馆工作人员的借本情况与工作状态、观众的基本情况及其访问博物馆的安全监测信息等。场馆设施及资产管理数据主要描述展厅、库房、设施及馆内其他相关资产的管理数据。

五、智慧博物馆机器学习技术

智慧博物馆的知识生产与知识服务主要是基于机器学习算法，根据已有的数据训练机器学习算法，发现隐藏在数据后的规律和事实真相，动态预测未来的变化与发展趋势。根据智慧博物馆提供的原始数据是否有标记信息，可大致分为监督学习和无监督学习。

（一）监督学习技术

监督学习通过对原始数据的学习和训练，获得对应数据隐含规律的模型，对事实真相进行描述，并能够利用模型，进行有效预测。监督学习是建立在人类先验知识和经验的基础上，通过对客观事物进行一定的描述、概括、分类，让监督学习算法对给定数据进行训练和学习，获得可靠的描述模型。智慧博物馆现有的数据，绝大部分为有标记数据，因此知识型智慧博物馆当前主要采用监督学习技术。其中内容数据主要根据馆藏文物登记著录指标进行著录登记，观众数据则是根据观众属性特征进行登记，管理数据则是建立在藏品管理、人员管理和资产管理技术规范基础上。根据内容、观众和管理数据，一方面建立起智慧博物馆知识画像数据，揭示馆藏知识分布规律；另一方面建立起智慧博物馆观众画像数据，准确预测观众的知识需求趋势。通过馆藏知识数据和用户数据为智慧博物馆建设提供可靠的决策支持。

（二）无监督学习技术

无监督学习是对于无法建立标签的数据进行分类或聚类的方法，一般用于人类没有太多先验知识的数据，通过分类或聚类算法，取得事物的特征，形成数据描述标签。智慧博物馆无标签数据主要集中在各类藏品图像、视频、文献类数据，未标记的新访问观众数据，以及各类场馆视频监控和传感设备记录的数据。通过对藏品相关数据的聚类分析，发现事先尚未发现或尚未标记的信息，可以进一步建立馆藏知识的关系，丰富知识服务的内容，深化知识服务的层次。对观众的无监督学习，可进一步解释观众与知识需求之间的特征与规律，为智慧博物馆自身的理论和实践建设，提供更加有力的支持。对各类场馆的监控数据进行无监督学习，可以进一步发现藏品保护、展陈、管理中的特征和规律，提升智慧博物馆藏品保护水平，优化陈列展览展线设计，完善智慧博物馆内部管理，提升工作效率。

（三）辅助决策技术

智慧博物馆是一个不断生长的智能体，需要不断进行藏品数据采集、信息加工和知识提取，优化展览陈列设计，完善场馆设施设备，以吸纳更多的观众进行智慧博物馆参观访问，并满足观众更加深入和丰富的知识需求。然而，智慧博物馆的服务能力又受到资源总量的限制，站在智慧博物馆发展的战略层面，需要采用运筹学原理与决策技术，利用有限资源，优化智慧博物馆知识服务的效果和能力。

六、小结

博物馆是社会记忆和公众教育的场所。博物馆利用物质遗存记忆社会，为社会大众提供知识生产和知识服务，是博物馆区别于展览馆、图书馆和学校的显著特点。通过重点引入大数据和人工智能技术，建立智慧博物馆智慧“大脑”，统筹管理智慧博物馆的运行与管理，将对智慧博物馆与观众的交互模式，智慧博物馆知识生产与知识服务模式，以及智慧博物馆内部各个要素之间的优化配置与运行模式带来重要影响。

参考文献

［1］宋新潮．关于智慧博物馆体系建设的思考［J］．中国博物馆，2015（2）．

［2］仇岩．大数据时代博物馆动态观众服务体系浅析［J］．中国博物馆，2014（4）．

［3］张小朋．智慧博物馆核心系统初探［J］．东南文化，2017（1）．

智慧博物馆技术体系架构设计

沈贵华*

前言

自20世纪80年代末开始，历经30余年，伴随着信息技术、互联网、飞速发展，博物馆信息化从零起步，得到了快速发展。数字化时代的到来为各个领域带来了全新的挑战。对博物馆而言，数字化的浪潮不仅是挑战也是重要的机遇。智慧博物馆的建设在解决传统博物馆在文物保护管理与展示利用等方面的问题上有着极为重要的意义。随着“新基建”全面铺开，5G、云计算、人工智能、物联网等领域新技术、新产品、新模式，将实现与传统领域深度融合，形成具备数据感知、连接、汇聚、融合、分析、决策能力的新型基础设施，迎来真正万物互联的时代，全面赋能生产生活，有力推动经济社会发展质量变革、效率变革、动力变革，博物馆信息化也必将迈入一个新的阶段。

《国家文物事业发展“十三五”规划》《“互联网+中华文明”三年行动计划》《关于加强文物保护利用改革的若干意见》《关于实施革命文物保护利用工程（2018—2022年）的意见》等系列重要文件出台，结合习近平总书记关于文化遗产保护系列重要论述精神，为博物馆信息化及数字化保护指明了方向。2018年4月，国家文物局发布《关于加强可移动文物预防性保护和数字化保护利用工作的通知》，对数字化保护利用工作做出明确要求。2019年1月，

* 沈贵华：中国文物信息咨询中心政务信息化部主任、高级工程师、中国文物学会理事、信息化专委会副主任委员。

《国家文物保护专项资金管理办法》出台，国有文物收藏单位馆藏一、二、三级珍贵文物数字化保护纳入经费支持范围。

一、博物馆信息化建设现状

博物馆是一个为社会及其发展服务的、非营利的常设机构，向公众开放，为研究、教育、欣赏之目的征集、保护、研究、传播、展示人类及人类环境的有形遗产和无形遗产。博物馆是非营利的永久性机构，对公众开放，为社会发展提供服务，以学习、教育、娱乐为目的，是一个地区甚至国家文明发展程度的重要标志。当代世界博物馆的发展趋势表明，现代博物馆不再是简单的藏品标本的收藏、展示、研究机构，而应该成为面向社会、服务于公众的文化教育机构和信息资料咨询机构。因此，信息化建设必将为博物馆未来的发展带来新的机遇。

（一）博物馆信息化国家政策背景

近年来，党中央和国务院相继发布《中共中央关于制定国民经济和社会发展第十三个五年规划的建议》《国家信息化发展战略纲要》《国务院关于积极推进"互联网+"行动的指导意见》《国务院关于促进云计算创新发展培育信息产业新业态的意见》《促进大数据发展的行动纲要》等多个文件表明，信息化已经成为推动我国社会进步的新的革命性要素，已经上升至国家战略。

（二）博物馆信息化现状

随着信息化技术快速发展，特别是互联网技术日新月异的变化，博物馆信息化技术应用逐步得到普及。博物馆信息化建设大致经历了三个阶段：

20世纪80年代，少数博物馆尝试开展藏品编目管理信息化，初步实现文物资源的数字化管理，有效提高了博物馆藏品账目管理的效率。1988年，上海博物馆首创"藏品编目图像电脑管理系统"，开创了文物管理的新格局。故宫博物院、秦始皇兵马俑博物馆等文博单位陆续开发了文物数据管理系统，故宫博物院开发的管理系统和文物数字影像数据库在全国文物博系统居领先地位。此阶段，重点实现了文物藏品目录数字化保护。

2001年，国家文物局和财政部共同启动"全国馆藏珍贵文物调查及数据库管理系统建设"项目，历时十年，摸清全国馆藏珍贵文物家底，并建立馆藏珍贵文物数据库，为全国2000多家博物馆实现了藏品信息化管理和数据资源利用打下了基础；2013年至2016年，全国第一次可移动文物普查项目，进一步将数据资源目录采集和数据库建设范围扩大到所有国有收藏单位。此间，博物馆信息化水平得到明显提升，文物信息化资源建设稳步推进，博物馆积极推动文物资源的利用，数字博物馆建设成果涌现。公众服务方面，信息服务、导览服务、虚拟展示、藏品展示等，以网站、微博、App等技术形式普及到大中型博物馆，信息化能力得到较大提升；业务管理方面，藏品管理、OA系统、多媒体资源管理等业务模式逐渐成熟。此阶段，博物馆信息化建设全面开花，全国基本普及藏品目录数字化保护，并大规模采集藏品照片，实现了基本的影像数字化保护，数据资源利用逐步推进，数字化保护利用系统应用到博物馆的各个业务领域。

2014年，国家文物局提出“智慧博物馆”建设工程，启动了智慧博物馆建设工作，批准确定了甘肃省博物馆、四川博物院、内蒙古博物院、广东省博物馆、苏州博物馆、成都金沙遗址博物馆、山西博物院等7家为试点单位，全部为一级博物馆。智慧博物馆项目示范建设已取得了阶段性的成果：夯实了信息化建设基础，搭建和加强了博物馆基础信息系统，加强了对文物数字化资源采集和著录管理；优化了博物馆公众服务工作；提升了博物馆管理工作，构建了定制化的博物馆业务管理系统；研制标准规范支撑信息化建设，通过统一的文物数据总线系统，打通系统之间的数据通道，成都金沙遗址博物馆、四川博物院、广东省博物馆、苏州博物馆、甘肃省博物馆可以进行馆内系统之间和馆外的数据共享传输。智慧博物馆建设项目以整合的思想构建博物馆管理平台，实现对现有文物信息资源、现有业务信息系统的整合，构建对内实现文物保护和业务管理（数字资源管理、数字化观众管理、陈列展览管理、保护修复管理、文创产品管理等）、对外实现展示服务（智能导览、门户平台、新媒体平台、VR互动应用等）相结合的综合性博物馆管理平台。

2017年，《国家文物事业发展“十三五”规划》中继续推进“智慧博物馆建设工程”。规划提出要运用物联网、大数据、云计算、移动互联等现代信息技术，研发智慧博物馆技术支撑体系、知识组织和“五觉”虚拟体验技术，建设智慧博物馆云数据中心、公共服务支撑平台和业务管理支撑平台，形成智慧博物馆标准、安全和技术支撑体系。

（三）博物馆信息化建设面临的挑战

信息系统烟囱林立，数据孤岛现象普遍。各自为政现象普遍，海量数据未能实现融合。数据量大且杂，难以实现信息和数据共享。

系统建设水平不一，缺乏整体规划。缺乏总体规划，各地盲目建设，导致重复建设，千馆一面等现象。博物馆数据管理水平参差不齐，智慧博物馆建设进度与水平各不相同，并且缺乏有效的评估评价体系。

系统运营保障不足，网络风险日益提高。缺乏有效的运营保障机制，运营经费保障不到位。必须确保数据资源在共享使用过程中的安全性。数据事务链接不断增加，网络安全风险日益增高。

（四）博物馆信息化建设的必要性

（1）提升博物馆对外服务水平，满足社会公众的更高精神文化需求。

（2）提高博物馆自身业务管理的信息化水平和日常工作效率。

（3）发挥博物馆的社会教育职能，打造成为中小学生的“第二课堂”。

（4）提升博物馆的文化影响力，提升区域文化软实力，促进当地社会经济文化健康发展。

二、设计理念与目标要求

开展智慧博物馆建设，通过分阶段分步骤实施，全面实现全馆数字化保护利用，达到智慧管理、智慧保护与智慧服务业务目标，有效提升博物馆的文物数字化保护水平，提高博物馆业务管理工作效率，推进馆内业务协同和馆际交流，充分挖掘馆藏文物价值内涵及其背后的文物故事，扩大对外文化传播与社会公众服务，更好传承历史文化及中华优秀文化，全面提升博物馆的区域文化影响力。

（一）设计理念

1. 以数据资源为核心

规划实施过程中，紧紧围绕馆藏特色文物资源，按照文物资源开放整合的标准体系，运用信息技术开发信息资源，实现文物价值利用的最优化，重点建设文物数字化采集加工、文物故事挖掘以及数字互动展厅，提高馆藏文物保护、传播和利用水平。

2. 以业务需求为导向

规划建设以业务需求为导向，有效整合信息资源，合理开发业务功能板块，最终实现文物基础数据标准化、业务数据管理规范化、文物保护数字化以及社会公众服务人性化的目标。

3. 以应用服务促发展

博物馆信息化建设是集合多项前沿科学技术与信息手段的综合应用。要注重实效，在技术选型方面要选择技术成熟度好、最适用的信息技术集成，避免盲目建设和资源浪费；要适度前瞻，为未来新技术的应用预留出平台和接口，做到以数字化、信息化实现博物馆文物保护、业务管理和公众服务的可持续发展。

4. 以业务协同为目标

基于统一平台架构构建，引入协同理念，改变传统基于业务体系研发的思路，在统一的信息平台上实现对博物馆日常办公、数字化资源、藏品、库房、陈列展览、保护修复、公众服务等业务的全方位管理；贯彻“以人为本”，基于用户角色，实现个性化的业务协同服务与知识管理，使所有的办公人员都在统一且个性化的信息门户中一起工作，摆脱时间和地域的限制，彻底消除内部存在的信息膨胀、信息孤岛等问题。

（二）建设要求

需采用全新的新一代数字资源平台建设理念和信息化模型进行规划设计，结合目前国内智慧城市，以及智慧博物馆、文博信息化建设方面的经验，综合进行智慧博物馆平台顶层设计。建设中，应遵循以下基本原则：

1. 整体性与共享性

平台建设要站在全馆信息化建设全局的高度，充分整合、利用、发挥现存网络基础、业务模块和信息资源，建立高效的运行和维护机制，执行统一规划和统一标准，促进互联互通、资源共享。

2. 先进性与实用性

平台的规划、设计、建设以实用为主，不盲目跟随社会上各种概念跑，以免造成不必要的浪费。在技术解决方案上、主要利用国产化技术方面进行实现，避免对于国外软件和技术的依赖。

3. 标准性与开放性

平台设计采用开放的数据和技术标准，遵循信息化发展趋势的技术和服务标准。各系统选用的技术平台、技术路线和技术架构要具有开放性，各业务功能模块也需具有一定的独立性和开放性，以满足进一步拓展。系统还应该提供和其他系统进行数据交换和共享的接口，以便于数据交换。

4. 安全性与可靠性

平台需要在安全性方面有全面设计，包括操作系统、服务器、数据库等，从各个环节保障系统安全、数字资源访问安全、数据安全等。在硬件故障除外的情况下，系统应该支持“7×24”的运行模式。

5. 扩展性与兼容性

从平台的架构、标准、数据库，以及信息资源共享利用等各项应用的设计，都需支持开放性的结构，包括对硬件和网络的扩展升级，对数据资源范围的扩充，对应用功能的扩展等。此外，在基础支撑平台建设中，适当采用通用、易用、可复用、标准化的组件，既要利用标准规范来约束各业务模块功能的内部结构，保证组件以规范化的方式提供对外服务接口和扩展接口，同时也应该保证组件工具具有良好的扩展性和随需应变的能力。

（三）业务目标

1. 文物数字化保存

利用数字化技术手段，将文物的图像、结构、材质、声音、颜色、符号、纹饰等本体信息，以及保护、研究、管理和利用等衍生信息，通过数字量进行表示，实现文物数字化长期保存。对文物资源进行编目；开展文物高清、多维信息采集，展厅全景数据采集；对文物数据进行价值挖掘，开展文物故事编纂、三维动画制作、故事视频、故事电子书、VR教学课件等工作。

2. 文物数字化管理

利用数字化的技术手段，高效存储、管理和利用文物资源数据，基于业务协同的理念，实现藏品综合管理、陈列展览管理、智能库房管理、数字资源资产管理、文物保护修复、文物无损检测分析、工程项目管理等，从而达到文物数字化保护与管理的目标。

3. 文物数字化服务

利用可移动文物数字资源，针对公众服务的需求，在展示利用、信息传递、资源共享、文创产品供给等各个环节为公众提供服务，实现全媒体内容采集发布、服务预约、智能票务、参观留言、问卷调查、志愿者服务、数字文创服务、智能导览、VR课堂、流动数字博物馆、展览数字化提升，全面提升博物馆公众服务数字化水平。

4. 大数据展示利用

整合馆藏文物数据、展览数据、观众行为数据、教育讲座活动数据，以及环境监测、安防监控等数据，利用大数据可视化和分析技术，实现数据资源接入、基础数据目录服务、大数据分析服务、文物资源开放共享、文物知识图谱，面向博物馆及社会公众提供更好的大数据服务。

三、总体架构设计

智慧博物馆建设，应采用全新的新一代数字资源平台建设理念和信息化模型进行规划设计，结合目前国内文博信息化建设方面的先进经验，综合进行平台顶层设计。

（一）总体架构图

基于数字化保护利用整体考虑，未来建成的数字化保护利用（智慧文博）平台整体技术架构，划分为五个层次，即基础设施层、数据资源层、应用支撑层、应用服务层、展现层，各层又以各自独立的相关组件构成，以此达到系统解耦的目的。位于架构外围的支撑体系包括标准与规范体系、安全保障体系、平台运维管理体系等，能够确保系统在统一标准、安全保障、统一管理的前提下进行建设。如图1所示：

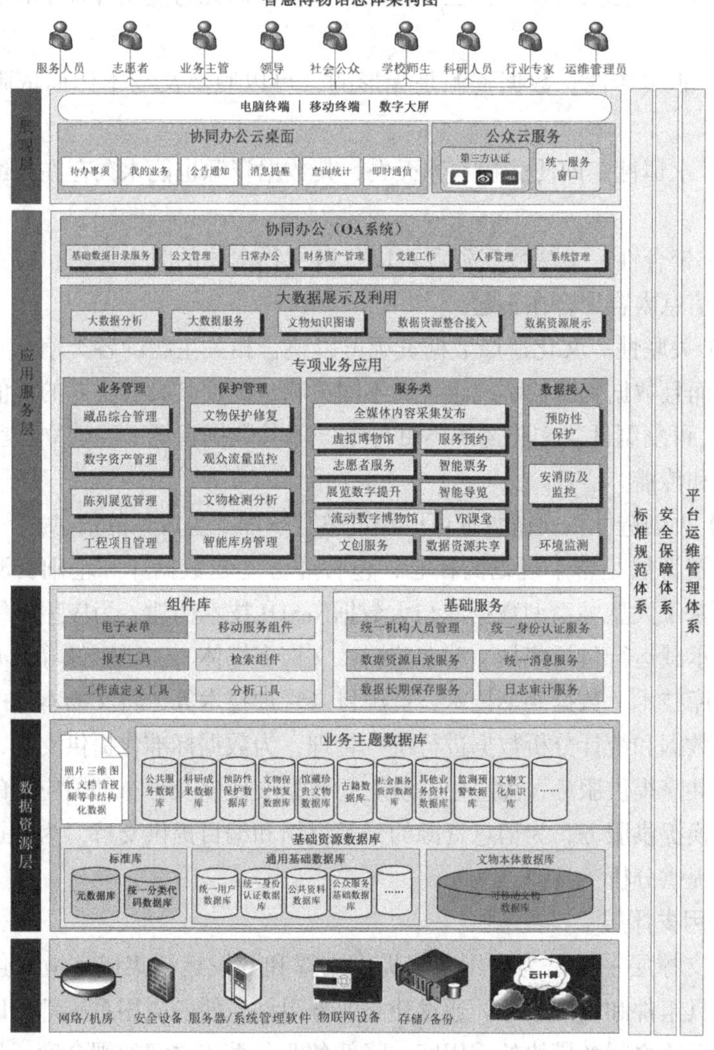

图1　智慧博物馆总体架构图

（二）框架体系设计

1. 基础设施层

基础设施层为应用系统提供基础运行环境，包括网络系统、服务器、存储系统、安全系统、配套的系统软件、数据库和机房等。合理设计和运用网络技术、通信技术、服务器技术、存储技术、数据库技术、安全性技术以及IT运行维护管理技术等为整个信息系统提供基础的、可靠的、稳定的和安全的运行支撑环境和系统维护管理环境。

2. 数据资源层

与文化遗产所具有的实体性、时代性、不可再生性、不可替代性等特点相比，文博数据资源具有以下特性，在文物保护、研究与应用过程中有着不可替代的作用：

（1）非实体性。数据资源是无形的，可以脱离文物本体而依附于其他介质存在。

（2）永恒性。即使文物本体灭失，其数据资源也能永久存在，继续发挥价值。

（3）聚合性。文博数据资源可以打破文物本体的时空界限，将不属于同一个体的信息内容聚合在一起。

（4）关联性。文化遗产数据资源可以整合相关主题的各类信息，实现互联互通；而且数据资源的不同组合、不同关联也能使其具有不同的价值。

（5）可复制性。文化遗产不可再生，但其数据资源一经建立，就可以被无限复制和传播。

（6）再创造性。文博数据可以经过整合、加工生成新的信息。

数据资源层是整个规划的核心，包含业务主题数据库和基础资源数据库两大类，基于大型关系型数据库与大数据NoSQL技术构建，为应用系统提供数据支撑，承载运行包括藏品、动态监测、文档多媒体、三维影像等核心数据。采用数据库技术、数据共享技术、资源目录管理技术等，将文物本体的基础数据、业务数据和统计分析数据进行统一管理，为数据标准化提供支撑，为应用系统数据共享提供服务，为应用系统之间数据交换以及分布部署应用的节点之间数据交换提供服务，为信息资源的分类组织和编目提供支持，为数据分析和预测预警提供分析工具。

3. 应用支撑层

应用支撑层主要是为应用系统提供支撑和开发运行集成环境，包括各类通用的工具组件和基础服务。通过建立业务组件，使各应用系统都可以访问调用，提高系统之间各模块的重用度，降低各业务系统之间的耦合度，从而实现业务应用与业务开发相互独立，有效降低研发和部署运维成本，提高开发效率，并对后期维护带来便利。

（1）组件库

组件库分为了电子表单、报表工具、工作流定义工具、移动服务组件、检索组件、分析工具等。这些组件可被体系内各类应用系统所重用。

（2）基础服务

基础服务分为了统一机构人员管理、统一身份认证服务、数据资源目录服务、统一消息服务、数据长期保存服务和日志审计服务六小类。

4. 应用服务层

将应用服务层根据业务主体和数据管理层次的不同，分为协同办公（OA协同）、大数据展示及利用、专项业务应用服务三个层次，并与数据资源层一并形成一个完整的集数据采集、管理、维护、应用、服务的综合逻辑体系。

大数据展示及利用包括数据资源接入、基础数据目录服务、大数据分析服务、数据资源开放共享、文物知识图谱等版块。

专项业务应用服务根据管理和服务层级划分为三个方向：

（1）业务管理与保护类应用

面向博物馆的内部业务管理，主要包括藏品综合管理、数字资产管理、陈列展览管理、工程项目管理、文物保护修复、文物监测分析、智能库房管理等版块。

（2）业务服务类应用

业务服务类应用面向社会公众提供服务，分为全媒体内容采集发布（网站、微信、微博等）、虚拟博物馆、预约服务、志愿者服务、智能票务、展览数字提升、智能导览、流动数字博物馆、VR课堂、文创服务等版块。服务类应用以门户形式将上述功能进行集成展现，重点提升博物馆线上服务水平，并打通线上线下，提升博物馆展览数字化服务能力和水平。

（3）数据接入类应用

针对博物馆已经完成的预防性保护、文物安消防及监控、环境监测等业务应用，接入其系统的数据，统一在平台上根据用户权限进行数据展示，为领导决策提供相关数据分析支持。

5. 用户展现层

用户展现层是整个平台各业务服务的统一访问入口和集成前端展现，为最终用户提供与各类业务功能进行交互的界面。按照便捷、规范、人性化为宗旨的一体化业务协同理念，利用工作流技术、数据交换技术、数据共享技术等将各个业务系统进行整合集成，形成有机统一，相互关联，系统内部、上下以及外部文博单位相互联动的信息服务平台。支持电脑、手机，以及数字大屏接入。

（三）关键技术体系

科学技术是第一生产力。信息技术的应用改变了人们的生产生活方式，创造了新的产业，推动了经济社会的共同发展。在智慧博物馆的建设过程中，技术的作用主要体现在如何提升应用平台的运作效果。如果将智慧博物馆的所有应用看成一个统一的大系统，那么，系统的感知层、传输层、应用层和终端层，均需要通过不同的技术手段来实现。而这些技术中，尤以下一代互联网技术、新一代移动通信技术、云计算、物联网、智能网络终端以及5G等信息技术最为关键。

1. 感知层的关键技术

物联网及下一代互联网技术。在智慧博物馆背景下，与博物馆管理与服务相关的物体之间将不再是孤立的个体，而是相互作用，形成一张物物相联的网络。物联网技术可广泛应用于藏品管理、展厅服务等方面，而要实现物联网的规模应用，则需要借助下一代互联网技术来提供更丰富的网络地址资源，两大技术共同实现博物馆的智慧感知。

2. 传输层的关键技术

新一代移动通信和宽带网。新一代移动通信技术使得服务的随时随地接入成为可能，移动上网的速度、质量均得到极大的改善。宽带网使得网络的承载能力更大、速度更稳定。新一代移动通信和宽带网络优势互补，共同为公众提供移动、泛在、稳定、高速、安全的网络环境，确保网络的任意接入以及信息资源及时准确的传输。

3. 应用层的关键技术

云计算。智慧博物馆多个应用系统之间存在信息共享、信息交互的需求，云计算能够将传统数据中心不同架构、品牌和型号的服务器进行整合，通过云操作系统的调度，向应用系统提供统一的运行支撑平台。此外，借助于云计算平台的虚拟化基础架构，能够实现基础资源的整合、分割和分配，有效降低单位资源成本。

4. 终端层的关键技术

智能终端。智能终端是服务对象与服务提供者之间的桥梁，解决了智慧博物馆应用的“最后一公里”问题。通过智能手机、平板电脑、自助终端等各种类型的智能终端，为用户提供多样化的服务渠道，满足用户在任何时候任何场合享受博物馆提供的各种服务的需求。

（四）平台建设与运行保障体系

1. 标准规范体系

标准规范体系是贯穿本馆软件系统规划建设全局的重要保障，是对文博信息化标准规范已有研究成果的总结、整合和提升，也是规范数字博物馆相关技术研发与集成应用，保障信息资源建设与合理共享，协调平台运行和服务的基础条件。在国家现有的相关标准基础之上，从项目建设的实际需要出发，满足应用博物馆信息化软件平台持续建设和发展要求，严格遵循已有国家、文物行业相关标准规范，合理制订相关工作规范和标准，同时配套相应的规章制度加以约束。

2. 安全保障体系

依据国家信息安全等级保护相关政策的要求，提供统一的安全保障体系，确保系统各个层面的安全。安全管理体系为项目提供安全方面的支撑，除了能够实现基础安全体系（如防火墙、防病毒、存储备份等），还要控制用户访问的安全性、数据整合的安全性及完整性、数据查询的准确性、授权信息的安全性、应用的安全性、数据备份及恢复完整性等等。

除此之外，还需加强安全管理，建立、健全安全制度，完善技术手段；建立并完善身份认证、权限管理、安全职责等相关管理制度；通过在线磁盘阵列存储、离线备份、远程异地备份等多种技术手段，确保数据安全；通过防火墙、安全审计、入侵检测、漏洞扫描等技术手段，构建网络运行安全防御体系；按照国家有关规定，实现信息安全等级保护。

3. 平台运维管理体系

平台运维管理实现整个平台的网络、主机、存储、备份、基础平台软件、业务应用等实时动态监控管理，为整个平台提供运营支持，并需要编制平台的管理办法和操作规程作为整个平台运维的管理指导文件。

智慧博物馆数据资源管理与基础建设

张小朋*

智慧博物馆起源于IBM提出的智慧地球的命题。2008年，IBM提出智慧地球建设的构想，主要是将世界的许多事物通过传感器、通过网络联系到一起。通过数据的集合，发现事物中间发生变化的规律，以及通过大数据的洞察，了解事物大致的发展方向，从而决定人们现在的行为模式，这称之为一个智慧系统。

智慧博物馆是什么呢？对于“智慧”的理解可以总结成六个字：“感知”“判断”和“执行”。作为一个智慧体来说，它有一个感知的系统，就像人体一样，对周边事物的了解是通过感知器官得到的，眼睛、鼻子、耳朵、皮肤都是感知器官，由这些感知器官来探查周边的信息；然后这些信息再传递给大脑，由大脑根据人类所习得的知识、行事规矩、准则进行判断；最后将判断所得出的结论交给执行机构，对人类而言就是各种行动的器官，比如肢体。

博物馆有许多机械化的、需要大量人工重复的动作。在这样的条件下，应该建设一个初步的智慧博物馆状态。比如导览系统，博物馆的展品，相对来说是固定的，其解说词也是相对固定的。若传递给公众的只是机械化的、事先录制好的讲解内容，那么不能称之为一个智慧讲解系统。智慧讲解系统应该能够自动探知观众所处位置，并根据观众所处位置自动解说观众面前的文物。此外，导览系统还应该对观众所提到的问题进行判断，首先是对于观众的语境、语句进行分析，排除方言的干扰。在人们的事先处理之下，系统应该大

* 张小朋：南京博物院研究员。

量地收集围绕这件文物观众可能提出的问题，并针对这些的问题进行梳理，编制系统回答的文本，形成知识集，以解答观众所提出的问题。知识集应该尽可能的大，要能够覆盖讲解文物所可能产生的疑问。回答文本中的知识点是互相交织、互相牵连的。而这些知识点如何关联在一起，则需要对它进行分析。通过考古学研究、历史学研究等等与博物馆相关的各类研究，把知识点通过某个规则关联在一起。观众可以从任何方面提出关于这件文物的疑问，系统将这些疑问分解成各种关键词，并在数据库中搜索，搜索到之后，将各个关键词关联起来，与知识集合相匹配，然后整理成一个自然语言的状态，反馈给观众。如此，讲解系统就具备了初步的智慧能力。

一、智慧博物馆的发展阶段

博物馆数字化、信息化是智慧博物馆发展阶段的前提。在我国，文博行业引入计算机的应用技术比较早，可追溯到1977年。但1977年只是成果的发表年份，而计算机在博物馆、考古学上的应用，最早开始于1974年。当时并未有“微型计算”的概念。“微型计算（PC）”最早出现在1981年，由IBM公司推出个人计算机之后，才确立了PC机——面向个人应用的工具。在此之前，绝大部分都是面向大型的计算，市场上也都是面向大型应用的大型机、巨型机和小型机。1977年至1978年，苹果公司推出了小型化的、面向个人和办公室利用的桌面型系统，这个系统在1981年以后基本就被IBM的PC机取代了。文博信息化的建设过程已经走过了三十多年的历程，可把它划分为四个阶段。

第一阶段是在20世纪80年代中期。1981年至1982年，IBM推出第一代的PC计算机。1984年，上海博物馆率先开始了藏品管理信息系统的研制，因为藏品是历史文化类博物馆最重要的服务于社会的文化资源。我国对于藏品信息的采集和管理系统的建立，在1985年基本上取得了成功。该系统是在IBM PC机的整个DOS状态下运行的系统，这个系统当时采用的是dBaseⅢ数据库进行管理和使用，但由于当时在DOS系统下图形系统是比较薄弱的，因此整个藏品管理信息系统的文物影像——图片都是采用录像的方式进行：把每一张的照片录制到录像机的磁带里面，录像机通过一个串口RS-232和IBM PC计算机联合在一起。每一帧照片之间都是有空格的，因此计算机根据录像带每一照片之间空格作为帧指针，去判断这条文物的记录和照片的对应关系。1986年，国家文物局对该系统进行了验收，并向全国推广。此后，我国大概有十几家博物馆开始了藏品管理信息系统为核心的博物馆的信息化建设的历程。但是由于在当时各博物馆对信息化的认知不足，加之计算机价格昂贵，博物馆资金缺乏，还缺乏博物馆与计算机技术交叉的专业人才，因此我国博物馆信息化工作在80年代进展得非常缓慢。见表1。

表1 80年代至90年代初期我国文博系统计算机应用状况调查[①]

单　　位	计算机型号	汉字系统	内存容量	硬盘容量	显示方式	数量	购置时间	计算机应用人员
陕西省文物保护技术中心	286系列	联想	640K	20Mb	EGA	1	88年	张伟 男 22 初级
								程音 女 22 初级
陕西历史博物馆	8088系列	CCDOS	640K	20Mb	CGA	2	86年	徐锡荣 男 49 高级
	286系列	CCDOS	1Mb	20Mb	CGA	2	88年	
	286系列	VCDOS	1Mb	40Mb	VGA	6	89年	
陕西省考古研究所	8088系列	CCDOS	640K	20Mb	CGA	1	88年	焦南峰 男 36 中级
								秦造垣 男 27 初级
南京博物院	386系列	CCDOS	640K	20Mb	VGA	1	88年	蒋群 女 23 初级
	8088系列	CCDOS	640K	20Mb	VGA	1	88年	管军波 女 23 初级
浙江省博物馆	286系列	CCDOS	640K	40Mb	VGA	1	90年	赵幼强 男 34 初级
								李小萱 女 30 初级
浙江省考古研究所	286系列	CCDOS	640K	40Mb	EGA	1	90年	张建华 男 21 初级
上海博物馆	8088系列	CCDOS	640K	20Mb	CGA	2	84年	祝敬国 男 46 高级
	286系列	CCDOS	640K	20Mb	CGA	1	89年	赵志伟 男 30 中级
	286系列	CCDOS	1Mb	40Mb	CGA	1	90年	谷文戎 男 23 初级
辽宁省博物馆	286系列	CCDOS	1Mb	30Mb	EGA	1	89年	徐奉林 男 49 中级
								戴静影 女 21 初级
沈阳故宫博物院	286系列	联想	512K	40Mb	EGA	1	91年	
中国历史博物馆	286系列	杂	1Mb	40Mb	EGA	1	89年	刘辉 女 24 初级
四川大学博物馆	8088系列	长城	512K	20Mb	CGA	1	87年	张小朋 男 27 初级
	286系列	CCDOS	640K	40Mb	单色	1	88年	
四川大学历史系考古专业	286系列	CCDOS	1Mb	40Mb	EGA	1	90年	陈小龙 男 36 中级
								李映福 男 28 初级
黑龙江省考古研究所	286系列	杂	1Mb	40Mb	EGA	1	90年	谭炜 女 26 初级
新疆文物考古研究所	8088系列	杂	640K	10Mb	单色	1	90年	王蕴 女 25 初级
广东省博物馆	286系列	CCDOS	640K	40Mb	单色	1	90年	周玲 女 25 初级
								罗宇雄 男 27 初级
湖南省考古研究所	286系列	联想	1Mb	20Mb	单色	1	88年	李科威 男 37 中级
	286系列	联想	1Mb	40Mb	EGA	1	85年	童波 男 23 初级
	8088系列	杂	512K	10Mb	CGA	1	85年	于冰 女 22 初级

① 参见李科威，于冰，童波. 全国文博系统计算机应用状况调查［J］. 东南文化，1991.

我国博物馆信息化建设的第二个阶段以馆舍建设、陈列形式创新为核心。20世纪90年代中期，我国博物馆进入了以馆舍建设、陈列形式创新为核心的快速发展阶段。在这个过程中，博物馆从文物的保存环境和参观环境的控制着手，普遍重视博物馆建设中楼宇机电设备的应用。因此，出现了上海博物馆新馆，南京博物院艺术馆全面实现结构化综合布线系统、楼宇设备自动化控制系统、安全防范监控系统、网络系统和通信系统的4A、5A建筑，树立了我国博物馆的智能化系统建设样本。此阶段奠定了中国博物馆快速发展的重要基础，由从前的建设一个空的房子然后单纯地把文物陈列进去，转变为突出博物馆建筑的功能化，实用化，舒适性和便利性，充分利用了机电设备。比如电梯系统、楼宇自动化的控制系统里面的热源系统、空调系统、通信系统，还有加强了机电化的计算机技术应用的安全防范系统，同时引入了通信系统以及带来了翻天覆地的变化的网络系统。从此阶段开始，中国的博物馆真正地走向了现代化的博物馆。

我国博物馆信息化建设的第三个阶段，以网站和多媒体互动展示建设为核心。在20世纪90年代后期至21世纪初期，河南博物院率先在互联网上建设了其博物馆的官方网站，随后故宫博物院、南京博物院、首都博物馆等也开始建设官方网站。同时，各大博物馆还将多媒体的技术引入到展览当中，将博物馆的自身和实体展览通过网络推向了更广阔的社会层面，引入各种多媒体技术手段丰富和完善原本静态的博物馆展览。1999年南京博物院艺术馆落成，此展馆里面创造了很多新型多媒体技术的应用（见图1）。该馆采用了数字录音技术，

图1　南京博物院艺术馆之繁盛江南动态模型展项

对真实的文物编钟、编磬、陶埙等文物进行了发音的采集，编制了可由观众直接在屏幕上直接演奏的文物音乐软件，并采用这几类文物创作、演奏了大量的乐曲，吸引大量的观众驻足该博物馆的艺术馆展厅。2000年，南京博物院利用三维数字建模技术制作了我国第一个数字文物：南京博物院的镇院之宝——铜牛灯（见图2）。铜牛灯是一件静态文物，在计算机技术的帮助下，利用数字建模的方式，实现了文物多样性和功能性的展示。

图2　我国第一件数字文物（2001年制作的南京博物院藏品东汉铜牛灯三维数字模型）

第四个阶段也是目前我国博物馆信息化建设正处于的阶段——以互联网应用为核心的全面深化建设，此阶段的发展有三个特点。

第一个特点是全面化。信息化技术全面进入到博物馆业务的方方面面，不仅是在藏品管理、观众服务还在展览陈列方面得到了广泛的应用，连长期依赖人的经验进行的文物鉴定工作也开始了信息技术应用的尝试。见图3。

第二个特点是精细化。精细化使博物馆各种纷繁的工作、耗时耗力的工作在计算机技术的辅助之下，在计算机信息管理系统之下使得这项工作变得精细化、准确化、高效性。比如资源管理，资源管理不仅是藏品管理信息系统里面的资源，还有观众的资源、机电设备运行产生的各类资源，环境所产生的各类资源，这些资源原本是不能够由人工来进行完整的带有关联性的处理。但是通过计算机，可使这些看似没有直接关联的资源都在同一个界面下、同一套系统里面呈现出来，使博物馆工作人员了解掌握影响文物发生变化的各种各样的因素，从而产生全面宏观的且具有关联性的认知。利用信息化技术，将原本量大面广费人费时的工作变得精细、准确、高效。

第三个特点是智慧化。通过充分运用云技术、大数据等新一代信息技术，感知、计算、分析博物馆运行相关的人、物、活动和数据信息，实现博物馆对文物的征集、保护、传播、研究、管理活动智能化，将博物馆服务、保护、管

图3　南京博物院数字博物馆中厅

理能力提升至一种新的发展、新的模式和新的形态。特别是通过大数据的分析，提升博物馆对风险因素的感知、预测、防范的能力，使原由人的“经验决策”转向计算机的“信息决策”。

二、智慧博物馆数据资源管理与基础建设的内容和方法

博物馆的信息化建设是一个漫长的过程，也是一个非常复杂的系统工程，作为博物馆信息化的专业人员需要全面了解其内容，掌握建设方法。这对博物馆从业人员有两个要求，一个是行业专业性，作为博物馆的从业人员需要完整地掌握博物馆行业的专业理论和方法，包括博物馆自身的理论内容、研究方法、服务模式。第二个是技术专业性，作为博物馆的信息化的专业人员，必须具备扎实的计算机的理论和方法。

建筑智能化是现代博物馆实现智慧化博物馆的一项最重要的基础性工程建设。它主要是用计算机技术在结合结构化综合布线系统，在楼宇自动化控制、安全防范监控、网络的部署和利用等方面，形成对资源和数据的功能性应用与集成。建筑智能化对博物馆的安全管理、环境和系统的关联性有着极高的要求。比如，观众经常利用网络系统来实现自动化的讲解，讲解的系统就对网络的传输和多媒体的技术有极高要求。因此在结合结构化的综合布线的方面就不能按照一般的楼房馆所，不能按照面积、布点数量来实现网络系统部署，而是

要根据展览和公共空间的服务功能分部不同，进行网络系统的部署。在楼宇控制方面，建筑智能化对环境的要求，与博物馆是不一样的。博物馆存在三类环境，展厅、公共空间、办公空间。这三个环境对温度湿度的要求是不一样的，不能够按照一成不变的方法来进行温度控制。博物馆用于文物保护的技术类用房极为特殊，容易产生有毒有害的气体，其环境的监测和有毒有害气体的监测和排放，都依赖于自动化的控制技术来实施。所以博物馆的信息化建设，也需要通过一些信息智能化的机电设备来采集信息博物馆环境和各个功能所产生的数据，将这些数据应用到不同信息化的应用之中，形成完整的、能够覆盖博物馆的各个业务的数据资源。博物馆的基本业务是由三大核心业务组成——藏品征集和保管利用、展览陈列和公众服务、科学研究和文物保护，其他还有通用性辅助业务，如行政管理，后勤物业，等等。博物馆信息化建设，首先，需要掌握博物馆的核心业务，以及之间的相互关系，分析理解之间的数组关系，提出物与物之间、物与人之间、人与人之间的互动的模式。在现有的技术条件允许和现有的投资规模的合理前提下，提出信息技术应用的方案。其次，在提出博物馆信息应用系统的基础上，要分析这些技术系统的支撑体系，并结合博物馆建筑的功能设计和博物馆业务运行的需求，得到建筑智能化系统的建设方案。从结构化的综合布线，到网络系统，到安防监控，到通信系统，形成贴合博物馆建筑与业务的建筑智能化建设方案。再次，在建筑智能化系统这一底层的软硬件体系的支撑之下，在博物馆各项业务的信息化应用系统得以充分利用的前提下，在博物馆各业务体系之间建立起网络连接下的以数据传递、交换为纽带，以业务需求为导向，以个体变化互相适用，并促进总体有利发展的新模式。

博物馆信息化建设的三大范围：首先是面向公众服务，其次是面向业务管理，最后是面向行政管理。面向公众服务的比如票务管理系统、参观导览系统、讲解内容的制作等等，这些都是一个博物馆开馆和平常运营中必须要具备的系统。业务管理主要强调的是博物馆的核心资源管理，就是藏品管理信息系统、展览信息管理系统，还有文物保护信息系统。行政管理与其他机构没有本质的差别，可以直接采购相应通用的管理信息系统。值得一提的是，各个业务系统都是以其类型和工作的范围划分出来，形成一个独立的体系，但是这一体系有内在的密切关联，比如藏品管理信息系统。目前，我国的博物馆大量利用的藏品管理信息系统仅仅是将账册纸质化的手工账变成电子账，但是对于文物所规定的注入项里面，有很多不是一本账册就能解决的。博物馆的藏品信息系统是一种沉淀性的资源积累，应该由围绕着博物馆的藏品各个业务部门来共同制作和产生。因此无论是面向公众服务还是面向业务管理，在博物馆里面看上去独立的信息系统它有可能就形成一个独立的烟囱、一个独立的孤岛，如果将这些数据在一个层面上把它联系到一起，而且这些数据是由各个部门共同为它产生的，那么就可以消弭这些信息孤岛、数据烟囱，使它们能够在更大的范围内更长时间发挥作用，慢慢形成文物的资源。

博物馆信息化的建设过程中的六大类资源：文物数据、保护数据、研究数据、观众数据、管理数据和社会数据。品名、物理的尺寸、质地、重量、出土的年代、时间等等，都是属于文物的数据，另外藏品在展览的展期、展览名称等也属于文物的数据。保护数据，是指对藏品的文物技术保护相关的数据，如修复性保护、预防性保护，以及保护过程中采用的工艺、材料、设备、所处的温度湿度环境、操作者等都属于保护类数据。研究型的数据，研究数据包含了文物存放的空间、文物温度湿度变化的情况、文物整体的检测状态。还包括调查的数据，如与文物相关的配套文物。此外还有实验的数据、论文报告的数据等都属于研究型的数据。观众的数据，观众的年龄性别、民族和来源，参观的时间以及观众的数量，这些数据对博物馆运行和展览的调整，能够提供直接决策的依据。观众的数据对于博物馆来说是非常重要的一类数据。管理的数据基本来源于行政管理，包括人员、岗位、职务还有设备的管理、工况运行的情况。工况运行情况指的是在博物馆里面大量的机电设备每天运行和运作的状态。社会型的数据，在互联网普及之前多为新闻报道，或是对某一博物馆的评价等等，在互联网普及之后社会型的数据呈几何级数增长。学术对博物馆的社会影响也具有重要作用。广泛地收集相关学术成果，也可形成围绕博物馆的藏品所形成的社会型的数据。分别对六大类数据进行信息系统的建设，并将信息数据整合起来形成利用于博物馆的资源，最终形成博物馆可循环利用的资源。

将数据进一步概念化可分为三大类：原生数据、交互数据和决策数据。原生数据是由对象本身特性所决定的数据，比如设备或装置的技术、物理的参数、自然环境的数据、人员和自然的社会属性，等等。例如，博物馆的导览器，是按照一定的动线（参观的路线）对文物和展品以及场景进行讲解，观众只有按照导览器所规定的路线、规定的文物的标号，才能够听到文物的介绍或对场景的介绍。那么规定的导览路线和对文物介绍的内容就是原生的数据。另外，观众的年龄、性别、来源地等数据是由观众自身所决定的，对于博物馆来说也是原生的数据。第二类就是交互数据，是多种原生数据相互作用产生的数据，比如参观行为、环境变化、文物保护所产生的数据。观众进入到博物馆之后拿到了导览器，导览器的原生数据就会发生变化。观众听文物讲解的顺序是随机的，由此产生的数据是观众的参观轨迹数据，这个数据就是交互型数据。博物馆的文物库房的原生数据是自然所形成的气候条件，如温度湿度。库房里的机电设备的参数是设备的原生数据，如制冷、加湿的范围，但是在不同的天气情况下，原生数据具有交叉作用。比如气候湿度加大不适合于一些文物的保护和保存，设备开始启动，按照预定的方案将室内温度湿度调整到文物所适合的温度湿度，产生的新数据就是设备和天气的原生数据所共同作用所产生的交互数据。第三类是决策数据，就是对象原生数据和交互数据的边缘阈值所决定的数据。博物馆通用的信息化建设系统的模块，它主要是由四部分构成。底下一层是网络的链接基础，靠近这一层的是机电设备、安全防范、还有结构化的综合布线、网络系统、通信系统以及对这些设备的直接管理控制应用系统。中间一层是博物馆的业务系统，面向观众服务、业务管理、行政管理所产生的各大类的通用体系。上面一层是应用系统所产生的数据集成体系。各个体系中每个应用系统都生产数据，生产的数据不代表是资源，当相关类型的数据整合在一起有序排列的时才能形成有用的资源。最顶层的是对各个应用系统所产生的数据进行整合的一个平台。藏品管理信息系统在很多博物馆仅仅是由保管部门、典藏部门所掌握和使用的管理信息系统，但是它所生产的文物数据应该是由各个部门，尤其是文物保护部门、展览部门和研究部门共同来生产的，而它的数据是一种按照年代的增加而增加的数据，是一种沉淀式的数据。这种数据经过各个部门的通力协作最终形成对文物有用的资源，这种资源为沉淀型的资源。博物馆信息化建设的目的是要打破博物馆传统部门之间的藩篱，使博物馆的文物数据在更大范围内共同享有、共同使用。

对博物馆信息化建设的方法要有全局观，首先要树立起博物馆业务系统唯一的整体的关联。其次要有基础性，就是建设好博物馆信息化的最基础网络平台和软硬件的体系。第三要有关联性，每一个数据都有可能是其他的业务部门所需要的数据，数据之间互相会产生影响，因此要认识到数据信息是沟通各个业务系统的有效纽带，尤其当一系列的数据能够有机组合在一起时，才能形成有用的资源。为了达到全局观，除此以外必须强调标准化，要遵循标准规范，保障数据和信息的可再利用性。

三、智慧博物馆的信息化管理和运营

博物馆的信息化管理和运营涉及博物馆的层次化和分解融合的两大类问题。博物馆的信息化建设首先要把博物馆的基础建设好，然后根据业务的需求设计各种不同的博物馆信息化建设的系统。各个系统之上要按照标准的要求去建立一个博物馆各个业务系统的数据的整合平台，使其能够满足为智慧博物馆的建设奠定最基础数据和资源的需求。博物馆的业务具有独立性，同时也有融合性。例如，博物馆的藏品工作不仅是由保管部门所能完成，同时还涉及文物的利用、保护和发展、研究等各个不同的业务体系，最终才能够形成一个完整的博物馆藏品信息系统，这就是分解和融合。

造成我国博物馆的管理和运营现存问题的重要原因有三个。第一个是教育造成的，尤其是高等教育将文理完全的分割开，使得博物馆形成人文的思维和解决问题的方式和方法，但是运用信息技术需要使人文的思维方式要去适应对于科学技术的理解和应用，也就是由一个形象的思维方式转变成逻辑的思维方式。博物馆工作人员多是历史学研究、考古学研究以及各个专业学的研究人才，他们对于现代化信息技术缺乏一些必要的专业知识和思维方式。

第二个是存在认识和利用的矛盾，既要利用信息化系统，但是又忽略了信息技术的独特性和它对数据和资源功能的结构，对整个的流程逻辑思维。由于博物馆欠缺的人才的储备，导致了博物馆只能长期依赖于专业的信息化公司，他们的一些内容有时是博物馆所不能够直接接受但是又不得不接受的。

第三个是信息化的技术人才，尤其是我们的一些计算机的商业机构，无法真正了解博物馆的特殊需求，只能按照计算机的专业要求去生搬硬套地用于博物馆，造成系统应用和博物馆需求脱节，最后得到的不是一个理想的应用系统。博物馆的运营和管理中尤应该注重以下几点：第一要加强顶层设计，博物馆应当明确知道自己的需求，同时要加强标准的实施和建设；第二要加强安全的监管，保证博物馆的信息、文物、观众、数据资源的安全。

人才的方面，博物馆应要放开交流、放活需求、放手科研，让更多的信息化技术的单位和人才，加入博物馆的信息化建设之中，同时要认识到博物馆的真实需求。

四、智慧博物馆信息化建设未来的方向

在未来的发展方向上，信息化将成为博物馆存在的最基础的条件，博物馆将会建成一个泛栈式的网络。如果建立起了可自我感知、可自我判断，同时能够自我决策执行的一个体系，就能建成一个智慧化的博物馆。当然，这一切都依赖于信息化建设的基础，实现从数据到资源的形成，即完成对数据的获取、整合、利用，形成完整有效的加工机制。进一步而言，信息技术对博物馆的作用已不单纯是技术性、工具性的应用那么简单，而必将成为博物馆存在的基础，并促使博物馆快速成为人类文化延续发展的堡垒。

智慧博物馆、美术馆藏品著录规范及智慧博物馆基本标准思考

王建平*

当前，智慧博物馆美术馆建设方兴未艾。在智慧博物馆美术馆建设过程中，标准化工作应该成为一项重要课题。其中，作为博物馆、美术馆的基础性业务工作，藏品登记著录规范化，将成为智慧博物馆美术馆标准体系建设的重中之重。科学合理、切实可行的藏品登记著录规范，对提高藏品数据资源质量、促进智慧博物馆美术馆建设具有不容忽视的推动作用。

一、《美术馆藏品登记著录规范》概述

（一）编制背景

2013年11月11日，文化部印发《关于开展全国美术馆藏品普查工作的通知》（文艺函〔2013〕1609号），决定于2013年至2016年开展全国美术馆藏品普查。根据《全国美术馆藏品普查工作方案》，全国美术馆藏品普查工作办公室组织制定了《全国美术馆藏品普查工作标准》。该工作标准立足于普查数据采集需要，同时兼顾美术馆日常藏品登录管理工作需求，对普查工作所涉及的藏品信息项目的著录规则进行了深入研究，提出了内容清晰明确、科学合理，具有创新性和可操作性的规范性要求。这一系列举措为制定美术藏品登录著录

* 王建平：周恩来邓颖超纪念馆副馆长，多年来从事博物馆藏品信息管理和博物馆信息化、标准化研究工作。

规范行业标准奠定了坚实基础。

受文化和旅游部委托，中国美术馆（全国美术馆藏品普查工作办公室）起草了《美术馆藏品登记著录规范》。2019年1月，文化和旅游部发布《美术馆藏品登记著录规范》，并从2019年6月实施。

（二）编制原则

《美术馆藏品登记著录规范》的内容既要符合我国美术馆藏品管理工作的特点和实际，又要有利于提高业务工作的标准化水平，还要顺应现当代美术作品数字化和媒体多样化、美术馆藏品管理工作信息化的发展趋势。因此，《美术馆藏品登记著录规范》的编制应遵循以下原则：

1. 科学性原则

深入研究美术馆藏品管理和藏品登记著录工作的规律和特点，在内容的规定上，力求做到合理且必要。

2. 协调性原则

积极引用现行标准，特别是具有较高先进性的标准。同时，在内容的规定上，注意尽可能地与相关标准或标准性文件保持统一、协调。

3. 预见性原则

既要考虑到目前的美术馆藏品管理和藏品登记著录工作实际情况和技术水平，也要对其发展有所预见和引导，使《美术馆藏品登记著录规范》规定的内容能够适应业务工作及技术手段的发展趋势。

4. 适用性原则

《美术馆藏品登记著录规范》的规定，既要保持适度的先进性和前瞻性，又要具有一定的适用性，可操作、可实现，避免脱离实际。

（三）主要内容

《美术馆藏品登记著录规范》主要内容包括：范围、规范性引用文件、术语和定义、登记著录工作流程、登记著录文档及登记信息项目，以及15个规范性附录。

第1章“范围”，属于标准文件中规范性一般要素，用来明确界定《美术馆藏品登记著录规范》的标准化对象和所涉及的各个方面，指明适用界限。

第2章“规范性引用文件”，属于标准文件中规范性一般要素，列出了《美术馆藏品登记著录规范》中规范性引用其他文件的清单。

第3章“术语和定义”，属于标准文件中规范性技术要素，给出了为理解《美术馆藏品登记著录规范》中某些术语所必需的定义。

第4章“登记著录工作流程”和第5章“登记著录文档及登记信息项目”，属于标准文件中规范性技术要素，以条款的形式给出了对相关技术内容的规定，是《美术馆藏品登记著录规范》的主体部分。

《美术馆藏品登记著录规范》的15个“附录”均是规范性附录，是正文部分的附加或补充条款，属于规范性技术要素。

《美术馆藏品登记著录规范》最后还列出了相关的参考文献清单。“参考文献”属于标准文件中资料性补充要素。在参考文献中，既有《中华人民共和国文物保护法》《中华人民共和国著作权法》《中华人民共和国文物保护法实施条例》《中华人民共和国著作权法实施条例》等法律法规，又有《博物馆藏品管理办法》《博物馆管理办法》《文物认定管理暂行办法》《博物馆藏品信息指标体系规范（试行）》等国务院相关行政管理部门颁发的规章或规章性、标准性文件，还有《藏品档案填写说明》《博物馆藏品保管工作手册》《第一次全国可移动文物普查工作手册》，以及《全国美术馆藏品普查工作标准工作规程》《全国美术馆藏品普查工作手册》的其他部分等相关专业技术文献。

1. 范围

《美术馆藏品登记著录规范》第1章“范围”中首先明确：“本标准规定了藏品登记著录工作有关的术语和定义、登记著录工作流程、登记著录文档及登记信息项目”，“本标准适用于美术馆中美术作品类藏品的登记著录工作”。

需要强调的是，《美术馆藏品登记著录规范》中藏品登记信息项目及其著录规则，是基于藏品的“美术作品”的属性特征而确定的，部分内容有可能不适用于非美术作品类藏品；部分藏品登记信息项目的著录规则，主要适用于当代美术作品类藏品，不完全适用于其他类别的历史文物藏品，如“藏品名称”和“类别”项等；部分藏品登记信息项目的名称，适用于当代美术作品类藏品，不适用于实物类历史文物藏品，如“创作年代”项。

2. 规范性引用文件

《美术馆藏品登记著录规范》第2章“规范性引用文件”列出了规范性引用其他文件的清单。这些文件经过《美术馆藏品登记著录规范》相关条文的引用后，成为标准应用时必不可少的文件。凡是注日期的引用文件，仅注日期的版本适用于《美术馆藏品登记著录规范》。凡是不注日期的引用文件，其最新版本（包括所有的修改单）适用于《美术馆藏品登记著录规范》。

《美术馆藏品登记著录规范》的规范性引用文件包括：

·GB/T 2260中华人民共和国行政区划代码；

·GB/T 2659世界各国和地区名称代码；

·GB/T 3304中国各民族名称的罗马字母拼写法和代码；

· GB/T 7408-2005数据元和交换格式　信息交换　日期和时间表示法；

· WW/T 0017-2013馆藏文物登录规范；

· WW/T 0020文物藏品档案规范。

3. 术语和定义

《美术馆藏品登记著录规范》第3章“术语和定义”给出了为理解《美术馆藏品登记著录规范》中某些术语所必需的定义。其中：

藏品是指已列入美术馆藏品总登记账，或以其他方式确定入藏的美术作品。

登记著录是指对入藏藏品进行确认登记，并将藏品的相关信息进行记载的过程。

单件藏品是指只包含一个单体的藏品。

成套藏品是指由多个单体组成的藏品。

单体是指在展示、使用中可独立或者并列存在，构成美术作品内容的最小单位。

明确上述术语及其定义，对准确理解和执行本标准相关规定是非常必要的。

4. 登记著录工作流程

《美术馆藏品登记著录规范》第4章“登记著录工作流程”明确了美术馆藏品管理工作流程，提出在入馆、建账、入藏（库）、鉴定、研究、提用、保护（修复）、复制、注销等藏品管理工作的每个环节，应遵循有关工作制度、履行必要工作程序或手续，并填写相应的工作文档。

同时，针对藏品管理事故或藏品损坏情况，以及与藏品和藏品管理工作密切相关的藏品影像信息采集与利用情况、工作人员出入藏品库房、藏品保管环境监测等重要信息，提出了应填写相应工作文档的要求。

5. 登记著录文档及登记信息项目

《美术馆藏品登记著录规范》第5章“登记著录文档及登记信息项目”分别规定了《美术作品入馆凭证》《藏品总登记账》《藏品入藏（库）记录》《藏品鉴定记录》《藏品研究信息表》《藏品提用记录》《藏品保护（修复）记录》《藏品复制记录》《藏品事故损坏记录》《藏品注销记录》《藏品影像信息表》《藏品影像利用记录》《藏品库房人员出入记录》《藏品库房环境监测记录》等藏品管理文档的信息项目。

6. 规范性附录

《美术馆藏品登记著录规范》包含15个规范性附录，其中，附录A至附录N分别规定了“美术作品入馆凭证”“藏品总登记账”“藏品入藏（库）

记录”“藏品鉴定记录”“藏品研究信息表”“藏品提用记录”“藏品保护（修复）记录”“藏品复制记录”“藏品事故损坏记录”“藏品注销记录”“藏品影像信息表”“藏品影像利用记录”“藏品库房人员出入记录”和“藏品库房环境监测记录”的信息项目著录说明和表格样式，附录O为“藏品分类、定名、计件的原则与方法”。

总之，通过分析藏品本体所应蕴含的属性信息和在藏品管理过程中可能产生的工作信息，研究美术馆藏品管理工作流程、关键环节以及应当形成的工作文档，探讨不同管理环节所形成的工作文档应记录的内容以及这些工作文档之间的区别与联系。《美术馆藏品登记著录规范》规定了美术馆藏品登记著录的主要环节，明确了登记流程；规定了不同环节应填写的表格及其信息项，明确了登记内容；规定了各个信息项的著录规则和表格样式，明确了登记方法。

在《美术馆藏品登记著录规范》的相关部分，分别对每个信息项目进行解释，明确了信息项目的确切含义，对部分信息项目的著录规则做出规定，特别是对美术作品类藏品的分类、定名、计件的原则和方法等课题，提出了合理、有效、可行的解决方案；在可能的前提下，对诸如“藏品来源”“藏品完残程度”之类信息项的填写选项，编制了代码表，有利于提高填写内容的规范化程度。

二、美术馆藏品登记著录规则详解

《美术馆藏品登记著录规范》中很重要的一部分内容，是对若干信息项目的著录规则做出了规定，目的在于规范藏品登记著录工作，提高藏品数据质量。这里着重讨论类别、藏品名称、实际数量、日期、尺寸等项目的著录规则。

（一）藏品分类原则和方法

人们对分类并不陌生。常言说的“物以类聚，人以群分”，就是指对物或人进行分类。分类是人们认知世界的一种途径和方法。藏品分类是根据藏品分类法的类目体系确定藏品类别的过程，是博物馆美术馆藏品登记著录工作的重要内容。对藏品进行分类管理是博物馆美术馆一项基础工作。

以前，美术馆藏品分类往往各自为政。由于分类原则不同，类目设置不一，分类方法各异，使得各个美术馆的藏品分类结果没有可比性。没有统一的《美术馆藏品分类法》，将难以对藏品进行分类统计分析。如果要对美术收藏实施有效的宏观管理，制定一部科学合理、通用性强的《美术馆藏品分类法》，规范美术藏品分类，势在必行。

《美术馆藏品登记著录规范》规定了美术馆藏品分类的原则和方法，为统一美术馆藏品分类创造了条件。

1. 关于分类的基本概念

类是指具有某种共同属性（或特征）的事物或概念的集合。分类是指按照选定的属性（或特征）区分分类对象，将具有某种共同属性（或特征）的分类对象集合在一起的过程。

分类方法包括线分类法、面分类法和混合分类法。其中，线分类法（体系分类法）是将分类对象按选定的若干属性（或特征），逐次地分为若干层级，每个层级又分为若干类目，同一分支的同层级类目之间构成并列关系，不同层级类目之间构成隶属关系。面分类法是选定分类对象的若干属性（或特征），将分类对象按每一属性（或特征）划分成一组独立的类目，每一组类目构成一个“面”。再按一定顺序将各个面平行排列。使用时根据需要将有关“面”中的相应类目按“面”的指定顺序组配在一起，形成一个新的复合类目。

在设置类目时，首先应选择对象的重要属性作为分类依据和标准，类目不能随意设置，不是简单的罗列。其次，划分同位类时，应采用同一个分类依据和标准。不能同时使用两个或两个以上的划分标准。第三，划分后所得各子类的外延之和应等于其母类的外延。避免“不完全划分”和“多出子类”的错误。为避免不完全划分现象，可以设置“其他”类，作为收底类目。

在线分类法（体系分类法）中，类目逐次地分为若干层级，每个层级又分为若干类目。在线分类法（体系分类法）中，类目之间可以是属种关系，也可以是并列关系。同一分支的同层级类目之间构成并列关系。

2. 美术馆藏品分类原则

《美术馆藏品登记著录规范》附录O“藏品分类、定名、计件的原则与方法”中“O.1.1藏品分类原则”规定了美术馆藏品的分类原则。

（1）采取体系分类法

美术馆藏品分类应符合信息分类的基本规律和要求。美术馆藏品分类的类目要按层次逐级展开，而且类目之间存在着明确严格的逻辑关系。

例如，在“表O.1　美术馆藏品类目表”中，在一级类目“绘画”类目（见表1）之下，划分出“中国画”“油画”等若干二级类目，在二级类目“中国画”之下再划分出“人物”“山水”“花鸟”等三级类目，形成层次分明，逻辑关系清晰的类目体系。

表1 分类——美术馆藏品类目（部分）

美术馆藏品类目表（部分）			
代码	一级类目	二级类目	三级类目
01	绘画		
0101		中国画	
010101			人物
010102			山水
010103			花鸟
010104			杂画
010199			其他中国画
0102		油画	
010201			人物
010202			风景
010203			静物
010204			抽象
010299			其他油画
0103		版画	
010301			木版画
010302			石版画
010303			铜版画
010304			丝网版画
010319			综合版画
010371			藏书票
030181			原版
010399			其他版画

在《美术馆藏品登记著录规范》规定的美术馆藏品类目表中，一般采用不完全枚举法列举下位类，并在最后设置类似于其他画种、其他书法作品等类目，作为收底类目。

（2）遵循艺术发展规律

美术馆藏品分类法所类分的主要对象是美术作品。编制美术馆藏品分类法，应当遵循艺术发展的客观规律。在设置和划分类目时，应选择能够体现美术作品艺术特征的重要属性，作为依据和标准，不能随意设置类目，更不能只是简单地罗列一些名词。

艺术创作方式、题材、技法等，是美术作品的重要属性。材质是美术作品的物理属性，既是客观的，又便于识别或确认。艺术形式和质地，无论对美术馆藏品的实物库房管理，还是对美术作品的研究利用，都是具有识别意义和检索意义的属性特征。

美术馆藏品类目表，一般以美术作品的创作形式，或题材内容，或工艺技法，或材料质地等属性（或特征），作为设置和划分类目的依据和标准，并逐次地分为若干层级，每个层级又分为若干类目，同一分支的同层级类目之间构成并列关系，不同层级类目之间构成隶属关系。

例如，美术馆藏品类目代码表一级类目的设置，参照当前对艺术门类的通行或习惯划分方法，将美术作品划分为绘画，书法、篆刻，雕塑，工艺美术，设计艺术，民间美术，摄影，现代装置，数字艺术，综合艺术等10个大类，同时，考虑到美术馆藏品实际情况，另外设置了其他美术作品和其他藏品两个类目，作为收底类目，共计12个一级类目。见表2。

表2　分类——美术馆藏品类目（部分）——一级类目

美术馆藏品类目表（部分）	
代码	一级类目
01	绘画
02	书法、篆刻
03	雕塑
04	工艺美术
05	设计艺术
06	民间美术
31	摄影
41	现代装置
50	数字艺术
60	综合艺术
90	其他美术作品
99	其他藏品

在一级类目绘画之下，按创作方式的不同，划分出中国画，油画，版画，漆画，素描速写，水彩，粉画，宣传画，漫画，连环画，插图，壁画，综合材料绘画和其他画种等13个二级类目。见表3。

表3　分类——美术馆藏品类目（部分）——绘画类目

美术馆藏品类目表（部分）		
代码	一级类目	二级类目
01	绘画	
0101		中国画
0102		油画
0103		版画
0104		漆画
0105		素描速写
0106		水彩、粉画
0107		宣传画
0108		漫画
0109		连环画
0110		插图
0111		壁画
0150		综合材料绘画
0199		其他画种

在二级类目中国画之下，按题材内容的不同，划分出人物、山水、花鸟、杂画和其他中国画等5个三级类目。见表4。

表4　分类——美术馆藏品类目（部分）——中国画类

美术馆藏品类目表（部分）				
代码	一级类目	二级类目	三级类目	备注
01	绘画			
0101		中国画		含水墨画
010101			人物	
010102			山水	
010103			花鸟	
010104			杂画	
010199			其他中国画	

又如，对一级类目雕塑，以材料质地作为分类依据和标准，划分出木雕、木刻，石雕、石刻，金属雕塑，漆雕，泥塑，陶塑瓷塑，石膏雕塑，综合材料雕塑和其他雕塑等9个二级类目。见表5。

表5　分类——美术馆藏品类目（部分）——雕塑类

美术馆藏品类目表（部分）		
代码	一级类目	二级类目
03	雕塑	
0301		木雕、木刻
0302		石雕、石刻
0303		金属雕塑
0304		漆雕
0305		泥塑
0306		陶塑、瓷塑
0307		石膏雕塑
0360		综合材料雕塑
0399		其他雕塑

（3）结合美术馆藏品管理实际情况

从宏观管理的角度来说，适用于全国范围的美术馆藏品分类法，应以美术藏品的整体作为分类对象，而不应仅仅局限于某一个收藏单位或某一个行政区划内的收藏范围。因为，每个地区都有自己的地域文化特点，从而可能产生不尽相同的美术作品，特别是少数民族地区的民间工艺品更是独具特色。每个美术馆也都可能有各自的藏品建设规划和发展方向，由此形成各不相同的收藏重点和系列。如果根据一个美术馆、一个地区收藏的美术作品的范围，设计美术馆藏品分类法，难免会以偏概全，影响该分类法的通用性。

可以设想，全部十大艺术门类（即美术馆藏品分类法中10个一级类目）中各个类别的美术作品都有收藏的美术馆，恐怕为数不多。

再者，如刺绣，印染，织物，服装、服饰，剪纸，皮影，风筝，彩塑，玩具，木偶，面具，编结，唐卡，彩扎，生活用具，民间陶瓷，民间雕塑，传统年画，民间绘画，等等，都应该是民间艺术的重要组成部分，也是民间美术类必不可少的下位类目（见表6）。可能许多美术馆只是收藏其中部分类别的美术作品，甚至有的美术馆可能根本就没有收藏民间艺术类美术作品。然而，在美术馆藏品分类法中，绝不可能因为某个美术馆没有收藏某类美术作品，就不设置这个类目。这应当是毫无疑问的。

表6　分类——美术馆藏品类目表（部分）——民间美术类

美术馆藏品类目（部分）		
代码	一级类目	二级类目
06	民间美术	
0601		刺绣
0602		印染
0603		织物
0604		服装、服饰
0605		剪纸
0606		皮影
0607		风筝
0608		彩塑
0609		玩具
0610		木偶
0611		面具
0612		编结
0613		唐卡
0614		彩扎
0615		生活用具
0616		民间陶瓷
0617		民间雕塑
0618		传统年画
0619		民间绘画
0699		其他民间美术

美术馆藏品分类法还是一种实物分类法，而不是一种纯粹的艺术分类法。所以，在类目设置上，还要充分考虑美术馆藏品现状，以及藏品管理的需求，避免脱离实际和以信息分类原则为教条、片面追求类目逻辑关系合理性的极端倾向。

美术馆藏品分类要兼顾“艺术分类”与“实物分类”方法。如，美术馆藏品类目代码表的书法、篆刻类（见表7），其下位类中，既有按书体划分的篆书、隶书、行书、草书、楷书等类别，又有以书写工具为依据设立的硬笔书法类，还有从语种角度划分的少数民族文字书法、外国文字书法等类目。应该说，与硬笔书法相对应的概念是软笔（即毛笔）书法，可以与少数民族文字书法、外国文字书法比肩的类目是汉字书法。但是，实际情况是，美术馆收藏的书法类藏品中，毛笔书写的汉字书法作品是主体，数量上占绝大多数。硬笔书法作品、少数民族文字书法作品、外国文字书法作品数量相对较少却又占用一定比重，不容忽视。如果僵硬地将书法篆刻类划分为软笔（即毛笔）书法和硬笔书法，或者是汉字书法、少数民族文字书法和外国文字书法，会使软笔（即毛笔）书法或汉字书法类目下的藏品数量很大，硬笔书法或少数民族文字书法、外国文字书法类目下的藏品数量很少。前者远远超过后者，两者相差悬殊，造成藏品在某个类别过于集中、同位类目之间藏品数量分布极不均衡的现象。这对藏品管理和统计都是很不可取的。将软笔（即毛笔）书法或汉字书法按汉字书体划分为篆书、隶书、行书、草书、楷书等类别，并直接将其提升到与硬笔书法和少数民族文字书法、外国文字书法并列的层次，可以体现以软笔创作的汉字书法作品的突出地位，而且，也不会产生交叉重叠，更有利于满足美术馆藏品管理工作的实际需要。

表7　分类——美术馆藏品类目（部分）——书法绘画类

美术馆藏品类目表（部分）		
代码	一级类目	二级类目
02	书法、篆刻	
0201		篆书
0202		隶书
0203		行书
0204		草书
0205		楷书
0230		硬笔书法
0240		少数民族文字书法
0250		外国文字书法
0269		其他书法作品
0271		印章
0272		印谱
0299		其他篆刻作品

严格按同一个分类依据和标准划分同位类，是一种理想的方法。考虑到美术作品或美术馆藏品的实际情况，为适应藏品管理工作需要，有些类目在设置

下位类时，难免有些变通，但要有清晰的分类界线。

（4）服务查询、统计和管理

分类查询和统计既是藏品信息管理与利用的有效途径，又是藏品管理的辅助手段和工具。藏品分类不仅与美术馆日常的藏品管理工作联系密切，而且与美术馆藏品数据采集与利用工作息息相关。

因此，美术馆藏品类目设计，一方面要符合信息分类的基本规律和要求，一方面要体现美术作品艺术特征，另一方面要满足美术馆藏品管理工作的实际需要。与此同时，还要方便查询、统计和管理。

具体地说，藏品类目应具有较强的检索意义。对于藏品数量较大的类别，可以适当增加类目层级，扩大分类深度。如《美术馆藏品类目表》12个一级类目中，数字艺术、综合艺术、其他美术作品和其他藏品等4项暂时没有划分二级类目，书法、篆刻，雕塑，工艺美术，设计艺术，民间美术，摄影和现代装置等7项只划分到二级类目，但绘画类中的部分二级类目，细化到了三级类目。在绘画类的13个二级类目中，对中国画，油画，版画，素描速写和水彩、粉画5个类目列出了三级类目，其他8个二级类目则没有再次划分。这样处理，可以提高类目专指程度和藏品查询统计的精确程度，符合藏品和藏品信息管理的需求。

3. 美术馆藏品分类方法

美术馆藏品分类法是按照一定的原则和方法，以艺术分类为基础，结合藏品管理需求，对体现美术作品特征的概念和术语，进行逻辑划分和系统排列而成的类目一览表，是类分、检索和统计美术馆藏品的工具和依据。美术馆藏品分类法包括类目表和分类规则。

（1）美术馆藏品类目表

《美术馆藏品登记著录规范》的《美术馆藏品类目表》中共列举了107个类目。这些类目分为三个层级，即一级类目、二级类目、三级类目。各级类目分布情况如下：

一级类目12个，依次为绘画，书法、篆刻，雕塑，工艺美术，设计艺术，民间美术，摄影，现代装置，数字艺术，综合艺术，其他美术作品，其他藏品。

二级类目72个。其中：

绘画类下分13个二级类目。依次为中国画，油画，版画，漆画，素描速写，水彩、粉画，宣传画，漫画，连环画，插图，壁画，综合材料绘画和其他画种。

书法、篆刻类下分12个二级类目，依次为篆书、隶书、行书、草书、楷书、硬笔书法、少数民族文字书法、外国文字书法、其他书法作品、印章、印谱和其他篆刻作品。

雕塑类下分9个二级类目，依次为木雕、木刻，石雕、石刻，金属雕塑，漆雕，泥塑，陶塑、瓷塑，石膏雕塑，综合材料雕塑，其他雕塑。

工艺美术类下分7个二级类目，依次为玉石雕、竹木雕、牙角雕、金属工艺、陶瓷工艺、漆艺、其他工艺美术。

设计艺术类下分4个二级类目，依次为平面设计、空间设计、工业设计和其他设计艺术。

民间美术类下分20个二级类目，依次为刺绣，印染，织物，服装、服饰，剪纸，皮影，风筝，彩塑，玩具，木偶，面具，编结，唐卡，彩扎，生活用具，民间陶瓷，民间雕塑，传统年画，民间绘画，其他民间美术。

摄影类下分4个二级类目，依次为照片、底片、照片电子文件和其他摄影。

现代装置类下分3个二级类目，依次为静态、动态、其他现代装置。

数字艺术、综合艺术、其他美术作品、其他藏品等一级类目之下，没有二级类目。

三级类目23个。其中：

中国画类下分5个三级类目，依次为人物、山水、花鸟、杂画和其他中国画。

油画类下分5个三级类目，依次为人物、风景、静物、抽象和其他油画。

版画类下分8个三级类目，依次为木版画、石版画、铜版画、丝网版画、综合版版画、藏书票、原版和其他版画。

素描速写类下分2个三级类目，依次为素描、速写。

水彩、粉画类下分3个三级类目，依次为水彩画、水粉画和色粉画。

（2）藏品分类的基本要求和规则

归类准确恰当是对美术馆藏品分类的基本要求。

类目名称有别于物品名称。物品名称所指比较具体。类目名称则是族群概念，内涵更为丰富，外延更为宽泛。有些类目虽然没有继续分解，但涵盖着相关内容的美术作品。如，在二级类目“面具”的备注栏中，注有说明“含脸谱”，这就是规定没有单独设置“脸谱”类目，应将脸谱分入“面具”类。还有“传统年画”类的备注栏中，注有说明“含年画版”，“楷书”类的备注栏中，注有说明“含魏碑、行楷”等等，也是如此。正确理解类目名称的涵义，对准确类分藏品非常必要。归类准确对日后的藏品管理、检索与统计至关重要。

使用美术馆藏品类目代码表对美术作品进行分类时，一般应细分到二级类目，不宜简单地分到一级类目。确实难以归入现有的十大艺术门类的美术作品，可以归入其他美术作品类。

用二级类目类分藏品时，应尽可能在《美术馆藏品类目代码表》中选择恰当的类目，将藏品分入之中，避免将大量藏品归入类似其他画种、其他民间美术之类的收底类目，以提高藏品检索与统计的准确程度。

按三级类目类分藏品时，如果一件美术作品的内容涉及到两个或两个以上的同位类目，可以将其归入上位类目。如，一本册页中，既有山水题材的，又有花鸟题材的，可以归入中国画类，不应将其归入其他中国画类。

实用性的民族服装服饰，应归入民间美术中的服装、服饰类。服装服饰的设计图稿，应归入设计艺术中的平面设计类。

美术馆收藏的非美术作品类藏品，可以参照《馆藏文物登录规范》或其他相关标准规定的藏品分类法进行分类。

（二）藏品定名原则和方法

藏品名称是美术馆藏品最为重要的标识之一，在藏品管理和信息管理中具有不可替代的地位和作用。藏品名称一方面应该能够准确反映藏品的属性特征，起到“见名如见物”的作用，另一方面还应简洁、严谨。规定藏品名称的组成要素、排列顺序及相关要求，使藏品定名有章可循、藏品名称科学规范，是藏品名称著录规则的主要任务。

1. 藏品定名原则

根据《美术馆藏品登记著录规范》附录O“藏品分类、定名、计件的原则与方法”中“O.2.1藏品定名原则”规定，美术馆藏品定名应遵循以下原则：

（1）科学、准确、简洁

藏品定名规则本身应当是合理的，可行的。藏品定名规则应规定藏品名称的构成要素、排列顺序及相关要求。这些构成要素应当是能够反映藏品基本属性信息的必要项目，而不是与藏品属性无关的，或不适宜出现在名称中的内容。藏品名称构成要素的排列应该是有序的，而不应是随机的。对藏品名称的各个构成要素如何选择、如何填写，也应当是有章可循的，具有可操作性的，而不应只停留在笼统的原则要求上。

藏品名称直接用文字表示属性信息，应当语义直观，可读性强。这就要求藏品名称中词汇的概念应当清晰明确，不应模棱两可、似是而非，不能词不达意。

藏品名称的内容应当是有限的，而不应过于冗长，尤其是对藏品主题内容的概括和提炼，应言简意赅，无须赘疣。

（2）使用术语或规范性语言

藏品名称每个要素中的词语，都应使用专业术语或规范性语言。如，类别要素一般应选择《美术馆藏品类目表》的二级类目名称；主题项内容应使用书面语言，尽量避免使用白话或口语词汇；地域信息可以参照执行《中华人民共和国行政区划代码》（GB/T 2260–2007）和《世界各国和地区名称代码》（GB/T 2659–2000）中的表示方式；民族称谓可以参照执行《中国各民族名称的罗马字母拼写法和代码》中的表示方式；质地、工艺技法、纹饰题材、形态、形制和物名等项目，应使用相关专业的术语。

（3）揭示藏品的核心信息和主要特征

藏品名称应具有标记和识别作用，应能够通过名称区别藏品。作为标识性信息项目，藏品名称应直接表述藏品的主题内容和特征，做到“见名如见物”。要达到这一基本要求，藏品名称就需要揭示美术作品的核心信息和主要特征。见图1和图2。

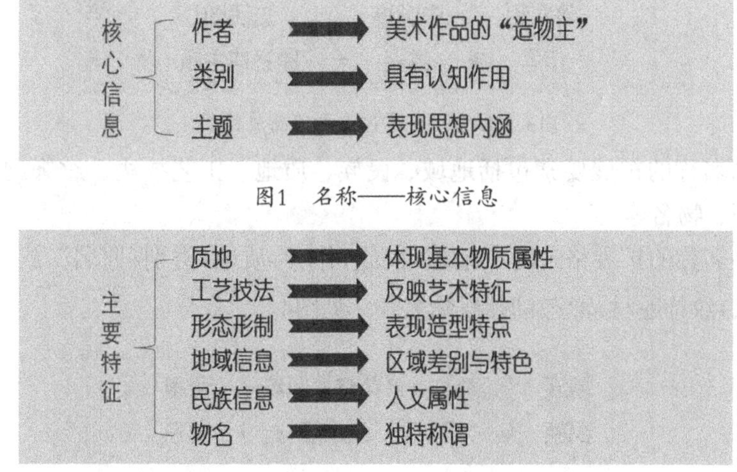

图1　名称——核心信息

图2　名称——主要特征

藏品的属性信息包括年代、地域、作者、质地、工艺技法、形态形制、主题、题识和印鉴、纹饰、尺寸、质量、实际数量、完残状况等等。

对于美术作品来说，主题可以反映美术作品内涵，本身就具有标题性质；作者是美术作品的“造物主”，作者与作品密不可分；类别对藏品有认知作用，在美术馆具有重要的管理意义，这三个项目必然成为藏品名称的组成部分。

质地可以反映美术作品的基本物质属性，工艺技法可以反映美术作品的艺术特征，形态形制可以反映藏品造型特征，这些项目应当是描述藏品的基本指标。

地域信息可以反映美术作品在艺术上的区域差别与特色；民族名称可以表示美术作品的人文属性；物名可以反映美术作品的独特造型。它们也应当成为藏品名称的构成要素。

反之，现当代美术作品的创作时间去今不远，与古代历史文物相比，创作年代的识别意义不很突出。题识和印鉴、尺寸、质量、实际数量、完残状况等项目，或带有数值性质，或属于长文本型，均不适宜作为藏品名称中的要素。

总之，藏品信息中的地域、民族、作者、质地、类别、原名或主题、工艺技法、纹饰题材、形态形制和物名等项目，可以成为藏品名称的构成要素，其中，作者、类别、原名或主题应当属于核心信息。

2. 藏品名称的构成要素及格式

藏品名称的基本要素包括作者、类别、原名或主题。

藏品名称的基本格式为“作者+类别+原名或主题”。见图3。

蒋兆和		中国画		流民图
作者	+	类别	+	原名或主题

图3　名称——蒋兆和中国画流民图

藏品名称的扩展要素包括地域、民族、质地、工艺技法、纹饰题材、形态、形制、物名等。

藏品名称的扩展格式为“地域+民族+作者+质地+类别+原名”或“主题+工艺技法+纹饰题材+形态+形制+物名”。见图4。

苗族		刺绣		花蝶龙凤纹		背扇
民族	+	类别	+	纹饰题材	+	物名

图4　名称——苗族刺绣花蝶龙凤纹背扇

3. 命名规则

根据《美术馆藏品登记著录规范》附录O“藏品分类、定名、计件的原则与方法”中“O.2.2.3命名规则”规定，藏品名称应至少包括基本格式中的各项要素。

作者项内容，作者项应填写作者中文全名；作者在作品上签署笔名的，可填写其签署的笔名；作者为两人的，应按署名顺序注明作者姓名，作者姓名之间用全角顿号分隔；作者为两人以上的，应按署名顺序注明前两个作者姓名，作者姓名之间用全角顿号分隔，在第二个作者姓名后加“等”字；作者为外籍的，应填写其中文姓名，并可在其后括号内注明国籍和外文姓名。世界各国和地区名称的表示方式见GB/T 2659。见图5和图6。

尚可、陈士宁等		漆画		万众一心
作者	+	类别	+	原名或主题

图5　名称——尚可、陈士宁等漆画万众一心扇

文森特·威廉·梵高		油画		向日葵
作者	+	类别	+	原名或主题

图6　名称——文森特·威廉·梵高油画向日葵

类别项内容，一般应按《美术馆藏品类目表》中二级类目名称内容填写。无二级类目或二级类目不适宜作为名称的，可根据实际情况选择填写一级类目或三级类目名称（包括备注中的藏品类型名称）内容；各级类目名称均不适宜做藏品名称的，根据实际情况，选择恰当术语作为藏品名称类别项内容。见图7和图8。

彦涵		版画		豆选
作者	+	类别	+	原名或主题

图7　名称——彦涵版画豆选

司徒乔		水粉画		天山放牧
作者	+	类别	+	原名或主题

图8　名称——司徒乔水粉画天山放牧

原名或主题项内容，原名由作者确定的作品名称或美术馆《美术作品入馆凭证》等文档中登记的藏品名称构成；无原名或原名不适合构成藏品名称的，可参考藏品主题确定名称。见图9和图10。

白展望		油画		壹玖肆玖
作者	+	类别	+	原名

图9　名称——白展望油画壹玖肆玖

白展望		油画		人民解放军解放天津
作者	+	类别	+	主题

图10　名称——白展望油画人民解放军解放天津

针对藏品具体情况，可在藏品名称中有选择地增加部分扩展要素。

组成藏品名称的各项要素，一般可按扩展格式的顺序排列。

必要时可在组成名称的要素之间增加连词、助词等，以符合自然语言表述习惯。

中国画和书法类藏品名称中，可在原名或主题项后增加形制。见图11。

齐白石		中国画		梅花		册页
作者	+	类别	+	原名或主题	+	形制

图11　名称——齐白石中国画梅花册页

具有鲜明地域特色的民间美术和工艺美术类藏品，或藏品作者为外籍的，可在作者项前增加地区、国别等地域信息。已标注有地域信息的民间美术和工艺美术类藏品，如作者为佚名的，可不再标注作者信息。见图12和图13。

潍坊		唐延寿		双燕		软翅风筝
地域	+	作者	+	原名或主题	+	物名

图12　名称——潍坊唐延寿双燕软翅风筝

美国		南希·斯蒂文森·格雷福斯		现代装置		顾客要注意
地域	+	作者	+	类别	+	原名或主题

图13　名称——美国南希·斯蒂文森·格雷福斯现代装置顾客要注意

具有鲜明民族特色的民间美术和工艺美术类藏品，可在类别前增加民族信息；已标注有民族信息的民间美术和工艺美术类藏品，如作者为佚名的，可不再标注作者信息。见图14。

丰宁		满族		剪纸		可卿赏雪
地域	+	民族	+	类别	+	原名或主题

图14　名称——丰宁满族剪纸可卿赏雪

雕塑、工艺美术、民间美术等类藏品，可在名称中增加质地、形态、纹饰题材、工艺技法等信息。见图15。

朱铭		铜		雕塑		太极 · 拱门
作者	+	质地	+	类别	+	原名或主题

图15　名称——朱铭铜雕塑太极 · 拱门

实际使用功能突出的工艺美术和民间美术类藏品，藏品名称中可增加物名信息。见图16。

苗族		蜡染		麒麟图		方巾
民族	+	类别	+	纹饰题材	+	物名

图16　名称——苗族蜡染麒麟图方巾

仿作的藏品，其命名方法为“仿作者名称+‘仿’+原作名称”（见图17）。其中原作名称应符合本文件关于藏品命名的相关规定。

董邦达		仿		荆浩中国画层岩激涧图
仿作者名称	+	“仿”	+	原作名称

图17　名称——董邦达仿荆浩中国画层岩激涧图

以临摹方式复制的藏品，其命名方法为“临摹者名称+‘临摹’+原作名称”（见图18）。其中原作名称应符合本文件关于藏品命名的相关规定。

张大千		临摹		敦煌壁画飞天
作者	+	复制方式	+	原作名称

图18　名称——张大千临摹敦煌壁画飞天

以印刷、模具浇铸、复印等方式复制的藏品，其命名方法为“复制方式+原作名称”（见图19）。其中原作名称应符合本文件关于藏品命名的相关规定。复制方式分为木版水印、照相制版印刷、模具浇铸、复印、翻拍、数字打印等。

木版水印		徐悲鸿中国画马
复制方式	+	原作名称

图19　名称——木版水印徐悲鸿中国画马

历史文物，不适宜按本文件定名的，可按照《馆藏文物登录规范》确定的规则定名。

（三）藏品计件原则和方法

如果说藏品是博物馆美术馆赖以存在的一项物质基础，那么藏品的统计数量和实际数量就是博物馆美术馆藏品管理的一项核心数据。

藏品统计是一项既简单又复杂的工作。藏品组成情况的多样性使得藏品计件工作简单问题复杂化。针对不同的藏品组成情况，需要制定科学合理明确的藏品计件原则和方法，才能统一藏品数量的统计口径，保证藏品统计数据真实完整准确。

1. 藏品计件原则

根据《美术馆藏品登记著录规范》附录O“藏品分类、定名、计件的原则与方法”中“O.3.1藏品计件原则”规定，美术馆藏品计件应遵循以下原则：

（1）体现不同单体之间的功能关联性

图20　示例——清王原祁仿大痴山水图轴

藏品组成可能会有多种情况，一个单体就是一件藏品，即单件藏品。如一幅中国画，两个或两个以上的单体共同组成一套藏品，即成套藏品。如一组泥塑，组成单件藏品的单体，或成套藏品中的单体，都可能有若干部件或附件、附属物。如带盖的茶杯。

如清王原祁仿大痴山水图轴，一幅画就是一个单体，也是一件完整的美术作品，属于单件藏品。见图20。

泥塑《渔樵问答》，渔夫和樵夫彼此独立，尽管渔夫和樵夫中的每一个都可以单独作为一件泥塑作品，但是如果将它们作为两件藏品，分别登记著录，必然割裂它们之间的内在联系，届时它们只能被分别称为“泥塑渔夫”或“泥塑樵夫”，而不能称其为“泥塑‘渔樵问答’”了。如果将其称为《渔樵问答》，那么只有“泥塑渔夫”或只有“泥塑樵夫”，都是不完整的，因此必须将二者作为一个整体。见图21。

图21　示例——泥塑《渔樵问答》

将这些有着密切内在联系的单体的组合作为一个整体、一个统计对象，即按一件（套）藏品计算，目的在于揭示各个单体在功能上的关联性。

（2）记录多单体藏品的物理完整性

一些美术作品可能由许多个单体组成，如清刘杏林作花草四条屏木刻，包括4幅木刻作品，即4个单体，其中每个单体都是该藏品不可或缺的组成部分，缺失其中任何一个单体，都会破坏该藏品的完整性（见图22）。为反映其在物理上的完整性，应记录组成该套藏品的单体数量，即在“实际数量”项填写该藏品所包含的单体数量“4”。

图22　示例——清刘杏林作花草四条屏木刻

用“实际数量”表示组成一件（套）藏品的单体的数量，目的在于记录该件（套）藏品物理上的完整性。

（3）计件方法合理可行

统计藏品实际数量应有统一的口径和标准。组成单件藏品的单体或成套藏品中的单体，都可能有若干部件或附件、附属物。单体与单体的部件或附件、附属物，在不同层次反映着藏品的组成情况。在计算藏品实际数量时，应明确区分单体和单体的部件或附件、附属物，统一将单体作为藏品实际数量的计量单位（计数对象），不能既有统计到单体层级的，也有统计到部件或附件、附属物层级的。如果藏品实际数量统计口径和标准不明确、不统一，将造成统计数据失准失真。至于藏品部件或附件、附属物的具体情况，可在藏品完残状况项进行描述和记录。

如清卢葵生漆砂文具盒，作为一套文具，由7个具有独立功能的单体组成，属于成套藏品，实际数量7件（见图23）。不能把砚台等单体所包括的部件或附件、附属物统计到实际数量之中。

图23　示例——清卢葵生漆砂文具盒

2. 藏品计件方法

根据《美术馆藏品登记著录规范》附录O“藏品分类、定名、计件的原则与方法”中“O.3.2藏品计件方法”规定，美术馆藏品应按件（套）为进行藏品登记著录。每件（套）藏品应填写实际数量。

实际数量应填写一件（套）藏品所包含的单体的数量，其中：

（1）只包含一个单体的藏品，是单件藏品。单件藏品的实际数量为“1”；

（2）由多个单体组成的藏品，是成套藏品。成套藏品的实际数量为组成该藏品的单体数量。

（3）藏品的部件或附件、附属物等，不计入实际数量。

掌握藏品计件方法的关键在于正确理解单体的含义，准确界定单体与单体的部件或附件、附属物，辨明哪些独立的个体属于单体，哪些属于单体的部件或附件、附属物。根据《美术馆藏品登记著录规范》的定义，单体在展示、使用中可独立或者并列存在，而且单体本身应该具有美术作品的完整功能，即单体是“构成美术作品内容的最小单位”。虽然单体的部件或附件、附属物有可能在物理上也是独立的，但是它们或者处于从属地位，或者不具备美术作品的完整功能，即不是“构成美术作品内容的最小单位”，因此单体的部件或附件、附属物不能被视为单体。在成套藏品中，单体在物理上是相对独立的；单体相互之间应该是并列关系，而不应该是从属关系。

如民国张玉廷制吹糖人彩塑，虽然在物理上，吹糖人的泥塑人物像与装有吹糖人用具的篮子相互独立，但是在功能上，显然是人物为主、篮子为辅，篮子不具有美术作品的完整功能，不能视为单体。因此，这件美术作品应作为单件藏品，实际数量1件，篮子不作为单体统计。见图24。

图24　示例——民国张玉廷制吹糖人彩塑

3.“传统数量”与“实际数量”

在一些场合，讨论藏品数量问题时，经常会涉及到两个相关概念：一是“传统数量”，一是“实际数量”。以1件（套）藏品作为一个整体、一个计数对象，得到的数量是藏品的“传统数量”；以组成1件（套）藏品的每一个“单体”为计数对象或计算单位，得到的数量是藏品的“实际数量”。

“传统数量”的计数对象既可能是单件藏品，也可能是成套藏品，其通用计量单位是“件（套）”；“实际数量”的计数对象只是单件藏品或成套藏品中的“单体”，其通用计量单位是“件”。

如清光绪杨柳青年画《门神》，包含两幅既相互独立又互相关联的画作，组成一套完整的美术作品，应视为成套藏品，其统计数量为“1件（套）”，实际数量为“2件”。见图25。

图25　示例——清光绪杨柳青年画《门神》

一般来说，博物馆美术馆藏品总登记账或其他藏品账册中的每一条记录，都对应着1件（套）藏品；每件（套）藏品的记录中都应包含该藏品的实际数量，即组成该藏品的单体的数量。藏品总登记账或其他藏品账册中，藏品记录的条数既是该收藏单位在账藏品“传统数量”的总数，每件藏品实际数量之和即为“实际数量”的总数。

（四）公历日期表示法

在藏品管理和藏品信息管理工作中，会形成或涉及许多诸如入馆日期、入藏日期、鉴定日期、藏品提用的出入库日期、藏品保护（修复）和复制日期、注销日期，以及人员出入藏品库房日期、库房环境监测日期等等信息。真实完整有效地记录各种日期信息，重要性不言而喻。

关于日期表示法，国家标准《数据元和交换格式　信息交换　日期和时间表示法》（GB/T 7408）规定了三种公历日期表示法，分别是：

用年、月和月中的日表示的日历日期，其完全表示法的基本格式为“YYYYMMDD”，例如，“19850412”，即1985年4月12日。

用年和年中的日表示的顺序日期，其完全表示法的基本格式为“YYYYDDD”，例如，“1985102”，即1985年的第102天。

用年、星期数和星期中的日数表示的星期日期，其完全表示法的基本格式为“YYYYWwwD”（大写W为星期标志符，小写w为星期的序号数字），例如，“1985W155”，即1985年第15个星期的第5天。

为提高标准的协调性，《美术馆藏品登记著录规范》引用了现行标准《数据元和交换格式　信息交换　日期和时间表示法》。在“附录A‘美术作品入馆凭证’的信息项目著录说明和表格样式”中的“A.1.4入馆日期”部分规定，日期表达式按GB/T 7408-2005的5.2.1.1的规定，用8位阿拉伯数字表示。其中，年4位、月2位、日2位；月、日不足2位的，高位补“0”。

入馆年份、或月份、或日期不详的，相应位置以“×”表示，具体表示方式如下：

a. 入馆日期只明确到年、月的，日以“××”表示；

b. 入馆日期只明确到年份的，月、日分别以“××”表示；

c. 入馆日期只明确到年代的，年份的末位用“×”表示，月、日分别以“××”表示；

d. 入馆日期的年份不详，只能明确月份和日期的，年份以“××××”表示；

e. 入馆日期完全不详的，用8位“×”表示。

示例1：入馆日期为1970年8月15日的，表示为“19700815”。

示例2：入馆日期为1970年10月1日的，表示为“19701001”。

示例3：入馆日期为1970年10月的，表示为“197010××”。

示例4：入馆日期为1970年的，表示为“1970××××”。

示例5：入馆日期为20世纪70年代的，表示为“197×××××”。

示例6：入馆日期只明确为5月1日的，表示为“××××0501”。

示例7：入馆日期完全不详的，表示为“××××××××”。

在实际工作中，由于种种原因，日期很可能是不准确的或者是不完整的，有的可能只能明确到哪一天，有的可能只能明确到月份、或年份、或年代，甚至完全不详。为了尽可能记录确知的原始信息，同时又保持日期表达方式的完整，《美术馆藏品登记著录规范》规定，“入馆年份、或月份、或日期不详的，相应位置以“×”表示”，就是说在表示日期的8个数位中，哪一部分是明确的，就在相应位置填写具体数值，不明确的部分，相应位置用“×”填充。具体而言，日期信息只明确到年、月的，日以“××”表示；入藏日期只明确到年份的，月、日分别以“××”表示；入藏日期只明确到年代的，年份的末位用“×”表示，月、日分别以“××”表示；入藏日期完全不详的，用8位“×”表示。这种解决方案使不明确、不准确的日期也能有适用的表示方法，而且，该表示方法在计算机系统中是可以识别和处理的。

（五）尺寸表示方法

尺寸是描述藏品相关部位长度的数值，是反映藏品体量和形状的本体属性信息。无论在藏品实物管理，还是在藏品陈列展览设计，或者在藏品修复（保护）与复制工作中，尺寸都是不可或缺的数据。

《美术馆藏品登记著录规范》“附录B‘藏品总登记账’的信息项目著录说明和表格样式”的“B.1.9尺寸”部分，主要规定了不同形态和构成的藏品的测量、取值方法，以及藏品尺寸信息的记录格式。

1. 测量、取值方法

关于测量、取值方法，《美术馆藏品登记著录规范》规定：

（1）单件平面藏品

形状规则的，方形的应测量长（藏品的上下或经向尺寸）和宽（藏品的左右或纬向尺寸）（见图26）；圆形的应测量直径（见图27）。

图26 尺寸——王式廓素描延安老农

形状不规则的，按照陈列状态测量最大的长和宽。见图28。

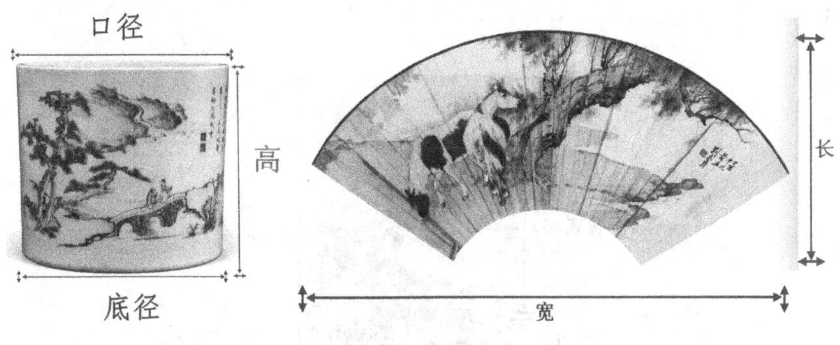

图27　尺寸——清康熙文章山斗款青花山水人物图笔筒

图28　尺寸——刘奎龄中国画柳荫双骏图

如有装裱或外框的，应分别测量外框和画心的尺寸，并注明测量范围。其中，外框尺寸为装裱或装框后的最大尺寸，画心为画面自身尺寸。见图29。

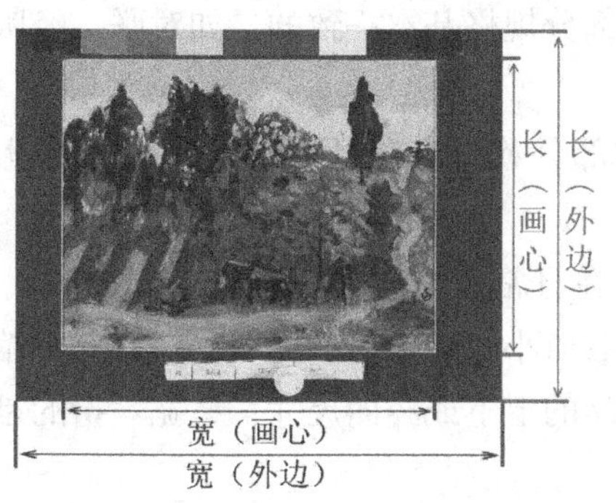

图29　尺寸——苏高礼油画牧马

（2）单件立体藏品

形状规则的，方形的应测量长（藏品水平面的经向尺寸）、宽（藏品水平面的纬向尺寸）和高（藏品垂直面的尺寸）；圆形的应测量高、口径、底径、最大直径。口径、底径和最大直径应测量外径。

形状不规则的，按照陈列状态测量最大的长、宽、高。见图30。

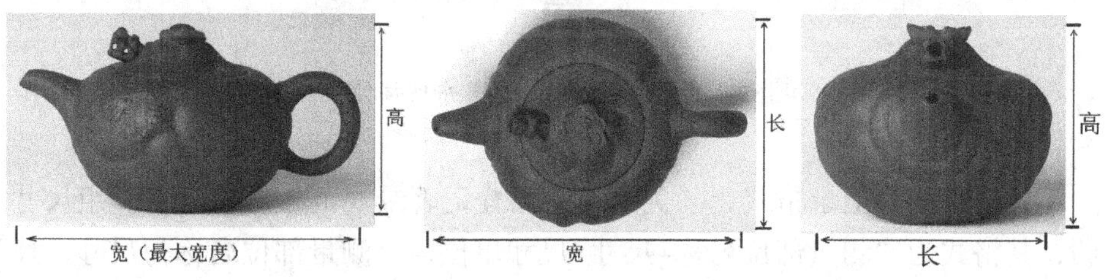

图30　尺寸——左侧面图、顶面图、正面图

如有底座的，应分别测量含底座和不含底座两组尺寸，并注明测量范围。见图31。

图31　尺寸——唐大禧石雕猛士——献给为真理而斗争的人

（3）成套藏品

①成套藏品组成部分规格基本一致的，如对联、经版、三联画等，可测量其中一件单体尺寸。

②成套藏品组成部分数量众多且规格不一的，测量最大和最小一件单体尺寸。

需要注意的是，在日常生活中测量长方形藏品时，往往习惯于以数值大的一边为“长”，以数值小的一边为“宽”。在《美术馆藏品登记著录规范》中，“长”指的是藏品的上下或经向尺寸；“宽”指的是藏品的左右或纬向尺寸。见图32。

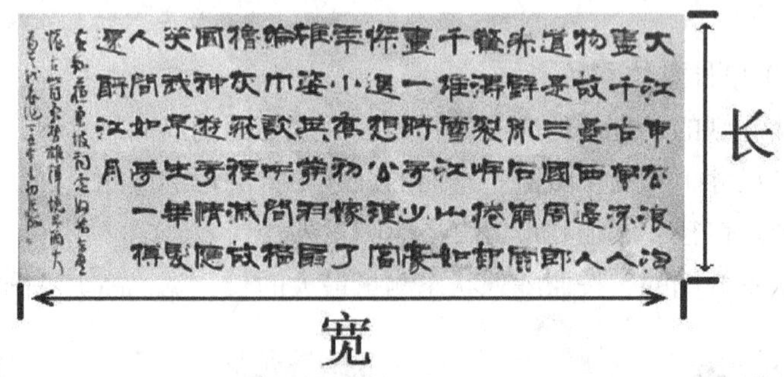

图32　尺寸——张海隶书苏东坡词镜心

2. 记录格式

关于尺寸的记录格式，《美术馆藏品登记著录规范》规定只有一组尺寸的，其格式为“测量部位名称+尺寸+尺寸单位”。测量部位名称与尺寸、尺寸单位之间，用“，”隔开，尺寸与尺寸单位之间没有间隔。不同测量部位的数据之间，用“；”分隔（见图33）。

示例1：苏州桃花坞年画丹凤朝阳

（无框，画心与外边尺寸一致）

长，109厘米；宽，63厘米

图33　尺寸示例

包括多组尺寸的，应分组标注测量数据。每组测量数据另起一行。每组测量数据先标明测量范围，再按单组尺寸的格式标注。测量范围与测量部位名称之间，用“：”分隔。见图34—图37。

示例2：力群版画饮

画心：长，19.1厘米；宽，14.1厘米

外边：长，26.5厘米；宽，20.1厘米

外框：长，70厘米；宽，50厘米

图34　尺寸示例

示例3：张琨金属雕塑暖冬

长，28.2厘米；宽，69.8厘米；高，91.7厘米

图35　尺寸示例

示例4：潘鹤金属雕塑艰苦岁月

不含底座：长，152厘米；宽，180厘米；高，175厘米

含底座：长，152厘米；宽，192厘米；高，205厘米

图36　尺寸示例

示例5：李桦版画一楼盖成一楼又起

之一：画心：长，30.5厘米；宽，41厘米

外边：长，51.5厘米；宽，43厘米

之二：画心：长，31厘米；宽，42厘米

外边：长，58厘米；宽，43厘米

图37　尺寸示例

线性数字艺术类藏品，填写藏品播放时长，以分钟为单位（见图38）；非线性数字艺术类藏品和摄影中的照片电子文件类藏品，填写“不适用”。

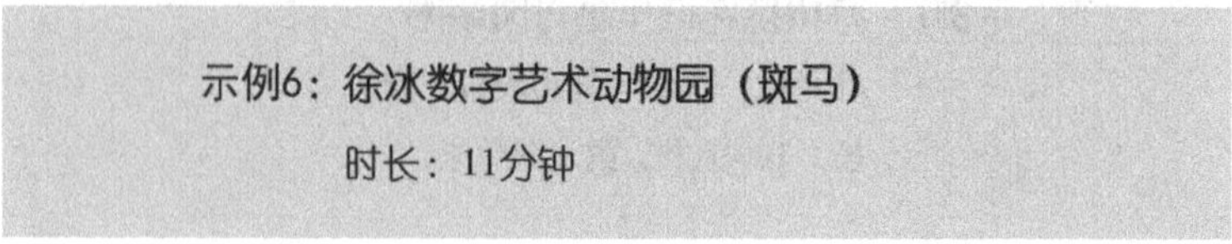

示例6：徐冰数字艺术动物园（斑马）

时长：11分钟

图38　尺寸示例

《美术馆藏品登记著录规范》还规定，尺寸数据“以厘米为基本单位，一般精确到小数点后1位”。

通过总结吸收博物馆美术馆大量实践经验、借鉴引用相关标准，《美术馆藏品登记著录规范》对藏品登记著录工作的流程、内容和方法做出了合理可行的规定。作为行业标准，这些规定将在规范藏品登记著录工作、提高藏品数据质量、促进博物馆美术馆标准化建设方面发挥积极作用，成为智慧博物馆美术馆标准体系重要组成部分。从这个意义上说，《美术馆藏品登记著录规范》既是标准化工作成果，又是全面深化智慧博物馆美术馆建设的坚实基础。

三、智慧博物馆标准化工作思考

（一）标准化应当成为智慧博物馆建设的重要内容

智慧博物馆的概念被提出至今，已有多家博物馆进行着有益的尝试，取得了可喜的成果。

20世纪90年代，博物馆界掀起一股信息化浪潮，许多博物馆都在开发藏品管理系统。当时，因为没有统一的标准规范，各馆各行其是，导致重复开发、重复投资，以及难以做到资源共享。这是值得借鉴的经验教训。

制定标准有利于提高经济效益和社会效益，有利于科学合理利用资源。

目前，智慧博物馆建设，无论是投资规模，还是建设难度，都要更多更大更复杂。因此，应当未雨绸缪，在建设智慧博物馆之初，就要有意识、有目的地开展标准化工作。应当在解决本地本馆问题，突出本地本馆特色的同时，突破一地一馆的局限，注重从整体和全局的角度，探索具有共性的内在规律。应当着眼于“促进最佳社会效益”的目的，针对“重复性概念和重复性事物”和“需要协调统一的事项”，及时总结经验，深入调查论证，广泛征求意见，形成相关标准性文件，为更大范围的智慧博物馆建设提供指导和遵循。

就是说，从起步阶段开始，标准化就应当成为智慧博物馆建设的重要内容。

（二）智慧博物馆标准化建设应做好顶层设计

智慧博物馆是以数字博物馆为基础，充分利用物联网、云计算等技术构建的以全面透彻的感知、宽带泛在的互联、智能融合的应用为特征的新型博物馆形态。

智慧博物馆是一个规模庞大、结构庞杂的系统。智慧博物馆标准应该是一系列标准，既有管理标准，也有技术标准，还有服务标准；不应仅仅是一个个的、零星的、孤立的单独标准，而应该形成涵盖博物馆智慧管理、智慧服务和智慧保护等的完整的标准体系。

标准化工作不会一蹴而就，也不会一劳永逸。智慧博物馆标准化建设同样将是一个长期的过程，因此，有必要加强智慧博物馆标准体系的顶层设计，制订智慧博物馆标准化工作规划，有计划、有步骤地组织制订和实施相关标准。

（三）基础业务标准应当是智慧博物馆标准化建设重点

制订标准应当以科学技术研究成果和社会实践经验为基础，深入调查论证，广泛征求意见，以保证标准的科学性、规范性、时效性。智慧博物馆标准也要以智慧博物馆实践为基础，其中，博物馆藏品和藏品信息管理、数据采集存储和分析、文物知识图谱等涉及博物馆核心业务的基础性标准，应成为智慧博物馆标准化建设的重点。

博物馆、美术馆藏品影像采集研究

祁庆国*

当前，智慧博物馆建设已经得到日益广泛的认可和重视，尽管对智慧博物馆概念和建设路径的认识仍是多种多样，但政府管理部门和博物馆自身都在积极推进或准备推进智慧博物馆建设项目。在这一过程中，博物馆领导和业内学者已经意识到数据资源建设对于智慧博物馆建设的关键性意义。借第一次全国可移动文物普查所汇集的藏品数据可知，藏品影像质量（拍摄技术和业务表达要求）不甚理想的情况并非少数。因此，如果藏品基础数据质量不高，那么基于数据识别、分析的信息服务和更进一步的知识生产将难以实现，智慧博物馆这座大厦也就只是一个空壳。对比国际知名博物馆，他们在藏品著录和影像采集方面一向高度重视，保持着比较高的质量水平，这使得他们的基础资料可以长期持续发挥作用，而不必经常返工。因此，在我国博物馆建设高速发展的背景下，重视基础资源建设具有深远的战略意义。

所以，笔者借此小文，和博物馆、美术馆同人交流、探讨做好藏品影像采集工作的粗浅体会。本文所讨论的博物馆、美术馆藏品影像采集以藏品摄影方式为主，兼及扫描方式。因为就目前全国博物馆美术馆藏品影像采集情况来说，问题较多集中于藏品摄影上。本文所述内容也聚焦于常见问题，并不是全面论述藏品摄影。

* 祁庆国：北京博物馆学会副理事长，中国文物学会文物摄影专业委员会原会长。

一、重视藏品影像采集工作

在数字摄影设备的快速成熟，并在博物馆美术馆普及，特别是专业级数字摄影设备广泛应用的背景下，藏品摄影的水平，不但没有随之提高，反而有所下降。其原因是数字摄影设备的高度自动化和易用化（傻瓜式）使得人们认为藏品拍摄是非常简单的事情，没有人再把藏品拍摄看作是一个以学术为指导、以技术为支撑、以艺术为呈现的专业性工作。

显而易见，不理想、不合格的照片是不足以支撑博物馆、美术馆的学术研究、社会教育和展览展示的需求的。所以，博物馆、美术馆需要大力强调藏品摄影的重要性，需要强调藏品摄影在学术、技术和艺术方面的要求。

做好藏品摄影工作，要树立“四个意识”：

①档案意识。要像对待档案文献一样对待藏品影像资料。一是要及时、完整拍摄，必要留存的资料都要拍摄；二是要及时、完整记录，如藏品名称、编号、拍摄数据等，避免日后无从查找；三是要重视保存，不能随用随丢，藏品影像资料，包括过去使用的彩色反转片，随用随丢是文博单位曾经普遍存在的问题；四是要重视积累，不同时期对藏品的认识不同，需要重新拍摄，同一件藏品根据不同需要也应采用不同表现手法多次拍摄，所有影像资料都应保留。

②质量意识。一是摄影技术质量，高度自动化的数字照相机使摄影的“操作”变简单了，并没有使“摄影”变简单，所以保证藏品影像的技术质量，仍然是一个需要学习、需要认真对待的问题；二是要满足藏品管理和研究对摄影的要求，即学术、业务方面的要求；三是要表现出藏品的美感，即艺术方面的要求。

③资产意识。藏品影像资料是支撑博物馆可持续发展的战略资源，资源越丰富、质量越高，优势越大。

④传播意识。博物馆的使命是为社会公众服务，所以博物馆应该充分利用藏品影像，以各种方式扩大知识传播范围、提升知识传播效果，如过去某些博物馆人员把藏品照片秘不示人的做法是不可取的。

二、藏品影像采集工作基本要求

根据目前全国博物馆美术馆藏品影像常见问题，归纳出以下基础性要求，其中既包含了摄影技术问题，也包含了业务工作常识性问题。

（1）画面完整、整洁，主体突出（藏品在画面中不要过小），无透视夸张（几何变形）。

（2）图像清晰，影调层次丰富，反差适中，色彩还原准确。

（3）藏品表达准确、完整。

（4）拍摄大图。从长远工作考虑，为积累高质量影像资源、避免重复提取藏品，应尽量拍摄大图（大文件量影像）。即利用现有摄影设备的最大影像尺寸、无压缩文件格式进行拍摄，生成最大影像尺寸、TIFF格式（ADBOE RGB色彩模式，8bit／通道或16bit／通道）的数字化影像文件。采用扫描方式，也应参照这一原则。使用时，应根据需要进行压缩，如果采集的时候只采集了小图，需要使用大图的时候没有办法把小图变成大图。

三、平面藏品影像采集

博物馆、美术馆收藏的平面藏品，主要有书法、中国画、油画、地毯、丝质品等。平面藏品的影像采集从技术角度来说，比较简单。

（一）平面藏品影像采集业务要求

（1）每件平面藏品应拍摄全形影像一幅，即用一幅画面记录藏品的完整影像。如果藏品装配了画框，其画框年代较久或具有特殊意义，带框正面和背面、不带框（视藏品具体情况安排）各拍摄一幅；中式装裱藏品，其装裱年代较久或具有特殊意义，画心和全形（完整装裱）各拍摄一幅。

（2）成套藏品（如梅兰竹菊四条屏）应按组合状态拍摄，再逐一拍摄每个单体藏品。

（3）如果藏品尺寸较大，拍摄一幅全形影像难以获得足够精度影像的，应分段、分部拍摄多幅，拼接为全形影像（扫描方式，也会有拼接）。

（4）拍摄细部影像。应根据保管、研究、保护和宣传等工作的需要，拍摄藏品细部影像。诸如，题识、印鉴、署名等标识性内容，伤残、破损部位，特殊装裱形式，等等。

（二）平面藏品影像采集技术要求

1. 扫描方式

目前已经有非常成熟的扫描设备，无论是在影像精度和色彩还原，都可以达到很高的质量，所采集的影像文件可以应用于仿真复制，或局部高倍放大，服务于藏品保护和辨伪工作。而且采用平面扫描方式，避免了因相机镜头带来的变形问题。现在已有一些博物馆美术馆，购置了大型平面扫描设备，用于平面藏品的影像采集工作，提高了工作质量和效率。

2. 拍摄方式

（1）使用中焦距镜头，从稍远位置拍摄，避免变形。见图1。

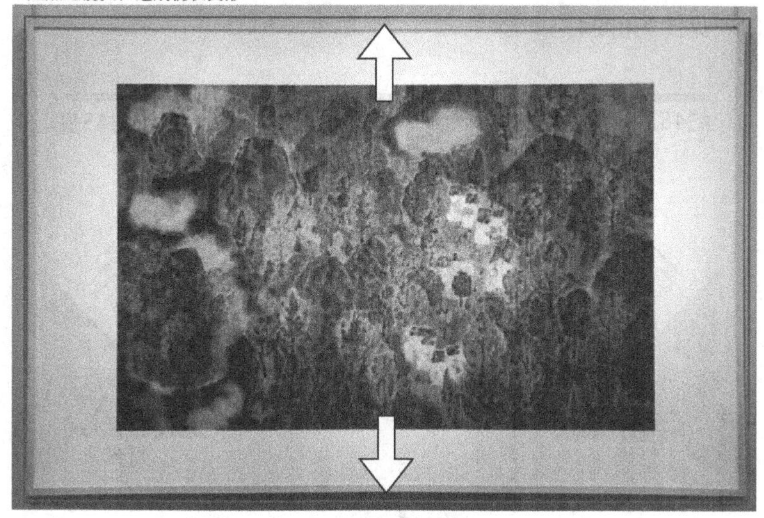

图1　短焦距镜头，造成枕状变形

（2）相机（成像面）与藏品平行，即镜头轴线与藏品垂直。见图2。

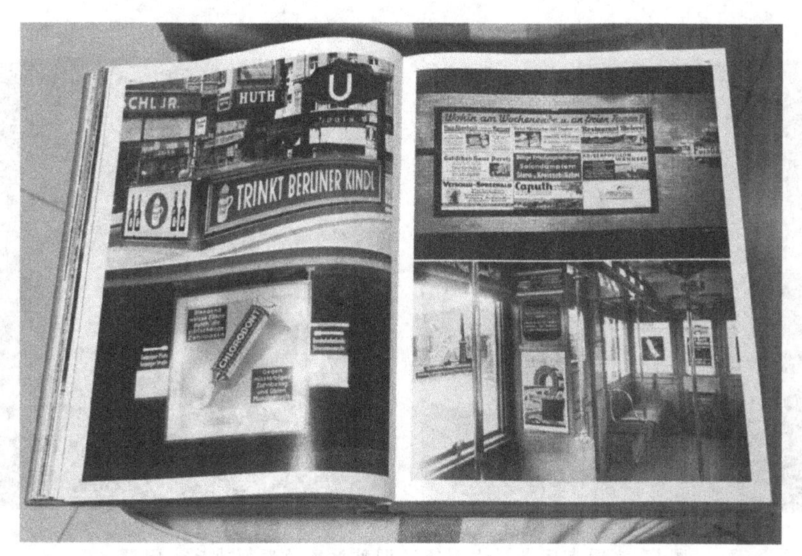

图2　不佳案例

（3）布光，在藏品左右各放置一盏或一组灯，灯具与藏品应保持一定距离（从藏品安全和布光效果两方面决定距离的大小。常规情况，不小于1米；

大幅面藏品，距离还应加大）。以约30度～50度角度打光，应确保藏品各部位受光均匀。见图3和图4。

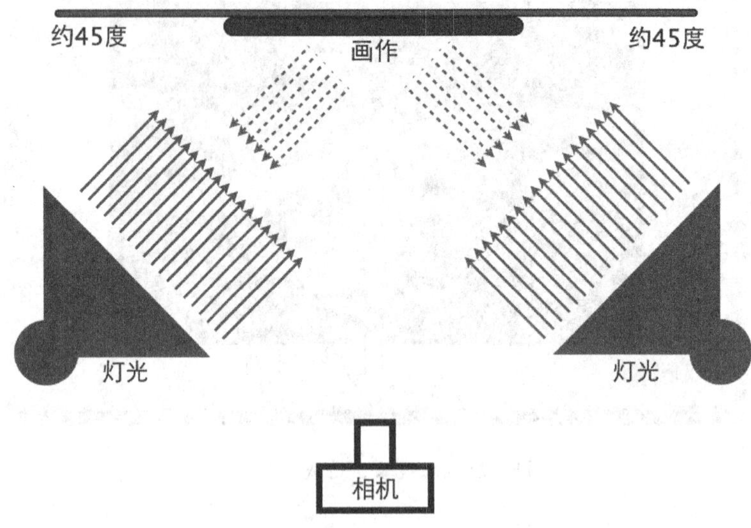

图3　平面藏品拍摄布光示意

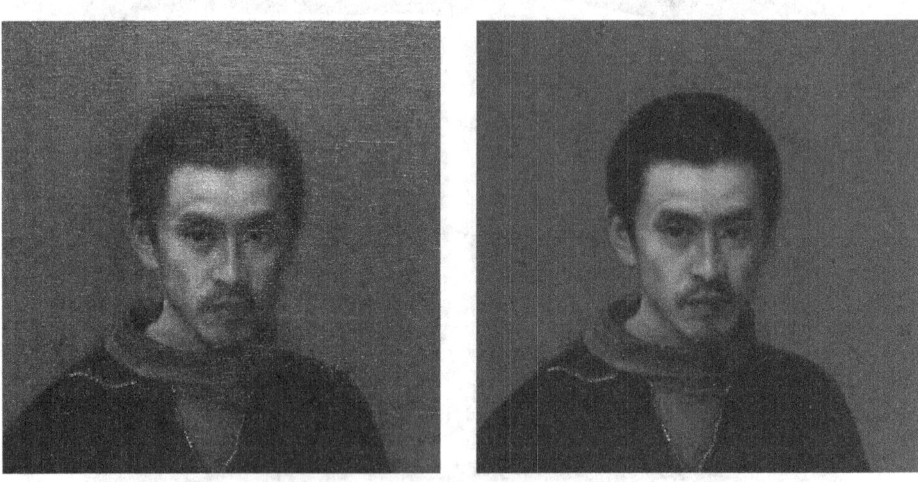

图4　左图有反光，右图通过调整灯光角度解决反光问题

（4）大幅面藏品分段、分部拍摄时，相邻照片要留有一定重合部分，便于后期拼合。见图5。

大幅面画作，应分若干局部拍摄

图5　分部、分段拍摄示意

四、立体藏品影像采集

立体藏品的二维影像采集，采用摄影方式。

（一）立体藏品影像拍摄业务要求

（1）每件立体藏品应拍摄全形影像一幅（倾斜摄影），再以正视角度（正摄），拍摄藏品的各个侧面；如有必要和可能，拍摄顶面和底面，以完整表现藏品情况。

（2）组套立体藏品应拍摄一张或多张组合状态影像，该影像应能准确展现单体藏品的位置及相互组合关系或组装方式。同时要逐一拍摄每个单体藏品。

（3）扁平形藏品（如徽章、钱币、铜镜等），一般拍摄正背两面。

（4）应根据保管、研究、保护和宣传等工作的需要，拍摄藏品细部影像。如伤残、破损部位，题识、印鉴、署名等标志性内容；具有连续、非重复图案的立体藏品，可每隔15度至20度拍一幅，以获得完整资料。

（5）立体藏品如附有图纸等文献性资料，应单独拍摄或扫描。

（二）立体藏品影像拍摄技术要求

1. 避免透视变形

使用中焦距镜头在稍远位置拍摄，避免透视夸张（见图6）。因为拍摄距离决定着照片的透视效果。

图6 拍摄距离与透视效果

2. 选择恰当拍摄视点（拍摄角度）

应选择最能展现藏品主题内涵、造型或结构特征、工艺特色的视点。拍摄视点的选择不恰当，会造成误解或歪曲。见图7和图8。

图7 上图所用视点，不能客观表现木盒的形状；下图合乎要求

图8 示例

3. 营造恰当的光效

利用光线的投射角度与性质来表现藏品的立体感（深度感）、重量感、质地感和美感。所谓光线的性质，是指光线的柔和程度即方向感的强弱。

深度感：活生生的、三维空间的视觉感受；质地感：物体的真实触感；重量感：视觉上对物体重量的感受；美感：使多数人产生共鸣的愉悦感受。

（1）把握好光影效果

利用光线的方向和性质表现藏品，主光（主灯）的作用最为关键；藏品的造型（器型）、主体结构和质感依靠主光（主灯）来塑造。辅光（辅灯）将主光（主灯）形成的暗部补亮，完成细节的表现。见图9—图11。

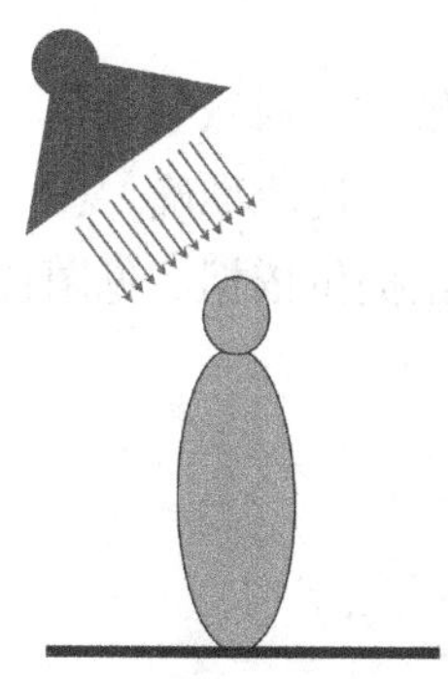

图9　印度雕塑布光示意图（平视图）

图10　印度雕塑拍摄光线方向及造型效果（祁庆国拍摄）

图11　效果对比案例

（2）准确还原色彩（色彩表现）

色彩还原最基本的规律，一是光照要达到一定的强度才能获得色彩饱和度高的照片；二是恰当地利用光线的色温才能获得色彩还原正常（准确）的照片，当然，艺术摄影中故意夸张色彩效果的做法不在此列；三是硬性光线下，色彩效果明亮，柔性光线下，色彩效果浓郁；四是距离近，色彩鲜明；距离远，色彩暗淡。

关于色彩管理，可以利用色彩管理的软件、硬件，对数字相机、计算机显示器和输出设备进行监控、调整，以保证色彩统一、还原准确。

在拍摄时最好附上标准色卡，为后期色彩校正提供依据。见图12。

图12　示例（英国维多利亚博物馆，祁庆国拍摄）

（3）力求影调丰富

影调是指物体表面从明到暗梯级的色调层次。影调决定着画面整体视觉效果，决定着深度感、质地感、重量感的表达。

整体器物表面的明暗过渡、对比——表现整体的立体感；局部小范围的明暗过渡、对比——表现局部的结构、起伏。

（4）控制好反差

控制好主光与辅光的对比。反差过低，影像沉闷；反差过高，损失影像细节。见图13和图14。

图13　强烈直射阳光下，光照跨度过大，超出相机所能记录的范围，所以暗区细节损失

图14　薄云天气，光照跨度符合相机所能记录的范围，所以亮区、暗区的细节都能完美记录，符合要求

4. 控制好景深

依表现需要控制景深，即焦点前后的清晰范围。在藏品拍摄中肯定需要让藏品整体都在清晰范围之内，背景可以虚化。通过调整光圈和拍摄距离可以控

制景深。

（1）调整光圈

选择大光圈，如f/2.8，获得小（浅）景深；焦点前后都是虚的。如图15。

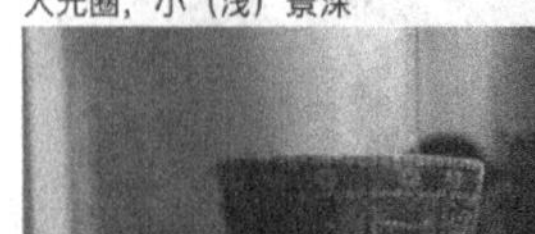

图15　大光圈，小（浅）景深

选择小光圈，如f/22，获得大（深）景深；焦点前后较大范围都是基本清晰的。如图16。

图16　小光圈，大（深）景深

（2）调整拍摄距离（物距）

拍摄距离近，获得小（浅）景深；拍摄距离远，获得大（深）景深。

五、银盐影像资料数字化

对藏品的负片、反转片、正片、相片等银盐影像资料，进行数字化采集主要有两种方式。

（一）使用扫描仪扫描

胶片扫描仪——负片、反转片（透射稿）；

平板扫描仪——相片（反射稿）。

（二）使用相机、微距镜头翻拍

相机固定在翻拍架上向下俯拍，透射稿（负片、反转片、正片）放置于标准色温灯箱上，反射稿（相片）放置于平板上，需左右打灯，均匀布光。

智慧博物馆的国际传播

汪忆岚*

智慧博物馆这一概念自诞生以来，在理论上已经对其内涵与外延有了定义，对其范畴与特征有了描述，在实践上已经在博物馆藏品收集、整理、保护、研究、利用、展览、传播等各方面有了丰富的案例。但是，在国际传播领域，智慧博物馆应如何利用智慧优势发挥更大作用，其传播形式与传统博物馆有何异同，策略制订与执行层面如何实现跨越时间空间文化的传播效果，这些问题仍是人们需要研究的方向。本文将从博物馆国际传播的价值理念，智慧博物馆国际传播的特点两方面总结最新的发展情况；以英国帝国战争博物馆纪念“一战”结束一百周年的艺术项目“14—18 NOW”为案例，分析提炼西方以博物馆为代表的文化机构进行国际传播所常用的实践策略；立足于中国传统文化智慧，尝试为智慧博物馆的国际传播提供中国方案、中国思路。

一、博物馆国际传播的价值理念

如果说博物馆的发展是从传统博物馆到信息化博物馆、数字化博物馆、智慧化博物馆的逐级演进，那么传播的发展就是从国际传播（现状）逐渐进步到全球传播（愿景）的过程。与智慧博物馆相匹配的跨文化传播的最高形式，当属全球传播。但在智慧博物馆尚未有成熟形态之时，我们目前所能够将理论付诸实践的，从大处着眼小处着手的，就是国际传播了。

* 汪忆岚：中国电影资料馆国际策展人，长期从事中外文化交流与推广，译著多部著作。

为厘清概念，在表1中引用史安斌教授的观点[①]比较国际传播与全球传播：

表1 比较国际传播与全球传播

国际传播	全球传播
一国对另一国进行的有目标和指向性的信息传递（对外宣传、公共外交、发展传播）	信息、符码、观念（意识形态）在全球范围做跨越民族、跨越国家边界的共识性流动
以民族和国家为核心	人类命运共同体为核心
以现实政治为指导	观念政治为主导
以经济和技术为主体	文化与价值观为主体
提升国力为目标	提升共同福祉为目标
政府和企业主导	个人，社群主导
单向信息传递（传统媒体）	沟通、对话、参与（社交媒体）

21世纪以来，经济全球化趋势明显，伴随而生的是更多国际组织的成立，以及国际文化交流的日益频繁。世界大部分发达国家的现代化过程都伴随着殖民与侵略，其国家博物馆中也保存着大量从其他各国掠夺的文物和艺术品。在进入21世纪全球化话语体系的建立期，以什么样的世界观、政治观、历史观、道德观去进行国际交流、国际传播、国际合作，以什么态度去面对有争议的历史，就显得非常重要了。

博物馆、美术馆不仅传播知识，更是传播世界观、政治观、和国家化的道德价值观的重要机构，博物馆话语体系与呈现场域的历史变迁，是博物馆学理论中的一个重要研究领域。博物馆的国际传播在西方学术话语体系中，常被描述成“在不同文化之间架起桥梁”（Bridging the different cultures），但随着近年来“去殖民化”（Decolonization）、“去全球化”（Deglobalization）、“多元文化主义”（Multiculturalism）、“世界主义”（Cosmopolitanism）等理论及批判学说并行不悖的发展，博物馆已经不仅被认为是一个文化融合的场所，也被当作一个文化碰撞的研究对象。

国际博物馆协会（ICOM）2020年7月22日发布的2019年年报[②]中，“赋能”（empowerment）、“参与度”（engagement），“社群”（community）这些充满了全球化传播理念的名词无处不在，说明在国际行业协会的层面，已

① 清华大学慕课《传播学概论》7.2：全球传播的历史与理论脉络，史安斌主讲。

② https://icom.museum/en/news/icom-annual-report-2019-is-now-online.

经将全球化传播的理念内化于心、付诸于行。通过历年来“国际博物馆日”的主题[1]，可以清晰地看出开放包容全球化的发展趋势。国际博物馆日向公众始终传递的观念也代表了博物馆国际传播的价值理念——博物馆是文化交流、文明互鉴、促进各国人民互相理解、合作，以及世界和平的重要手段。

1992年：博物馆与环境（Museums and Environment）。

1993年：博物馆与原住民（Museums and Indigenous Peoples）。

1994年：走进博物馆幕后（Behind the Scenes in Museums）。

1995年：响应与责任（Response and responsibility）。

1996年：收集今天，为了明天（Collecting today for tomorrow）。

1997—1998年：与文物的非法贩运和交易行为进行斗争（The fight against illicit traffic of cultural property）。

1999年：发现的快乐（Pleasures of discovery）。

2000年：致力于社会和平与和睦的博物馆（Museums for Peace and Harmony in Society）。

2001年：博物馆：社区建设（Museums: building community）。

2002年：博物馆与全球化（Museums and Globalization）。

2003年：博物馆与朋友们（Museums and Friends）。

2004年：博物馆与非物质文化遗产（Museums and intangible heritage）。

2005年：博物馆：沟通文化的桥梁（Museums bridging cultures）。

2006年：博物馆与青少年（Museums and Young people）。

2007年：博物馆和共同遗产（Museums and Universal Heritage）。

2008年：博物馆作为促进社会变革发展的力量（Museums as agents of social change and development）。

2009年：博物馆与旅游（Museum and tourism）。

2010年：博物馆致力于社会和谐（Museums For Social Harmony）。

2011年：博物馆与记忆（Museums and Memory）。

2012年：处于变革世界中的博物馆：新挑战、新启迪（Museums in a changing world. New challenges，New inspirations）。

2013年：博物馆：记忆+创造=社会变革（Museums: memory + creativity = social change）。

2014年：博物馆藏品建立更多结点（Museum Collections make connections）。

2015年：博物馆致力于可持续发展型社会（Museums for a sustainable society）。

---

① https://en.wikipedia.org/wiki/International_Museum_Day。

2016年：博物馆与文化景观（Museums and Cultural Landscapes）。

2017年：博物馆与有争议的历史：博物馆难以言说的历史（Museums and contested histories: Saying the unspeakable in museums）。

2018年：超级连接的博物馆：新方法、新公众（Hyperconnected museums: New approaches, New publics）。

2019年：作为文化中枢的博物馆：传统的未来（Museums as Cultural Hubs: The Future of Tradition）。

2020年：致力于平等的博物馆：多元和包容（Museum for Equality: Diversity and Inclusion）。

从全球化的视角重新回顾历史展望未来，显然更符合人文主义者们的期盼，也更有利于人类命运共同体的构建。"二战"之后联合国教科文组织，国际博物馆协会等国际组织的成立，冷战结束之后和平与发展成为主流的世界趋势，以及进入21世纪之后新技术新媒体新工具的普及，多方因素共同作用之下，全世界博物馆人在国际交流上建立了基本共识——突破历史、地域、民族、文化、阶级的边界，改变态度与成见，加强相互理解，建立认同感，促进多元文明的交流互鉴。这也就意味着，避免欧洲中心主义、美英中心主义，采取更加自觉自省的态度展示不同时期不同观点造成的矛盾冲突，用理性平和富有建设性的展示方式去解释这些问题背后深刻的根源。

二、智慧博物馆国际传播的特点

以平等互鉴的文化交流为初衷博物馆国际传播，其传统形式是策划和举办展览，根据展览的方式，可分为国际互展、国际借展、国际巡展，以及国际特展。当博物馆本身的形态向"智慧化"发展时，国际传播的内容形式与渠道也同时"智慧化"，既有智慧化的博物馆国际传播，又有智慧博物馆的国际化传播。

（一）内容的世界主义化

智慧博物馆是博物馆发展的最高形态，与之相匹配的传播理念，也应具备全球化的高度与格局。这种世界主义不是忽略民族、文化、国别的差异和界限，而是用一种"天下观"去观照器物与器物背后的文明。传播的内容不局限于器物的展示，更可能是一种观点、一个故事、一段情感的表述；视角也不限于国别的立场，更可能从文明的维度、个体的维度、垂直的维度出发。

博物馆在国际传播内容的策划时，不仅会遇到来自不同国家的各种形态的藏品，还会遇到与国际同行们的合作洽谈，往往必须就复杂的政治制度和博物馆管理体制差异进行谈判。由于这是跨国工作的一部分，涉及的国际文化关系和国际体系不同，因此很大程度上也会与国家和国际外交议程有关。在内容的展览时，观众通过他们各自不同的背景与策展人、其他观众，甚至展览本身进行互动。随着展览出现在不同文化背景中，这些相遇形式和相关的解释也发生了变化。

内容的世界主义化落实起来并不容易，需要运用智慧打破许多疆界。对于小型特展，比如美国费城博物馆在展示中东文物时，专门安排来自中东的移民和难民去做讲解介绍，这种介绍带着对祖国的感情，避免了盎格鲁撒克逊视角下对异族文化猎奇化的展示。对于大型综合性博物馆，比如大英博物馆，不仅在馆藏方面是世界级的巨大宝库，更在研究、展览、教育、传播全方面着力构建世界主义体系。来自世界各地的学者在此工作，办有自己的学术刊物登载来自全球的研究成果，定期举办全球参与互动的学术会议，出版全球视角下的世界史书籍，每年在全球不同城市举办展览，例如曾在北京和上海举行的“100件文物中的世界史”（见图1）。

图1　大英博物馆——100件文物中的世界史

2020年世界博物馆日由于全球疫情而改为线上活动，国际博物馆协会专门建立了一个网站全方位呈现博物馆日的各项主题。通过该网站的实时地图，利用新技术新媒体进行全球化传播的最新案例可一网打尽（见图2）。每个注册过会员的博物馆，把本馆博物馆日的活动内容上传到该网站，登记通过审核之后，即可在全球范围获得传播。遗憾的是，虽然我国各大博物馆在疫情期间做了上百个高质量的在线展览，但国际博物馆日的活动页面上，中国大陆地区只有为数不多的几个博物馆活动介绍，比如“西班牙塞万提斯北京文化中心及上海塞万提斯博物馆”，再如由英国皇家音乐学院博物馆上传的与中国乐器博物馆和湖南省博物馆合作的“湖南省博物馆的音乐珍宝”项目。

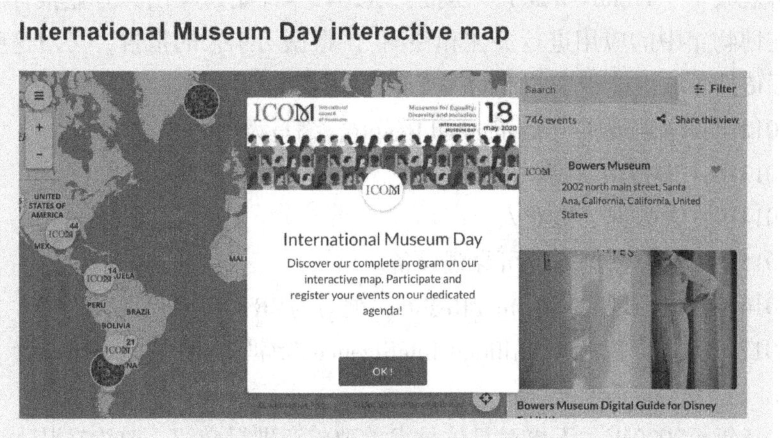

图2　国际博物馆日互动地图

智慧博物馆国际传播的初衷与传播内容需要区分看待。在世界政治经济格局的客观发展现状之下，没有任何国家博物馆或者国际组织可以在否定国家和民族认同的情况下去进行国际传播，正如一个人不可能揪着头发把自己从地面上提起来。博物馆的国际传播，从初衷上讲，都直接或间接助力公共外交或文化外交，但从内容策划上讲，侧重于理想主义和/或工具性目标都在选择之内。国际传播的初衷，第一个方面包括相互理解和对话，第二个方面包括创造良好印象、抵制负面形象和促进旅游和贸易等其他国家利益的愿望。例如建立连接、形成社群、增进了解和提高机构以及国家的声誉，都可以理解为博物馆外交。这种外交既可以代表政府，也可以代表博物馆本馆，代表其他群体，或者代表以上全部，充分说明了博物馆外交的混合性。虽然所述的初衷和意图侧重于工具性目的，但传播内容本身却完全可以被赋予明确的世界性愿望。

（二）形式的全息化立体化

智慧博物馆的国际传播，不能简化为或等同于一个英文版的博物馆网站，也不是多语种的数字博物馆、在线博物馆，更不是在展馆安装上多语种的讲解机或者机器人，而是利用新技术（VR、AR、AI、5G、云、物联网等）实现跨越时空、跨越国别、跨越文化的知识/信息+故事/情节+情感/价值观的全息立体传播。

博物馆随着技术的进步发展，从传播形式和效果上看，可以分为保护型（实物展）、传播型（媒体传播）、参与型（App等交互装置）。从传播受众和目标上看，可以分为大众传播（教育项目、展览等）、专业传播（国际会议、行业交流等）。

美国博物馆协会的“未来博物馆中心”（Center for the Future of Museums）的“趋势观察”（Trends Watch）年报，从2012年开始每年出具专业报告对新兴技术在博物馆中的应用进行关注和预测[①]。根据历年来的报告，可对这些技术在国际传播领域可能带来的推动一窥全豹：

2012年：增强现实（Augmented Reality，缩写为AR）。

2013年：3D打印、物联网。

2014年：大数据、机器人。

2015年：开源数据库、可穿戴设备。

2016年：虚拟现实（Virtual Reality，缩写为VR）与增强现实。

2017年：人工智能（Artificial Intelligence，缩写为AI）、敏捷设计（Agile Design）。

2018年至2020年，不再对具体技术单独成章进行介绍，改为在几大主题之下的纵深探讨。

利用新技术营造沉浸效果、增强身临其境的体验、创造更多参与互动的机会，压缩或延展空间时间带来对知识、观念、器物、故事、历史等内容的再思考，基于人类的五感（触觉、听觉、嗅觉、视觉、味觉）进而增进同理和共情——在“趋势观察”年报中有大量关于新技术拓宽博物馆传播边界的案例介绍。见图3。

图3　2012年及2020年“趋势观察”年报封面：对未来智慧城市的想象

① https://www.aam-us.org/programs/center-for-the-future-of-museums/trendswatch.

在新媒体新技术的发展趋势中，博物馆传播也形成了一些新“套路”，从一些行业奖项[①]设定上可见一斑。

增强现实/虚拟现实/混合现实（AR/VR/Mixed Reality）。

数字宣传（Digital Campaign）。

移动应用（Mobile App）。

在线体验（Online Experience）。

现场数字体验（Onsite Digital Experience）。

播客（Podcasts）。

视频电影动画媒体直播及数字表演（Video，Film，Animation，& Live Media Or Digital Performance）。

以上形式中，最易于国际传播的是“在线体验”和“视频电影动画媒体直播及数字表演”。“在线体验”中，应用比较广泛的是虚拟游览（Virtual Tour）、在线沉浸式体验（Online Immersive Experience）。“视频电影动画媒体直播及数字表演”中，最常见的就是短视频、在线直播、电影纪录片、电视综艺节目。见图4和图5。

图4　在纪念伦勃朗逝世350周年之际，2019年NTR电视台和阿姆斯特丹国家博物馆联合开发了这一互动式《夜巡》之旅。该在线互动项目获得大奖无数，并吸引到全球各地访客在如此近的距离探索这个举世闻名的场景[②]

① https://www.aam-us.org/programs/awards-competitions/2020-muse-award-winners。

② https://www.rijksmuseum.nl/en/the-night-watch---archief/experience-the-night-watch。

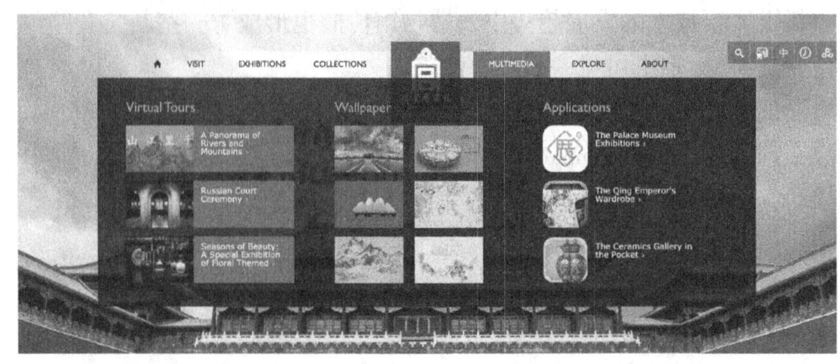

图5　故宫网站英文版的多媒体页面，“虚拟游览”和“移动应用”已经成为国际化大馆的标配

该程序由美国中央佛罗里达大学的Harrington实验室，卡内基自然历史博物馆的Powdermill自然保护区和奥地利萨尔茨堡应用科学大学的多媒体技术计划联合国际合作开发。通过该App，用户可将不同的AR花卉放在任何平坦的表面上，然后规划自己的花园，在林地失衡方案中查看并了解鹿对种群的影响，听故事了解这些林地为何不同，了解3D时间轴上永恒的季节，以及有关美国东部野花园艺的更多信息。见图6。

图6　“增强现实版永恒花园”（AR Perpetual Garden App）移动应用程序[①]

意大利那不勒斯的彼得拉桑塔大教堂的安迪·沃霍尔展览上，意大利国家聋人局和展览制作人Arthemisia合作，开发了增强现实内容，使用手语来允许艺术品讲述自己的故事，为聋人提供最佳的用户体验，无须离开绘画就可以访问作品的历史。在项目的早期阶段，图像识别被确定为确保沉浸式访客体验的关键技术。一旦绘画被软件识别，就将增强现实模型初始化，以便可以在屏幕

① https://apps.apple.com/lu/app/ar-perpetual-garden/id1438086490。

上显示正确的视频。软件工程师集成了一个透明视频，该视频会自动在艺术品上进行校准，以产生神奇的效果。对于观看者来说，这幅画似乎在他们眼前栩栩如生并与他们交谈。展览目标是制作用于增强现实的高质量视频内容，达到与原始作品难分彼此的程度，实现对展览的无缝隙补充。策展人选择复制沃霍尔最具标志性的画作（玛丽莲·梦露、坐牛、米克·贾格尔和利兹·泰勒），访客能够看到他们移动，讲话并与他们互动。四位才华横溢的聋人演员，从人体彩绘和化妆艺术开始，成为绘画的主题，创造出完美的渲染效果。然后，以模仿绘画作品构成的姿势拍摄演员，并使用手语描述展览的信息内容。该视频包含字幕，因此可以让更多的观众访问。由于使用了增强现实技术，当多媒体导览器对准绘画时，该导览器会做出识别，增强现实技术呈现出的视频将使绘画栩栩如生，以手语与观众交流互动。见图7。

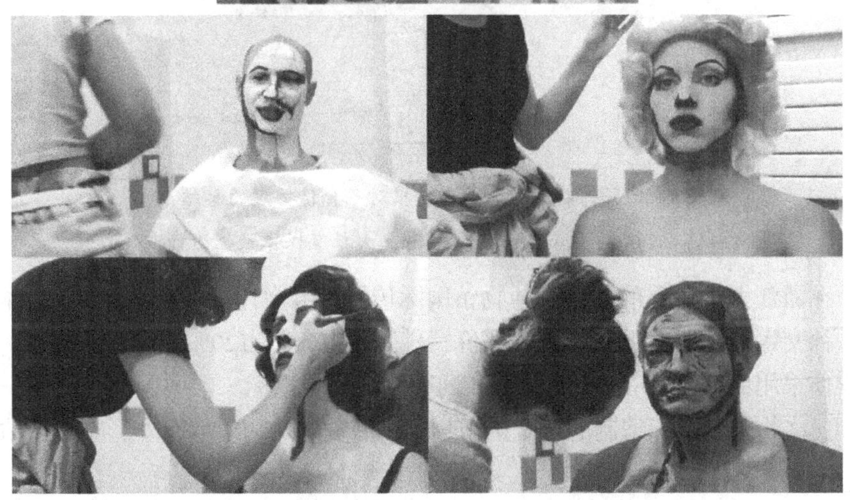

图7　“取消静音艺术：安迪沃霍尔的真谛”

（Unmute Art - The True Essence of Warhol）

（三）媒体的全民化社交化

新技术带来新媒体的广泛应用，在大数据和融媒体时代，用户原创内容（UGC），即时参与互动，成为博物馆传播的新常态。以Facebook、Twitter、Instagram为代表的移动社交媒体，成为博物馆全球传播的主要渠道。全民化实际上也是博物馆打破文化垄断的民主化发展趋势。见图8。

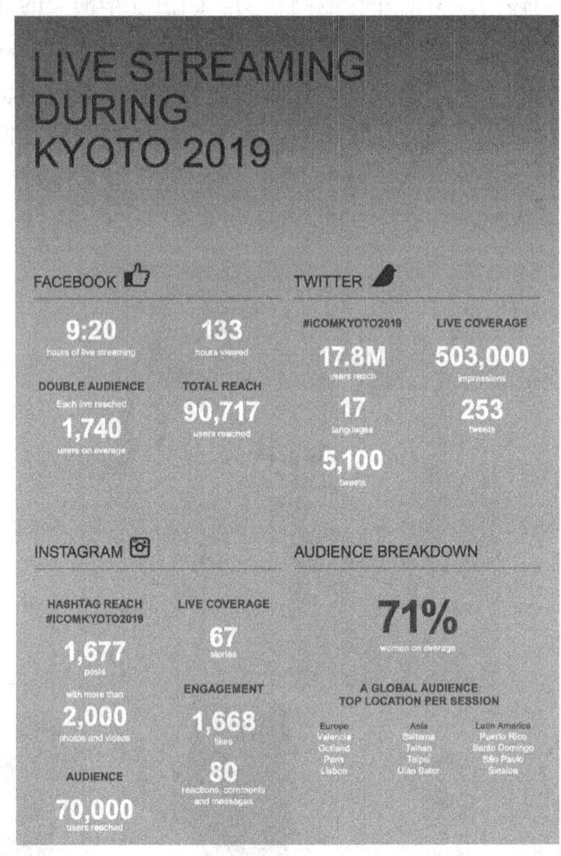

图8　国际博物馆协会最新年报对年会传播度的总结，以Facebook、Twitter、Instagram三大社交媒体数据为标准

在浙江大学建立的“中国博物馆国际传播影响力评估体系”[①]中，媒体报道、社交媒体、搜索引擎、访客评价、科研实力，各占20%的权重。其中，社交媒体采用的就是Twitter和Facebook词频作为评价指标。由中国文物交流中心指导、文物交流智库编制的《全国博物馆（展览）2019年度海外影响力评估报

① 韦路，李佳瑞，左蒙. 中国博物馆国际传播影响力评估与提升策略[J]. 对外传播，2019（5）：48-51.

告》于2020年5月18日国际博物馆日发布，提出了全国博物馆（展览）海外影响力评估指标体系①，其中占比30%的“受众吸引力”指标也来自“海外社交平台”数据，但报告中没有明确列出是哪些海外社交平台。

除了以上提及的社交媒体之外，还有四类值得重点关注、使用，具有纳入国际传播影响力的评估体系：

第一类是以视频和图片新媒体平台，比如长视频媒体平台YouTube，短视频媒体平台TikTok，以分享生活方式为主的图片社交媒体Instagram，以分享创意思路为主的图片社交媒体Pinterest。

第二类是网络社群类的社交媒体，比如Reddit，Meetup，Eventbrite。

第三类是垂直类评分型，比如Yelp（类似我国的“大众点评”），Tripadvisor（猫途鹰）。

第四类是文化资讯型，比如Timeout，iMuseum。

除此之外，谷歌文化艺术（Google Culture & Arts）和谷歌地图（Google Map）也为获取博物馆、美术馆、自然文化遗产的全息影像、数据库、在线游览提供了入口。见图9。

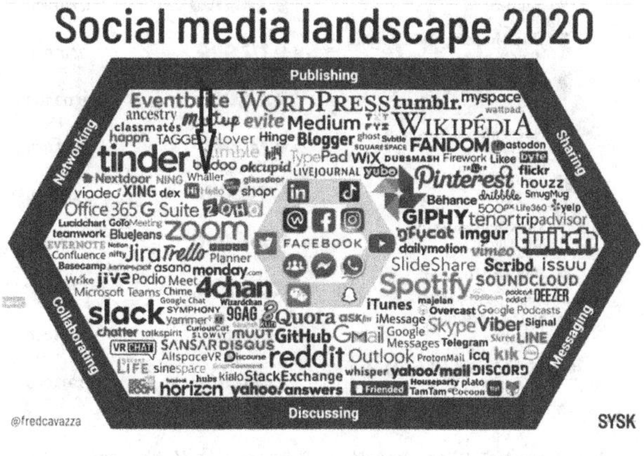

图9　海外社交媒体图景2020

国际一流博物馆基本上都在社交媒体开设了官方账号和官方移动应用App，除了日常发布信息、与粉丝互动这些基础操作，还作为针对特别展览、教育项目、品牌推广、大型纪念日等进行的宣传中媒体矩阵的一环施行联动式、互动式传播，更在在线众包、网络社群建设、会员管理、用户生产内容等智慧化传播方面发挥了巨大作用。见图10和图11。

---

① http://www.ncha.gov.cn/art/2020/6/5/art_1025_161130.html。

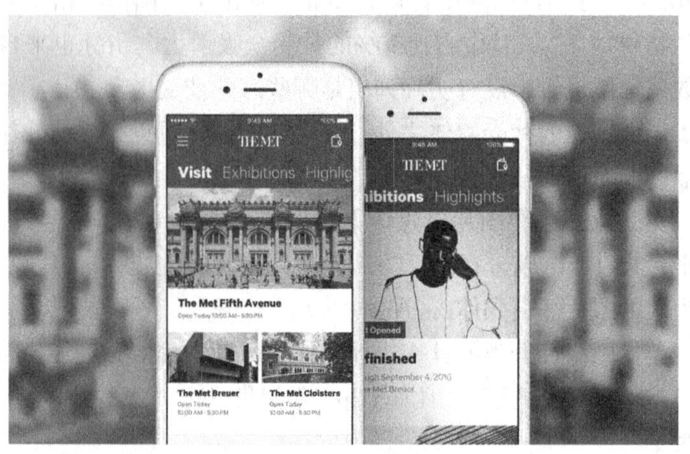

图10　美国纽约大都会艺术博物馆的移动应用

TOP 10 *Social media*

		Social media followers	Actual number of visitors
1	Museum of Modern Art NEW YORK	12,442,000	1,992,000*
2	Metropolitan Museum of Art NEW YORK	9,790,000	6,480,000
3	Tate Modern / Tate Britain LONDON	9,312,000	7,907,000
4	Musée du Louvre PARIS	7,701,000	9,600,000
5	Guggenheim Museum NEW YORK	6,731,000	1,283,000
6	Saatchi Gallery LONDON	5,842,000	1,161,000
7	Van Gogh Museum AMSTERDAM	5,596,000	2,100,000
8	British Museum LONDON	5,156,000	6,240,000
9	National Gallery LONDON	3,369,000	6,011,000
10	Victoria and Albert Museum LONDON	3,304,000	3,933,000

图11　截至2020年3月，社交媒体粉丝数排名前10的博物馆：纽约现代艺术博物馆、纽约大都会艺术博物馆、伦敦泰特美术馆、巴黎卢浮宫、纽约古根海姆博物馆、伦敦萨奇美术馆、阿姆斯特丹梵高博物馆、伦敦大英博物馆、伦敦国家美术馆、伦敦维多利亚和阿尔伯特博物馆

三、以14—18 NOW为例，解析智慧博物馆国际传播的实践策略

14—18 NOW是英国在第一次世界大战一百周年之际的艺术计划。该计划与全英国的艺术和文化遗产机构合作，从1914年至1918年的灵感中，委托了420位当代艺术家，音乐家，电影人，设计师和表演者创作新的艺术品。

2012年10月，英国政府宣布了纪念第一次世界大战一百周年的一系列计划。其中包括一项艺术计划，该计划于2013年6月正式宣布为“第一次世界大战百年文化计划”。根据英国政府对艺术组织支持的相关政策要求，该组织随后改为14—18 NOW，这是一个独立的组织，其董事会由英国帝国战争博物馆托管。它由国家彩票遗产基金会（National Lottery Heritage Fund），英格兰艺术委员会（Arts Council England），英国数字文化媒体和体育部（Department for Digital，Culture，Media and Sport）以及其他公募、私募艺术基金和个人的捐款来共同资助。①

这种在一个主题之下，集结全国乃至英联邦、盎格鲁撒克逊文化圈的艺术资源，对历史遗产进行再创作的项目模式，在各行其是的自由主义文化盛行的英国业内算是一次创举。项目结束后，董事会聘请了第三方专业机构对14—18 NOW进行了全方位的价值评估，其中，艺术水平、社会影响、经济效益、合作伙伴满意度，都达到了英国历史上前所未有的高度。饶有意味的是，表面看上去，极力突出艺术性、知识性、学术性、公益性，实质上达到了宣传教化目的的策略。这在国际传播领域屡见不鲜，收效明显，值得学习借鉴。

14—18 NOW艺术计划的实质，其实是一个以第一次世界大战的“遗产”（Heritage）为原始素材，利用各种当代艺术形式，以塑造共同历史记忆为目的，以博物馆为中枢进行协调统筹推进的，长达五年的纪念日传播项目。由于它的素材主要来源于博物馆、档案馆、美术馆、历史遗址，采取的各种艺术形式也完全能被博物馆全面广泛运用在今后的展览传播中，因此14—18 NOW的整个过程也将在本文中被置于博物馆策展项目和博物馆国际传播的框架下去进行复盘分析和总结。

（一）策划的IP智慧：知识性、艺术性、可延展性

14—18 NOW自述的定位是“Connect heritage and art”（连接遗产与艺术），与我国的“让文物活起来”异曲同工。他们在报告②中表示：“对一战一百周年的纪念，必须既是个人化的（personal），又带有普遍性的（universal），我们面临的挑战是使这些历史与时间、世代、地理和文化相关联，参与并提供知识信息与艺术抚慰——这是对教会、国家和军队仪式的补充，让人们能够发现、体验和纪念一百周年纪念日。”于是，“14—18 NOW”这么一个由数字和时间状语组成的项目名称，成为了跨越5年的大型艺

① http://www.1418now.org.uk。

② https://cdn.1418now.org.uk/uploads/2019/06/03560_1418NOW_Jo_Burns_Report_V6.2_WR.pdf。

术计划的品牌识别符号，它巧妙地把项目纪念对象和项目实施时间糅合在一起，造成一种客观呈现的效果，但实际上能够融进这一项目的态度、观念、叙事，都是经过精心设计与筛选的。

在知识性方面，他们强调“Deepening understandings”（加深理解）；在艺术性方面，他们追求“World class artists and artworks”（世界级的艺术家与艺术作品）；在可延展性方面，他们讲究“Debate, discussion and discourse”（辩论、讨论和述论）。在英美主导的全球话语传播体系中，这种不带预设观念的观念，在传播议程设置上，因其自带的开放性和世界性，往往比直白的观念输出要更能获得接受和认同。知性性保证了“普遍性”（universal），艺术性保证了“个人性”（personal），可延展性保证了“百花齐放，百家争鸣”。这三性决定了策划能够作为IP（Intellectual Property，知识产权）进行最大范围的开发利用。

（二）传播的分层智慧：以时间换空间，以内容换渠道，以传统换新生

2014年至2018年间，14—18 NOW在全英220多个城市/地区开展了107个艺术项目，800余万年轻人通过这些艺术“参与”了第一次世界大战，5年时间共有3500万人（英国总人口的一半）体验了这项非凡的艺术计划。图12—图15是其中的艺术作品；表2和表3列出了传播媒介和艺术形式。

图12　丹尼·博伊尔的《大海的页面》

图13 彼得·杰克逊的《他们已不再变老》

图14 艺术家保罗·康明斯和设计师汤姆·派珀的《虞美人：海浪和哭泣的窗户》

图15 杰里米·德勒的《我们在这里，因为我们在这里》

表2 2014—2018年NOW的传播媒介

	2014年	2016年	2018年	全部
线下展演	28	31	52	111
广播	5	5	7	17
在线/数字化	5	3	6	14

续表

	2014年	2016年	2018年	全部
印刷品	3	2	2	7
CD/DVD	0	1	1	2
移动应用App	3	1	0	4

表3　2014—2018年NOW的艺术形式

	2014年	2016年	2018年	全部
售票项目	12	19	23	54
免费项目	23	43	57	122
音乐	7	6	8	21
户外艺术	6	11	15	32
视觉艺术	6	12	22	40
表演艺术	4	3	11	18
文学艺术	3	3	3	9
电影	2	4	7	13
数字新媒体艺术	2	3	2	7
舞蹈艺术	1	2	4	7
摄影艺术	2	0	0	2

1. 以时间换空间

如果把传播看作占领舆论场的战争，那么在资源有限的情况下，以拉长传播时间的方式去达到占领最多地盘的目的，不失为一个卓有成效的策略。全国巡展、全球巡演，都是典型的以时间换空间的传播方式。14—18 NOW历时5年，其足迹和影响力同步推进，由点及面，到达过220多个城市/乡镇，影响力广泛。

国际传播需要跨越文化和意识形态的差异，尽管可以采取“闪击战”的方式高举高打，例如好莱坞电影的全球发行就是典型的全球传播闪击战打法，但这往往适合已经形成品牌的强势文化消费产品，而将艺术性文化性和知识性放在首位的博物馆国际传播，则更适合稳扎稳打的策略，以时间换空间，逐步形成影响力。反观我国一些“走出去”的展览，往往在传播上不注重这种以时间换空间的延续性，好比一首交响乐在演奏完序曲之后就结束了，让人刚刚引起兴趣，就转瞬即逝，非常遗憾。在此建议，国内的博物馆和文化机构在制定国际传播项目计划时，应以年为时间单位进行布局，拉长传播周期，换取更广泛的传播影响力。

2. 以内容换渠道

对传播渠道的精准投放，建立在对受众画像和当地媒体细分充分了解熟悉的基础上，而国际传播所面临的困难往往是对目标地区的陌生与未知。14—18 NOW最引以为傲的是《他们已不再变老》这部纪录片在全球上映并获得口碑与票房的双丰收，这是以内容换渠道的绝佳案例。

《他们已不再变老》由奥斯卡金像奖获奖导演彼得·杰克逊（《指环王》三部曲，《霍比特人》三部曲）执导。素材来自英国帝国战争博物馆的馆藏影像档案，大部分史料为首次公开。制作团队应用最顶尖修复、上色及3D技术，将百年前的影像进行全彩修复并重新加入声效，以英国老兵口述史为旁白还原“一战”士兵遭遇和感受，为观众呈现身临其境、极度真实的沉浸式战争体验。

帝国战争博物馆用独家的珍贵馆藏，换得世界著名导演彼得·杰克逊的无偿参与；彼得·杰克逊团队运用高科技手段制作的优质电影，换得了拥有全球发行网络的好莱坞华纳兄弟公司的优质渠道。尽管帝国战争博物馆和彼得·杰克逊都不了解如何在中国进行推广，但仍然不妨碍超过一百万中国观众走入了电影院观看此片，中国各大在线视频网站也纷纷买下了此片的新媒体放映权。

博物馆的优势是传播内容，劣势是传播渠道，除了建立自媒体传播渠道（比如各大社交媒体官方账号）、与主要媒体保持良好关系之外，应考虑利用内容优势，选择易于传播的艺术形式，联合大众传播价值的合作者，共同打造具有吸引力的内容产品，从而使渠道主动进行传播。

3. 以传统换新生

在14—18 NOW艺术计划中，线下展演和公众活动占比居高。形式上看似传统的线下艺术装置，在经过了巡展、与公众亲密接触之后，全部都成为了新的可以再次传播的内容素材，通过网络社交媒体、电视纪录片、手机移动应用、广播、印刷品这些新旧媒体，大大延长了传播生命。14—18 NOW的线下传统形式的展演在遍布英国全境之后，陆续又在巴黎、开普敦、阿德莱德（澳大利亚）、雅典、上海、奥克兰进行巡展。来自200多个国家的访客访问了14—18 NOW的官方网站。

在“数字利维坦”风险加剧，国际网络治理愈加保守的今天，智慧博物馆的国际传播更要避免落入新技术至上主义。与其追求短期内在形式上创新突破，不如使用好已经熟稔的传统展览手段，创作出精品，全程使用最先进高清影像记录，妥善存档，为以后全球传播技术渠道成熟后利用新的展现形式进行二次传播、焕发新生做好准备。

（三）“出海”的测绘智慧：风（商业队）、雅（专业队）、颂（国家队）

不同的资源配置，呈现不同的传播效果。不同的受众、场景，不同的文化，更需要不同的传播策略。地域和文化是显性的，就如出海时的目的地一样明确，但媒介、场景、受众却是隐性的，需要具有测绘智慧对它们进行逐一辨识，根据不同的风量、降水量、暗礁、流速情况，选择相应的队伍船只。《他们已不再变老》全球发行的大获成功，不仅在于其内容的优质独特，更在于英国在上百年间的全球扩张中积累了丰富的“出海”“测绘”经验。

其实在中国传统文化中，关于不同传播渠道、不同传播内容的搭配，早有智慧。《诗经》中的风、雅、颂，表面看来是根据乐调不同进行分类，但实际上却内含着对传播范围和传播调性的敏锐意识。在民间就唱土风歌谣，不同地域的歌谣也有不同特点；在周王朝管辖地区的贵族文人之间，就唱正声雅乐；在宗庙祭祀时，就唱歌颂祖先功业。所以，中国博物馆“出海”的重点和难点在于及时准确地研判在具体项目传播过程中，哪些场域属于大众传媒，哪些场域属于专业交流，哪些场域属于文化外交，以便运用相应的传播策略。

仍以《他们已不再变老》的全球推广为例作说明。影片全球首映式选在伦敦国际电影节，英国王室派出了最有大众号召力的威廉王子凯特王妃夫妇出席首映式红毯，相当于从国家民族层面为此片的重要性进行了“盖章认证”。随后，大量的宣传报道都集中在该片的档案素材、珍贵史料、3D技术、修复上色技术上，凸显了这部纪录片知识性、艺术性。围绕着影像档案的修复是应该尊重史实还是允许艺术加工创作，又产生了学界争论，凸显了可延展性。在影片真正上映之前的一个月，专业电影营销公司入场，对影片的大片特效沉浸式体验、感人情节等进行闪击式宣传，将《指环王》等导演之前的好莱坞商业大片与此片做比较，传播范围又进一步扩大到了普通大众，市场进一步下沉到了流行文化阶层。在全球发行的节奏上，先在英国和英联邦国家上映，然后美国和其他英语国家，接着是欧洲各国，最后是亚洲和拉美，同样遵循了上文提到的“以时间换空间”原则，而没有照搬《指环王》发行时全球同步上映那套高举高大的高成本高回报营销方案。

《他们已不再变老》在中国发行时，笔者参与了全程，其完全按照艺术电影发行方式进行宣传推广，再结合适当的商业营销元素。英国驻华使馆、英国文化协会，没有给予任何助推，可谓做到了“让上帝的归上帝，凯撒的归凯撒”。

在《他们已不再变老》上映之后的两年来，国际传播的长尾效应还在继续。负责胶片修复上色3D加工的新西兰电影后期公司，其技术总监和公司代表出现在各大国际电影节上，以此片为代表作品，介绍最新修复技术，推销该公司的修复软件、修复服务，寻求更多商业合作机会。而电影纪录片界、电影史学界、电影美学界，也将此片作为研究对象，写出了相关学术论文，在学术会议上讨论交流。笔者于2019年4月参加了国际电影资料馆联合会年会（见图16），在分组发言时，就有幸听到了英国帝国战争博物馆的影像典藏部主任现场分享了《他们已不再变老》的整个策划执行过程，对此片修复伦理的批判，以及对未来影像档案能否如实记录真实世界的担忧。正是因为“在什么山头唱什么调儿”——发挥商业队在占领市场广度上的优势，发挥专业队在占领市场深度上的优势，规避国家队出动可能带来的负面效果。

图16　帝国战争博物馆代表在国际电影资料馆联合会上分享《他们已不再变老》的修复案例

四、面临新的时代变化，我国智慧博物馆国际传播如何应对机遇与挑战

受新冠肺炎疫情的影响，原本只是初见端倪的“逆全球化”在半年时间内愈演愈烈，不仅公共外交、文化外交、国际传播领域较之疫情前更加扑朔迷离、困难重重，美国主导的西方反华集团对中国施行技术压制、技术封锁、技术脱钩，也深刻影响到了5G、人工智能、物联网、互联网等新技术新媒体领域的发展。智慧博物馆的国际传播发展的物质基础就是新技术应用的全球化，如何用“放之四海而皆可用”的技术，去传播“放之四海而皆被接受”的文化，可谓遇到了前所未有的挑战。

中国传统文化讲究辩证，面对挑战抱有“否极泰来”的乐观态度，面对灾害更看重“危”中蕴藏着的“机”。中国政府在疫情中体现的社会主义制度优势、大国治理能力，以及疫情得到控制之后的全国复工复产，都保证了经济基本面整体向好，中华民族崛起的势头不可阻挡。在严控期和隔离期，全国人民“宅家”进行学习、生活、工作，加速了虚拟经济、线上技术的发展。放眼全球，“媒介化生活”与疫情一样，也成为了未来一段时期内的新常态。云办公、云课堂、云展览，在线论坛、在线旅游、在线文艺演出，变成了由于疫情防控无法亲身参与活动的有效替代。人们对于在线博物馆、虚拟展览的熟悉度与接受度显著增强，博物馆国际传播的格局与生态，就此被深刻改变，为中国带来了前所未有的机遇。

下面提供一些拙见，为中国智慧博物馆如何在世界进行有效传播、与世界人民有效对话，做抛砖引玉。

（一）倡导“人类命运共同体”理念，平等交流互鉴

“人类命运共同体”理念既是国际发展的战略思想、发展方针，也是指导国际传播、国际文化交流的价值观、方法论。它既是浪漫主义的“观念政治”，也是脚踏实地的“现实政治”。在国际上倡导“人类命运共同体”理念，关键在于“以正在做以及将要做的事情为中心，直面国内外现实问题”，用实践和事实说话。

智慧博物馆的国际传播在倡导和践行“人类命运共同体”理念上，有三方面的价值：

一是智慧博物馆先天作为文化界、艺术界、知识界“构建人类命运共同体”传播平台，自带使命感与责任感。在博物馆学界、博物馆管理界、博物馆技术界，“构建人类命运共同体”是最高理想与最高价值，与国际同行在交流时，应一如既往地秉持、传播、倡导这一理念。

二是智慧博物馆在发掘事实、展示事实，用事实去证明中国“构建人类命运共同体”的悠久文化历史，传统哲学观念方面，具有先天的内容素材优势。在内容策划上、大众传播上，应重点做出几个能够广泛传播的展览，通过新技术手段，立体全息、入情入理地展示出来。

三是智慧博物馆在利用新技术手段进行跨文化、跨地域、跨国别传播时，具有先天的媒介优势。互联网世界发展至今，社交媒体和搜索引擎可能被区域性禁封，但从未听说世界博物馆官方网站被禁封的前例。博物馆就是一块“免战区”、一个“中立国”，是构建“网络空间命运共同体”的试验田。

（二）充分利用新技术参与全球博物馆公共文化服务体系建设

习近平主席在2016年11月致国际博物馆高级别论坛贺信中提出希望国际博

物馆同行能够“集思广益、凝聚共识，让世界各国博物馆的丰富馆藏都活起来，为共同保护文化多样性、增进各国人民相互了解、促进人类文明进步作出贡献”。在2017年12月致世界互联网大会贺信中提出“要建设网络强国、数字中国、智慧社会，推动互联网、大数据、人工智能和实体经济深度融合，发展数字经济、共享经济，培育新增长点、形成新动能”，“中国希望通过自己的努力，推动世界各国共同搭乘互联网和数字经济发展的快车”。

中国无论是从技术水平，还是从主体意愿，都到了深而广地参与以智慧博物馆为抓手的全球公共文化服务体系的构建阶段。当下，面对国际上对中国新技术的压制和封锁，中国可以采取“文化艺术先行”的策略，通过主动为国际博物馆界提供各种“公共产品”（common goods）参与进与世界的互联互通、理解共融中。

一是在国际上推广5G、云存储、大数据等技术在智慧博物馆中的应用，中国可向世界各国博物馆提供“新基建”方面的技术支持和技术服务。比如免费提供文物信息化数字化软件，免费提供云存储空间，免费为第三世界国家博物馆建立馆内5G互联网和RFID系统等。

二是在国际上推广博物馆智慧管理的应用类工具，比如智慧编目、智慧导览、虚拟展厅等软件。

三是开放我们自己的数字馆藏，向世界各大学术期刊网、学术数据库、大学图书馆档案馆等机构提供国际入口。

四是参与制定智慧博物馆的国际标准，为进一步实现全球博物馆之间的互联互通打好基础。

五是与世界同行共同建立智慧博物馆的风险管理机制，防范“数字利维坦”，提高灾备能力，在世界其他博物馆遭遇灾害时提供国际援助。

（三）积极利用新媒体推动智慧博物馆的全球传播体系建设

数字传输技术、互联网即时通信工具等技术，使得与国际同行的交流更加便捷，社交媒体、视频直播、人工智能、大数据等技术，使得与各国观众访客的交流更加直接、更加平等。但散兵游勇、单打独斗，始终无法形成规模效应，传播周期、传播节奏、传播效果也常常会受到各种因素的影响，无法掌握主动权。因此应积极推动建立全球智慧博物馆传播体系。

一是要加强对国际通用的新媒体语言的研究学习和应用实践。充分吸收运用发达国家已经成熟的媒体语言体系，比如影视艺术中的画面、声音、蒙太奇；在装置艺术、交互设计、AR/VR等沉浸式媒体等仍然发展的新媒体领域，共同研发创作出更多博物馆展陈案例，贡献中国美学养分和中国智慧。

二是发挥互联网在UGC（用户生产内容）和众包方面的媒介优势，与世界人民直接相连。社交媒体和数字工具具有双向沟通的特点，不仅要靠近受众去进行单向传播，更要连接受众去进行互动传播。比如敦煌博物院在国际博物馆日推出的微信小游戏给九色鹿配音，这就是一个用户生产内容式的传播。维基百科开放用户添加修改词条的入口，是利用众包模式，鼓励“众人拾柴火焰高”去共同书写互联网上的知识百科全书。这两种模式可进行叠加，在国际传播上进行推广应用。

三是借助外宣国家队的现有平台，打造博物馆纪录片的国际制播栏目。鉴于CGTN已经成立了纪录片频道，需要全球化视野的高品质内容，博物馆作为承载知识与艺术的文化机构，可为纪录片提供广泛而优质的素材。要把世界各国博物馆纳入中国“向世界讲述世界”的框架中，采用全球史叙事角度，传递中国哲学“天下观”的态度，展现中国以构建人类命运共同体为目标的文化观、历史观。

四是搭建基于中国偏好、中国标准的世界各国博物馆评价体系。中国是全世界拥有受教育人口最多的国家，也是全球境外游人数最多的国家，中国人民对世界文化的爱好、关注、渴求，值得被系统地进行总结梳理和分享。通过互联网平台、大数据分析、众包模式，进行中国游客/访客对世界各国博物馆的满意度调查，并分享给世界。同时，在此基础上，对世界各地博物馆进行年度排名、年度评奖。

五是建立中国博物馆行业间的协同机制，组团出海，通过互联网广泛深度参与国外博物馆、文化艺术机构、教育机构、慈善基金会的跨国合作，提升在国际交流平台的参与度，在国际协会、国际期刊、国际论坛、国际节展上发出中国声音。

（四）用智慧博物馆讲好中国故事

在国际传播中，树立当代中国良好形象、提升国家文化软实力的重要战略任务是讲好中国故事。讲好中国故事的根本在于传播理念、以理服人、以情动人、以我为主、融通中外。智慧博物馆作为典藏人文自然遗产的文化教育机构、其传承和弘扬的中华优秀传统文化，更应该利用新技术新媒体进行创造性转化和创新性发展，融通中华传统文化与现实文化，向世界讲好中国故事。

一是从中国文化元素中，发掘、提炼、孵化出属于中国的国际传播符号资本、博物馆IP。需要对表面元素进行整体的、深层次的解读，找出能引起人类广泛共鸣的价值、对全人类具有普遍意义的内容。故宫、长城、兵马俑、少林寺等博物馆与名胜古迹，一方面成为了国际旅游胜地，一方面也成为了代表中国的文化符号，但与当今中国、现实文化，仍然缺少联系。智慧博物馆应从内容策划角度，发掘这些符号的深层次意义与价值，将之与当下中国相连接，形成一个个博物馆IP。

二是利用新技术和互联网思维，通过小范围实验和快速迭代的方式，研究出适于智慧博物馆应用的叙事手段、叙事技巧、叙事类型。国际传播面临不同地区和国家的不同语境，需要有不同的故事讲述方式。中国传统对外宣传的口号式标语式通稿式叙事，需要在互联网新媒体的时代做出更新换代，实现精准传播、文化间传播。比如基于博物馆内容元素的手机游戏/网络游戏开发，以博物馆为背景进行的表演艺术流媒体直播，利用博物馆藏品纹饰设计出的体现中国人生活水平与审美情趣的现代文化生活用品国际电商平台等。

三是做好顶层设计，策划好系列主题，利用各地博物馆资源，体现从古到今、由今入古的中国文化连续性，在虚拟时空中，逐渐积累完善出一套可沉浸体验的、可互动的、全息立体的中华文明谱系世界，成为在线的中国历史体验平台，供全球访客自由访问、自助学习，形成在线社群，交流互动。

四是鼓励国际策展人、各国艺术家、多文化背景的历史文化研究学者，利用智慧互联互通系统，进行协同创作，多角度多维度讲好中国故事。跳出旧有的西方视阈下的中国故事叙述窠臼，避免单一的中国人讲中国故事，形成一种全球视野下的中国故事讲述方式。

智慧博物馆的数字展示、数字服务与数据驱动

李世杰*

引言

2014年3月，习近平主席在巴黎联合国教科文组织总部发表演讲，要“让收藏在博物馆里的文物、陈列在广阔大地上的遗产、书写在古籍里的文字都活起来”。国家也积极出台各项政策，促进物联网、云计算、人工智能等技术在博物馆领域的落地应用，运用现代科技手段让文物活起来。李克强总理在政府工作报告指出，要加强文物保护利用和非物质文化遗产传承，打造数字经济，重点支持既促消费惠民生又调结构增后劲的“两新一重”建设，而文化产业的数字化建设，是新时代国家战略转型中，新型资源建设的重要组成部分和基础支撑。

近些年来，博物馆的智慧化建设发展成了一个大话题，其范畴包括智慧保护、智慧管理和智慧服务三个方面。其中，博物馆的数字化展示、数字服务与数据驱动更是渗透于博物馆智慧化建设的方方面面。从国家的政策导向，到全国两会的文博界代表和各文物部门的积极响应，都可以看出文化和科技深度融合，已成为提升文化科技创新能力，转变文化发展方式的必由之路。而智慧博物馆建设过程中涉及到的文物数字化采集、数字化展示、数字化服务、数字化

* 李世杰：天津恒达文博科技股份有限公司副总经理、技术总监，高级工程师。研究方向为博物馆信息化建设。

传播，正是文化和科技深度融合应用的具体体现。鉴于此，本文将针对“什么是智慧博物馆”“数字化采集”“数字化展示”“数字化服务”“数据驱动的观众服务”这五个部分展开论述。

一、智慧博物馆的构成

智慧博物馆是在融合博物馆信息化建设和数字博物馆建设成果基础上，利用最新信息网络技术而形成的博物馆运维新模式，其重点是解决最新信息网络技术下“人—物—空间”数据融合共享与智慧应用问题。智慧博物馆理念的提出，凝练总结了以往实体博物馆和数字博物馆建设的经验，区别于实体博物馆传统的服务管理模式，也不同于数字博物馆单纯的信息化系统建立，一个智慧化的博物馆需要在纵向提升观众服务、场馆管理和文物保护工作的同时，横向的打通博物馆业务系统间的联系，让博物馆能感知、有记忆、可进化。所以，目前的智慧博物馆很难从单一的维度去阐述。本文将智慧博物馆的构成总结为以下三个部分：

第一是智慧博物馆的技术构成。智慧博物馆的技术构成不仅包括对当下5G技术、物联网、人工智能、大数据、云计算等新技术的应用，同时一个智慧化的博物馆更应具备的是对新技术的吸纳包容能力，搭建弹性的系统结构。通过对新技术的吸纳来保证智慧博物馆的开放性和成长性，通过弹性的系统结构来实现未来业务的快速更新迭代和功能扩展。

第二是智慧博物馆的功能构成。智慧博物馆具备在需求与科技协同作用的条件下，持续进化，不断演变提升自身的能力。由目前较为成熟的物联网、云计算、大数据和移动通讯技术支撑起的智慧博物馆，在未来创新科技发展的条件下，将呈现出更为丰富、更为深入的“智慧服务”“智慧保护”和“智慧管理”。

第三是智慧博物馆的数据构成。如果说功能构成组成了智慧博物馆的骨架，技术构成是智慧博物馆的肌肉，那么数据就是流淌在智慧博物馆当中的血液，通过数据的流动来打通博物馆各个部门，各个工作环节的工作流和信息流，实现对博物馆内外部的数据积累及对这些数据的挖掘、分析和利用。

所有的功能和技术构成了对外的服务主链和对内的管理主链，构成了智慧博物馆的外在主体。通过中间的智慧数据基因贯通两条主链的数据逻辑和业务逻辑，三者结合组成一条可生长的智慧博物馆DNA，如图1：

这条DNA孕育出智慧博物馆这个智慧生命体，它能够清晰地感知博物馆安全、保护、运营等工作的运行态势，针对突发情况能够机敏反应，灵活应对。

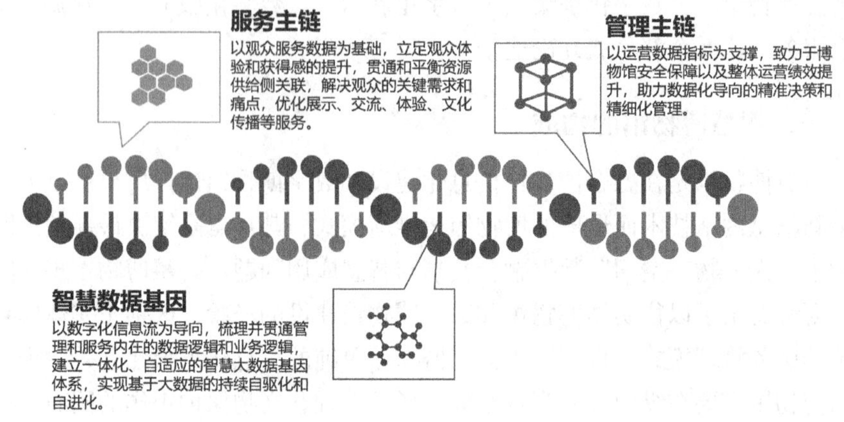

图1　智慧博物馆智慧基因示意图

同时，智慧的博物馆也是一个灵秀的、健康的生命体，能够把自己文物及深厚的历史文化内涵生动地展现表达出来，应该有记忆、可进化。应该通过共享式的数据结构将博物馆内产生的数据进行广泛的收集，分析和利用，通过数据分析结果来指导博物馆工作的开展，实现向更高层面的进化。

智慧博物馆体系庞杂、内涵丰富，并且是不断生长演进的，它包含着智慧服务、智慧保护、智慧管理、智慧运营等诸多层面，因此对于它的理解也不能一蹴而就。

二、数字化采集

文物数字化是文物数据信息的首要来源，是智慧博物馆展示、服务的基础。文物数字化采集技术和成果的水平，无疑直接影响了智慧博物馆数据展示、数字化服务、数据分析驱动这一链条的整体质量，而数字化采集，可以说是智慧博物馆数据链条的第一环。

我国2012年开展了为期五年的可移动文物普查，这次普查制定了文物藏品登录规范，建立了十余项标准，文物定名、断代、计量、分类等15个核心内容首次实现全国一体化，初步建立可移动文物数据社会服务和共享机制。截至2016年10月31日，普查全国可移动文物共计108154907件（套）。其中，按照普查统一标准登录文物完整信息的为26610907件（套）（实际数量64073178件），全国各级综合档案馆馆藏纸质历史档案81544000件（卷）。

在第一次可移动文物普查工作中，通过对馆藏文物进行盘点、本体数据采集与录入工作，掌握了全面的文物基础信息资料，理清了博物馆的家底，为后续围绕馆藏文物资源进行针对性的研究与资源利用、展示，推动文物“活起来”打下了坚实的基础。可移动文物普查采集了第一手的文物本体信息。除基本的年代以及长、宽、高信息之外，采集过程中掌握了大量的文物影像数据，这些都为后续进行针对性的研究和创新文物展示利用打下了基础。同时，大量博物馆建设了专业的藏品管理系统，将文物本体信息、数字资源等进行信息化管理，摆脱传统的纸质化藏品账目管理之外，也为文物信息、文物数据的快速检索，聚类查找，横向共享创造了有利条件。

第一次可移动文物普查是文物数字化的开端，基本建成了全国文物大数据体系，为后续广泛开展的文物数字化保护、文物高精度三维数据和贴图数据的采集工作，也为智慧博物馆文物数字化活化展示创造了必然条件。同时，与采集文物二维、三维信息这种“可见”信息的采集制作相对的，对文物研究资料、背后故事的挖掘，可谓是对文物“不可见”信息的采集，对不可见信息的数字化采集、制作，可以突破时间、空间的限制，改变观众观看文物的视角。

三、数字化展示

在完成对文物可见和不可见信息的资源采集后，就可用于博物馆文化宣传展示。文物数据不仅仅作为博物馆的资产，更应将其活化成为博物馆文化宣传展示的重要桥梁。相比于传统的展示手段，数字化展示技术可以实现图文声像与数字信息的双向转换，永久性地储存数字化资料。此外，运用数字化技术可以将具有一定不可预见性的最终艺术表现效果，在计算机上提前实现模拟或创作，避免对文物、艺术品本体的破坏。而且，数字化展示信息还可以通过互联网进行高速便捷的传播，突破时空壁垒，实现真正的公众化资源共享。

随着我国文化领域高速发展，得益于近年来的政策支持，博物馆、美术馆、纪念馆等文化机构不再仅仅满足观众“看”的需求，更需要满足“玩”与“学”的需求。目前，数字化技术在提升传统文物保护工作中已成为众多文博机构的首选，同时，在展览展示、宣教等博物馆、艺术馆、纪念馆的日常工作中，也扮演着日渐重要的角色。我们将现有的数字化展示分为欣赏、互动、教育三大维度，从文物资源的基础展示利用，到文物资源的深度开发与创意，再到文物资源的挖掘与延伸三个层面的不同应用场景。见图2。

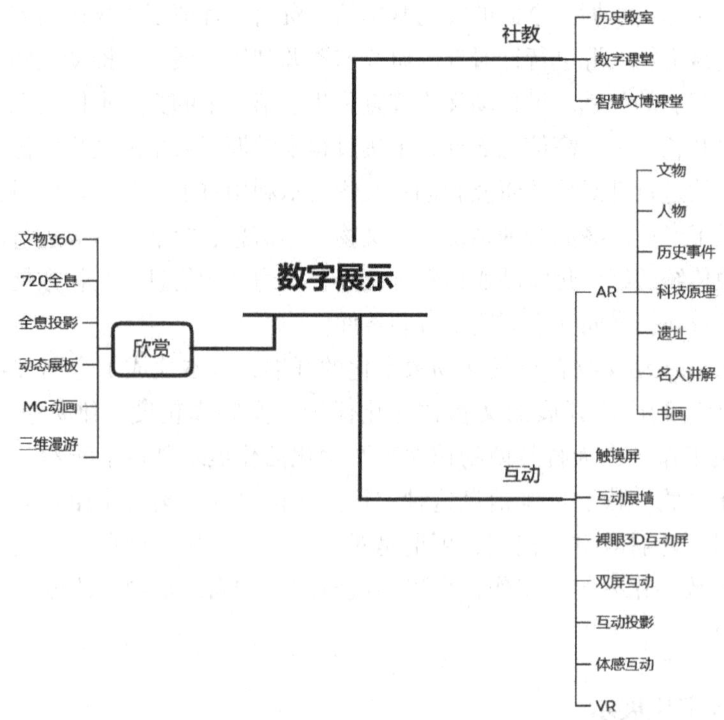

图2　数字化展示的三个维度

如图所示，这是对现有市面上可以见到的数字化展示内容的一个形式划分，数字化内容需要依托数字化展示手段加以呈现。在当下的数字化时代，数字化传媒业已成为传媒的主流，丰富多样的展示手段具象化了这一细分领域所能迸发的能量。

（一）数字化展示——欣赏

数字化展示内容的第一层级，将其定义为“欣赏”。欣赏行为贯穿了观众参观前、参观中与参观后的全部体验，需要文博工作者将文物、遗址、艺术品等基础资源的物品特性、材质特性、视觉美感，进行原汁原味的呈现还原。目前常见的展现形式大体上可分为如下几类：

1. 文物 360° 还原展示

“欣赏”的基础是还原，还原的品质，取决于对器形、质地、色彩、体量、完残的忠实呈现。在了解一件文物的文化价值前，高品质的欣赏体验已经让人为其倾倒。广泛应用于博物馆的三维数字化技术，一方面可以高效地记录大量信息，另一方面可以更加细致入微，用更加“特写化”的形式，展现文物特征，使其得到更好的保护和传承。

数字化保护采集的高精度3D模型，可以保证对文物资源分毫毕现的还原，将文物三维资源用于各种终端互动展示的形式，已成为众多博物馆数字化的常态和标配。

2. 720° 全景，永不落幕的博物馆

博物馆的主体建筑除了作为参观场所，也是可以进行三维展示的对象，全景720° 应用于线上端展示，将赋予观众上帝视角般的视觉感受，同时符合疫情防控形势下的博物馆展览展示需求。观众足不出户，即可饱览博物馆中丰富的展示内容。除了文物，博物馆主体，体量庞大的遗址类建筑，也是文博单位应进行数字化建设的对象。数字化文物保护与展示技术将文物和展览搬上云端，多维度展示传播绚丽多姿的文化遗产，不受时间与空间的限制，打造永不落幕的博物馆。见图3。

图3　北京孔庙博物馆左庙右学遗址的全景图像

3. 动态展板

在展览中，除了文物与展示物品，展板上的图文内容也是观众在欣赏过程中重要的一环，如果展板内容千篇一律，过于枯燥，将降低观众的参观体验。数字动画技术赋予了这些静态展板以生命，不止文物，展板也可以活起来。将针对展项内容制作的多媒体内容布置于与其他传统展板边框材质相似的电子展板中，代替原本的展板照片，与周围环境融为一体，缓解展线中展墙图文展板的视觉疲劳感，为难以进行大规模数字化改造的展馆增添画龙点睛之笔。

4. MG 动画

在欣赏体验中，如何调和不同年龄层次观众的欣赏品味一直是一个亟待解决的问题。不同年龄层次、文化水平、社会分工的观众群体往往拥有不同的审美倾向，考验着博物馆的公共性与包容力。近年来伴随着新媒体与社交平台的发展，MG（Motion Graphics，动态图形）动画成为一种兼具包容性、轻量型、便捷性等特点的内容形式，便于观众的传播与分享。MG动画通过大量碎片化的核心数据整合于一体，用一种故事与趣味结合的方式展现，有效增强数字内容对观众的吸引力。而风格多变的新颖形式下，轻松的风格比以往的专题片更具在互联网传播的优势。见图4。

图4　讲解雪龙号科考功能的MG动画

（二）数字化展示——互动

互动是数字化展示内容的第二层级。当观众满足了欣赏的基本参观需求后，就希望能够更深入地参与到文博机构与美术机构的展览展示中来。常见的互动形式不仅包括了人与屏的互动形式，也包括人与多屏、多人与屏、人与投影、人与虚拟等多种互动场景。

1. AR 互动

智慧博物馆的两项重要功能就是为观众提供个性化展览和智能化导览。利用AR（增强现实）技术，能够有效提升展览的个性化水平和导览的智能化水平。

AR是博物馆近年来广泛应用的一种互动形式，将文物360°展示、MG动画、知识热点讲解、互动游戏等多种体验融为一体，提供丰富的观展体验；观众通过AR技术，能够更加清晰的观看文物细节，通过形象化的讲述方式，了解文物的制造工艺、文化内涵、历史故事等更加丰富的信息。AR让原本静态展示的文物，鲜活起来，以更加生动、活泼的形式展示在观众面前，并且用新颖和浅显易懂的方式，延展出更多元的文物信息，讲述文物背后的故事。见图5。

图5　江西省博物馆AR互动

人物类专题是文博机构展示内容的一大门类，但传统陈展中仅仅通过历史人物遗留下的生活用品或信件文字，观众往往难以了解一个立体丰满的人物形象。现在博物馆或艺术机构也应通过AR技术还原历史人物形象，使其形象化，拉近观众和人物的距离，让观众更加贴近历史人物的生活时代和历史背景。图6为根据鲁迅先生留下的医学老师藤野先生的相关记录，创意制作的批注医学笔记的AR互动。

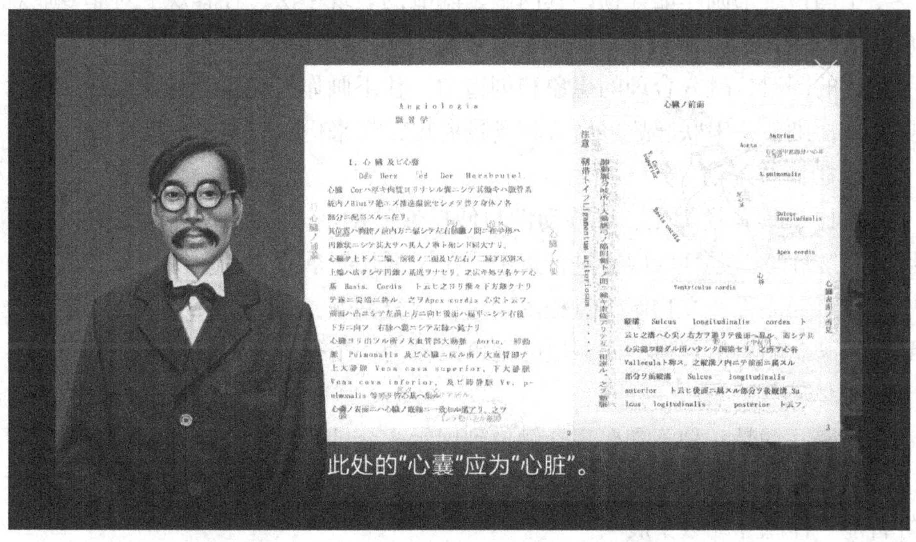

图6　北京鲁迅博物馆AR互动

AR技术也被应用于对历史场景、关键事件和人物进行具象化的信息展示和故事解读，把原本抽象和叙述平实的历史事件，运用绘画、动画结合讲解的方式呈现给观众，比照传统的语音和文字讲解方式更能吸引观众观看，提高了观展和学习兴趣。图7为AR技术创意的朱毛会师的历史题材互动。

图7　江西省博物馆朱毛红军会师AR互动

中国传统书画作品往往因其内敛、隐喻的表现手法，在客观上对非专业观众构成了一定的参观障碍。博物馆、美术馆可以借助AR技术，在尊重书画作品意蕴的同时，融入合理的想象和创造力，让书画作品鲜活起来，向观众展示更多丰富细节，串联起故事情节和场景展现，带来更加有趣的观展体验。

2. 触摸屏互动

相比于具有轻量化、可移动性与便携性的AR来说，触摸屏的优势在于可以将系统性、专题性的内容进行集中展示，适用于展线中的应用环境。博物馆中许多工业流程、文物制作过程由于过于繁复枯燥，在传统陈展中往往难以收到令人满意的展示效果，而触摸屏则可以作为一个很好的扩展阵地。

3. 体感互动屏

体感互动是一种不需要观众触摸到展示媒介即可实现互动的展示方式，可以带给观众新奇的互动体验。图8为利用滨海科技馆利用体感互动技术的“你好智能”体感互动数字展项。

图8　滨海科技馆“你好智能”体感互动数字展项

4. 双屏互动

如何优化观众在互动中的交互体验是各大文博艺术机构一直致力解决的问题。人与单屏的交互模式，如果不借助多点触控技术，受限于小空间的限制，往往难以满足团体观众、大量散客集中参观的互动需要。双屏互动解决了有限空间与群体互动体验之间的冲突，在单互动屏的体验场景下，联动一块欣赏屏，互动屏仅为操作面板所用，欣赏屏的内容则面向全体观众展示，即使不经互动操作，也可获得同样的观赏体验，解决了团体参观的互动体验问题。图9所示是针对漳州、台湾两地风俗文化异同点的双屏互动。

图9　漳州市博物馆“漳台一家”互动

博物馆在应用双屏互动内容时候，应注重互动主题的把控与选择。双屏互动形式的主题表现弹性极大，从一个地域、一座城到一本书，均有丰富的表现效果。下图为根据吉鸿昌将军曾经出国考察的经历，创意制作的双屏互动体验数字展项。互动屏操控地球选择不同国家，欣赏屏即可观赏吉鸿昌在对应国家的见闻与故事。见图10。

图10　吉鸿昌将军纪念馆双屏互动

5. 互动投影

除了人与屏间的互动形式，在数字展示的理念背景下，人与地面、人与墙面、人与桌面、乃至人与展柜、橱窗，在激光雷达、电容传感技术的辅助下，都可以形成一种有机地交互。图11所示是博物馆的互动投影数字展项，观众点击墙面上地标建筑、名胜古迹的影像，即可通过红外触发的方式改变墙面展示效果。

图11　博物馆互动投影数字展项

6. VR 互动

名气较大的美术品往往成为人们在艺术参观时的焦点，但是拥挤的人群与遥远的距离，会使得参观体验大打折扣。2019年，卢浮宫在达·芬奇展中使用

VR技术，赋予人们沉浸式观赏《蒙娜丽莎》的可能。通过AR设备，观众将穿过拥挤的人群、防碎玻璃柜、修复后的一层层清漆和褪色的铜绿，看到这幅肖像的虚拟三维影像，从蒙娜丽莎的头发到薄天鹅绒衣服，再到16世纪佛罗伦萨建筑的黏土瓦片，一切穿越时空，迤逦而来。见图12。

图12　卢浮宫达·芬奇展VR展示

（三）数字化展示——教育

博物馆教育是根据博物馆的藏品和陈列展览以及相关材料，运用多种手段和方法，直接形象地对观众进行科学文化教育，提高其思想品德、审美情趣。随着我国博物馆教育功能的不断发展，社教工作成为评判博物馆工作水平、场馆等级的一个硬性指标。公众在博物馆教育中的角色已经不再只是单纯的信息接收者，同时也成为信息的创造者和传播者，观众在馆中除了欣赏、互动等偏重体验性的数字展示内容外，博物馆还应让观众，特别是青少年带走一些知识，多一些自己的思考，对文物与艺术品的工艺、美感、文化内涵有更深的认知。

1. 历史教室

在过去的4G时代中，在餐饮、外卖、物流等领域，“互联网+”的理念使原有产业爆发了一轮创新革命，教育与“互联网+”也碰撞出了崭新的火花。在传统的信息化建设中，我们通常思考信息技术能如何为博物馆服务，如何利用技术全面提高业务能力，而“互联网+”模式是以互联网思维重新看待社教工作的应用模式，重塑博物馆社教的部分展示形态，让师生真正感受到5G、WiFi、高速网络无缝同步传输带给课堂流程的便利体验。图13为入选了“互联网+中华文明项目库”的河南历史教室平台。

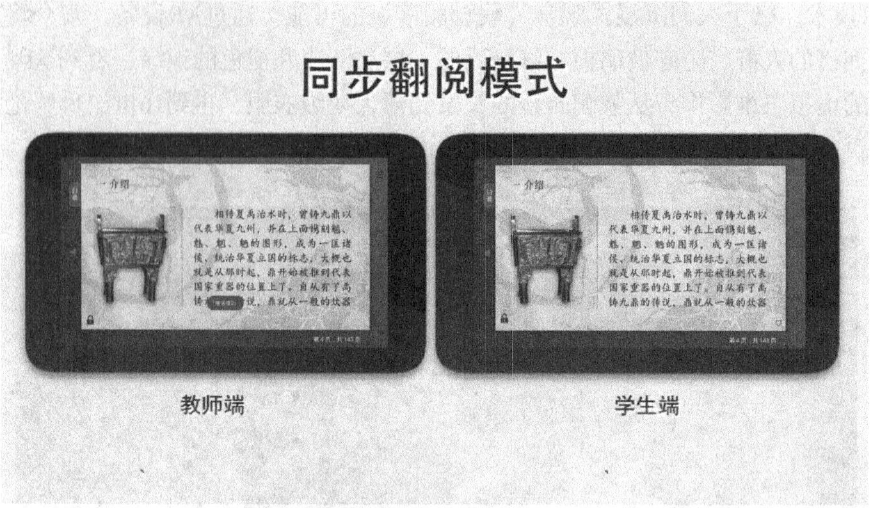

同步翻阅模式

教师端　　学生端

图13　河南省博物院历史教室

2. 数字课堂

在历史教室的形式基础上，如何优化学生的学习体验，是进一步提升博物馆教育需要考虑的问题。数字课堂在增设了数字黑板的扩展教学端以外，以其更活泼的美术设计形式，漫画长卷、动态漫画等多项教学模块的添加，帮助学生更好地沉浸入课程内容的历史情境中。见图14。

图14　数字课堂

3. 智慧文博课堂

在九年制义务教育的专业教育领域，文博机构也在其中扮演着日趋重要的角色。在当今多元化的文化视野下，如何给青少年讲好传统文化故事，成为了时代赋予文化、艺术机构的一个新课题。智慧文博课堂是一类专门面向在校中小学生设置的文物类课程，它将为教师提供从课前备课、到课后评价全流程的教学服务，用标准化教学模式引导，用创造性教学语言启迪，用开放式教学手段鼓励，为青少年文物教育工作注入数字化的活力。见图15。

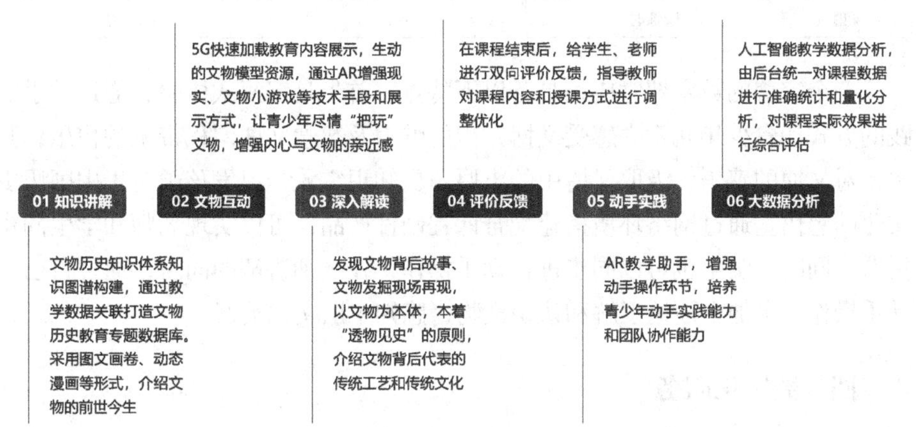

图15　智慧文博课堂主干线路

智慧文博课堂的课程体系设计需要基于长期社教经验的积累。在课程体系设计上遵循知识讲解、文物互动、深入解读、评价反馈、动手实践、大数据分析的主干线路；在传播历史文化的同时，利用信息化技术手段以及丰富的博物馆文物课程内容，吸引学生参与到课程体验中来，通过课程体系中设计的实时反馈机制，利用大数据分析手段，做出智能化反馈分析，供老师、校方及教育管理者参考，进而促进课程的良性发展。

在内容设置方面，随着年龄段的升高，学生的认知水平和创新思维发展水平逐步提升，应为不同年龄青少年设计符合各自成长阶段的文物课程。以《龙的传人》为例，这节课依托红山文化玉龙、濮阳蚌塑龙、北宋金龙、清代龙袍等文物高清图文资源进行开发与制作，为学生们详细讲述中国龙文化的源远流长。这样的课程设计能够帮助青少年认识到"我们从何处来"，系好人生的第一粒扣子、养成正确的价值观，培养家国情怀。见表1。

表1 智慧文博课堂课程体系

年级	小学（低年级）	小学（高年级）	初中
主题	《龙的传人》 《我们的中国》	《仰望星空》 《科技中国》	《千年丝路》 《土火之魂》
文物	红山文化玉龙、濮阳蚌塑龙、北宋金龙、清代龙袍等	司南、日晷、浑天仪、候风地动仪等	彩覆莲菱格纹彩陶骨灰罐、人首牛头陶水注、红陶船形壶等
目标	能够帮助青少年认识到“我们从何处来”，系好人生的第一粒扣子、养成正确的价值观培养浓厚的国家情怀	通过文物故事、动画视频等形式介绍古代傲立世界的科技发明创造，激发青少年的民族自豪感和自信心，在青少年心中埋下真理的种子	通过文物故事、动画视频介绍中国悠久的历史文化，展示中国带给世界的影响。培养青少年学生的民族自豪感和自信心
课时	12课时	7课时	12课时

一个完善的数字课堂应该具备以下特点：首先是沉浸式体验，通过动手实践的方式让青少年儿童去感受文博知识的魅力及智慧文博课程带来的快乐；其次是对文博的感悟，汲取文博中的丰厚历史知识宝藏，启发孩子对于中国历史文化的感悟。通过网络环境搭建配合课程硬件产品，可以实现老师和学生同步授课。同时，学生也可以同步进行动手操作，在老师讲解的同时，通过自己的动手操作，更加全面地了解和认识文物，感知中国文化美好。

四、数字化服务

在数字化服务部分，要把前文介绍的新颖、灵动的数字内容和活化展示形式通过合适的终端平台呈现到观众面前，实现数据衍生服务的真正意义。

智慧博物馆服务系统一改传统的观众服务接待模式，为观众参观服务提供了更多样化的渠道。依托于当前先进技术和多种终端平台，从线上到线下，从馆外到馆内，完整覆盖观众参观博物馆的全流程。见表2。

表2 数字化服务

服务渠道		参观前	参观中	参观后
线上	官网	博物馆参观、服务、展览、文物等信息的全面展示	—	—
	微信	博物馆信息展示、服务、互动，微信消息推送	导览讲解、参观服务	个性化内容推荐、持续性信息服务
	App	博物馆信息全面展示、信息服务、互动体验	导览讲解、参观服务	个性化内容推荐、持续性信息服务
	社教服务平台	博物馆活动/课程/培训班信息展示，内容学习服务	—	课程/活动/培训内容回顾、成果反馈

续表

服务渠道		参观前	参观中	参观后
线下	参观服务系统	预约、信息采集、优化分流	信息核验、便捷入馆	数据统计分析，参观服务优化
	导览展教系统	自助租赁，导览展教内容版本自主选择	导览讲解、辅助参观学习，自动采集互动信息	参观日志记录，数据统计分析
	讲解服务系统	讲解服务预约、排班管理	讲解服务、调度管理、信息采集	数据记录、回溯、整理
	智能互动系统	—	多样化的智能互动体验方式，信息采集	大数据统计分析

从表格中所提炼的内容可以看到，智慧博物馆的观众服务体现在“参观前—参观中—参观后”的每一个节点，以数字信息为钥匙，开启了博物馆文物融入现代社会的通道，实现了人与物、物与物、人与人之前的贯通和交互。

（一）参观管理系统

入馆环节是观众来馆参观的第一道门槛，参观管理系统提供全网平台预约、“人工+自助”多种售检票等功能，可实现观众的快速入馆，提升博物馆对公众服务的良好形象。见图16。

图16　参观管理系统

（二）官方网站

通过官方网站为观众提供与博物馆相关的场馆、展览、文物、活动、服务等信息，功能板块多样、内容资讯丰富，能够让观众在来馆参观前对博物馆形成较为全面的了解。见图17。

图17　官方网站

（三）博物馆新媒体矩阵

在线上观众服务建设中，通过网站、微信、App以及多种“互联网+”传播渠道和模式构建博物馆新媒体矩阵。以微信公众平台、小程序为载体，结合移动联网发展，打造移动端线上资讯宣传推广及在线服务渠道。

依托于微信平台信息传播快、受众广的特性，通过博物馆微信公众号和小程序为观众提供便捷的服务功能，保持博物馆与观众之间的持续联系。观众在来馆前可以方便地了解博物馆展览、活动、资讯信息，同时可以快捷预约购票，便于观众行程前规划。见图18。

图18　微信

（四）导览服务

观众参观过程中，微信端可提供精确室内地图定位导览导航功能（见图19），实现博物馆现实服务空间向数字虚拟服务空间的完全映射，在虚拟空间中为观众提供图文声像多媒体导览服务。观众所参观、浏览的数据信息将同时采集并记录到后台系统，在观众参观结束离馆后为观众提供个性化的参观报告。

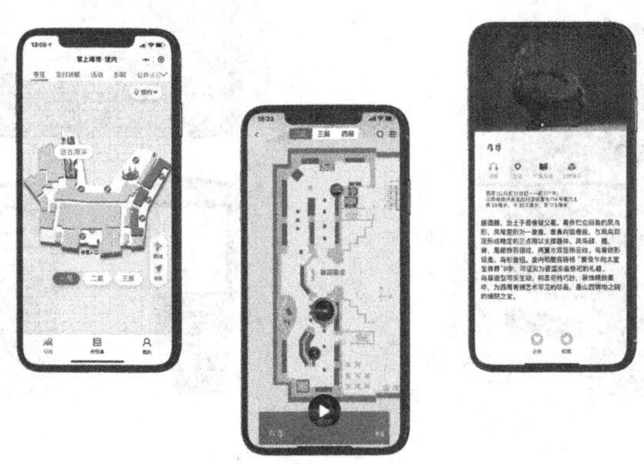

图19　室内参观定位导航

数字内容多，功能模块多，对操作体验性要求高的用户推荐使用的手机App（见图20）。安装在观众手机端，能够为观众提供全面的博物馆参观、展览、文物、互动体验功能。相较于微信小程序而言，App在用户体验上更为流畅也支持更多高阶的功能，比如更高阶的AR效果，更好的和硬件系统结合的功能。但是App会比微信小程序维护难度高，随着手机和移动操作系统的升级，App也需要不断的升级，来适应新手机的屏幕、新的传感器、新的操作系统软件，而且往往要同时维护iOS和Android两个平台。

手机App
Application

图20　手机App

除了观众自带的手机终端外，自助导览服务系统支持来馆观众自助租赁终端设备、自主选择设备类型及语种和内容版本（见图21）。智慧导览机功能涵盖导览、讲解、AR互动展示等，最大程度扩大观众在博物馆参观自由度。不用联网，不用流量，不占用观众的手机，像AR等这种高资料量的内容到手既得，无须下载。

图21　自助导览服务系统

（五）导览展教系统

“博物馆文化讲堂”也引入专业智能教学终端，支持内外网数据传输，内含丰富的科普知识，运用智能化教学新手段进行科普教育。见图22。

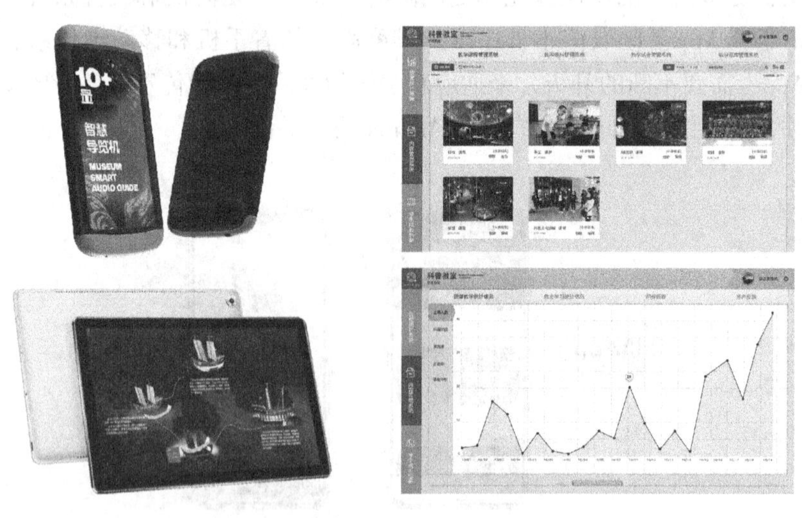

图22　导览展教系统

（六）讲解服务系统

博物馆讲解服务是观众接待服务中的一项重要工作，通过讲解服务系统能够为观众提供全流程一体化的讲解服务，在参观前、中、后三个阶段，为观众、讲解员与管理员三类群体提供对应的功能，使讲解服务更为人性化、智能化。见图23。

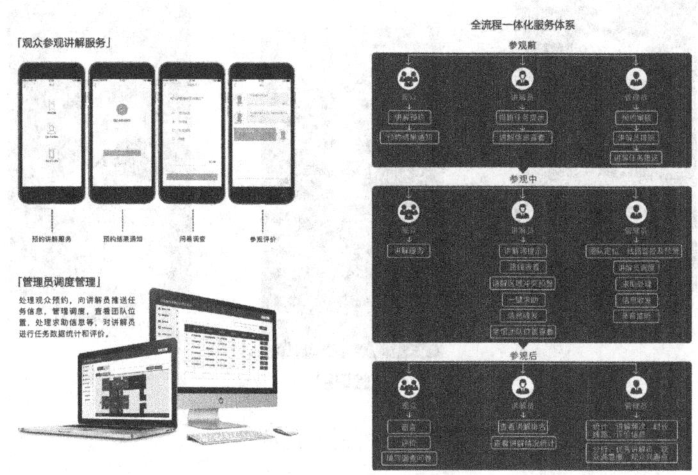

图23　讲解服务系统

（七）智能互动

智能互动系统依托于人工智能、虚拟技术、体感互动、定位感知等技术手段，将博物馆、观众相关的抽象数据具象化，通过可感知、易理解、可传播的形式展示给观众，使观众获得有趣的互动体验。见图24。

图24　智能互动系统

智能导视屏，支持通过人脸识别观众身份，登录会员系统，实现场馆导览、在线购票等功能。同时，支持路线推送到智能移动终端，轻松指引，便捷携带。见图25。

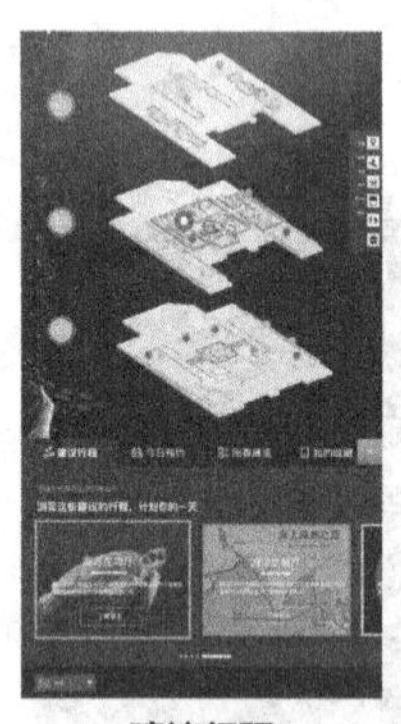

图25　智能导视屏

智能机器人通过智能感知、人机交互和安全控制，可以完成迎宾接待，带领观众参观博物馆，规定场景、规定内容与观众进行互动等，让人们获得耳目一新的参观体验。见图26。

图26　人工智能服务

（八）社教服务

社教服务平台为观众提供博物馆活动、课程、培训班信息展示，内容学习服务以及容回顾、成果反馈等，更好发挥博物馆的社会教育职能。见图27。

图27　社教服务平台

五、数据驱动的观众服务

博物馆本身便是一个给人们提供知识、教育的场所，其受到数据应用的影响是比较大的。怎样在数据中得到有用的信息，并对这些数据进行充分的利用，从而给人们提供更好的服务，这也是在新的时代博物馆想要更好发展的重点。大数据的意义不是掌握大数据信息，而是专业处理这些有意义的数据。数据挖掘工作的意义就在于从沉寂、纷繁杂乱的数据中挖掘观众的行为和偏好，预测受众的未来需求，为优化调整服务，以满足观众的需求和期待。数字服务系统通过各种终端平台获取的原始数据、用户自生成数据、主动数据、被动数据等，源源不断地汇入到智慧博物馆的后台数据中枢。

（一）观众服务数据的来源和特点

博物馆中观众服务种类多样、场景众多，观众数据来源非常庞大，一般来说可以分为五大类，分别是人为数据—观众主动数据、人为数据—观众被动数据、机器和传感器数据、与观众相关的外部互联网数据和AI多模式感知数据。

1. 观众主动数据

观众主动数据，指观众自主行为产生的数据。以博物馆观众智慧服务系统应用场景为例。观众在电脑端、手机端预约基本展览门票、社教活动等的预留信息。会员、志愿者招募填报信息。出示预约二维码、身份证验证、刷脸入馆，智能闸机采集到的观众身份特征信息；租用导览终端时的手机支付信息；互动大屏现场实时留言信息；人脸识别登录导视屏，查询修改个人收藏，变更影厅社教活动场次，修改活动预约，文创产品订购，等等。见图28。

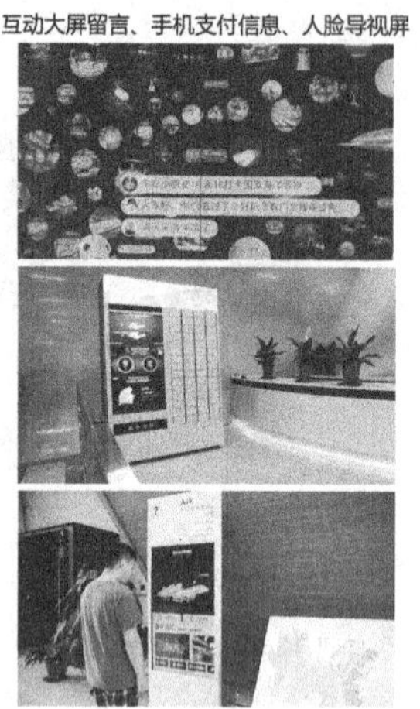

图28　观众主动数据

2. 观众被动数据

观众被动数据，指观众在参观体验过程中无感知自动生成的数据，包括博物馆微信、网站、头条号、小程序等融媒体平台的点击浏览、阅读习惯；观众点触导视互动屏查询展厅、展品及服务设施，智能语音交互问答，地图指引导航过程中采集到的信息；观众使用手机App、小程序、专用导览硬件终端参观游览过程中获取到的位置、轨迹、收听时长、停留时间等信息；观众跟随团队讲解服务时，行进轨迹，和讲解员的提问互动，对讲解服务的评价；等等。几乎观众每一次和信息化系统的功能交互都能够留下数据痕迹，而结合用户系统、会员系统以及越来越普及的人脸识别、人工智能技术，又可以将这些数据和观众个体关联。见图29。

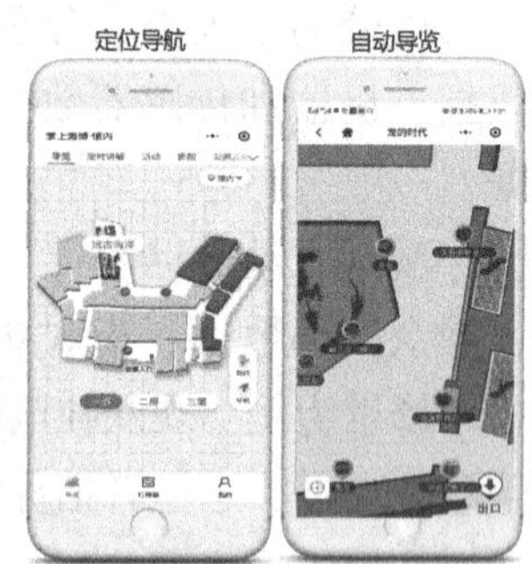

图29　观众被动数据

3. 机器和传感器数据

机器和传感器数据，也是观众服务数据的重要来源。像是建筑智能化系统提供的数据，观众参观区的用水、用电、能耗，光照，甚至是洗手间的占用情况；公共空间和展厅的环境温湿度；基于机器视觉和无线电探测的智能客流统计传感器矩阵，采集到的实时观众客流量和聚集度，等等。见图30。

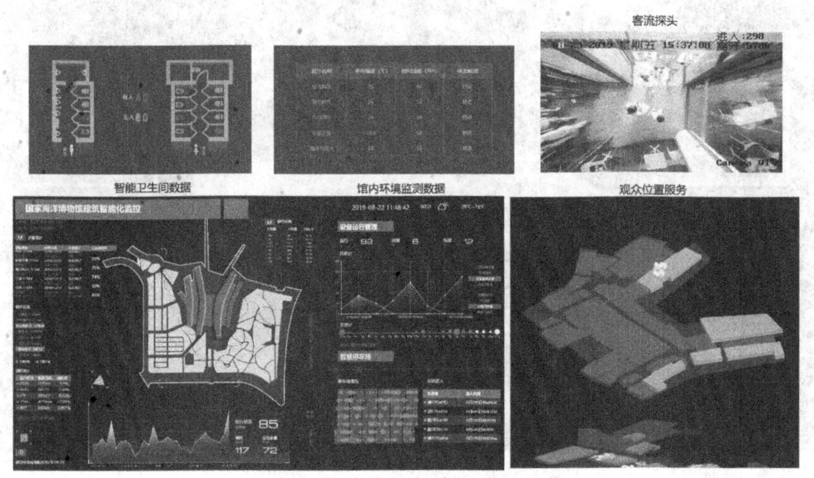

图30　机器和传感器数据

4. 外部数据

与观众相关的外部数据来源于国家权威机构和第三方平台。例如未来几天内的天气预报，市内及周边高速路网来馆的交通信息、出行数据，融媒体平台舆情分析、热门词云数等数据。见图31。

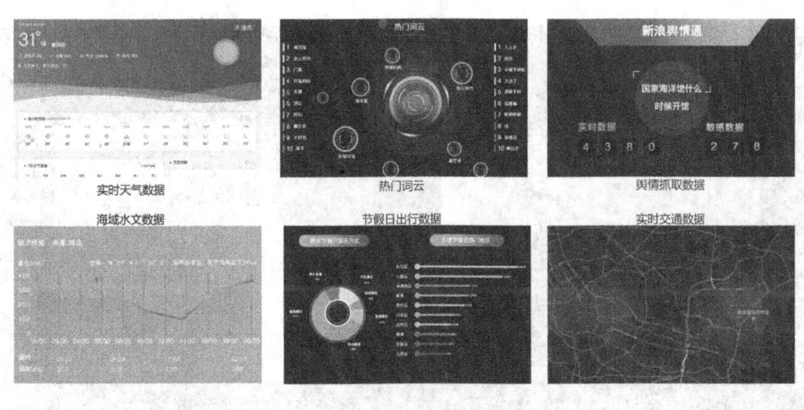

图31　外部数据

5. 人工智能多模式感知数据

通过在场馆内特定监控点布置无线探测器和智能摄像头，对观众本体行为等基础数据进行感知。这里人工智能感知技术举两个例子：一是基于视觉识别的智能感知，包括：观众参观行为、情绪视觉识别感知，观众参观安全视觉识别感知和观众人形视觉识别感知；二是观众携带电子设备无线频谱特征感知。见图32。

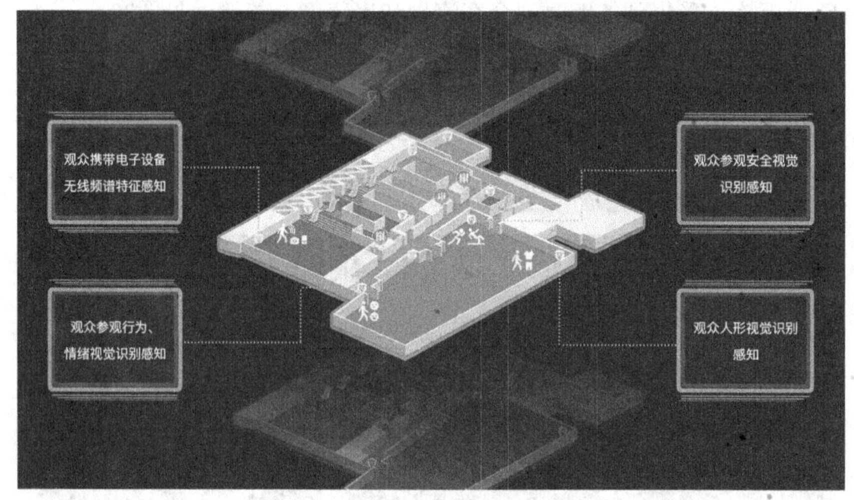

图32　人工智能多模式感知数据

基于人工智能视觉识别的智能感知，通过使用智能型摄像头集成智能分析加速引擎，实时采集图像，运行AI算法。感知内容包括：观众个体数据和事件数据；个体数据包括：观众的年龄、性别、表情、情绪、衣着特征、配饰等；事件数据包括：参观路径、停留时间，以及奔跑、倒地等异常行为。见图33。

图33　人工智能多模式感知数据

有个体的感知后，当然也可以做群体的视觉感知。比如，观众群体属性分析：可以采集、聚类每位观众的数据，包括年龄、性别、到访频次、停留时长、表情等；可以进行人群热力分析：在博物馆特定区域，实时生成人群热力图，提醒馆方给予及时的分流措施，有效预防观展人员数量太多引起的安全事件；支持3D高精定位与轨迹跟踪：将人体坐标实时转换为地图坐标，并通过多路视频帧同步融合，提高定位的精度，在地图上重建观众行走的轨迹；进行观众兴趣偏好分析：感知观众对展项的观看行为，统计观众对展项的观看次数与时长。见图34。

图34　基于视觉识别的智能感知

AI还可实现对观众携带的电子设备的无线频谱特征进行感知（见图35）。观众携带电子设备的无线频谱特征感知，是指利用智能无线射频信号检测技术，从时域和频域入手，探测可见光视觉外的无线信号，为馆方增加“第三只眼”。比如通过无线电信号特征分析，能够判断出观众携带移动电子设备的类型、数量和工作状态，聚集状态。判断出残障人士电动轮椅位置，检测照相机上大功率闪光灯的工作特征，判断、定位是不是有观众在用大型相机的闪光灯拍摄光照敏感的画作、有机质文物，等等。

在无线检测技术的基础上，可以智能分析出特定区域内的射频功率谱密度图，分析区域观众密度、活动参与度等（见图36），进而可以掌握观众周围电磁环境，提升频谱利用效率，让观众在使用射频联网类备时互不影响，优化提升观众的参观体验。无线射频检测识别分析技术，可以让我们在可见光波段之外也能够看到观众的行为和需求。

图35　观众携带电子设备无线频谱特征感知

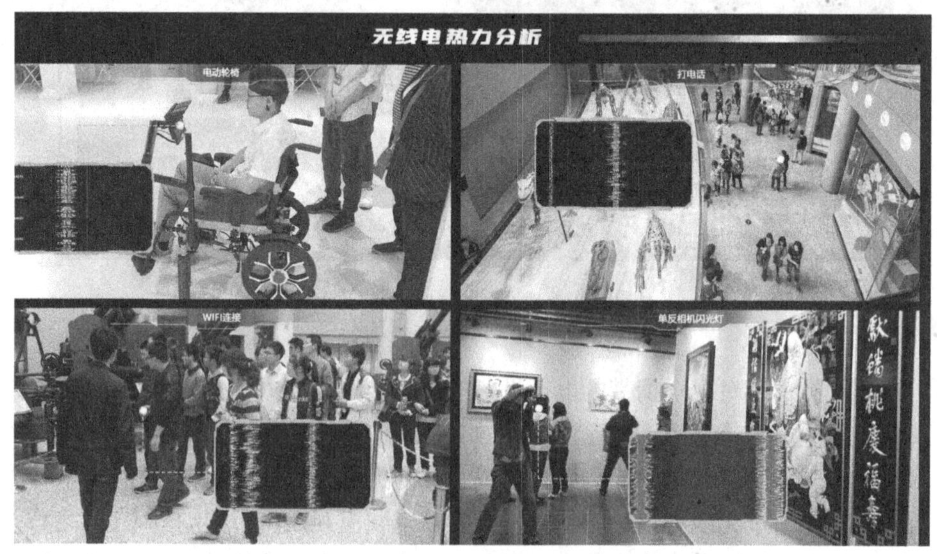

图36　无线电热力分析

后续的太赫兹探测感知也在发展中，太赫兹（THz）波是指频率在0.1~10 THz范围内的电磁波，介于毫米波和红外光波之间，在探测感知应用上有非常优异的特性，未来的电磁波段感知技术将更便捷、更精确。

6. 隐私保护与数据安全

数据安全、合法，保护观众的数据隐私，保护关键文物数据安全，是大数据工作的底线和红线。国家对于数据安全和隐私方面颁布了多部法律法规，也提升到了前所未有的重视程度。在隐私保护和数据安全方面，不仅要依靠法律和技术手段保障数据安全合规，还需要从大数据使用透明化、个人自律与行业自律建设、培养良好的数据隐私道德观方面着手。加强文物数据、服务数据在采集、存储、应用和开放等环节的安全保护，加强文化数据在公开共享等环节的安全评估与保护。

（二）以观众行为分析为导向的数据结构

在博物馆细分领域中，针对文物和观众服务大数据体系遇到的突出问题是数据来源众多，类别多样，如何进行数据采集加工、统一化管理和分析利用是一个难题，因此数据的分类和数据库设计尤为重要。

以观众智慧服务与管理系统为例，它包含了多个子系统。这些子系统包含着庞大的数据种类，针对梳理出来的大量元数据，从数据的存储、归类以及应用角度，按照具体的业务划分数据库的分类存储架构，包含了智能检测数据、观众的服务数据、展览展品数据、文物内容资源数据、工作管理数据以及第三方的采集数据等。

同时，需要对系统的数据架构进行全面设计和规划。在数据源区，也就是数据的产生源头进行了分类规划。在数据的采集、处理、加工以及存储管理区，针对不同的数据类型、存储类型、访问频率、同步架构设计，从数据的集成操作、数据交换到数据存储、数据准备以及数据加工和数据管理等方面，采用并行计算、数据挖掘清洗以及数据中台等技术手段对数据进行有效加工和处理。以数据驱动为导向，为实现对公众需求的预测分析及决策管理，提供技术支撑。见图37和图38。

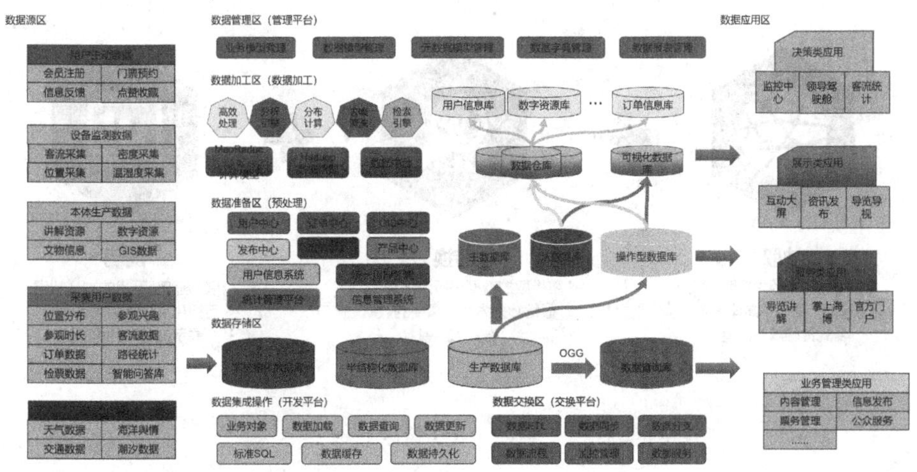

图37　数据资源平台架构

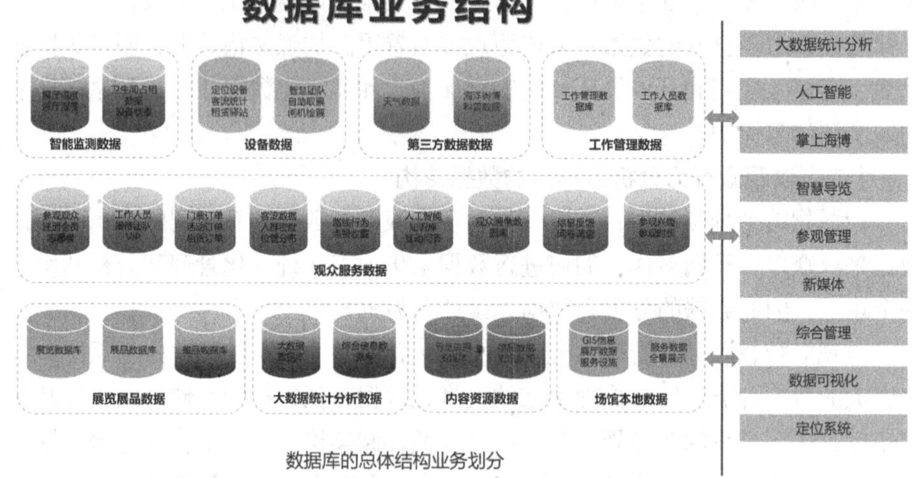

图38　数据库业务架构

（三）观众服务数据分析与数据驱动

管理好数据，并不仅仅是管理好数据库。数据的质量不仅仅取决于它本身，更取决于它的用途。观众的智慧服务数据来源于多个场景、多个子系统，为把这些零散的数据汇聚分析，建立面向业务需求的数据分析ETL（Extraction–Transformation–Loading，抽取—转换—加载）模型。将不同子系统的数据组合统一分析。见图39。

图39　ETL模型

通过对博物馆内信息发布数据、场馆服务数据、数据可视化等数据进行简单可视化展示，即可为到馆观众及馆方的工作人员提供服务。例如在观众入馆通道信息发布屏上，实时显示当天预约观众数量，实时入馆观众数量，在馆观众数量，安检入馆速度，排队等候时间等。在智慧服务前台信息发布屏上实时显示3D影厅影讯场次，门票销售余票情况，活动预约剩余情况，方便观众合理安排参观和活动时间；在公共空间信息发布屏上显示各展厅的实时客流密度，拥挤情况，并同步推送到手机App、小程序地图，方便观众错峰参观合理安排路线；大型互动屏也可以切换成数据可视化模式，为专业观众展示博物馆运行数据；面向管理人员的数据可视化内容则更加丰富。例如，馆内管理人员展示的数据：客流管理、观众参观管理、观众信息汇总、数字内容管理数据可视化都更加精细。一些不便对外展示的如销售财务数据，观众的批评意见也都会显示。

在文物数据展示方面，文物展品数据以三维模型和数据图表相结合的形式活化呈现，重点展示与展品相关的讲解情况、观众喜爱度和观众利用设备收听讲解的情况。综合这些可视化数据，可以掌握热门展品排行榜、讲解设备使用情况等信息，为博物馆精细化管理提供数据支撑。

与客流统计系统相结合，实时观众密度统计可以通过广播通知相关工作人员在数据超限之前就进入展厅进行疏导，防止展厅内因客流密度过大造成一些不必要的安全隐患，确保观众能够一直处在一个相对舒适的参观环境。

结合智慧服务综合管理平台、人脸识别技术和电子围栏技术，分别实现对各监控点位的视频图像采集工作，分析观众的异常行为，包括坐下、躺倒、逆行、穿越围栏等，及时掌握异常行为，方便馆方管理人员对不文明行为进行制止和处理。实现“报警—联动—识别—上报—处理”闭环处置流程，为博物馆内观众的安全提供服务。

扩展到博物馆展厅中的数据，通过分析展厅内观众分布热力图与展厅现有的讲解点位进行对比，可以协助馆内工作人员发现前期讲解点位的设计中可能存在一些问题。通过对这些可视化数据的分析，得知馆内再次调整讲解内容时，还需要进一步增减调整点位。

人工智能多模式感知应用于观众服务，贯穿参观全流程。观众来馆前，基于观众位置的智能感知为观众推荐来馆路线。参观中，提供智慧讲解、优化网路环境、移动应用、服务设施查询。离馆后，可以通过移动应用（微信公众号、小程序等）向观众推送个性化的个人参观报告，向观众展示本次参观的参观内容、兴趣分布、参观路线等信息，提升观众的观后体验。见图40。

图40　人工智能多模式感知与观众服务

更进一步，通过手机、导览终端内置的加速度、地磁、陀螺仪传感器对观众驻足时间，步行速度，身体敏捷度，以及分时段讲解数据的统计分析，可以基于统计学的获取观众喜好和注意力、疲劳度数据，生成观众情绪曲线（见图41），为馆内讲解点布局调整优化、文物活化展示内容的设置，甚至休息区合理规划，提供更多的数据指导。

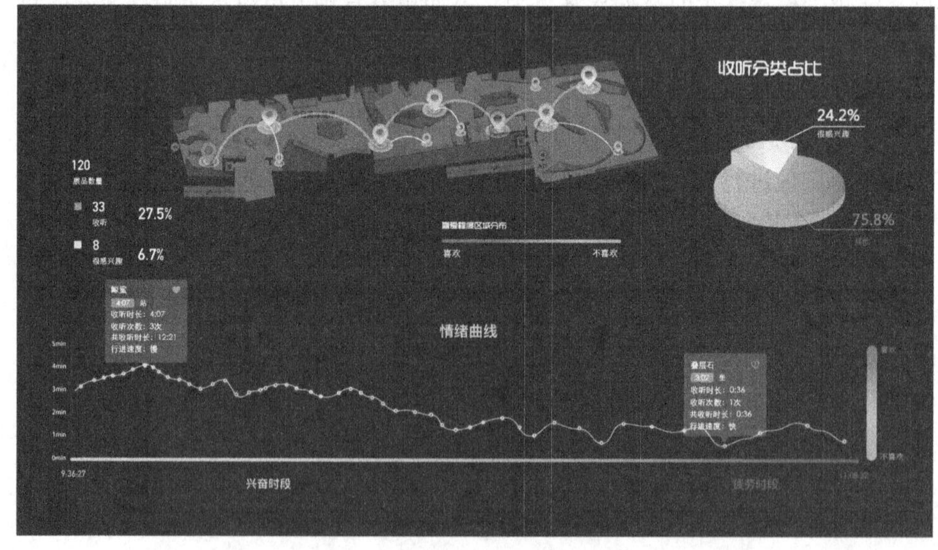

图41　观众情绪曲线

再把视野从博物馆拓展到城市级别，分析节假日和当地天气对观众来馆行程安排的影响，进行模型预测，馆方提前参考预测结果对放票量进行调配，同时可将爽约的票量释放给现场没提前预约的观众，合理、充分利用公共资源。见图42。

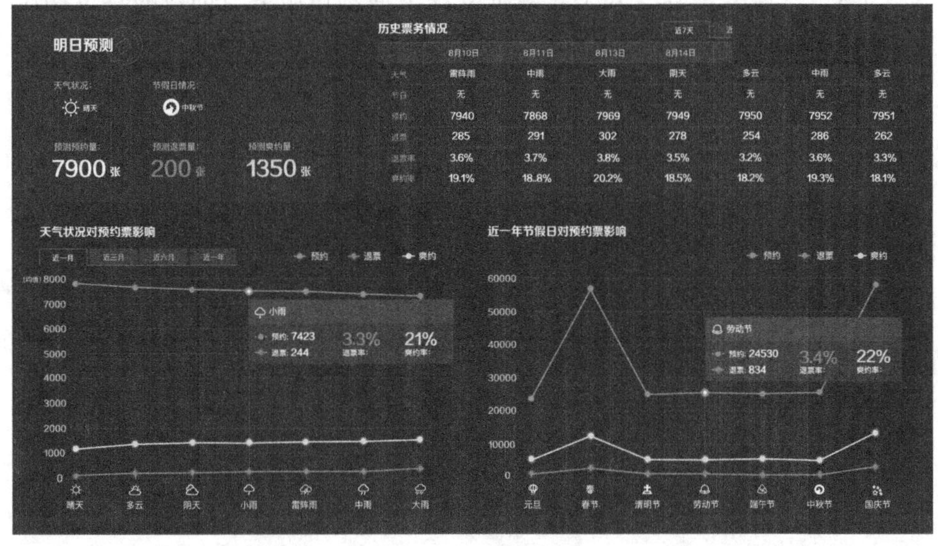

图42　票量动态调整

六、总结展望

文旅部等六部门联合印发《关于促进文化和科技深度融合的指导意见》，指出要贯彻国家大数据战略，加强顶层设计，加快国家文化大数据体系建设。依托现有工作基础，对各类藏品数据，分门别类标注中华民族文化基因。建设物理分散、逻辑集中、政企互通、事企互联、数据共享、安全可信的文化大数据体系。在信息技术的帮助下，在大数据的驱动下，让观众在参观的同时对中华文化“入眼、入脑、入心”。同时数据的驱动让博物馆有记忆、可进化，通过数据分析结果来指导博物馆工作的开展，实现向更高层面的提升发展，这是智慧博物馆自我更新、自我提升在数字化展示服务这条线上的具体体现。

参考文献

［1］王春法．关于智慧博物馆建设的若干思考［J］．博物馆管理，2020（3）：5.

［2］朱仲华，郭云菁．浅谈AR技术在智慧博物馆中的应用［J］．文博学刊，2018（3）：67.

［3］李云鹏．近七十年来中国博物馆教育研究述评［J］．安阳工学院学报，2010（5）．

［4］杨丹丹．“互联网+博物馆教育”的新思考［J］．东南文化，2017（5）：119.

［5］李冰，辛春．基于大数据支撑下博物馆服务与创新的建设探讨［J］.佳木斯职业学院学报，2018（5）：444.

实践篇

天津国家海洋博物馆场馆的智慧化应用

黄克力*

国家海洋博物馆是经国家发展改革委正式批复的国家重大项目，坐落于天津滨海新区中新生态城滨海旅游区域，由自然资源部与天津市人民政府共建，定位为集收藏、展示、研究、教育于一身的我国唯一国家级综合性海洋博物馆。国家海洋博物馆以“增强全民族海洋意识、开展海洋研究、普及海洋知识”为办馆宗旨，努力在推动全社会进一步关心海洋、认识海洋、经略海洋，加快推进海洋强国建设，充分发挥博物馆作为社会性公共文化教育机构的作用。国家海洋博物馆作为第一座与海洋大国地位相匹配的综合性国家海洋博物馆，在中国海洋事业发展史上具有里程碑意义。

国家海洋博物馆智慧博物馆管理和应用项目建设与场馆定位、服务能力相匹配的软硬件服务与管理系统，具备与“互联网+”、智慧博物馆体系建设、物联网、人工智能等最新科学技术相结合的服务管理系统。在实体展品传统展示方式的基础上，通过数字化技术补充、扩展展品背后的故事，给观众带来了传统展览做不到的虚实结合的展示体验。国家海洋博物馆借助服务大数据系统，通过分析用户访问的数量、时间、兴趣点，总结出观众的参观喜好，为今后的展览规划提供依据，有利于对不同数字化展示程序进行智慧优化，并实现馆外展区与馆内展厅、博物馆观众与工作人员、人与物之间的智能化管理，构

* 黄克力：天津国家海洋博物馆党组书记、馆长。
支持单位：天津恒达文博科技股份有限公司。

建智慧博物馆体系。

一、研发背景与目标

国家海洋博物馆智慧博物馆管理和应用系统建设充分立足于国家海洋博物馆现状及现有资源，符合国家海洋博物馆自身定位和特点，面向广大参观散客观众、各种规模团队观众，应用“互联网+”思维模式，提供包含线上新媒体资讯宣传服务、到馆线下服务平台、全流程参观服务等一系列完善、优质的观众参观接待服务体系及配套导览展示内容资源，同时，为国家海洋博物馆管理人员提供配套便捷、高效的综合业务平台功能体系。系统设计具备明确的设计主旨，注重应用细节，切实考虑各个环节的实用性和落地性。智慧博物馆系统的建设着眼于国家海洋博物馆整体的智慧化建设目标，系统设计架构充分结合当前国家海洋博物馆建设基础，符合稳定性、先进性、可扩展性等各方面要求，通过后期的持续建设和扩展，保证国家海洋博物馆智慧化建设的先进、成熟、实用和可持续发展。

国家海洋博物馆场馆智慧化在建设过程中，一直秉承以人为本的建设理念，功能设计、功能升级、生成的系统数据等都围绕着更好的为观众服务展开，根据观众的使用反馈不断对智慧系统进行优化升级，最终实现博物馆智慧化在观众参观体验中的无处不在。

二、服务对象

（一）观众

国家海洋博物馆是中国首座国家级、综合性、公益性的海洋博物馆，吸引了国内外参观、学习、科研、娱乐等不同需求的观众，也包括其他以海洋作为主题的博物馆、海底世界、海洋乐园等的领导及工作人员，根据需求的不同提供给观众的服务重点必须各有侧重。智慧博物馆管理和应用系统的建设帮助国家海洋博物馆梳理自身资料体系，整合馆内各项资源，为不同需求的观众提供对应的服务，也可与来馆的专业人员进行交流，通过互相了解来参考借鉴国内外同类场馆的开馆经验，为国家海洋博物馆自身所用。

（二）馆内工作人员

博物馆管理工作人员，主要负责日常的维护管理工作，包括展览、宣教、设备管理等，具有专业文博行业知识，了解信息化平台管理工作流程，对网络媒体信息热点有着较高的敏锐度，了解不同用户群体专业行业知识的不同需求。智慧博物馆管理和应用系统满足了不同层面的使用要求，成为博物馆日常管理不可或缺的部分。具体而言，有三大类人员群体：

1. 基层管理工作人员

国家海洋博物馆建成开馆之后，迎接大量的观众前往博物馆参观，在管理人员数量有限的条件下需要尽可能地为来馆观众提供周到细致的服务，因此对基层管理工作人员提出了很高的要求。智慧博物馆管理和应用系统针对管理各环节开发了对应功能模块，在不增加劳动强度的基础之上，实现高效的对人、设备的管理，满足观众在展厅内参观时产生的各项服务需求，提高了服务管理效率，为管理工作人员提供了可靠的助力。

2. 高级别管理人员

国家文物局对于博物馆运行评估有着详细的标准体系，要求博物馆在内部管理方面具有较高的水平。国家海洋博物馆未来的发展预期即是国家一级博物馆和国家级旅游名胜景区，这就对博物馆高级别管理人员有着较高的要求，注重场馆管理水平的提高和业务能力的跨越式发展，重视数据在考核与场馆工作中的重要作用，智慧博物馆管理和应用系统可以提供第一手的专业数据，包括观众的数据、工作的数据，等等，为高级别管理人员的决策提供可靠的数据支持。

3. 志愿者

场馆志愿者能够通过智慧博物馆系统快速地为来馆观众提供专业的场馆服务，能够快速响应观众在展厅内产生的多种服务需求。

（三）政府部门用户

智慧博物馆管理和应用系统可为政府部门与其他用户提供实时、精确的旅游行业相关数据，通过数据统计和智能分析，实现对博物馆的智能化、精细化管理；通过对观众信用的评估、对服务企业的评价或评级，加强行业监管水平；通过旅游信息共享和应用协同，有效配置资源，提供快速响应和应急管理能力；通过数据挖掘，对旅游资源保护、产品定价和旅游行业政策进行模拟测试，实现旅游管理的科学决策。

三、应用技术

（一）同架构混合云技术

采用同架构混合云技术实现私有云和专有云之间的灵活调度，满足国家海洋博物馆业务对于稳定运行和敏捷创新的共同诉求，利用同架构混合云可天然屏蔽不同平台功能的差异，实现对馆内系统的统一规划与管控，提高资源调配能力；同架构体系底层平台资源完全一致，可灵活实现资源在云上云下的平滑迁移和扩容；利用同架构混合云平台自带容灾解决方案大幅度降低容灾成本。

（二）人工智能技术

以人工智能技术为支撑，贯穿整个国家海洋博物馆管理和应用系统建设体系。例如，智慧交互大屏的留言审核采用AI图片审核、文本审核，智能识别不良信息，解放审核人力，增强了观众与大屏留言互动体验；在智能导览导视系统中接入了语音识别、人脸识别AI技术，为参观观众带来更好的服务便利性；以图搜图为“掌上海博”小程序赋能，提高观众交互趣味性，在智慧考勤管理系统中，采用AI人脸识别打卡来记录员工的考勤记录。

（三）智慧拼接大屏互动展示技术

利用智慧拼接大屏互动展示技术实现了博物馆多媒体拼接屏交互展示系统，将多个高清屏幕上内容显示拼接一体化、点对点满分辨率显示，多个观众可在互动屏上同时触摸，互相不干扰，同时，可保证响应速度的及时性，应用软件支持大屏动态场景自动切换，以全屏的方式展示海洋博物馆馆藏展品的图文介绍、三维模型、延展视频故事介绍，系统可配置全屏丰富的更替切换动效，支持主题模式自动切换功能。

（四）融合室内定位技术

海洋博物馆建设了融合邻近定位、PDR（Pedestrian Dead Reckoning，行人航迹推算）等多种算法以及智能分析滤波的室内定位引擎系统，为“掌上海博”小程序提供导览、导视、导航服务，观众可用小程序实时查看当前所在的位置和周边的展品，馆内工作人员可实时查看馆内在线人数和终端用户人数分布、位置的查看功能；通过定位引擎的建立，为大屏与小屏提供导览互动的可能，观众在国家海洋博物馆任意一个导视屏上感兴趣的展品、展厅，只要通过手机扫描屏幕二维码，即可生成基于当前所在位置的最优导航路线，导引观众到达预设的目的地。

四、信息化架构

国家海洋博物馆智慧博物馆建设以新一代信息技术为支撑，构建贯穿整个国家海洋博物馆智能服务体系，解决博物馆管理和业务的发展痛点，整体应用架构从下至上分为五个部分，分别为基础环境层、数据层、技术层、业务管理层、服务层，位于架构外围的支撑体系包括安全体系和标准体系。见图1。

（一）基础环境层

基础环境层为国家海洋博物馆信息化建设的基础，包含服务器、网络设施、操作系统、数据库、中间件等系统运行环境，以及基础设施、专业硬件设备、网络设备等系统运行所需要的硬件环境。这些基础软、硬件设备通过网络服务层互通互联，底层基础支撑层构成了博物馆智慧管理及应用服务体系全面透彻感知、宽带泛在互联的物理基础。

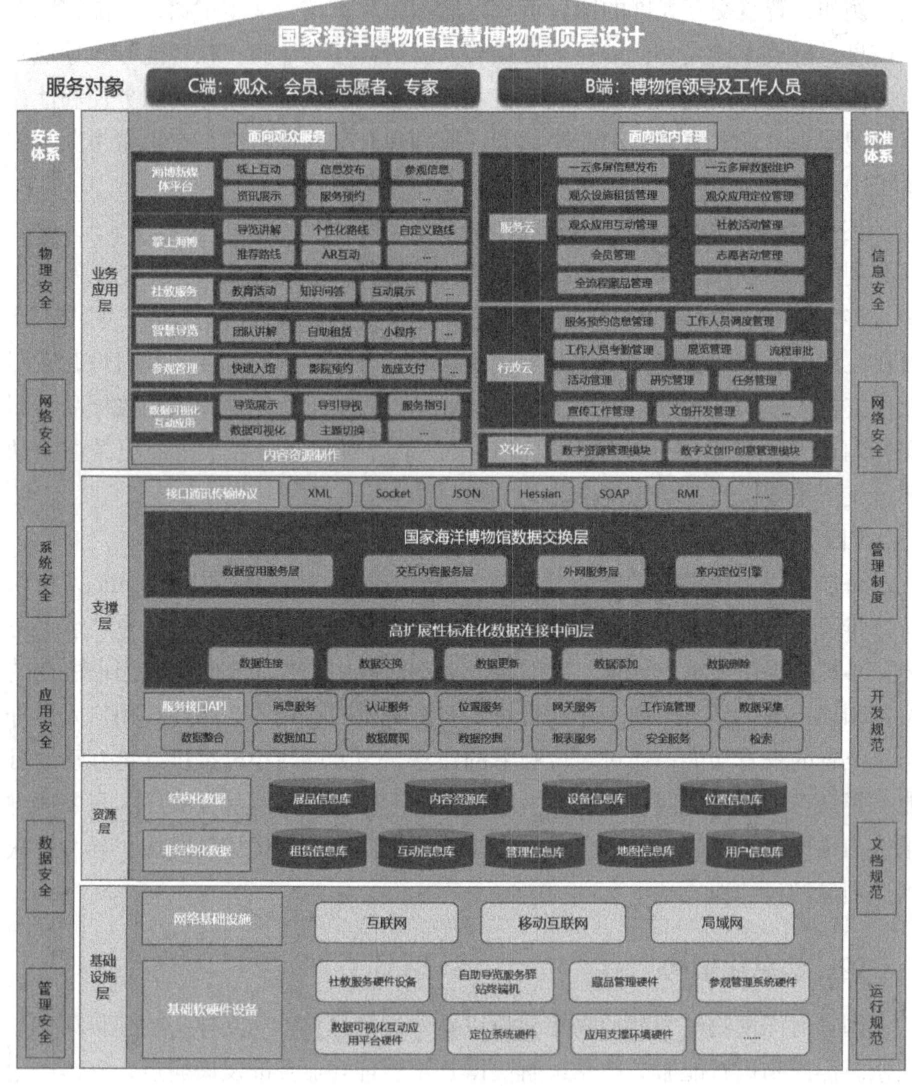

图1 信息化架构

（二）数据层

包括系统运行所需要的所有结构化数据和非结构化数据资源。用于存储、管理、查询和展示的数字化资源，为智慧博物馆提供数据来源。数字化资源提供者将各种可重用的现有信息资源服务化，以标准的方式进行封装，并将其发布到信息资源池中，这一过程可称为资源的“接入”。资源的使用者面向具体数字化应用的需求，通过检索和重用信息资源池中的服务化的资源，这一过程称为“接出”。资源的接入和接出应遵循统一的标准规范，使得所有的资源以一种统一、标准化的方式能够被其他系统模块、外部应用所检索、解析、使用、管理和展示。资源层支撑系统各类应用的核心数据需求，加速各类应用的实现、标准化和互联互通，为系统的快速建设和推广提供强大的支撑保障。

（三）技术层

技术层包括物联网、移动互联网、人工智能、云计算、大数据等，贯穿整个国家海洋博物馆管理和应用系统建设体系，为上层业务管理系统赋予技术的能力底座。

（四）业务管理层

业务管理层与具体博物馆业务密切相关，它通过对服务和管理组件的组合、协同利用，形成具有特定业务特点的功能应用，从而支撑智慧博物馆各种业务的运行。业务应用层实现博物馆内各类服务与管理的应用系统建设。包括服务应用所需要的观众服务业务、文物保护及管理业务、数字资源管理业务、数据可视化展示等应用，满足博物馆智慧化应用业务需要。

（五）服务层

通过业务系统的建设为用户输出的博物馆服务，为博物馆用户提供参观、讲解、展览、社教、预约等多样化的服务，满足大众观展的个性化需求，提高博物馆的满意度和用户黏性。

（六）安全体系

博物馆面临的安全方面的风险随着数据数量和种类的增多而更加复杂。在安全体系建设过程中包括物理、网络、系统、应用、数据和管理等方面的安全问题。

（七）标准体系

系统设计需遵循国家有关法律法规、行业管理条例与标准规范，以及与工程建设相关的项目管理、质量控制、配置管理、文档管理、故障处理、需求变更管理等方面的标准规范，采用各种标准化设备接口和技术方案，建立统一、标准的数据处理和业务应用系统，以满足业务纵向开展、信息横向扩展、宏观管理等应用要求。

五、主要功能

国家海洋博物馆根据场馆定位及建筑特色，建设了能够与之匹配的观众服务系统及馆方管理系统，并从中获取了在观众参观、场馆运行过程中产生的各项数据，进行整合处理，形成国家海洋博物馆服务大数据。

国家海洋博物馆智慧博物馆管理和应用系统建设项目中涉及到的建设内容，按照面向对象可以分为面向观众服务和面向馆内管理两个部分，这两大部分及各自包含的子系统又通过馆内现有及新产生数据的互联互通形成了博物馆整体智慧化。

（一）面向观众服务

1. 门户网站

门户网站作为国家海洋博物馆线上宣传展示门户，为观众提供便捷、泛在化的网络服务入口，使观众能够方便的获得最新的博物馆资讯、选择适合自己的参观方式、预约到馆的讲解服务，收藏和查看感兴趣的栏目话题以及展览展品数字化内容，在参观前后便捷地与博物馆进行在线互动，使观众在参观前能够对海洋博物馆产生参观兴趣、参观后对博物馆保持黏性。见图2。

图2　国家海洋博物馆门户网站

在疫情期间，观众可通过门户网站浏览虚拟全景博物馆，弥补无法亲身来馆参观的遗憾。国家海洋博物馆全景平台在具备传统全景平台切换视角、点击查看热点等功能的基础上，打通线上、线下服务通道，在全景平台上提供预约、导航等服务，使观众在家也能够感受到国家海洋博物馆的智慧化服务。见图3—图5。

图3　全景首页

图4　海博栈道

图5　馆外地图

2. 微信公众平台

微信公众号作为博物馆另一个观众服务入口，打造轻量级应用模式，延伸信息服务门户平台的信息和服务触角，提供线上与线下交叉整合的一体化服务。见图6。

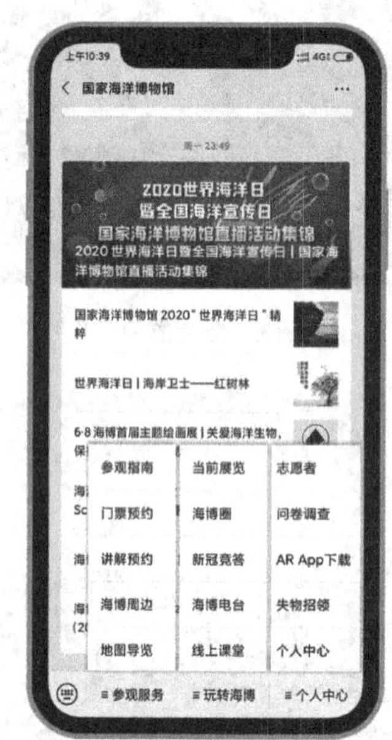

图6　国家海洋博物馆微信公众号

微信公众平台在功能方面侧重于向观众推送相关宣传、服务信息，能够通过微信平台实现服务与宣传效应。微信公众平台作为一种简单快捷、无负担的平台，实现语音讲解，宣传推广的功能。通过建设国家海洋博物馆微信公众平台，通过微信技术手段，能够对用户的爱好进行分析，有针对性地向用户推送信息、提供服务；能够通过微信平台实现服务与宣传效应，提升用户体验满意度，从而形成良好的口碑；通过微信公众号平台建立长期有效的用户发展计划，使自然科学爱好者对该馆长期关注，可以起到巩固核心用户的作用。

国家海洋博物馆微信公众号自动链接“掌上海博”小程序，也可通过用户之间的分享来扩大使用量，无需任何多余的下载和点击关注。“掌上海博”小程序功能方面侧重于全流程的导览服务，具有馆外、周边、馆内三种模式（见图7），可根据观众定位自动切换，并支持手动切换，覆盖观众整个参观流程。不同的模式向观众推送的资讯信息侧重点也有所不同。

（1）馆外模式（见图8）。针对计划来馆参观的观众，小程序为观众提供场馆资讯、来馆交通查询、开闭馆时间、来馆预约、自定义文创、成为会员等功能。观众来馆前可使用“掌上海博”进行来馆预约，进行预约的观众可在线制作国家海洋博物馆数字文创纪念品，并分享至社交平台，邀请自己的亲朋好友一同前往参观。同时，通过“掌上海博”预约来馆的观众可申请成为海博会员，在今后的来馆参观过程中获得更多权益，使参观过程更舒心。

（2）周边模式（见图9）。针对已经来馆但还未进馆的观众，小程序为观众提供停车场位置、入馆须知、当前展览信息、当前影院信息、馆外展区导航等资讯信息。

（3）馆内模式（见图10）。针对已经进入馆内的观众，小程序为观众提供地图导览，观众可先根据自身兴趣进行参观关键词的选择，随后根据观众选择关键词生成导览路线，生成“海洋伙伴”，陪伴观众的整个参观过程。海博的展厅信息、展项信息、定时讲解提示、活动资讯提示、影院影讯、互动内容和虚拟展馆等扩展内容都会在地图导览界面有所体现。

图7　“掌上海博”微信小程序模式选择　　图8　馆外模式

图9　周边模式　　　　图10　馆内模式

3. 导视服务

国家海洋博物馆场馆建筑复杂，展厅众多，为了能使初来博物馆的观众快速了解国家海洋博物馆各展厅、服务设施的位置，分析观众在参观过程中的不同需求，部署多种导视服务终端，有针对性地为观众提供伴随式互动导视服务。见图11—图16。

图11　室外信息发布屏

图12　国家海洋博物馆一层服务台

图13　国家海洋博物馆二层服务台

图14　互动导视屏

图15　多媒体拼接展示互动大屏

图16 “下沉式”交互设计

4. 智慧团队讲解系统

国家海洋博物馆经常接待大量的团队观众，如何保证团队观众获得良好的参观秩序和讲解服务，是博物馆展项导览系统及相关服务建设系统平台建设需要重点考虑的问题。

博物馆基于互联网和移动互联网的技术，建设了智慧团队讲解系统，针对团队参观模式设计，可以实现多个团队同时参观、独立讲解、互不干扰，保证参观环境无噪声、参观团队无滞留。团队参观过程中讲解员使用智慧讲解发射机进行讲解，团队中的每一位观众佩戴耳挂式讲解接收机收听讲解，从而创造一个安静、无干扰的展馆参观环境。

5. 自助导览服务系统

自助导览服务系统是一套由馆方自主运营的，为观众提供参观全流程自助服务的系统。通过在国家海洋博物馆的出入口以及展厅通道衔接处放置自助租赁终端，观众可根据自身讲解需求在参观前和参观过程中随时租赁导览设备（见图17），并在参观结束后在任意一台租赁终端进行设备归还，保证观众在参观过程中临时出现讲解需求也不必特意前往指定位置进行设备租赁，提高观众的参观自由度。

图17　自助导览服务系统终端

6. 增强现实 App——“寻海”

国家海洋博物馆展览线的设计采取“明暗结合”的方式，以基于3D地图的导览、导航为明线，导引观众参观我们的实体展览；以基于手机和专业终端AR技术的虚拟场景为暗线（见图18），在公共空间虚拟出楼层和海洋深度分层相结合的场景。这种统一终端载体虚实、明暗结合的方式，也是展览一大特色。

图18　“寻海”App

7. 亲水平台——馆外展项

国家海洋博物馆一层可通往馆外亲水平台，亲水平台周边投放有海洋气象水文监测站（见图19），监测国家海洋博物馆周边的气象及海洋水文情况，通过5G网络将监测到的数据回传至博物馆后台，通过数据可视化手段，在博物馆二层服务台上方大屏上轮播监测站数据。

图19　海洋气象水文监测站

气象水文监测站的部署晚于国家海洋博物馆智慧博物馆管理和应用系统建成，是海洋利用5G数据传输，实现馆内外展项数据互联互通的良好例证，也为后续亲水平台扩充更多馆外展项验证了已有智慧博物馆后台的可扩展性。见图20。

图20　气象水文综合监测平台数据可视化

8. 社教服务

国家海洋博物馆科普教育区各项活动全面实现线上预约，观众可通过线上对馆内活动项目、课程教室、教室座位进行预约，来馆参加活动时验证预约信息通过教育区入口闸机，并按照预约时选择的教室和座位有序入场（见图21）。科普教育区的预约和活动信息展示，可有效避免活动开始时少年儿童及其陪同家长入场混乱的情况，同时还可通过预约情况采集馆内科普教育的活动数据，实现对馆内科普教育的智慧化管理。见图22。

图21　科普教育区入口闸机

图22　国家海洋博物馆科普教育区

9. 观众辅助服务应用

国家海洋博物馆一层服务台处为观众提供了轮椅租赁服务（见图23），与馆内定位系统应用相结合，便于馆方对服务设施的回收管理。在此基础上，搭配了定位技术的轮椅还可在特殊人群参观行为分析方面发挥作用，观众使用轮椅的参观轨迹、参观时长等数据，都是未来对馆内基础服务设施改进和展陈优化提升的重要参考依据。

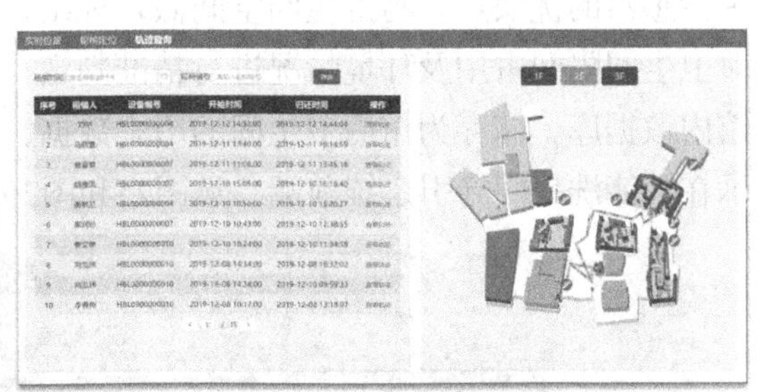

图23　轮椅租赁服务及后台

为能够及时收集到观众反馈的意见，海洋馆在二层服务台部署了观众电子意见簿（见图24），电子意见簿取代原有的纸质意见簿，在观众意见的收集、存储、处理等环节，均采用电子信息化。馆方会对留言意见分类汇总，针对一些需要引起重视的意见，馆方在处理后还会根据观众留言时提交的电话号码进行电话回访，是馆方重视观众参观意见的重点体现。

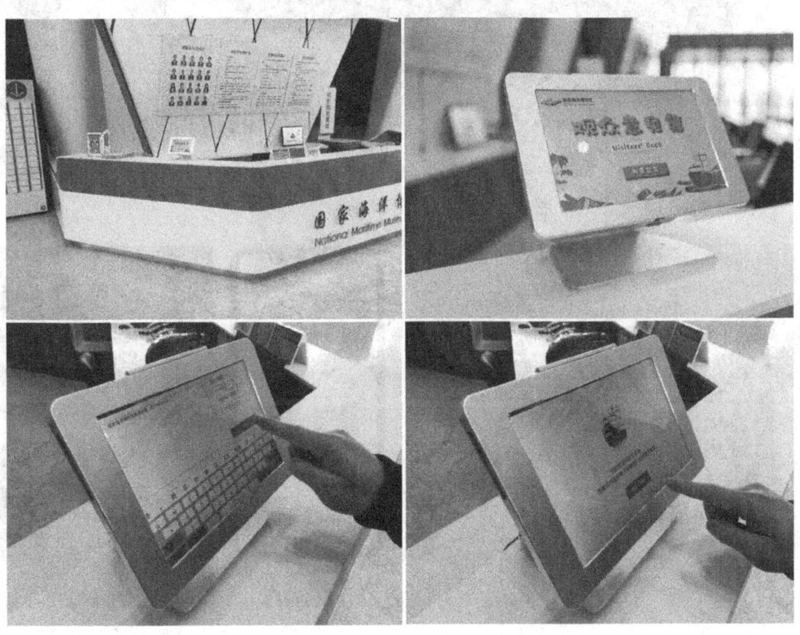

图24　观众电子意见簿

国家海洋博物馆场馆面积庞大，建筑结构复杂，通过智能卫生间的建设为在馆参观观众提供卫生间位置指引，同时提示每个卫生间的使用情况。智能卫生间的实时使用情况将会显示在馆内导视屏上，观众在有需要时可通过导视屏将卫生间导航路线传到手机。

智能卫生间在卫生间隔间里部署红外人体运动传感器、小角度一体化超声波测距、静态微动人体存在感应器、单点测距激光传感器等硬件，深度分析每种传感器的优缺点，与卫生间空间做合理结合，避免出现监测死角，以此实现对卫生间隔间占用及环境情况进行精准判定。传感器监测到的数据信息回传至馆内数据库，储存为馆内卫生间的历史数据，并将实时数据以可视化的形式展示在智能洗手间导引系统前端。见图25和图26。

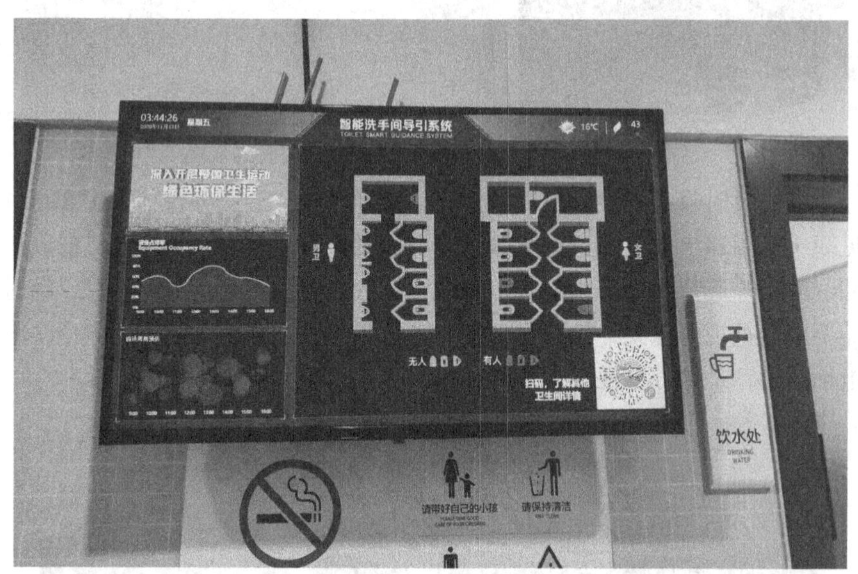

图25　智能卫生间前端展示屏

小程序应用

导视屏应用

图26　智能卫生间数据与馆内导视屏、“掌上海博”小程序数据互通

国家海洋博物馆所有参观服务前端伴随有海博IP（卡通形式的品牌形象）形象。海洋伙伴IP形象是传播海博文化价值最好的载体。IP可统一公众对海博品牌的认知，并且丰富智慧博物馆的功能建设，还可建立统一的品牌形象视觉体系，形成品牌的集群效应。见图27。

图27　IP形象

IP形象充分发挥国家海洋博物馆的公共职能，提升博物馆社会影响力、知名度，美誉度，宣传国家海洋博物馆在海洋文化展示内容中突出的成果，促进我国海洋文化高质量的发展、传播。

（二）面向馆内管理

1. 综合业务平台

包括客流统计系统、数字资源管理系统、志愿者服务管理系统（见图28）、社教活动管理系统等，将国家海洋博物馆整体业务整合成综合平台，使馆内工作人员可通过一个平台访问到各子系统的专门后台，查看、处理业务数据。见图29—图32。

图28　综合业务管理平台

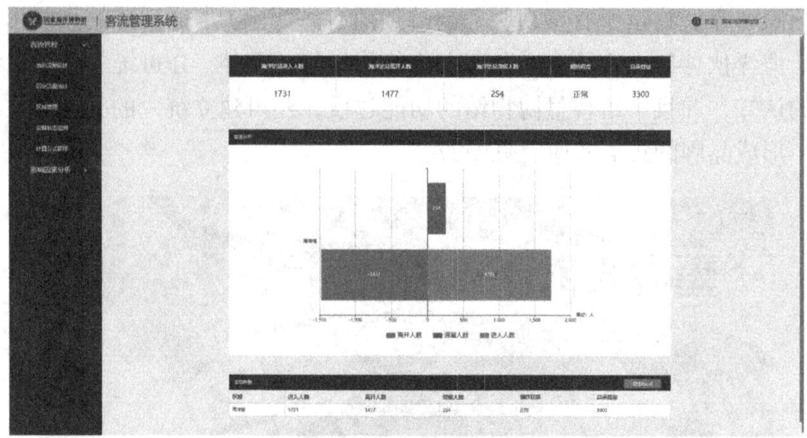

图29　客流统计系统

图30　数字资源管理系统

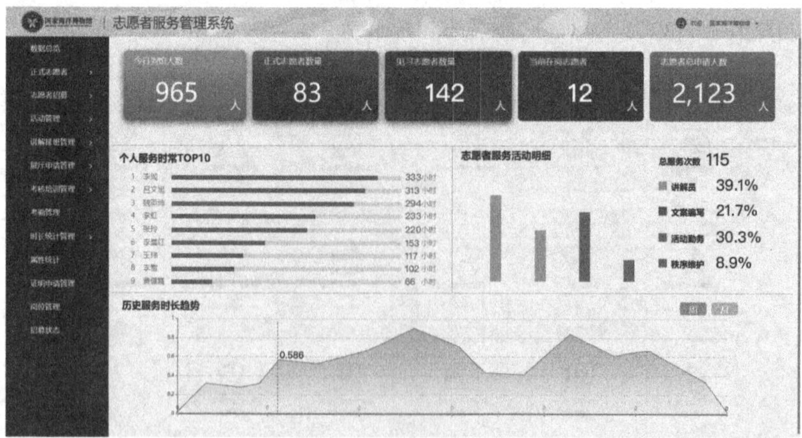

图31　志愿者服务管理系统

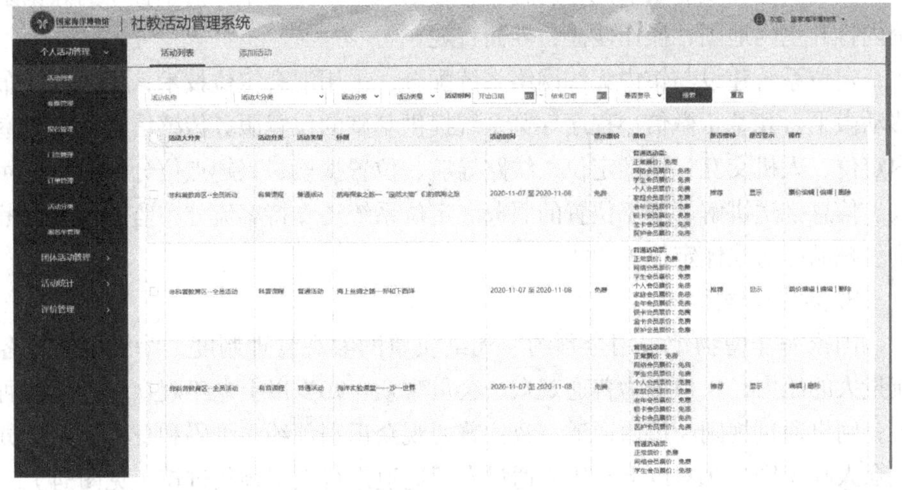

图32　社教活动管理系统

2. 定位系统

定位系统基于馆内布设的无线定位设备，通过识别观众携带的手机，定位引擎通过定位算法和数据逻辑运算分析观众所处的展品位置，实现定位，并向观众的智能手机推送相关的展品图片、语音、文字信息。通过后台的管理软件分析用户行为、访问、热点等统计分析，工作状态监控。见图33。

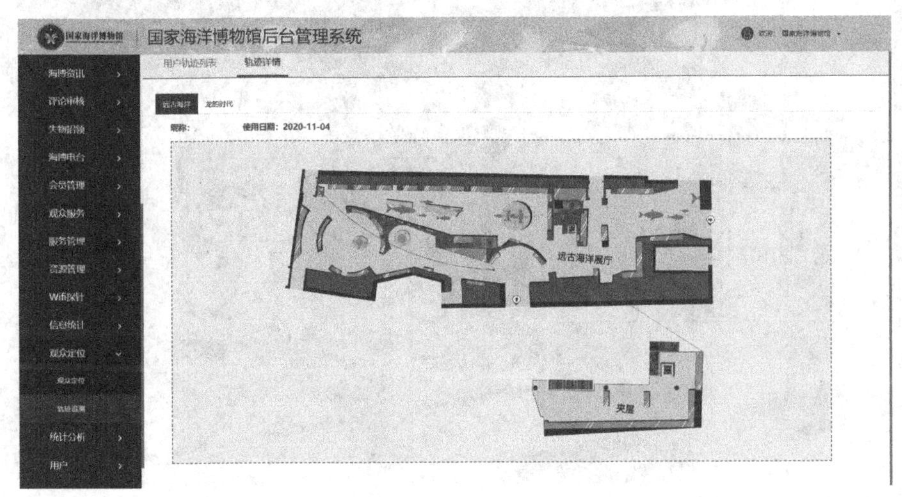

图33　定位系统后台

定位地图引擎支持与观众位置信息实时同步，支持实时定位展现，实时定位在展厅内每个观众的位置。能够搜索到观众想要去的目的地并生成导览线路，实现实时导航。观众能在内容发布移动微平台和基于微信小程序的导览系统内打开室内地图，操作便捷、界面直观。

定位系统建设与馆内无线网络系统配合，采用混合定位技术，为内容发布移动微平台和基于微信小程序导览系统提供基础的位置服务传感信号，提供室内定位、人机交互、精准定位、线路导航、位置搜索、兴趣点位分析、轨迹回收、信息推送讲解等基于位置的服务。定位系统还支持客流分布监测、员工考勤、藏品库房立体定位等功能。

3. 参观管理系统

国家海洋博物馆采用全预约、无纸质票的参观管理制度，为缓解进馆客流量大的压力，入口分为普通观众、会员观众、70岁以上老年观众三种闸机通道，闸机通过规则与馆内通道一致：普通观众识别预约二维码和身份证、会员观众人脸识别、70岁以上老年人通过专门通道进行人工预约进馆（见图34）。国家海洋博物馆在场馆出入口同时部署闸机，统一采集观众的身份证信息、预约二维码信息以及会员观众的人脸信息，以此来统计观众在馆时间，为海洋馆做观众参观行为分析提供数据支撑。见图35。

图34　室内人脸识别闸机

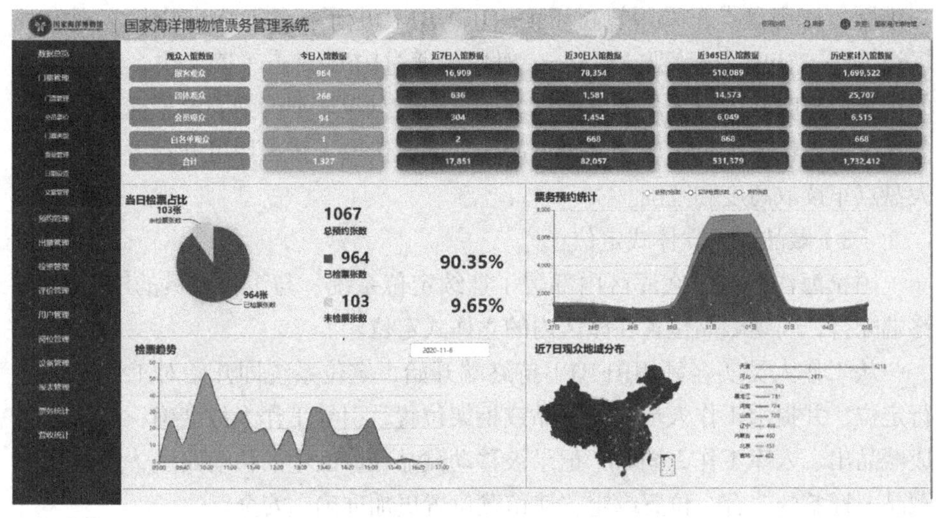

图35　参观管理系统后台

4. 全流程智慧藏品管理系统

藏品是一个博物馆业务活动的基础。国家海洋博物馆全流程智慧藏品管理系统是对海洋馆藏品从征集、管理、出入库管理、库房环境监测等的全方位、全流程的管理，明确馆内每件藏品的属性信息、库房位置、保存环境等，方便库房工作人员查看整理。在这些业务中，国家海洋博物馆全流程藏品管理系统在多个流程环节进行了创新设计，并且实现了对展厅内已上展藏品的盘点管理，真正实现了对全馆藏品的管理。

（1）藏品征集

全流程藏品管理系统在通过门户网站、微信公众号等官方平台发布征集信息外，充分利用网络爬取征集，从互联网上智能抓取关键词，主动为博物馆筛选、提供藏品征集线索，提高博物馆征集藏品的效率和有效性。

（2）RFID库房管理

全流程藏品管理系统在库房管理方面，充分结合RFID（射频识别）技术，将藏品信息写入RFID电子标签，与藏品绑定，制成每件藏品的唯一“身份证件”。国家海洋博物馆藏品种类多样，很多自然类藏品体积很小，为了每件馆藏都能通过电子标签进行管理，特别对RFID电子标签进行了大量定制，同时配合定制后的小型标签信号发射距离短，在RFID手持终端应用的基础上，创新研发了库房盘点车。

RFID手持终端可实现对藏品的出入库管理记录和小范围的库房盘点工作，但面对海洋馆这种定制的小体积标签，难免出现读取困难的情况，针对这一难题，库房盘点车采用超高频（UHF）RFID电子标签对库房物品实现唯一标识编码，让电子标签与物品一一对应。通过RFID盘点车读卡快、吞吐量大的优势，短时间读取更多的电子标签，再通过盘点车把读到的电子标签传到服务器，可以快速批量完成物品盘点操作。同时读取天线采用可升降方式，能增大盘点车读取高度和范围。

（3）藏品库区立体式定位

国家海洋博物馆在库区内部署了连续定位系统，与工作人员的RFID手持终端配合，实现藏品位置在库区内的立体式定位。

从工作人员实名领用RFID手持终端开始，定位系统即开始对工作人员进行定位，并提示工作人员相关藏品或柜架位置，引导工作人员准确、高效地完成藏品出、入库工作，同时，记录被移动藏品在库区中的移动路线，实现人—藏品—标签的三合一位置绑定，使馆藏位置更加准确、安全。

（4）人工智能技术在藏品管理系统中的融合应用

国家海洋博物馆智慧博物馆管理和应用系统中有多个子系统实现了与人工智能的技术融合，这点在藏品管理系统中也有体现。

全流程藏品管理系统借助人工智能技术在图像检索识别方面的应用，通过手持终端拍摄藏品或藏品标签，调取藏品管理后台储存的藏品及其对应标签信息，实现以图搜图的藏品查询功能，对藏品的名称、电子标签编码、藏品类型、所在库位进行调取查用，并能够提示与所查询藏品相似度较高的其他藏品的相关信息。

人工智能技术在藏品管理领域的应用，极大地简化了藏品查询流程，帮助工作人员核实标签与藏品的对应情况，提高藏品管理过程中的工作效率和信息准确性。

通过全流程智慧藏品管理系统的建设，国家海洋博物馆将探索、归纳出一套适用于海洋文化类场馆在藏品管理方面的规则指标，为今后我国建设其他同类型场馆提供参考。

5. 数字资源管理系统

目前大部分博物馆对数字资源的管理是分散的，没有统一的资源管理手段，数字资源的查找和利用非常烦琐，导致资源利用率低下。博物馆数字资源主要包括藏品本体数据、藏品图片数据、藏品语音数据、藏品文字介绍数据、藏品三维数据、新闻通告数据、活动照片等。

国家海洋博物馆建设数字资源管理系统，统一管理馆内所有的相关数字资源，对博物馆藏品信息等数字资源进行统一的采集、存储、检索、使用，对展示内容进行统一编辑、发布，方便在设计展示内容、展陈方案、活动策划方案时，对博物馆藏品数据进行检索和引用。

数字资源管理系统的建设不仅能够方便工作人员查找相关数据，降低工作强度，而且能够有效地保护和利用数字化资源，对数字资源进行精细化管理。同时，由于博物馆数字资源分散在不同的系统中，在设计统一数字化资源管理框架时，要充分考虑对未来新建系统的数据整合，保持博物馆数字资源的统一管理。

6. 员工考勤系统

员工考勤系统包括对员工个人信息管理、考勤管理等，对员工打卡记录、考勤状态、倒休设置等进行记录管理，规范馆内员工出勤管理。见图36。

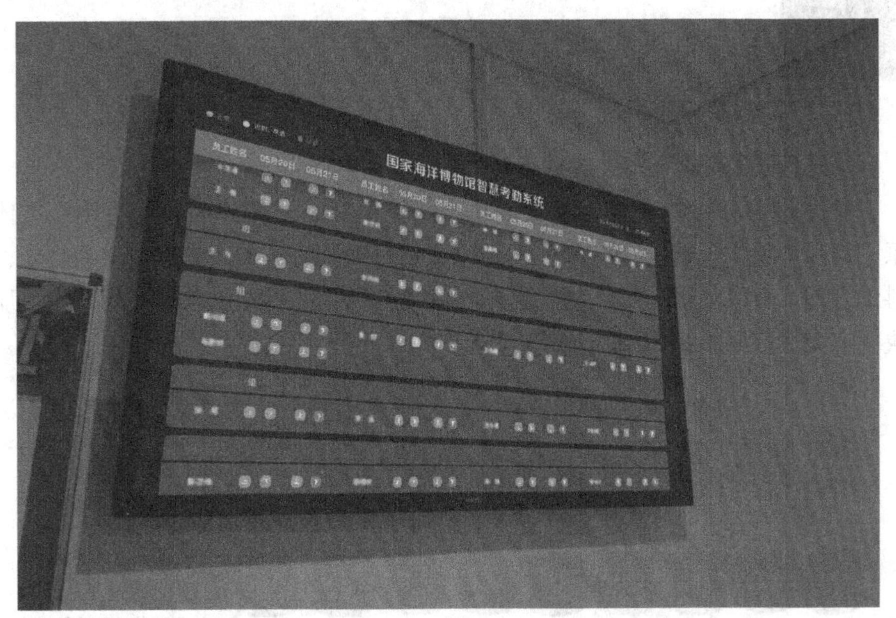

图36　员工考勤系统

员工考勤系统以数据可视化的形式，将原本只能从后台考勤系统中查看到的数据展示到前端，只有管理层能查看的数据变为全馆员工都可查看，从由上而下的考勤要求变为同事间互相监督，加强了博物馆员工的自觉管理意识。

7. 国家一级博物馆运行评估规则指标监控管理平台

国家一级博物馆运行评估规则指标监控管理平台通过对数字运行评估指标模型的设计，及时准确、全面综合地反映国家海洋博物馆观众数据，未来几年将逐步扩展至展馆、展览、展品、微环境、活动、数字人文等层面，为博物馆的可持续发展提供重要依据。见图37。

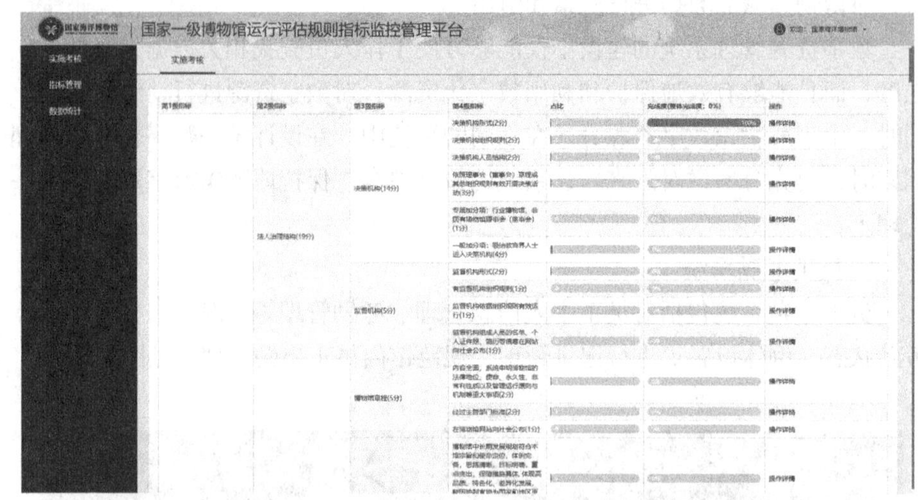

图37　国家一级博物馆运行评估规则指标监控管理平台

（三）海博观众服务大数据平台

通过建设海博观众服务大数据平台（见图38），构建大数据应用生态体系，加强博物馆大数据公共服务支撑，通过对观众服务大数据进行主动收集、科学管理、有效分析，推动博物馆动态的、人性化的观众服务体系的建立，加快国家海洋博物馆智慧博物馆建设进程。

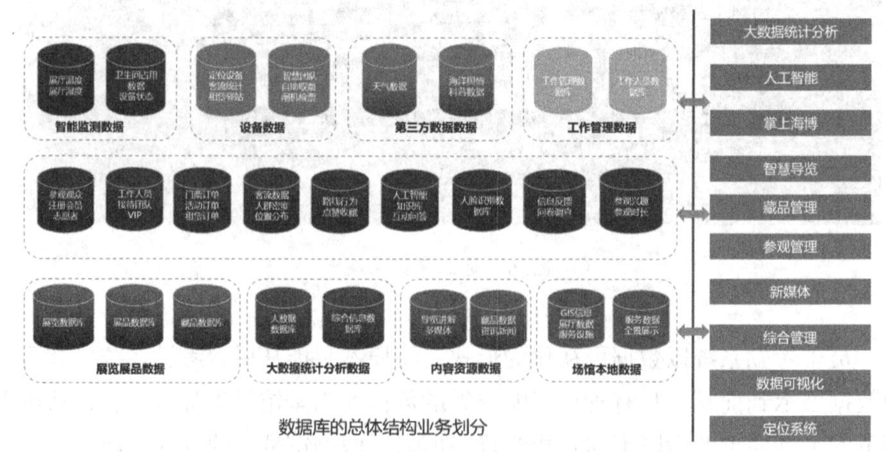

图38　国家海洋博物馆数据库业务结构

1. 国家海洋博物馆观众服务大数据来源

在国家海洋博物馆中，观众服务类产品多样、场景众多，观众数据来源非常庞大。国家海洋博物馆观众服务大数据的来源可以分为四类（见图39）：

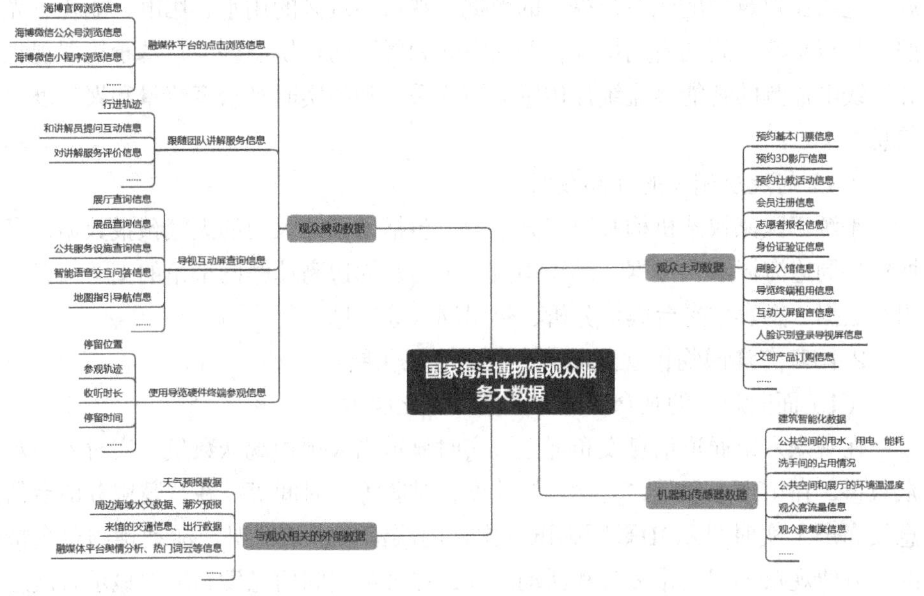

图39　观众服务大数据来源

（1）观众主动数据

指观众自主行为产生的数据，包括：观众在电脑端、手机端预约基本门票、3D影厅、社教活动等的预留信息；会员、志愿者招募填报信息；观众出示预约二维码、身份证验证、刷脸入馆过程中，智能闸机采集到的观众身份特征信息；观众租用导览终端时的手机支付信息；观众在互动大屏现场实时留言信息；观众通过人脸识别登录导视屏，查询修改个人收藏，变更影厅场次，修改活动预约，文创产品订购等信息。

（2）观众被动数据

指观众在参观体验过程中无感知自动生成的数据，包括：博物馆微信、网站、头条号、小程序等融媒体平台的点击浏览、阅读习惯；观众点触导视互动屏查询展厅、展品及服务设施，智能语音交互问答，地图指引导航过程中采集到的信息；观众使用手机App、小程序、专用导览硬件终端参观游览过程中获取到的位置、轨迹、收听时长、停留时间等信息；观众跟随团队讲解服务时，行进轨迹，和讲解员的提问互动，对讲解服务的评价等信息。几乎每一次观众和信息化系统的功能交互都能够留下数据痕迹，结合用户系统、会员系统以及越来越普及的人脸识别，又可以将这些数据和观众个体关联。

（3）机器和传感器数据

指博物馆中机器设备和传感器采集到的数据，也是观众服务数据的重要来源。包括：建筑智能化系统提供的数据，观众参观区的用水、用电、能耗、光照，甚至是洗手间的占用情况；公共空间和展厅的环境温湿度；基于机器视觉和无线电探测的智能客流统计传感器矩阵采集到的实时观众客流量和聚集度等信息。

（4）与观众相关的外部数据

来源于国家权威机构和第三方平台，包括未来几天内的天气预报数据，海博馆外周边海域水文数据、潮汐预报；市内及周边高速路网来馆的交通信息、出行数据；融媒体平台舆情分析、热门词云等信息。

2. 国家海洋博物馆观众服务大数据可视化展示

（1）面向观众的观众服务大数据可视化展示

在观众入馆通道信息发布屏上，实时显示当天预约观众数量，实时入馆观众数量，在馆观众数量，安检入馆速度，排队等候时间等。在智慧服务前台信息发布屏上实时显示3D影厅影讯场次，门票销售余票情况，活动预约剩余情况，方便观众合理安排参观和活动时间；在公共空间信息发布屏上显示各展厅的实时客流密度、拥挤情况，并同步推送到手机App、小程序地图，方便观众错峰参观合理安排路线；11米长的多媒体拼接互动屏（见图40）也可以切换成数据可视化模式，为专业观众展示博物馆运行数据。

图40　二层拼接屏专家模式

（2）面向后台管理的智慧博物馆数据监控中心

智慧博物馆数据监控中心主要面向馆内高层决策人员，提供整体智慧化运营的数据展示和运营信息接入，数据可视化体系、重点监控集成接入、智慧化调度管理系统最高权限总控、最新媒体舆情监测、能耗与环境数据、观众参观数据等接入，为整体智慧化系统监控提供最高的管理权限，并通过大数据分析技术、数据模型和智能分析、决策辅助，以数据辅助决策，为整体海博的智慧化运营提供总体把控。

智慧博物馆数据监控中心将国家海洋博物馆各个系统的数据进行集中处理，并提供对应的接口给各应用系统，进行分析应用展现（见图41）。中心一方面进行数据处理工作，根据业务规划，对数据进行一定程度的汇总，满足前端应用的模型和数据要求，并通过安全管控和数据的备份与恢复等相关工作，保障数据安全；另一方面，基于各个系统的数据进行业务逻辑挖掘和展现。

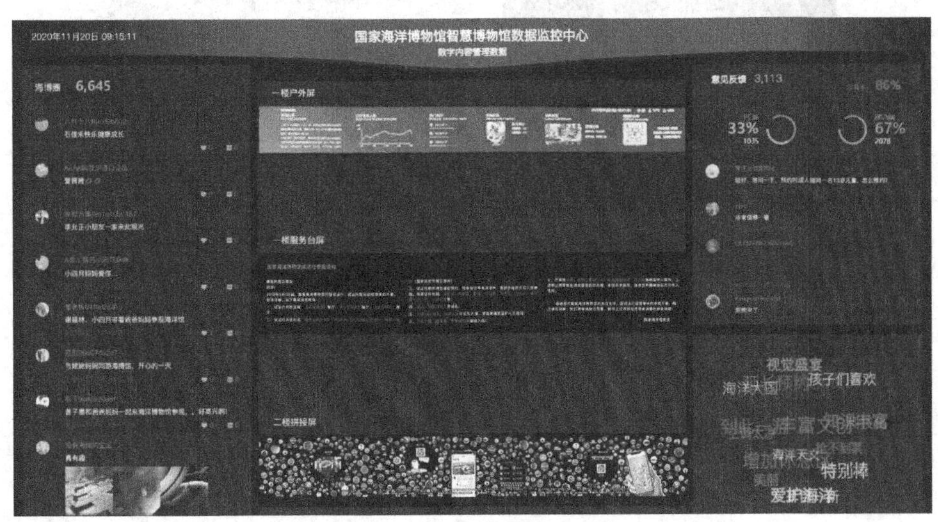

图41　大数据统计分析管理系统

3. 国家海洋博物馆观众服务大数据分析利用

除了对观众服务大数据进行形式多样、效果生动的可视化呈现，还对观众服务大数据进行深入的分析，挖掘观众服务大数据巨大的内在价值，促进资源合理、高效利用，提升服务管理水平。

国家海洋博物馆在观众来馆参观的过程中，通过各项前端服务收集、整理、分析观众参观数据，如通过进出馆闸机收集观众在馆时间，和观众在馆参观时产生的各项数据进行统计整理，向通过出馆闸机的观众推送观众个人在海洋馆的参观报告（见图42）。观众可通过参观报告回顾自己历次参观经历，根据参观体验与馆方进行意见反馈互动，调动观众再次来馆参观的积极性，从主观层面促进观众参与到国家海洋博物馆场馆智慧化建设与提升中来。

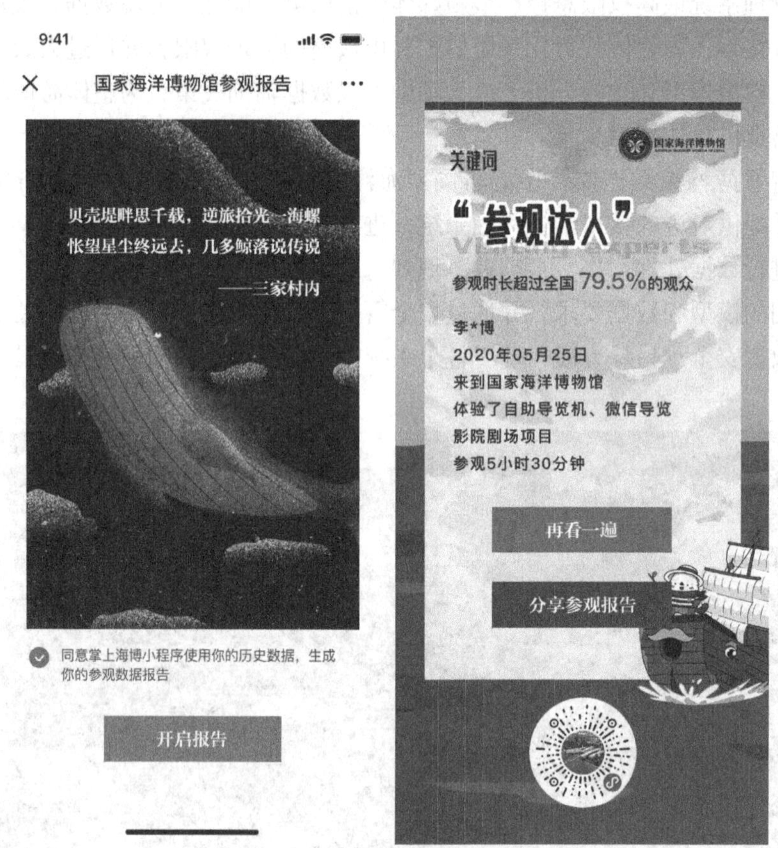

图42　国家海洋博物馆参观报告

这些服务数据的采集既可以反映出国家海洋博物馆目前已有的智慧服务的质量，又可以为海洋馆后续智慧建设方向提供数据参考。

4. 国家海洋博物馆观众服务大数据安全建设

国家海洋博物馆智慧场馆建设构建了完备的信息数据安全基础设施环境，具有完善的下一代防火墙、上网行为管理、统一身份安全、系统漏洞监测以及防攻击基础设施。

根据公众服务数据敏感程度采用公有云和私有云分区、分层存储和管理方式，在传输环节对数据进行各种加密以防止信息泄露，在公众服务数据的采集以及表现层方面采用了数据发布脱敏匿名保护、社交网络匿名保护、数据水印、数据溯源技术等一系列的保护措施。

在数据的管理层面，通过采取身份鉴别、日志审计、租户安全、安全态势感知、数据备份等管理和防控手段，日益完善数据的安全管理体系建设。

六、特点优势

（一）参观导览“明暗结合”

国家海洋博物馆智慧博物馆建立了全方位的导览体系，包括大中小屏多维度与建筑空间相结合，立体、渐进式的参观、导览、导视服务，配合可导入观众手中的掌上海博，AR，点位讲解导览服务，这在国内博物馆中是独一无二的。在以3D地图导引观众参观实体展览明线的同时，以手机、高端专业导览终端AR技术为载体，在公共空间虚拟出系列参观的暗线，补充观众在馆内看到实物展项背后的故事，扩展更加丰富多样的海洋文化知识。

（二）创新藏品管理新思路

国家海洋博物馆根据自身藏品种类的多样、复杂的特点，积极融合人工智能、立体定位、RFID等技术，创新其在博物馆藏品管理领域的应用，并借助这些技术对馆藏信息进行全流程记录管理，保障与藏品相关的各项数据无遗漏，与藏品相关的工作流程全程留痕。同时，通过对藏品盘点硬件设备的研发，实现了对展厅内已上展藏品的盘点，真正做到对全馆藏品信息的统一管理。

在创新业务流程和应用技术创新的同时，收集总结自然科学类博物馆在藏品管理方面所需的规范标准，积极总结并致力贡献出可用于全国自然科学类场馆在藏品管理方面的指导思路。

（三）打通线上线下服务的全景海博智慧互动服务平台

全景海博智慧互动服务平台详尽采集了博物馆馆外场景、馆内全部公共空间和展厅的场景，在疫情期间弥补观众不能来馆参观的遗憾。同时，突破博物馆虚拟全景线上服务功能内容，除基本的切换视角、点击查看热点外，还提供博物馆进馆预约、社教预约、位置导航等服务，打通国家海洋博物馆线上、线下服务通道。

（四）与关键功能结合的人工智能技术应用

国家海洋博物馆智慧博物馆运用人工智能技术与关键功能结合，将人脸识别、语音控制互动、图像识别、图像审核、文字审核、以图搜图等技术应用于参观管理、导览、观众互动、藏品管理等各个方面，既为观众提供更便捷的服务，也节约了馆方工作人员的精力，为场馆的日常管理提供了便利。

（五）馆内馆外“一张图”

国家海洋博物馆智慧博物馆将会逐步实现对馆外展区的建设，在馆外展区智慧服务方面实现馆内馆外“一张图”，将博物馆馆内的智慧服务无缝衔接、自然过渡到馆外展区，实现整体场馆的一体化智慧服务。

（六）海博观众服务大数据平台

通过建设海博观众服务大数据平台，对观众服务大数据进行主动收集、直观展示、科学管理、有效分析，观众得到了直观的信息展示，管理人员可以更好地掌握场馆情况，进行科学的服务调整，提升场馆整体服务质量，同时也为之后的智慧博物馆建设提供了数据支撑。

1. 疫情期间的大数据决策

在新冠肺炎疫情暴发初期，国家海洋博物馆借助实名制预约采集春节期间的预约人数、预约观众来源地、观众属性等情况预先进行统计分析，预测全国哪些地区受疫情影响较大，哪种类型观众来馆意向减弱。配合国家对抗疫做出的一系列指示，本着对当地防疫和观众健康负责的态度，在新冠肺炎疫情期间积极调整博物馆运行策略，采购大量防疫物资并率先采取了闭馆措施，有效避免了由于观众聚集导致的疫情扩散。

2. 大数据为基础设施资源配置提供依据

国家海洋博物馆场馆位置距市区较远，在试运行初期，公共交通和场馆周边基础设施无法完全满足来馆参观观众需要。在试运行期间，国家海洋博物馆充分调用观众预约、参观等数据，用数据说话向滨海新区市政府反映，为使观众参观路程更加便捷，合理调配滨海新区公共交通资源，以一馆带动一个地区的基础设施建设，不仅提高了观众的参观体验，更是改善了周边地区居民的日常生活质量，是博物馆大数据作用由馆内延伸到馆外的集中体现。

七、使用情况

2019年5月国家海洋博物馆的6个展厅开放试运行，截至2020年底已开放13个展厅和一个教育中心。累计接待观众超过170万人次。自开馆之日起，即采取观众网络实名（馆内所有的参观、团体参观、电影售票、教育活动等全部实行预约、在线缴费），同时预约限额，由开始3000人到现在每天1.3万人。

国家海洋博物馆智慧博物馆管理与应用系统运行至今，系统稳定可靠，得到各兄弟场馆及领导的一致肯定，为国家海洋博物馆未来的智慧场馆体系建设打下坚实基础，并为海洋馆后续建设提供发展思路。

八、效益评价

国家海洋博物馆作为国内首座国家级、综合性、公益性的海洋专题博物馆，从设计规划伊始就决心要把信息化、智能化、大数据等等最新的科技手段和“以人为本”的服务理念融入其中，立志走在博物馆智慧化的最前沿，最大化发挥博物馆的知识传播和社会教育功能。填海造地、离市区远达68千米、没有大面积居民、没有公共交通，国家海洋博物馆借助大数据智能方案、人工智能技术，成功的用丰富的藏品、优质的服务和先进的展示手段，取得了可观的经济效益和社会效益，体现了科技的魅力和海洋的魅力。国家海洋博物馆的经验，为同类智慧博物馆建设提供了宝贵案例，同时对未来的海洋文化主题场馆建设发展有着重要的指导意义。

智慧博物馆重在建设　贵在利用

——对首都博物馆智慧化建设历程的回顾与展望

白　杰　陈雨蕉*

引言

智慧博物馆，是随着信息技术的不断革新和引领下，从数字博物馆基础上发展演变而来的。关于智慧博物馆的概念，学界有广义狭义的论述，狭义地说，智慧博物馆是基于博物馆核心业务需求的智能化系统；广义的智慧博物馆是指通过充分运用云计算、物联网、移动通信、大数据等新一代信息技术，感知、计算、分析博物馆运行相关的人、物、活动和数据信息，实现博物馆征集、保护、研究、传播、展示和管理活动智能化，提升博物馆服务、保护、管理能力，以更加全面地达到研究、教育、欣赏之目的的博物馆。

回顾首都博物馆智慧化建构的历程，一方面是建设，一方面是利用，二者缺一不可，而不断强化自身能力建设，善于将网络数字技术和互联网思维为博物馆所用，至为关键，也将是未来博物馆发展的方向和趋势。

一、信息化综合应用平台建设情况

首都博物馆（以下简称“首博”）建馆于1981年，随着2005年现代化首博的

* 白　杰：首都博物馆党委书记、馆长。

陈雨蕉：任职于首都博物馆宣传教育与志愿者工作部，副研究员，主要关注博物馆学、工业遗产等领域。

建成（见图1），首博人充分吸收国内外博物馆数字化建设的经验，构建了一个包含文化遗产与博物馆信息采集、加工、存储和利用完整过程的，服务于博物馆展陈、研究、服务、管理各方面工作的数字化、一体化系统，即“信息化综合应用平台”。这是首博整体建设中一个战略性建设项目，其建设理念强调以人为本、以文物为本，为社会公众提供知识服务。该项目自2005年开始，2006年底完成。

图1 首都博物馆

首博在构思信息化综合应用体系时，依据两条指导原则：其一，对博物馆功能的认识，即博物馆主要是传播知识的教育机构。博物馆数字化给文物研究工作者提供了方便，也给社会公众提供了自主、便捷地探索文化遗产知识的可能；其二，对首博定位的认识——体现北京地区历史文化的文物收藏、研究、展示中心。

平台建设的根本目标就是利用信息化技术，提高博物馆内部专业性工作的效率和深度，规范工作流程与方式；同时，将北京源远流长的古都文化，通过现代化的科技手段展示出来；推动资源整合与共享，使博物馆的专业成果能够更广泛、及时地为社会公众所共享，拓展博物馆社会教育和服务功能的范围与深度。

（一）平台工程规模与分包

针对首博信息化平台工程的规模及需求，按照业务特点及功能，结合有利于工程实施的原则，将整个数字化工程分为九个项目包进行实施：

包0：智能化综合布线系统；

包1：计算机局域网络、数据库系统、集成管理系统；

包 2：数据采集与加工系统；

包 3：馆藏文物、不可移动文化遗产、无形文化遗产管理系统；

包 4：办公自动化系统；

包 5：多媒体视听室播放系统、多功能会议厅系统；

包 6：首都博物馆网站；

包 7：教育广播系统；

包 8：多媒体展示后台支持系统。

（二）基础平台层面

信息化综合应用体系的基础平台由博物馆数字化系统工程的计算机局域网络、数据库系统、集成管理系统构成。这三项是数字化系统的平台、核心和统领框架，其建设目标是力求从博物馆数字化的科学理念出发，通过数据、应用和管理三个层面的集成，构建以文化遗产数字化资源为主体的综合信息数据库，并通过信息共享和聚合等功能，使数字化系统各应用子系统连接成为一个有机的整体，旨在打造一个先进、实用、可持续发展的文化遗产综合业务平台，充分发挥数字化优势，提升博物馆的服务能力。

（三）信息采集层面

文化遗产和博物馆信息采集工作的对象，包括不可移动文物、非物质文化遗产、馆藏文物、古文献、学术著作、学术资料、博物馆运行档案与资料等。首博所用采集设备主要有：大型专业数字相机，高精度大幅面平面扫描仪，高精度平面翻拍仪，建筑三雄扫描仪，标清、高清数字摄像机等。此外，还有设备操控软件、色彩管理器材和软件等。

（四）数据加工管理层面

此层面是由影像采集与存储系统和文化遗产信息管理系统构成。影像采集与存储系统是首博文化遗产的多媒体数字资源加工和管理的平台。首博文化遗产的多媒体数字资源分为藏品、不可移动文化遗产和非物质文化遗产三大类；资源形式包含图片、音频、视频、实物三维、球面场景三维等。将文化遗产多媒体数字资源按规范的元数据定义整理、加工、组织，形成有序的数字资源库，重点在于有效管理数字资源形成的一体化过程以及成果，将纷繁复杂的多媒体资源形成具有数字化保存、利用价值的资源，化无序为有序。

文化遗产信息管理系统对文化遗产信息内容进行管理，包括馆藏文物管理、不可移动文物管理、无形文化遗产管理三个子系统。

（五）应用层面

此层面主要涵盖首博对公众展示和对内部管理的几套系统：包括办公自动化系统、多媒体展示项目、首博网站、图书和宣传品出版印制几部分构成。

办公自动化系统是以首博局域网为平台，形成以电子文件流转为核心，覆盖行政和业务各部门的办公信息系统。

多媒体展示项目是首博对公众展示的重要组成部分。其特点是规模大、项目多、技术新、成系列。首博多媒体展示项目以博物馆不同区域核心受众为服务目标，涵盖了展览、开放、服务以及与观众互动等博物馆的多个方面，分布在社会教育区、综合服务区、展览陈列区，与整体展览展示紧密结合，运用多种技术手段，丰富了展览表现力以及展馆整体的服务能力。

首博网站作为首博面对网络公众的窗口媒体，利用网络技术手段，扩展了实体博物馆的服务受众，为博物馆开辟新的发展空间。依据首博总体功能定位，以"首都，我的博物馆"来概括首博网站的建设理念。网上的首博，所要展示的不仅是首博内部的展览和文物，更要展示全北京的物质文化遗产和非物质文化遗产，强调突破实体博物馆在空间和时间上的局限，体现数字首博的优势。

2004年，首博本着"以人文为本、注重用户体验"的原则，依据各类服务对象的不同需求而设计了网站内容框架。网站包含"体验、鉴赏、研究、服务"四大板块，以及国内博物馆界第一个"少儿版"，共五大部分。"体验"板块内容浅显而形式生动，主要针对具有初步兴趣者；"鉴赏"板块主要针对爱好者；"研究"板块可以为高水平爱好者和专业人士提供信息资料；"服务"板块包括了博物馆所有基础性服务性信息；"少儿版"以初中以下学生为服务对象。首博网站从表现手段上强调视像化，包括图片、视频以及动画，更适宜接受和观看，达到了良好的宣传效果。

二、网络数字技术助力教育功能提升

（一）观众调查与公众沟通

1. 观众调查

首博十分重视公众反馈和观众调查，将其视为自身不断发展的重要参考指标。为了更全面地吸收观众意见，首博运用线上线下结合的方式听取公众意见，及时有效地解答公众疑问，积极进行每年度的观众调查。

首博在每个展厅外都放置了观众留言本，定期收集观众意见，积极进行有效反馈。自2001年官方网站建立开始，在线上开通了观众留言信箱，平均每年观众信箱收到观众邮件约3000余封，有效回复邮件约300余封。2011年和2014年分别开通了官方微博和微信平台，为公众沟通和互动提供了新的渠道。自开通以来，每年微博与线上观众互动和回复数约为1万余条，微信后台收到观众评论也超过2万余条，与观众互动回复千余条。

此外，首博每年都组织线下观众调查，设置调查问卷对千余名观众进行问卷调查，进行科学分析后汇编成每年度的观众调查报告，供馆内各部门参考，为今后首博业务规划和提升观众服务提供量化指标支持。

2. 建立线上线下的文物征集网络

首博利用各种途径加大近现代和当代藏品征集的宣传，让公众了解博物馆的需求。除了利用依靠传统专业人员提供线索，或热心观众进行捐赠等方式，仅2018年至2019年就利用首博微信公众号发布征集令6期，向社会公布藏品征集方向，取得了很好的效果。

2018年12月在首博微信公众号“爱·参与”板块中增加征集栏目“征·文物”，鼓励公众提供捐赠信息，内容包括提供方式、捐赠品名称、时代、描述、真实来源、图片及藏家姓名、联系方式、地址等信息。为方便年龄较大的公众，捐赠者可以发送语音。征集栏目设后台管理系统，可以系统统计、处理，并通过微信进行回复。2018年12月至2019年10月共收到捐赠、价购信息386条，开拓出新的线上便捷渠道，方便公众使用，在利用新科技更好地服务公众的同时，也扩大了首博的影响，提高知名度。

（二）观众服务与便捷公众

1. 自助导览服务驿站终端设备

随着文博系统数字化进程的加快，自助导览服务驿站的使用已成为讲解服务发展的必然需求。为了更好地为公众提供讲解服务，提供更加多样化的服务模式，首博采用了传统人工讲解员和现代导览服务技术结合的方式，在人工讲解方式外，引入了自助导览服务驿站终端设备（见图2）。它改变了博物馆传统的传播手段，激发了观众自主探索和学习认知的兴趣和热情，提升了教育工作的效率和科技水平，也提升了用户体验满意度。

图2　自助导览服务驿站终端设备

2. 360°/720° 展览全景在线呈现

首博在完善自媒体传播平台的同时，注重引入新技术的运用，在官方微信服务号平台上开发了一系列栏目，服务于受众的不同需求。其中，专门制作了展览“全景欣赏”这一栏目，旨在对首博的基本陈列和临时展览进行360°/720° 全景扫描和制作（见图3）。这种技术运用有效地扩大了受众面，被空间或时间阻隔的观众，通过手机终端即可足不出户体验身临其境的观展环境和氛围，也提升了首博展览和博物馆知识的传播力度与便捷度。

图3　360°/720° 展览全景在线呈现

（三）展示手段与教育工具

1. 展览互动的应用

作为品牌的“首博展览”积极采用新技术，为观众提供互动性的现场观展体验，大大提升了展览的整体展示效果。

在2016年首博举办“王后·母亲·女将——纪念殷墟妇好墓50年考古成就展”中，专门设计了可供观众触摸的青铜器模型，同时还应用VR技术，让观众通过VR眼镜可身临其境地进入到“妇好墓”的发掘现场，沉浸式观看整体墓葬的还原场景，大大提升了展览的活力和对展览的解读。

延续此次成功的数字技术经验，在2018年“重生：巴洛克时期的西里西亚——波兰弗罗茨瓦夫国立博物馆馆藏精品展”现场引入了AI机器人，可与观众进行有关展览的讲解和互动对话，为静态展览注入科技互动活力，受到观众喜爱。

2019年举办的“穿越——浙江历史文化展”展厅中，专门制作了一个小型考古互动沙盘，通过投影和视频等互动技术，让观众特别是少儿观众能简易的体验考古过程，使展览变得更加可视可玩，提高青少年观众对展览和文明探究的关注和兴趣。而2020年岁末首博与腾讯合作推出的“文物的时空漫游”展，则是对“十三五”时期“首博展览”在艺术与技术融合上的一次总结与探索。我们抱着被批判的心态大胆尝试，而业内和公众给予我们的鼓励更坚定了我们继续探索的信心。

2.“IN 读城”智慧终端功能的开发和使用

首博致力博物馆教育的现代化，从2015年开始，锁定青少年目标受众推出“读城”系列大型展教项目。该项目包括博物馆现场展览和现场活动，还专为中学生量身定制了一项虚拟互动项目——“IN读城”智慧终端（见图4）。这

图4　体验“IN读城”智慧终端

是一个具有创新性的博物馆数字产品，以展览内容为依托，以学生互动参与体验为设计理念，开发了知识问答“读城”通关系列游戏，让青少年通过游戏的方式，获得关于古代城池的各类历史知识。该终端具有7英寸真彩液晶屏显示，可实现虚拟场景下的展览游览欣赏，同时还可为观众提供多样的讲解呈现模式和藏品360° 虚拟展示功能，支持图、文、声、像等多样的讲解方式，包括讲解词同步播放、全屏视频播放、SlideShow同步播放、动画播放、网页浏览等。2017开始在首博进行推广实践，中小学生可在首博的专项活动或“七彩坊”活动室进行互动体验。

通过这种新技术引入，一方面改变了博物馆传统的教育传播手段，为学生提供大量的北京历史文化知识，加强了学生的乡土文化教育，激发了观众主动探索学习的兴趣和热情；另一方面也提高了博物馆教育工作的效率。“IN读城”智慧终端配合首搏“读城”全国巡展项目，分别到达新疆、甘肃、福建、四川、河南等5省区17座城市博物馆，为当地青少年带去了不一样的展览数字互动体验。据统计，自2017年至2020年底，有100余万人次使用体验过“IN读城”智慧终端设备。

三、国际化战略中的综合利用

2016年出台的《首都博物馆“十三五”时期发展规划》，将国际化战略作为重要规划思路。如何综合利用自身信息化、智慧化建设的既往成果，充分利用网络数字化时代的社会成果，运用互联网思维推进国际化步伐，首博重点在两方面发力：

（一）用好网络通信力：广交世界朋友，推动文明互鉴

2001年，首博与日本东京都江户东京博物馆、韩国首尔历史博物馆共同发起“中日韩国际博物馆学术研讨会”机制，每年一次在三国的城市博物馆举行。首博始终致力推动这一机制的稳定持续发展，2018年在首博召开的第17届研讨会，主题为“资源共享与学术联合——‘首都学’语境下的博物馆‘超级链接’”，体现了首博在应对网络时代推动国际博物馆合作理念传播上的努力。

进入“十三五”时期以来，首博积极运用网络交互的优势，与百余家世界知名博物馆保持交流，交互藏品信息、工作信息、科研成果和业务开展。首博主动开展国际友馆战略布局工作，到目前为止，除南美洲外，已与17家国外知名博物馆在互联网交互信息的基础上，实现馆级领导和科研人员互联互通。在我驻外使馆的直接领导与具体帮助下，先后与美国弗吉尼亚美术馆、加拿大皇家安大略博物馆、澳大利亚维多利亚博物馆、波兰佛罗茨瓦夫国立博物馆、匈

牙利国家博物馆、泰国国家博物馆等签署战略合作协议或备忘录。首博以与国际友馆互办交换展览和共同举办学术论坛等方式将战略合作落地为项目合作，如2017—2018年间，首博“晚明时期的中国人生活”展在波兰佛罗茨瓦夫国立博物馆展出，佛罗茨瓦夫馆“重生：巴洛克时期的西里西亚——波兰佛罗茨瓦夫国立博物馆馆藏精品展”在首博展出；同期，首博与日本东京都江户东京博物馆共同策划的同名展览“都市·生活——18世纪的东京与北京”先后在江户东京馆和首博展出。首博与加拿大皇家安大略博物馆共同主办的“释展——当代博物馆建设及展览诠释国际研讨会”2019年10月在首博召开。这些展览、论坛都借助网络传播扩大了其自身的受众面和影响力。

首博善于运用互联网媒介，搭设直接面对国际受众的平台与渠道，如将中波交换展的时间分别安排在2017年和2018年跨西方圣诞节和中国春节的展览档期里，便于更多观众通过互联网了解信息后主动安排参观，两展的观众量在两地分别达到了305226万人次和100702万人次；依托展览开展的社会教育活动，还通过中波网络连线的方式，在两馆同一时间展开，两馆馆长共同参加，两地参与受众通过互联网画面直接交流，进一步讲好中国故事和文明对话故事，深化了文物传播的影响力，增进了两地人民间的直接沟通与相互理解。

（二）建立英文国际网：面对全球受众，直接传播声音

首博于2001年建立了中文官网，开启运用网络自我发声和服务公众的平台。伴随网络新技术的发展，随着2011年中文微博平台上线和2014年中文微信平台上线，服务公众能力提升，目前拥有“双微”83万余“粉丝”量。2019年首博推出首款中文App，通过手机端为公众打造“永不落幕”的展览和服务便捷化。

2018年春节，首博英文官网正式上线。该网站按照国际化博物馆网站规范，直接面向国际受众传播。网站的创办经历了前期对50家国际知名博物馆网站的调研分析，博采众长，突出了关联性、易用性和分众定制三个特点。

所谓关联性，是首博英文官网主要通过提供与用户需求相切合的信息来实现。因为绝大多数的用户登录博物馆网站，特别是国际用户都是在参观之前查询参观预约、门票、交通、开闭馆时间、用餐、导览等实用信息，因此网站选择将此类信息放置在最前端、最显眼的位置，确保用户主体需求得到满足。将与用户目的相关性较弱的栏目，比如“博物馆的简介（History）”“馆长致辞（From the President）”等栏目挪至“关于（About）”栏目之中。

所谓易用性，是指在内容和形式设计上进行信息精简，减少用户的信息焦虑。新英文网站删除了旧版的冗余信息，例如将整个介绍老北京民俗文化的栏目——“民风习俗（Folk customs）”以及其下的七个类目删去。

在形式设计上，首博英文官网经历了策划团队的十余版设计深化，由繁至简，使页面最大程度支持用户的任务流程。最终在首页只留有与用户访问目的相关性最高的几个快捷链接，例如，预约、参观信息、联系方式等，其余诸多模块均藏入二级页面。同时采用扁平式或平铺式栏目结构，减少栏目层级，遵循三次点击原则，确保用户在三次点击内能够达到目标内容所在栏目，因此首博英文官网只设计了三个级别的页面，即使是查找最复杂的、隐藏最深的信息，也在三次点击内能够实现。

所谓分众定制，是把互联网的优势与多元化的观众做到最大可能地细化匹配性服务。随着多媒体网络时代的不断发展，以资源为核心进行划分已经不能满足用户的需求，以藏品栏目的类目划分为例，首博英文官网保留了传统以材质分类展示藏品的方法，设计用图文呈现的“精品馆藏（Collection highlights）”模块，为大多数对首博藏品没有任何了解、不会按照藏品性质进行主动检索的用户提供一个认识首博藏品的捷径。此外，藏品栏目中还规划了一个高级检索功能，提供了多维度、多主题的组配检索，除了藏品材质外，还可按照藏品年代、作者、功用甚至颜色进行搜索，为有专业需求的学者、专家类观众提供高阶服务。社教活动模块直接放弃了按活动主题和性质的物理逻辑分类方法，参照国际博物馆网站的分众做法，直接以为学生、家庭和儿童、成人的不同人群进行分类。

截止2020年12月16日，首博英文官网共推出1000余条信息，页面日均点击量为241768次，日均页面浏览量达150178次，日均访问量达53425次，受众覆盖超过100个国家和地区，其中美国、日本、加拿大、罗马尼亚、英国、澳大利亚等个国家和地区受众居于访问量前列。首博通过建构自身的英文官网，主动与世界博物馆受众搭建交流互动渠道，在直面交流中，以互联网为媒扩大国际影响力。

四、对首都博物馆东馆的智慧化规划

随着北京城市副中心的建设步伐，北京市委、市政府决策在副中心城市绿心建设三大文化设施，于2019年10月28日破土动工，首都博物馆东馆是三大文化设施之一。在首博东馆智慧化建设规划中，从公众服务、展览陈列、藏品保护、科研管理到安全保卫、行政办公、设备设施管理都提出了功能性的需求，并力求各功能模块的集成和数据互通，力图通过大数据的形成及对大数据的分析降低人力成本，提升博物馆的管理和服务智慧化水平。

（一）以公众为中心的建设理念

结合首博十余年的开放服务实践，首博东馆在规划之初，就提出了以公众为中心的建设理念。从公众的参观需求出发，利用预约系统、票务系统、安检系统、导览系统、配套服务系统贯穿公众服务始终，同时结合个性需求，提供专属的个性化服务方案。与此同时，通过各系统的数据累积形成公众大数据，通过对大数据的分析，评估博物馆在公众开放、展览陈列、文创研发及销售等方面的水平，并通过大数据分析结果优化各服务系统，形成良性循环，通过不断优化数据并提升数据分析水平，形成客观、准确的大数据体系，为科学决策提供重要依据，让博物馆成为大众生活的组成部分，从而实现润物细无声般的启迪传承与文化自信。

（二）以大数据为依托的资源管理体系

实现智慧博物馆的关键是实现博物馆的大数据体系和区块链管理。目前对于博物馆各业务模块的信息化程度在不断提高，但整体的数据互通和博物馆整体大数据还尚未形成，尤其是大数据对博物馆日常管理和决策的支撑尚未实现，信息化在博物馆各业务模块的作用发挥有限，仅仅实现了数字化的过程和部分便利化的作用，数据联动效率不高，未形成整体的数据分析能力建构，使得各模块数据成为孤岛，无法充分发挥大数据的整体功效。因此现阶段的博物馆智慧化仍需要很长的路要走，而这段路的关键就是博物馆大数据的打造，大数据的形成的关键在于各业务模块的整体布局和优化设计，实现数据间的互融互通，建立横向和纵向的数据关系，形成科学有效的数据链条。

博物馆的智慧化建设应具有前瞻性的视野和战略眼光。随着5G上升为国家战略，在首博东馆的建设中，对5G高带宽、低延迟的特点进行了深入的研究，并与中国联通、中国电信等权威技术单位合作，在大数据、边缘计算、AR/VR/MR、人工智能、物联网技术应用于博物馆观众服务、文物保护、展览陈列、社会教育等方面开展了积极的探索，希望通过5G的巨大技术进步带动博物馆在展览解读、文物保护和服务水准方面的提升。

（三）创建一馆两址的运营管理指挥体系

东馆建成后，首博将处于一馆两址并行状态，这对整体的运营管理水平是一个巨大的挑战，在首博东馆规划过程中，对于在信息和数字技术基础上的一馆两址运营指挥体系进行了整体的思考和研究，充分考虑两址的不同发展阶段、信息化自身的特点及建设节奏，希望通过科学布局、合理设计，明确两址在信息化建设方面的定位，以便利施工、节约成本、有效利用、提高效率为原则，对两址的信息化进行整体思考和设计，同时，充分利用5G的技术优势，创建高效的博物馆运营网络，提升一馆两址条件下的统一指挥、调度，信息同步与共享方面的能力与水平，保证一馆两址高效运行，最大限度服务社会公众。

五、智慧博物馆与中国博物馆的国际化

博物馆作为一个国家的文化传承机构，有其特殊性和独特性。主要表现在几个方面：一是公信力。国际博物馆协会对博物馆的定义为：博物馆是一个为社会及其发展服务的、向公众开放的非营利性常设机构，为教育、研究、欣赏的目的征集、保护、研究、传播并展出人类及人类环境的物质及非物质遗产。由此可看出，博物馆是具有“物证”基础的公益性机构，它的“物证”基础蕴含着更深远的人文内涵——见证人类及人类环境的物质和非物质遗产，这里所表现的应该是超越民族国家界限的历史客观性和本真性。同时，作为公益性机构，不受市场经济利益影响，也增加了博物馆在社会公众中的公信力。二是文化性。博物馆拥有丰富的“物证”资源，其背后蕴藏的必然是巨大的文化资源。一个国家和民族的历史文化都可在此展现和诠释，同时也是跨文化交流和多元文明阐释和展现的场所，通过“物证”对人类历史文化轨迹的诠释是博物馆最有力量的社会功能体现，也是一座博物馆影响力最重要的基础。三是公众服务性。博物馆不仅是保存和展现“物证”的文化传承机构，随着时代前行，博物馆越来越看重其服务公众服务的能力建构，包括对公众的文化传播能力、服务能力和互动能力。在网络数字时代的大背景下，更是要求博物馆在线上线下一起发力，充分依靠和开发藏品资源，运用新兴的信息化技术和新媒体渠道，开发易于让公众接受的博物馆传播方式，让传统博物馆成为一座在线上线下均具备为公众提供智慧化服务的能力与水平。

如果将中国博物馆置于当下的网络数字时代，置于中国博物馆的事业发展春天和后疫情时代，世界博物馆格局中的风景这边独好，每一座中国博物馆的影响力都将在时代背景和新技术融合发展中获得提升的机遇。如果说日益成熟的信息化技术为智慧博物馆提供了硬件支持，博物馆则更应懂得选择和利用，围绕博物馆的核心业务和需求，打造集智慧服务、智慧保护和智慧管理为一体的高品质智慧博物馆，并以此为突破口，加快中国博物馆国际化的步伐，为世界博物馆大家庭提供中国方案，为人类命运共同体做出中国贡献。

参考文献

［1］宋新潮．智慧博物馆的体系建设［J］．中国博物馆，2014（2）．

［2］祁庆国．全面推进首都博物馆信息化建设的探索［M］//北京市科学技术协会信息中心．数字博物馆研究与实践（2009）.北京：中国传媒大学出版社，2010.

［3］祁庆国，祝敬国，刘绍南．首都博物馆数字化博物馆系统工程的建设［J］.首都博物馆论丛，2005（Z1）．

［4］赵婧．行为逻辑为基础的博物馆网站信息组织和交互设计——以全新英文官方网站为例［J］.首都博物馆论丛，2019（0）：120–130.

［5］刘迪．博物馆公众影响力研究［J］.东南文化，2013（3）：111–116.

［6］刘迪．博物馆影响力刍议［J］.中国文物科学研究，2015（2）：12–15.

军博基于创新引领的智慧博物馆建设初步思考

刘中刚、沈业成、孙瑶婷*

一、建设背景

中国人民革命军事博物馆（以下简称“军博”）是中国第一个综合类军事博物馆，主要从事收藏、研究、陈列反映中国共产党领导的军事斗争历程、人民军队建设成就以及中华民族五千年军事历史和世界军事史的文物、实物、文献、资料，现有馆藏文物18万余件（套）。2012年军博启动展览大楼加固改造，2017年竣工。加固改造后，军博展览大楼建筑面积15.4万平方米，陈列面积近6万平方米。结合加固改造工程和展陈体系建设，军博建设了网络基础设施、面向观众服务和展示传播的信息系统，基本满足了博物馆观众接待和管理运行工作。

在“十四五”开局之年，为响应国家建设社会主义文化强国号召，把握数字化、智能化时代文博行业发展趋势，通过与顶尖科技文化企业、咨询机构合作，深入展开行业内外调研，全面解析军博信息化建设现状以及存在的难点痛点，重点搞好顶层设计和规划，推进智慧博物馆管理运营服务体系建设。

（一）信息化现状

1. 建设了门户网站和自媒体矩阵

包括PC端和手机版网站，以及App、小程序和微信公众号。门户网站包括

* 刘中刚：中国人民革命军事博物馆副馆长。
沈业成：中国人民革命军事博物馆信息资料室主任，馆员。研究方向为博物馆信息化。
孙瑶婷：中国人民革命军事博物馆信息资料室助理工程师，研究方向为博物馆信息化。

“资讯动态”“展览陈列”“参观服务”“馆藏文物”“研究创作”等栏目，截至2020年底，累计访问量达1亿人次。结合纪念中国人民志愿军抗美援朝出国作战70周年主题展览，开发了智能导览小程序，包含导览讲解、AR体验、数字展馆、誓词诵读、献花致敬、服务设施查找等互动体验和公共服务项目，自2020年12月1日上线以来，日均访问量达20万人次，线上留言和向英雄献花致敬的人数达600万人次。微信公众号利用微信平台实现博物馆和观众之间文字、图片、语音的全方位沟通和互动，定期推送展览资讯和具有军事文化、军博特色的短视频及文章，成为观众与军博信息交互的主要渠道。

2. 建设了网上三维虚拟展馆

目前已上线4个基本陈列和“庆祝中国人民解放军建军90周年”“纪念中国人民志愿军抗美援朝出国作战70周年”等多个主题展览网上展馆，逼真地还原了展厅场景景观，并配以讲解音频，历史影像视频以及三维图形、电子书等特效，为观众提供身临其境的参观体验。

3. 建设了观众服务系统

观众通过PC版网站、手机版网站、微信公众号预约门票。预约观众到馆后，刷身份证即可进馆参观。系统后台可统计观众到馆人数，并进行数据分析等。智能讲解系统实现展厅讲解跟随广播、无线团队讲解，以及讲解预约、任务调度、团队讲解定位、讲解录音回放等后台管理功能。

4. 建设了运维监控管理系统

运维监控系统可通过数字大屏监控网络设备、网络安全系统、机房环境等实时运行状况，网络管理人员可远程对网络信息系统和动环系统进行配置管理，提高了运行维护效率。跨平台统一信息发布系统可实现PC版网站、手机版网站、App等内容一次编辑、多信息平台发布的功能。

5. 建设了网络基础设施

目前军博建设有互联网、内网、专网三套网络系统，三网之间物理隔离，在展览大楼开放区域实现了5G和WiFi信号覆盖，可为观众提供无线网络接入。数据中心搭建了虚拟化平台，实现了信息化基础资源共享和按需分配，承载着各类应用信息系统运行。

（二）信息化提升要求

军博上一轮信息化建设主要是结合展览大楼加固改造和展陈体系建设展开，受制于当时信息化建设理念、工作机制和技术条件的约束，还存在以下几个方面问题：

1. 缺乏业务全景视图，业务流程不清晰，业务主线未拉通，无法形成合力

传统信息化建设思维方式、惯性以及部门壁垒，导致缺乏对军博业务流程

全景式梳理，流程存在断点，部分环节存在多头管理的局面。

2. 应用系统覆盖不全，难以支撑博物馆高效运行

按照当时满足开馆必备、分步建设的原则，所建信息系统主要满足观众服务和开馆运行，办公和业务管理层面的应用系统未建，已建系统也存在功能不全面，需要升级迭代的问题。

3. 信息系统烟囱林立，缺乏统筹管控和有效集成

网络基础设施、信息、安防、消防、楼宇自控等系统分开建设，独立运行维护，尚不能与其他系统进行集成整合，运行效率不高。

4. 数据缺乏标准、没有有效拉通，缺少基于数据的智慧化应用

各业务数据分散存放，自成体系，没有统一的数据标准和数据底座，缺乏大数据分析平台及智慧决策等相关智慧应用。

5. 传统数据中心资源分配不灵活，利用率不高

目前的数据中心基于传统架构建设，难以实现资源的共享和快速分配，不能支撑未来大数据平台和微服务应用平台运行，系统运维工作量大，运维复杂，能耗较高。

6. IT 管理组织和流程不健全，人员数量和专业类型不足

现有组织架构和专业类型主要集中在网络信息系统建设和运维等方面，缺少大数据分析与应用、人工智能等方面的人才，难以满足信息化新形态、新技术的发展要求。

二、总体目标和建设思路

（一）总体目标

借助云计算、大数据、物联网、移动互联网、人工智能、5G等技术打造线上线下一体化的博物馆智能体，实现观众服务精准化、藏品保管智能化、内部管理协同化、设施空间互联化，提升观众参观体验和博物馆管理运行效率；打造智慧博物馆建设标杆，助力“国内一流、国际知名”军事博物馆建设。

（二）建设思路

充分借鉴文博行业标准和国内外智慧博物馆领先实践，以新一代智能化技术为支撑，构建具有“万物互联”“透彻感知”“智慧应用”“自主改进”等特征的智慧博物馆“233”管理运营服务体系。见图1。

“2”——两平台：敏捷柔性的使能平台、安全智能的云平台。

“3”——三应用：创新精准的观众服务、协同高效的内部管理、可视联动的运维保障。

“3”——三体系：开放共享的治理体系、自主可信的安全体系、全面规

范的标准体系。

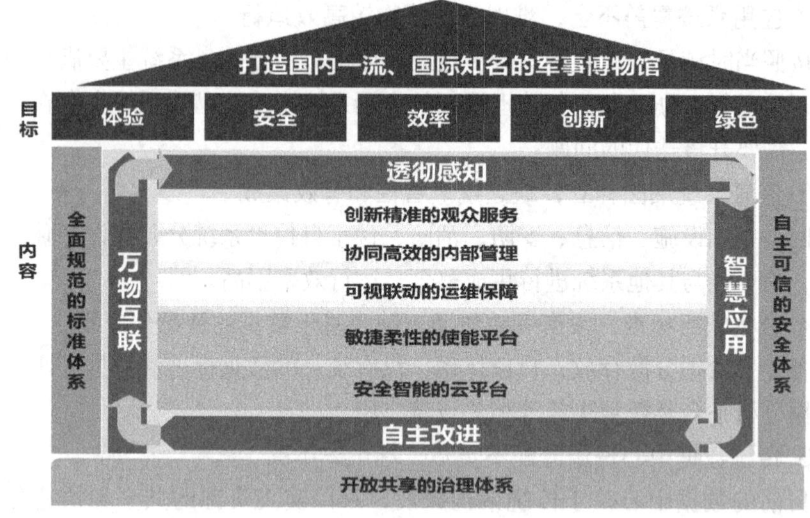

图1　智慧博物馆体系

三、建设“两平台”

（一）建设安全智能的云平台

融合博物馆藏品征管、文物保护、展陈研究、社会教育等职能，在统一框架下，构建智慧博物馆技术架构。见图2。

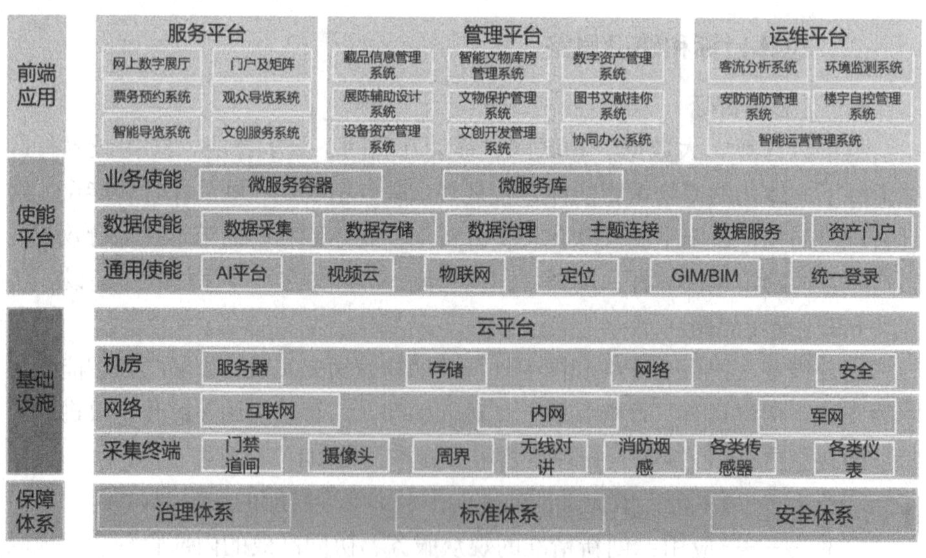

图2　智慧博物馆总体架构

基础设施主要有数据中心机房、网络系统、云平台以及前端采集终端。

1. 设计思路

（1）建设“软件定义”的智能数据中心

基于最新软件定义数据中心技术，构建基础设施，既能支持现有业务开展，又对未来发展提供支持，IT基础设施先于业务一步就绪。

（2）提供标准化、自助化IT服务

通过云计算技术建立统一的计算、存储及网络资源池，为各类用户提供统一、标准化、满足用户需求的云服务，用户无需过多信息化背景，可在线、自助访问各类IT服务。

（3）统一云管理和云运营，降低运维难度

采用集中、统一的技术架构和运营模式，提高IT运维水平和统一管控能力，解决主馆与分馆各数据中心的平台统一管理和运维难题。

（4）确保先进性、成熟性和开放性

优先考虑利用成熟技术和产品，对整体设计提供输入和支撑；对于新兴技术领域，应在引入前进行充分的评估，以有效控制建设中的技术风险；采用开放性的技术平台和架构，提升系统兼容性和扩展性。

2. 设计内容

（1）建设智能数据中心机房和网络系统

采用新一代智能数据中心技术，统筹主馆和分馆需求，在主馆现有网络基础设施基础上，满足分馆信息化建设需求，实现主分馆互联互通，高度协同，建立灾备中心，提高容灾和抗风险的能力。

（2）建设安全灵活的混合云平台

部署内外网云平台，应用先进的云计算技术、“软件定义一切”策略，将交换机、服务器、存储等硬件设备虚拟化为资源池，通过系统软件对虚拟资源进行管理和调度，以超融合的技术实现资源共享、按需分配，提高设备集成度、利用率和可靠性，大幅度消减服务器、存储等硬件和基础软件的购置数量，降低建设成本，减少能源消耗。

（3）建设智能互联的采集终端

在现有安防消防、楼宇自控系统基础上，增设和完善视频监控、门禁道闸、周界报警、消防烟感、空调、照明、环境等采集终端。通过物联网实现馆区人、车、物等各类信息的实时采集和感知。

（二）建设敏捷柔性的使能平台

“使能平台”是为了解决目前新旧IT系统数据不连通、流程复杂、难以协同等问题，满足前台数据分析和应用需要而建设的高效数据处理平台，包括通用使能平台、数据使能平台和业务使能平台，实现“打通上下、融为一体”的目标。

1. 设计思路

随着"互联网+"和个性化定制时代到来，使得以往按照长流程、紧耦合搭建的大型业务系统逐步向组件化、服务化的应用转变。采用服务化的方式，以业务为中心，围绕业务能力和业务活动设计业务服务及数据服务，实现能力沉淀；将通用的能力下沉到数字平台中，为上层各个应用系统提供相应的能力调用接口。

2. 建设通用使能平台

"通用使能平台"主要用于对下层的博物馆资产进行统一接入与监控，为"数据使能平台"和"业务使能平台"提供支撑，帮助业务实现横向拉通。

（1）建设应用支撑平台

软件开发服务提供开发运维一体化的全流程一站式研发云平台和工具服务，让软件开发简单高效。应用管理与运维平台提供应用开发、构建、发布、监控及运维等一站式解决方案。

（2）建设统一GIS平台

地理信息平台实现对博物馆空间静态数据的采集、储存、管理、运算、分析、显示，并支持与位置服务系统集成，实现室内的人员定位与导航基本功能，供上层应用集成，解决传统模式中信息孤立、流通不畅、缺乏综合分析、难以共享、应对突发事件反应迟缓、安全隐患较大等问题。

（3）建设物联网平台

统一接入和统一管理所有跨厂家设备，对设备数据进行存储和处理。借助5G、人脸识别、视频分析、大数据和人工智能等技术，实现基于设备数据远程监管、智能控制。提供应用系统开发的API，支撑应用系统的快速开发部署。

（4）建设数据融合平台

将视频云、大数据、物联网、融合通信、时空信息服务等基础平台API能力统一集成适配和编排，屏蔽各平台对上层业务应用系统的接口差异性，对上提供通用的接口和服务管理，使能上层应用的快速开发和集成部署。

（5）建设视频智能分析平台

视频智能分析平台除了提供实时监控、视频存储等基本功能外，还提供了人脸识别、人脸检索、车辆检索和视频数据统一存储等高级功能，从而实现各部门间的视频共享和联网，有效提升各业务部门协同能力和异常事件联动处理能力，提高管理效率，实现安全运行。

（6）建设AI平台

构建支撑知识图谱、智能识别等多种业务场景的AI平台，提供海量数据预处理及半自动化标注、大规模分布式训练、自动化模型生成及“端—边—云”模型按需部署能力，可通过平台快速创建和部署AI模型，实现AI工作流全周期可视化管理，满足业务智能化发展需求。基于AI平台构建博物馆知识图谱模型，提升展览和文物研究能力以及知识生产能力。

3. 建设数据使能平台

“数据使能平台”主要用于对博物馆内部的藏品信息、展陈信息、观众信息、设备资产等数字资源垂直数据库进行整理，积累相应的公共数据，萃取出有关观众、场馆、安全、环境、藏品等应用数据，对内对外提供数据服务。

（1）建设数据使能平台

数据使能平台是围绕着数据资源池，进行数据采集、数据治理和对外提供数据服务，总体架构如图3所示。

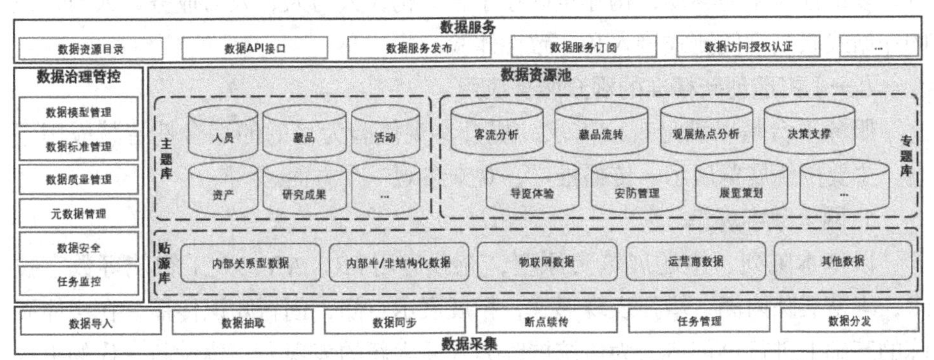

图3 数据使能平台架构

数据使能平台的数据采集通过相应工具进行，包括数据导入、数据抽取、数据同步、断点续传、任务管理等模块；核心的数据资源池包括贴源库（源系统数据库）、主题库和专题库，主要包括藏品主题库、观众主题库、智能运营中心专题库等；数据使能平台对外提供数据服务，形式包括数据资源目录、数据API接口、数据服务发布、数据服务订阅、数据访问授权认证模块等。

（2）建设数据管理平台

数据管理平台提供数据治理全套功能，包括数据模型管理、数据标准管理、数据治理管理、元数据管理、数据安全和任务监控模块；在数字资产门户中提供便捷的界面进行管理。

数字资产门户为相关人员提供综合的数据查看、查询、搜索、下载等服务，也为数据管理部门提供管理服务，支持藏品征集、保管、文物修复、图书文献、社教活动、观众客流、展览策展、安防后勤、财务人力等数据，为日常工作提供丰富的数据支持。

4. 建设业务使能平台

业务使能平台主要用于抽取博物馆不同领域的业务数据，实现公共数据的共享共用，通过共享服务的组合，实现新应用的快速构建。

采用微服务架构设计。业务使能平台以容器、微服务、云为核心的大规模分布式架构，将系统服务层完全独立出来，并将服务层抽取为一个一个的微服务，通过API接口将业务服务共享给前台页面调用，提升开发灵活性。

四、打造“三应用”

应用系统建设要坚持“厚平台、轻应用”的理念，采用微服务架构，灵活多变，适应快速变化和发展的业务需求。通过服务、管理、运维三大业务场景，以最佳体验为驱动，构建全联接平台，构建人与人、人与业务、人与知识的一站式联接，便捷式接入和一致性体验。

（一）打造创新精准的观众服务应用

服务平台是以满足观众需求，提升参观体验为目的的综合性智慧应用平台。主要围绕展览展示、传播推广、观众参观三个方面。

1. 网上数字展馆

以基本陈列、主题展览为原型，充分运用VR、AR、人工智能等数字技术，丰富展陈内涵，增强表现形式，拓展展示空间，创新知识传播，在实体展陈的基础上进行再创造，为传统展陈方式注入新的表现力，建设新一代的更具有沉浸感的网上数字展馆。通过互联网、手机移动端等平台渠道，为社会公众提供远程参观服务。

2. 门户网站及新媒体矩阵

采用“移动为先”的发展战略，对已建的门户网站、App、小程序、微博、微信公众号、头条号等新媒体矩阵迭代升级系统功能，优化用户体验，增加主流新媒体应用平台，扩展新媒体矩阵范围。加强内容策划和艺术设计力量，深入发掘军史研究、馆藏文物和陈列展览的内涵，创作出更多的数字精品，提升军博在网络空间的传播力。

3. 票务预约系统

对已建的票务管理系统进行功能升级，实现参观全面预约和无纸化票务，采用人脸识别技术或二代身份证识别，提高观众进馆效率。增加讲解服务、互动体验、研学社教等各类活动预约功能。提供基于手机版网站、App、微信公众号等多入口的预约办理，使观众参观中的手续办理更便捷。

4. 观众导览系统

（1）增强小程序导览功能

在已建的自助导览基础上，综合利用5G、Wi-Fi 6、蓝牙等技术，增强室内地理空间定位精度，提高信息推送的及时性和准确率。

（2）完善导览服务系统

除在服务台、展馆前厅、观众休息区等处设置导览信息查询机和数字大屏等常规设备，用于观众查询获取服务信息之外，运用人工智能技术，增设智能机器人，从事讲解、咨询、引导、答疑等服务。

5. 智能讲解系统

讲解以观众通过手机使用App或小程序自主获取为主，租赁讲解设备为辅。系统前端实现观众实时定位、讲解信息主动推送，系统后台支持设备租赁,团队讲解接待、解说员调度、讲解工作状况监督、分析统计、信息收发、解说员评价等全流程管理。将AI、VR等技术与展项结合，在重点展项上增设人机对话虚拟讲解员。

6. 文创服务系统

在门户网站、微信公众号、App等平台为观众提供购买文创产品的入口。开发文创产品销售管理软件，具备清晰详尽的商品内容，简洁高效的购物流程。

（二）打造协同高效的内部管理应用

管理平台是博物馆加强对藏品资源、设施设备和固定资产等资源合理利用，提升管理效率而建立的综合性智慧应用平台。主要围绕策展布展、文物征集、保管保护、环境监测、学术研究、文创开发等方面展开。

1. 藏品信息管理系统

实现藏品征集、鉴定、编目、查询、研究、保管、保护以及利用的全过程管理。

2. 智能文物库房管理系统

采用无源超高频、电子标签技术，赋予每件藏品唯一“身份证号”，对藏品出入库、库存盘点、位置信息等各个环节的数据进行自动化采集，使管理人员及时准确掌握藏品动态数量、实时位置和出入库情况。

3. 数字资源管理系统

按标准对文物藏品、图书文献、影像资料、陈列展览等资源进行全方位数字化采集，建立采集、存储、检索与利用系统，为博物馆信息化建设以及各项工作开展提供数字资源支撑。

4. 展陈辅助设计系统

采用三维建模技术建立展厅立体空间和文物实物数据模型库，系统通过大数据推荐+知识图谱分析，辅助展陈设计人员选择展具和展品，快速搭建展陈设计平面及空间效果，使展陈设计更加科学和便捷。

5. 文物保护管理系统

实现文物预防性保护、修复、复制、基础研究等业务的程序、数据和档案全过程信息化管理。辅助文物保护工作人员便捷地研究文物保护工艺和材料，以及撰写实验报告和修复方案。

6. 图书文献管理系统

实现馆藏图书资料的采访、编目、典藏、流通管理信息化，引入中国知网等各类资源，提供专业研究工具，对内帮助研究人员查找资料和撰写论文，对外建立以党史军史、经典战例、军事人物、武器装备等为核心的知识图谱库，开展社会教育活动。

7. 设备资产管理系统

建立设备资产从采购、登记、配发、使用、维护、报废、注销等全过程管理的信息系统，便于管理人员盘点设备资产数量、类别，实时掌握配置和使用情况。

8. 文创开发管理系统

对文创产品设计、制作、销售、库存等全过程进行信息化管理，生成销售业绩统计报表，辅助文创人员调整运营策略，有效提升产品开发与销售转化率。

9. 协同办公系统

以公文流转为重点，以行政事务、公共事务和个人事务等为主线，包括办公门户、公文管理、行政办公、人力资源、车辆管理、财务管理、会议管理等功能，形成一套高效的工作协同机制和平台保障。在保密安全前提下，实现移动办公。

（三）打造可视联动的运维保障应用

运维平台是博物馆加强全方位运行维护、决策指挥而建立的综合性智慧应用平台。主要围绕观众流量、展厅和藏品库房环境监测、展陈设备智能控制、综合集成信息网络、安防消防、楼宇自控等系统展开。

1. 客流分析系统

通过无线AP、视频监控等技术手段抓取观众客流数据，实时了解展馆人流实况，并根据预设环境预警阈值自动报警，及时触发分流解决预案，保证观众安全、舒适的参观体验。同时，通过对各展馆观众留驻时长比较，热点区域人流数量分析，挖掘最受欢迎展品，寻找本馆展陈亮点与盲点，探索展品呈现与观众理解之间最佳互动模式。

2. 环境监测系统

应用物联网技术和前端感知设备，对文物库房和展馆内温度、湿度、光照、颗粒物、二氧化碳、甲醛、噪音等环境因素进行监测，采集所需要的数据，并实时传送至监控和显示终端，使管理人员随时掌握环境数据，及时发现并抑制不利环境因素对文物、观众和工作人员的损害。

3. 安防消防管理系统

采用人脸识别、视频复核、行为分析、智能布控等技术手段，对主馆现有安防消防系统进行升级改造，实现事前可预测，事中可管理，事后可分析，不断积累处置经验，自动生成管理预案，实现跨部门、跨区域、跨系统协作。在分馆新建相同技术架构的安防消防管理系统。

4. 楼宇自控管理系统

在主馆已建楼宇自控系统基础上，对馆区机电装置、照明配电、空调新风等设备电源、信号、状态数据统一监控和管理，实现一键开关机、故障排查、节能运行等功能，减少运维人员，提高运维效率。在分馆新建相同技术架构的楼宇自控管理系统。

5. 智能运营管理系统

以智能运营中心为载体，通过对信息网络、安防消防、楼宇自控、环境监测、客流分析等系统的数据对接、智能采集和分析，形成博物馆日常综合运行管理的全景信息图，为不同级别用户提供可视化监管平台，实现状态全可视，事件全可控，业务全可管。

五、构建“三体系”

（一）构建开放共享的治理体系

管理优化变革是实现博物馆从信息化、数字化向智慧化全面迈进的基础工作，是智慧博物馆建设顺利实施的重要保障。

1. 成立智慧博物馆建设组织机构

构建“统一管理、分工负责、职责明确、协同推进”的组织机构，成立领导小组，下设办公室，成立专家顾问组，围绕重点领域，成立各类专项工作组。

2. 建设智慧博物馆数据管理组织

增设数据管理部门，负责数据管理、数据挖掘和数据分析应用。各部门设置智慧博物馆建设专职人员和数据管理员，负责本部门业务智慧化工作和本领域的数据管理和数据标准建设。

3. 统一智慧博物馆认知和培养数字化人才

在项目建设的不同阶段，有针对性地邀请政府、高校、企业等行业专家开展智慧博物馆建设和数字化转型的培训和交流，统一建设理念和认知，提升全员数字化能力。

（二）构建自主可信的安全体系

根据网络安全形势和实际需求，整体构建一套自主可控的保护全面、重点突出、持续可靠的网络安全保障体系，打造网络安全主动防护综合安全保障能力，具备防止网络被恶意渗透、防止终端被恶意控制、防止关键系统被破坏、敏感数据被泄露等安全防护能力，保障博物馆信息系统的安全稳定运行。

在基础设施安全保障层面，构建基于主机安全、数据安全为基础支撑，以安全监测预警与应急响应等安全服务为辅助的安全保障能力。在平台安全保障层面，打造安全运行管理平台、安全态势感知平台为中枢的智能安全监控防御能力。在应用安全保障层面打造以网页防篡改、源代码审计、应用漏洞扫描、应用安全审计为核心的自适应安全防御能力。

（三）构建全面规范的标准体系

在项目实施过程中，坚持以统一的标准巩固建设根基，优先确保全馆基础数据规范统一，在目前“存量”标准统一的基础上，重点实现建设过程中的“增量”标准的统一，统筹全馆基础数据的建设和应用，确保统一的基础数据规范在全馆的规范统一。

以文博行业标准规范体系框架为基准，按轻重缓急分步骤对其他标准规范进行拾遗补阙。标准规范的建设必须是标准化、规范化的，根据数据集成的结构体系和技术要求，从实际应用出发，围绕其结构体系的共同特征，针对统一术语定义、统一设计与实施方法、统一体系结构、统一信息分类编码、统一空间定位、统一数据质量要求、统一数据描述、统一数据交换共享格式、统一接口规范、统一安全规范等问题，在遵从国家和部委提出一系列标准规范和具体要求外，如不能够满足数据集成建设和发展的要求，基于此建立符合博物馆的标准规范。见图4。

图4 智慧博物馆标准体系

智慧博物馆建设涉及业务、管理、服务和技术等多要素，是一个覆盖博物馆全业务和多层级的复杂系统工程，在行业内，智慧博物馆并无成熟经验和模式可以借鉴。因此，顶层设计和规划工作就显得尤为重要，需要清晰制定发展愿景和建设目标、蓝图架构和实施路径，保障规划与建设的统一、实现业务与技术的融合。同时要适应新形势新要求，坚持开放合作，吸纳高校、企业等各行业有利条件，持续推进博物馆转型与重塑，在组织结构、业务流程和新技术应用方面找到最佳的契合点，增强各项举措的耦合性。

智慧博物馆建设是个动态发展和持续完善的过程，军博在分析以往信息化建设痛点基础上，展开的智慧博物馆顶层设计和规划工作只是一个开端。将数字化转型的科学方法运用于博物馆变革之中，把握好重塑与重构、传承与创新的关系，从博物馆战略制定，到业务架构、应用架构、数据架构和技术架构设计，并希望通过探索研究找到最佳实现路径，真正全面提升博物馆质量和内在品质，可谓征途漫漫，未来可期。

数字技术让草原瑰宝绽放异彩

——内蒙古博物院的流动数字博物馆

蒋丽楠*

2013年“5·18国际博物馆日”，内蒙古博物院流动数字博物馆首次与观众见面，3D数字文物、互动观展形式让观众纷纷感叹现代科技的发达与便利。承载着源远流长的草原文明，带着传承文化的美好希望，流动数字博物馆连续七年在内蒙古各盟市、旗县巡展，是内蒙古博物院展示草原文化、服务基层群众的教育项目。

一、项目背景

加强公共文化服务体系建设是满足人民群众日益增长的精神文化需求的重要途径。作为公共文化服务的中坚力量，博物馆展示了历史文化变迁和人类文明发展成果，肩负着提供多样文化服务，满足公众文化需求的重任。随着科技的发展和技术的创新，博物馆跨入数字化时代，应该积极探索博物馆数字化发展的新形式。内蒙古幅员辽阔，存在着基层文化资源不均衡、文化服务不便利等现实问题，博物馆公共文化服务的触角应该向基层地区延伸。基于以上背景，内蒙古博物院把流动数字博物馆项目纳入博物馆数字化的整体规划之中，在将院藏珍贵文物三维数字化的基础上，历时三年打造了全国首家全数字化、高集成度的流动博物馆。

* 蒋丽楠：内蒙古博物院社会教育部馆员，研究方向为博物馆社会教育。

二、项目概述

流动数字博物馆展车高4米、宽2.6米、长15米（见图1），展开后形成一个45平方米的小型展厅，使用了高精度可视化三维数字还原、触摸互动、AR增强现实以及大数据量的远程传输与控制等技术。展车外部安装了LED屏幕，可辅助开展随车教育活动（见图2）；车厢内部两侧镶嵌了8块46英寸触摸屏，可装载200余件3D高清数字文物，配以蒙、汉、英三语文字说明，屏幕两侧展示了10余件一级文物复制品；中间互动区悬挂了两套AR增强现实设备，观众手握操作板和魔方对准摄像头，3D立体文物便呈现在屏幕中（见图3）；车厢后部的视频播放系统滚动播放考古视频，讲述文物发掘背后的故事。

图1　流动数字博物馆

图2　流动数字博物馆展开效果

图3　展车内部

流动数字博物馆以数字文物为展示主体，将全院1000余件数字文物进行分类、组合，形成不同主题的数字展览，结合专题讲解、讲座和随展教育活动等多样服务手段，全方位展示内蒙古悠久的历史文化，整个展车可容纳45人同时参观。展车配备巡展小分队，由1名领队、2名蒙、汉讲解员、2名技术人员、2名司机组成，承担巡展过程中的参观导览、现场讲解、开展专题讲座和教育活动、设备调试、场地勘验等工作。自2013年5月18日正式启动后，流动数字博物馆首先在呼和浩特市周边及内蒙古中部草原进行巡展的尝试，检验展车的性能、数字设备的稳定性和现场展出效果，经过不断的调整改进、硬件升级，陆续在内蒙古其他盟市、旗县开展了流动数字博物馆“进六区”（即进校区、进营区、进牧区、进农区、进社区和进革命老区）活动，完成内蒙古全境的大规模巡展工作。

三、特点优势

（一）数字展示：观众与文物的亲密接触

流动数字博物馆利用三维视觉效果还原展示文物原貌，突出文物的立体感、生动感，增强文物观赏的全面性、互动性。观众通过触摸让文物随着手指的滑动灵活旋转，从不同角度欣赏文物，也可以任意缩放，放大文物的真面目，清晰呈现文物细节，这给以往只能隔着橱窗参观的观众带来了“零距离”接触文物的全新体验。只有巴掌大小的银鎏金带饰、玲珑小巧的摩羯金耳坠、最长处只有4厘米的嵌水晶松石蟾蜍戒指，这些体积较小的文物可以在屏幕上被放大几十倍，文物细节分毫毕现（见图4）。吐尔基山辽墓出土的彩绘棺木，棺床共由8层组成，观众可以在屏幕上进行拆解、组装，查看内部结构。彩棺镂空栏杆上的六只鎏金铜狮子，表面上看没有差别，实际上却形态各异，只要轻点手指，就能观察每一处细部特征，领略不一样的精彩（见图5）。互动区的AR增强现实设备让数字文物仿佛呈现在观众手掌之中，随意拆合、翻转，感受"把玩"文物的乐趣（见图6）。

图4　放大文物，让牧民们欣赏细节

图5　观众在触摸屏上"打开"彩棺，观察内部结构

图6　满洲里国门的边防战士们在互动区体验AR设备

（二）移动平台：把展览送到百姓家门口

内蒙古地域广阔，东西狭长，偏远牧区的牧民、边防部队的官兵、林场牧区的工人，敬老院、福利院的老人孩子，他们很少有机会参观博物馆。流动数字博物馆能充分发挥其灵活方便的可移动优势，以展车巡展的形式将博物馆送到了百姓身边，基层群众不必跋山涉水来到首府，在家门口“动动指尖”就能与自治区精品文物“零距离”接触。数字技术和移动展车的整合，让流动数字博物馆打破了实体博物馆的围墙，实现了轻装上阵，既保证了文物下基层的安全性和丰富性，又拓展了博物馆文化服务的覆盖面，让更多观众享受数字化时代的文化服务。截至2020年底，流动数字博物馆的足迹遍布内蒙古十二个盟市，额济纳旗胡杨节、锡林郭勒草原那达慕、中蒙、中俄边境口岸、呼伦贝尔腾克镇民族乡、扎赉诺尔灵北矿区、达拉特旗特殊教育学校……都留下了流动数字博物馆的身影，古老文物与现代科技的结合为观众了解历史文化带来全新视角，激发了公众探知历史文化的热情。见图7和图8。

图7　流动数字博物馆走进扎赉诺尔灵泉煤矿

图8　在达拉特旗特殊教育学校展出

（三）融合互动：让草原文化“活”起来

与传统巡展模式相比，数字展览更加轻便快捷，可以带来视觉冲击的新体验，但数字技术的新型展示、教育形式也并不会完全取代传统形式，而是呈现二者融合共生、优势互补的状态。流动数字博物馆采用以数字文物展示为主，传统教育活动为辅的巡展模式，更加合理地分配展出时间，排队等待的观众可以先聆听专题讲座或在展车外进行互动，参观结束的观众可以参与围绕展车文物开展的主题活动，使巡展的内容更加丰富，形式更加多样，让草原文化“活”起来。流动数字博物馆结合展出地区特点挑选文物，组成不同主题的展览，比如在额尔古纳市室韦蒙古族民族乡展出元朝时期精品文物，在赤峰市巴林左旗展出吐尔基山辽墓出土文物，在鄂尔多斯市乌审旗苏雅拉图嘎查展出精美马具，展车还结合了专题讲解、讲座、“欢乐大课堂”知识竞赛、蒙古族敬献哈达礼俗演示、围鹿棋等教育活动。“古墓疑云　凤棺谜案”“英雄故里话东归”“解读黑城”等专题讲解和讲座为观众梳理历史文化脉络，解读文物背后的故事。围绕展车文物设计的“欢乐大课堂”知识竞赛有校园和军营两个版本，观众在紧张激烈的竞技和趣味盎然的互动中回顾参观内容，感受草原历史文化。民族特色浓郁的礼俗演示、围鹿棋等活动人人皆可参与体验，深受观众喜爱。见图9和图10。

图9　校园版“欢乐大课堂”知识竞赛

图10　举办专题讲座“鄂尔多斯民俗风情”

四、成效影响

自2013年首次展出以来，流动数字博物馆走遍内蒙古12个盟市、80多个旗县，累计展出361场，行驶里程34200多千米，举办“欢乐大课堂”知识竞赛、博苑讲坛、围鹿棋、民族礼仪礼俗演示等社会教育活动145场，近20万名观众亲身感受了博物馆的文化魅力。展出地点覆盖了121所学校，45个军营和警营，10个苏木嘎查，5个乡村，13个社区，20个敬老院和福利院，9个博物馆，2个边境口岸，2个发电厂，4个矿区，5个民族乡，6个企业园区，在广场和公园展出103次，在景区、遗址、德国大使馆等地展出16次。流动数字博物馆所到之处总能掀起观众参观热潮，老人孩子们脸上洋溢的笑脸、牧民们口中的“赛呐”（好）、边防官兵们竖起的大拇指、矿区林场工人们的赞不绝口、留言簿上的一串串文字，都表达了对流动数字博物馆文化惠民工作的认可和好评。人民日报、中国文物报、内蒙古日报、中央电视台、内蒙古电视台等数十家媒体对流动数字博物馆进行了宣传报道。2015年，流动数字博物馆荣获“首届全国十佳文博产品技术奖”。2017年，流动数字博物馆巡展团队又荣获全国第九届“薪火相传——寻找中国文物故事杰出传播者”团队奖。

数字技术的迅速发展、新媒体的广泛应用，使博物馆文化传播与服务进入了一个新格局。流动数字博物馆留给观众的不仅仅是一次指尖上的记忆，还将不断升级、完善，成为展示和传播历史文化的新载体，实现公众与博物馆的高度交互；成为讲好中国故事、讲好内蒙古故事的新平台，铸牢中华民族共同体意识；成为公共文化服务体系建设中的新亮点，增强群众的文化获得感和幸福感，让收藏在博物馆里的草原瑰宝焕发新的光彩。

协同共建智慧博物馆 智慧引领未来

——湖南省博物馆的智慧化建设

段晓明 许 蒙*

2017年11月29日，湖南省博物馆（以下简称“湘博”）历经五年建成新馆，以全新的风貌重回观众视野。新建成的场馆总构建面积达9.1万平方米，外观稳重大气，空间布局简明合理，建筑功能齐备，满足了文物保护和参观的需要，馆内设施设备先进，数字化程度较高，陈列布展内容丰富，有历史底蕴和文化厚度，成为湖南地区的地标级文化建筑。湖南省博物馆新馆以公益、开放的姿态服务社会，一如既往地肩负起历史传承和文化交流的重任，以创新谋发展，不断提升以适应新时代的要求，将新湘博打造成为代表中华区域文明的国家级重点博物馆、展示和传承湖湘历史文化的重要窗口、中国重要的文物典藏与保护中心和提供高雅文化艺术的公共服务中心，继而共有、共建、共享“我们的博物馆”。

随着“互联网+”时代到来，新技术和新媒体为博物馆信息化建设提供了新起点、新平台。面对新形势，湖南省博物馆积极利用最新科技手段，创新思维方式，提高信息化管理水平，以期创建一个系统化、全面化、生态化的智慧型博物馆。

* 段晓明：硕士研究生，副研究馆员。现任湖南省博物馆党委书记、馆长，兼任中国博物馆协会副理事长、湖南省博物馆学会理事长、湖南省社科联第八届委员会常务委员。

许 蒙：任职于湖南省博物馆数据中心。

一、湖南省博物馆智慧化建设理念

2016年，湖南省博物馆制订了2016—2020年的五年战略发展规划，其中提到了要建设一座共有、共建、共享的博物馆。湖南省博物馆希望能在2020年之前完善信息体系的建设，把智慧博物馆的框架牢牢搭建好。

自2018年以来，湖南省博物馆一直在思考十年发展的战略规划，提出了“一体两翼两馆”的发展战略。其中，“两馆”就是湘博对实体博物馆和智慧博物馆的现阶段关系的认识。在湖南省博物馆智慧化建设中把握的重点是：

（一）强调两馆同步建设

在强调两馆同步建设之前，首先应当明确实体博物馆、数字博物馆、智慧博物馆的定义。“博物馆是一个为社会及其发展服务的、非营利的常设机构，向公众开放，为研究、教育、欣赏之目的征集、保护、研究、传播、展示人类及人类环境的有形遗产和无形遗产”，“数字博物馆是运用虚拟现实技术、三维图形图像技术、计算机网络技术、立体显示技术、互动娱乐技术、特种视效技术等方式，实现研究、教育、欣赏之目的，完成收集、保护、研究、传播、展示人类及人类环境的有形遗产和无形遗产的博物馆，它将现实存在的实体博物馆的藏品，以数字图像的方式呈现于网络上，供观众用各类计算机终端观看，在更为广泛的受众范围，达到研究、教育、欣赏之目的”。智慧博物馆是“通过充分运用云计算、物联网、移动通讯、大数据等新一代信息技术，感知、计算、分析博物馆运行相关的人、物、活动和数据信息，实现博物馆征集、保护、研究、传播、展示和管理活动智能化，提升博物馆服务、保护、管理能力，以更加全面地达到研究、教育、欣赏之目的的博物馆”。

实体博物馆“物—人”的单向关系特点决定了其固有的局限性，一是展览时间的局限性，超过了展出时间，改陈撤展之后展览就不复存在了；二是展览空间的固定性，观众必须亲临场馆参观，这样距离博物馆较远或是外省的观众就很难来到展厅参观。数字博物馆的出现在一定程度上弥补了实体博物馆的局限性缺陷，利用便捷的网络即把博物馆陈列、藏品、相关文创教育和衍生信息发布到互联网上，消除了参观者和博物馆之间的地域界限。利用数字化采集的手法将展览保存了下来，打破了时间的局限性。除此以外，数字博物馆能够展出比实体展览更多的藏品，内容能够得到极大扩充，受空间影响较小。这是数字博物馆对实体博物馆在展陈方面的补充。然而，数字博物馆也不是完美无缺的，它虽然可以通过虚拟漫游、增强现实等技术增强观众的沉浸感，给人以身临其境的感觉，但数字博物馆的虚拟体验依然不能取代实体博物馆，这一点是不容置疑的。

数字博物馆和实体博物馆各有优劣，但二者建设发展的目的是一致的，都是为了更好地服务大众。因此博物馆人应把二者结合起来，加强二者之间的联系，最大限度发挥二者的优势，打造更加完美顺应时代发展的高级博物馆。

智慧博物馆的提出和发展可以说是博物馆发展的新趋势，要将实体博物馆和虚拟博物馆结合起来，二者相互促进，让博物馆的各个参与者联系起来，尤其是让观众参与其中，形成一个动态的生态系统。博物馆提供服务，观众参与其中，二者不断交互，修正博物馆功能和服务，达到和谐的统一。综观历史，博物馆的发展场馆管理经历了实体博物馆、数字博物馆等阶段，并正朝着智慧博物馆的趋势发展。事实上，每一个新阶段的出现都是博物馆功能不断丰富完善的过程，是服务方式转变的过程。传统的博物馆服务是相对被动的，博物馆提供相对单一的服务，人们只能实地参观，被动接受；虚拟博物馆实现了网上远程访问浏览浏览，拓展了时空边界，随时随地根据需求参观；智慧博物馆则让博物馆的参与要素相互影响、相互作用，让博物馆动起来，成为活的博物馆。在博物馆中应建立更透彻的物件感知，利用任何可以随时随地测量、捕获和传递信息的设备、系统或流程，传递博物馆物质元素之间的状态变化，并促发系统适应性的改变；建立更加全面的互联互通，消灭信息孤岛，使人与人、人与物之间形成系统化的协同工作方式；在感知和互联互通的基础上形成深入的智能化运作体系，在数据基础和协同模式的支持下，获取更智能的洞察并付诸实践，进而创造新的价值。

博物馆一方面要进一步推动博物馆的核心业务智能，如教育、研究、保护、传播、展示、出版、科研等等这些核心业务的推动，同步也要发展智慧博物馆的建设。在核心业务的推动基础上，搭建好资源数据大平台，在资源数据大平台的基础上做好两大系统，分别是对外的智慧服务系统和对内的智慧管理系统，而且实体博物馆的工作推进和智慧博物馆的建设应该是同步推进、同步发展，两馆的建设应该是有一种有机的融合，不能分裂开来考虑。

（二）注重基础数据采集，实施全馆全员的共建机制

数据来源应该来自博物馆自身，技术方专业团队研发的是一种计算方式、一种数据的储存方式，提供相应的技术支撑以满足博物馆的智慧需求。数据是博物馆以及跟博物馆相关联的人无时不在产生的数据，博物馆需要完整记录下来。所以，现在的博物馆管理一直在提倡所有员工既是数据资源的生产者、提供者，也是资源数据的使用者和管理者。

湖南省博物馆正在做场馆的3D方案，把数据的采集利用和数据库的建设维护放到了每一个部门和每一个岗位的通用智能里面。也就是说通用工作内容里每一个岗位和每一个部门都要有采集、利用和建设维护数据和数据管理的通用工作职能，而且要提升全馆的协作共建意识，建立数据的长效采集机制。在博物馆智慧化的初级阶段，传统的数据工作也不能废除。目前，湖南省博物馆在数字化的运用方面分为两步走，在兼顾传统工作模式的情况下，员工也开始学习用数字化的方式操作记录数据。博物馆的每一位员工既是实体博物馆的实际操作者，又是数字化的操作者，从两个维度去完成一份本职工作。

（三）数据结合建筑信息，提升管理服务水平

湖南省博物馆以公众和博物馆从业人员为中心，满足公共服务内部管理需求，特别是对博物馆的各个部门和各个行业对我们需求的考核为目标，准备建设一个综合运行管理和智慧平台。

在综合运行管理和智慧平台的建设上，湘博的一个创新之处，就是在新馆建成的同时做了一个BIM模型，即建筑空间的数据化工具。它把博物馆的数据和三维空间对应起来，做成了BIM加博物馆的综合业务大数据的融合，突破了原来web二维和数据关联的系统。该系统可以发挥三大效能：

1. 业务数据监测与联动

博物馆不仅要保护文物，研究文物的各种内在价值，还要通过一些手段把研究成果展示给公众，在保护好文物的同时尽量将更多的内容展示给感兴趣的观众。而一个博物馆的核心是馆藏文物，由于文物的不可再生性和历史价值，很多都不能直接展示给观众，因此，数字化的藏品资源就显得尤为重要。

现在，众多博物馆经过第一次文物普查，已经基本完成了简单的藏品数字化采集工作，更有一些走在前列的博物馆已经完成了文物三维扫描，可以用AR、VR、MR等各类技术实现虚拟展示。文物会说话，但不是每个人都能听懂，我们可以利用数字化资源，让每个人都能听懂文物“说”的内容。合理利用数字化采集成果是建设智慧博物馆的第一步。数字资源独立展示会产生一种类似实体场馆的静态观感，观展体验相对单调，而智慧化的多维度数字资源整合会对观众产生不一样的冲击，既有图文展示，又有立体显示，同时利用互联网及物联网技术，可及时反馈，大大提高了互动性，让孤立简单的数字资源彻底活起来，让观众犹如身处文物所在的历史背景中。有了BIM与综合运行管理和智慧平台的融合，就可以使文物保护数据、游客参观数据、空间数据、环境数据，实现以空间为载体的联动。

2. 部门之间共享与协同

这些数据放在同一个平台上能突破博物馆的壁垒，能给部门之间的合作与协同产生很大的益处，避免部门单打独斗。打造全馆协同共建机制需要博物馆要根据其建设目标、运营机制、业务流程等优化组织机构，整合资源和人员，使组织运行管理更高效。

3. 综合运行分析与决策

这种三维空间和数据的联动，为我们综合运营的分析和决策带来了更直观、更具像的数据依据。

综合运行管理和智慧平台一期建设包含了内容开放、教育、文创，等等；二期内容包括了消防、车辆、安防、门禁等建设。这个智慧平台目前仅搭建好了框架，里面还没有装不同的数据。未来将通过利用现有的数据，打通数据壁垒，构建一个综合运行、分析与决策的智慧化平台。

二、湖南省博物馆智慧化建设成果

湘博的智慧博物馆建设围绕应用、管理、保护三个核心领域，以“一个覆盖全馆的大数据中心”“一个智慧化信息系统云平台”“一套可持续发展的智慧生态体系”和“一座智能化的现代博物馆场馆”为主要设计思路，并以更好地服务广大公众为理念，力图打破传统博物馆的藩篱，消除博物馆行业内外的边界，改变传统保守的现象，让社会公众可以自由积极地利用博物馆资源、享受博物馆服务、参与博物馆建设，真正打造一个属于公众的“我们的博物馆”。

智慧化博物馆的探索对于传统的博物馆业务产生了巨大的影响，实体博物馆的“物—人”的二元关系转变为智慧博物馆的以人为本的“物、人、数据”动态双向多元关系。由于信息传递模式发生了根本改变，博物馆的发展将迎来新的发展机遇，博物馆在与各科技单位进行合作后服务、保护和管理水平将有望实现整体提升。为更好地建设智慧博物馆，湖南省博物馆湘博技术合作伙伴华为提出了与馆方合作的界线：上不碰运营，下不碰数据。很明确地表达了目前大部分科技公司的态度：只作为技术提供方，不触及博物馆的运营模式、干预信息安全。但是对于博物馆来说，要想建设好智慧博物馆，必须要保存好数据、利用好数据，清晰未来化运营理念，给技术提供方明确的技术需求、可调用的数据、指导性的内容。同时，在保证信息安全和以内容为主导的智慧建设同时，也要思考未来智慧博物馆如何在技术的加持下让文物活起来、让历史讲故事。

最近两年，湖南省博物馆与百度合作开发了湘博专属小度机器人，以湖南名人为向导开发了移动端AR讲解内容。湘博还与MR公司合作开发了“长沙窑MR体验”，不仅增强了传统展览体验互动模式，也辅助开展了多堂公众教育课程。

湖南省博物馆与本地企业打造了马王堆专题VR体验区域，强化了观众对汉文化的理解。在数字化的采集运用方面，湘博也与天津大学开展了音乐知识图谱的课题研究。现在很多馆都在做可视化的知识图谱，而湖南省博物馆把知识图谱的研究起点聚焦在了音乐文物上，完善了博物馆知识图谱研究中的一个重要维度——可听化，丰富了以往的博物馆知识图谱结构。

2019年5月18日国际博物馆日，湖南华为公司为湘博搭建了全国首家5G全覆盖的博物馆网络基站。一旦湖南省博物馆全面利用5G终端，馆内的数据吞吐速度将呈指数级上升，这也会为博物馆未来本地化应用提供了更多便利。

湖南省博物馆在数字展示方面的投入众多，其以内容需求为导向是首要考虑的方面。近几年举办的特展、临展，因为针对展馆、展项以及展线表达进行了客制化的数字搭建，在增强展览内容表达的同时，更突出了湖南省博物馆的数字化展示态度。他们通过运用成熟的先进技术，在给观众带来互动体验的同时，还讲述着打动人心的博物馆“故事”。

三、湖南省博物馆智慧化建设中遇到的问题及思考

湖南省博物馆智慧化的道路上经过了多年的实践摸索，就目前自身遇到的发展问题进行了细致剖析：

（一）智慧化建设应缺乏战略高度认识，全局统筹无法推进

从某种意义上来讲，智慧博物馆的建设就是通过数字化、信息化、智能化赋能，最后达到智慧化，给博物馆增添一对“智慧”的翅膀。以目前的智慧化建设进程看来，湖南省博物馆还处于智慧博物馆的初级阶段。智慧建设是一项长期且艰巨的任务，数据的来源以及数据的选择需要长时间积累，是与各要素相适应的过程，在技术不断迭代升级的情况下需要迅速地适应新需求，搭建数据平台，构建不同的“智慧系统”，催生不同领域的“智慧应用”。因此，把握智慧化基础的数据，就显得尤为重要。

数字化、信息化、智能化与智慧化不是层层取代的关系，而是呈现出金字塔形的稳固结构，以数据为基础，有序搭建、层层上升到信息化、智能化、从而成为博物馆智慧化的垫脚基石。目前大多数博物馆在智慧化建设战略上没有进行全局的统筹推进，在智慧化的进程中形成断层，许多数据采集后并没有被有效利用起来，大量信息化成果没有形成兼容性接口，导致以往的数据无法接入到新的系统中，以往有价值的内容被遗弃。在博物馆未来的规划中，需要通过智慧化的方法把博物馆的建设纳入到科学化、标准化和规范化的轨道当中来，一步一步实现博物馆的智慧化建设工作，从新的高度规划搭建智慧博物馆道路。博物馆人需站在博物馆全局及未来发展规划视角，根据博物馆自身特色，做好智慧博物馆建设顶层设计，理清各种界面、层级、关联等，再有序地分步实施。技术服务于内容，内容的设计和协调才是核心。整合各类应用和数

据，进行多维度关联分析与评估，适时创新应用，实现智慧运营和管理。

（二）部门不可单打独斗，打造全馆协同共建机制

在博物馆智慧化设计思路上，湖南省博物馆一直希望打造“一个覆盖全馆的大数据中心”，以人为核心，部门为节点，实物为载体，数据为基础，共建一个全馆协同的“大数据中心”。然而在博物馆数字化的实践过程中，数据中心依然作为主要业务部门，所有数字化工作全部是一个部门的事情，全馆其他部门没有协同产生数据的能力，运用数字化的责任与义务体系也没有界定清楚。在构建“大数据中心”的执行层面略显单薄，没有构成全馆协同共建整体框架。

博物馆要不断提升博物馆人员的专业技能。智慧博物馆涉及新兴技术与博物馆行业传统理念的碰撞，交叉学科、复合型技术和管理人才普遍稀缺，应加强高素质文博行业技术和管理人员、技术人员的引进和培养，让所有部门员工都具有产生数据的能力，运用数据的能力。亦可设置数据专员到各个部门，联合打造全馆协同共建机制，为智慧博物馆建设提供保障。

（三）不以技术应用为导向，以实际需求为核心

智慧博物馆的建设不应被新技术主导，应坚持以核心业务需求为导向，在科技与文化融合并有人工智能参与核心驱动的条件下，具备持续进化、不断演变、提升自身的能力。

博物馆的建设一定要分清这技术与需求的主次关系和逻辑关系。多年以来，由于陷入了技术主导的误区，业内对数字博物馆的内涵与外延争论不断，致使数字博物馆的建设缺乏清晰的路线图，甚至导致声光电技术在博物馆的滥用，“秀技术”的现象非常普遍，数字博物馆只是简单把实体博物馆移植到线上，知识网络十分匮乏。内在机制层面上，数字博物馆为单向信息传递模式，导致了数字博物馆所提供的信息的时效性、真实性、交互性和现场体验感与实体博物馆存在巨大的差异。同时，这也加剧了博物馆内部各自为政和信息孤岛的形成，对管理、保护和研究工作的系统支持有限。

智慧博物馆应当要坚持需求驱动、业务引领，通过重新梳理和构建博物馆各要素的关联关系而形成合力，加强博物馆服务、保护和管理工作的协同，以达到智慧化融合。

（四）提升数据关联度，产生数据利用数据

目前，湖南省博物馆采集了各种各样的数据，包括珍贵文物数据、观众的行为数据以及文物的腐蚀病害数据，等等，但是彼此数据之间的关联度是很低的，所以现在产生了大量数据而无法有效利用联系起来，陷于于数据冗杂、相互拉扯的关系，无法构成庞大的博物馆知识网络。在数字博物馆不断发展的过程中，会产生越来越多的数据，原始人工筛选压力逐步增加，普通电脑承载的计算能力有限，因此构建博物馆的知识图谱工作迫在眉睫。利用云计算、大数据分析、知识标注平台的搭建，可实现藏品的筛选、文物的研究、保护工作、宣教信息的精准发布、馆藏文物的知识引申，开发出更多符合博物馆受众的衍生产品。挖掘观众的习惯及喜好，合理布置展览，科学引导观展，从而利用研究成果最大限度地为社会服务，体现博物馆自身的价值。

四、结语

智慧博物馆的理念在“互联网+”的技术推动下，打破了传统内向的思维定式，从藏品管理、陈列展示、公众教育和电子系统等方面都发生了重大创新与变革。同时，博物馆的管理者也应借助互联网的用户思维、平台思维、迭代思维等，把社会资源、信息资源和物理资源进行深度融合，提升管理水平。

国家文物局于2016年10月发布了《关于促进文物合理利用的若干意见》，分别提出了六项举措：扩大文物资源社会开放度、促进馆际交流提高藏品利用率、加强革命文物展示利用、创新利用方式、落实文化创意产品开发政策、鼓励社会力量参与。《“互联网+中华文明”三年行动计划》也主张从“互联网+文物教育”“互联网+文物文创产品”“互联网+文物素材创新”“互联网+文物动漫游戏”“互联网+文物旅游”“渠道拓展与聚合”等多个方面着手，激发企业创新主体活力，形成更多的“互联网+中华文明”优秀产品。

建设智慧博物馆不是一朝一夕的事，博物馆在看到远大前景的同时也应合理规划利弊，在保证文物安全、网络安全的前提下实现科学发展。博物馆始终需要人为它注入知识，在数据不断扩充的前提下进行合理分析与创造，这样才能最终实现智慧化博物馆建设的目标。

让智慧文博最终服务于社会，服务于民众，服务于这个充满挑战和机遇的“智能+”时代，是我们博物馆人终身的事业。

江西省博物馆新馆智慧化建设

赖金明*

引言

江西省博物馆筹建于1953年，是全省最大的综合性博物馆、首批国家一级博物馆、全省爱国主义教育基地，藏品总数58916件（套）。其中，一级文物370件（套）、二级文物1063件（套）、三级文物9220件（套）、一般文物48263件（套），以青铜、陶瓷类文物最具特色，数量多、品位高，在全国省级博物馆中占有重要地位。特色藏品有新干大洋洲出土商代青铜器，贵溪崖墓出土东周漆木器和原始瓷器，明代藩王墓出土文物，历代陶瓷器，江西名人书画，江西近现代革命文物等。

2020年9月，江西省博物馆新馆正式开馆，新馆建筑面积8.6万平方米，展陈面积2.8万平方米，由8个常设展览和3个临时展厅构成，全图景展现江西大历史格局和文化特色，高质量满足新时代公众多元需求，成为江西省自然生态、历史文化、经济社会、风土人情的集中展示平台，地方个性化形象和国内外文化交流的宣传窗口，江西省文化新地标。

为进一步提升科研文保能力、运营管理水平与公众服务效果，江西省博物馆综合运用现代信息技术，对文物保护、管理运营、观众服务、展览展示进行了全面技术升级，形成了集智慧保护、智慧管理、智慧服务于一体的智慧博物馆体系。智慧博物馆建设将推动江西省博物馆成为历史与现代、经济与社会、

* 赖金明：江西省博物馆信息资料部主任，研究馆员。

文化与旅游、保护与服务、地域性与国际性和谐共融的行业典范。

一、建设背景及目标

博物馆是保护和传承人类文明的重要殿堂，是连接过去、现在、未来的桥梁，在促进世界文明交流互鉴方面具有特殊作用。博物馆在发挥社会功能的实践中，既要写好“立足中国、服务公众”的大文章，也要奏响“放眼世界、交流互鉴”的交响乐。通过擦亮金色名片、讲好中国故事，传播中华民族勤劳智慧、友善包容的优秀品质，促进与世界各国民心相通、文化融通，推动构建人类命运共同体。

当前，我国博物馆事业迎来了历史发展的重要机遇。以习近平总书记为核心的党中央高度重视博物馆建设，将博物馆事业与国家战略、国运发展密切相联，将其作为覆盖城乡、便捷高效、保基本、促公平的现代公共文化服务体系的重要组成部分。2018年7月，中办、国办印发《关于加强文物保护利用改革的若干意见》，将“激发博物馆创新活力”作为一项重要改革任务。各级政府不断加大对博物馆事业的投入，着力提高公共文化产品供给能力，努力保障人民基本文化权益。博物馆工作者欣逢伟大时代，有幸参与传承中华优秀传统文化、继承革命文化、发展社会主义先进文化的伟大事业，理应按照新时代的要求，坚定地迈出改革发展的新步伐。

立足江西、面向全国，先行先试、重点突破。江西省博物馆新馆智慧博物馆系统项目以建成国内领先的智慧博物馆体系为总体目标，以习近平新时代中国特色社会主义思想为指导，以有利于提供多样化的文化产品与服务为原则，通过观念创新、技术创新和模式创新，坚持核心业务需求引领，综合应用测绘地理信息、物联网、大数据、云计算等先进数字信息技术，构建以全面透彻感知、宽带泛在互联、智能整合应用为特征的博物馆发展新模式和新形态，实现江西省博物馆保护、管理、服务等各业务的数字化转型和智慧化升级，推动博物馆事业高质量发展，更好满足人民美好生活需要。

二、服务对象

江西省博物馆新馆智慧博物馆系统项目服务对象包括领导层、工作人员及社会公众。

（一）领导层

该类服务对象主要为江西省博物馆领导。智慧博物馆系统通过采集归纳、统计分析并可视化呈现博物馆各类感知数据、业务数据，为领导层相关运营管理决策提供数据支撑。

未来，智慧博物馆系统还可与国家文旅部、江西省文旅部相关系统进行集成和数据共享，从而为更高级别领导提供决策支持。

（二）工作人员

该类服务对象主要为江西省博物馆应用和运维智慧博物馆系统的工作人员。智慧博物馆系统致力于打造全面、高效的内控协同管理体系，为多个部门都提供了相应应用系统，如藏品管理部相关工作人员可应用藏品管理系统进行藏品管理，文物保护部相关工作人员可利用修复管理系统跟踪文物修复过程，展览设计部相关工作人员可利用虚拟布展系统模拟布展效果。江西省博物馆新馆智慧博物馆系统由信息资料部专业技术人员负责运行维护。

（三）社会公众

该类服务对象可分为普通公众和专业公众。一方面，智慧博物馆系统可为普通公众提供信息展示、网上预约、智能导览、在线观展等线上线下一体化服务；另一方面，江西省古代名人专题知识服务平台还可为馆外文博工作者、科研工作者、文化教育工作者等专业公众提供全方位深入了解江西省古代名人其人、其事的窗口。

三、主要建设内容

（一）顶层设计先行，筑牢智慧根基

构建智慧博物馆的要点在于充分做好智慧博物馆的顶层设计，以智慧化设备间的透彻感知和智慧化应用间的协同融合，真正服务于博物馆业务发展。2018年11月，江西省博物馆投入45万元对智慧博物馆顶层设计方案编制进行公开招标。各级领导高度重视顶层设计工作，新馆建设期间，国家文物局副局长关强专程来到江西省文化中心项目建设现场，为新馆智慧博物馆建设提出了许多建设性指导意见。

2019年7月，基于智慧博物馆顶层设计方案，江西省博物馆开始了耗资1400余万元的新馆智慧博物馆系统建设。

（二）数据融合共享，服务智慧决策

借助物联网、大数据、云计算、人脸识别、智能视频分析等先进技术，适度超前规划江西省博物馆新馆智慧博物馆系统IT架构，依托客流监控摄像头、安检门、闸机等各类感知设备和智能化系统，对博物馆环境、状态、位置等信息及其变化进行智能识别、立体感知。开发大数据可视化系统，与藏品管理系统、展览管理系统、观众管理系统、志愿者管理系统、销售管理系统等业务系统对接，智能融合、科学分析、可视化呈现各类感知数据和业务数据，支持博物馆领导层直观、全面感知博物馆运营情况，支撑各项战略决策的制定。

（三）知识挖掘可视，服务智慧研究

以江西古代名人知识为主体，基于江西省博物馆馆藏资料以及相关研究资料、学术文献、互联网数字资源、名人传记及书籍等海量数据为基础，利用互联网、大数据、知识图谱、人工智能等技术建设江西省古代名人专题知识服务平台。平台以专题知识为驱动，以线上、线下展览展示为表现形式，基于丰富的古代名人知识图谱数据库和敏捷灵活的知识服务支撑平台组件开发包括名人百科、名人知识检索、名人生平、名人社会关系、名人故事、名人行迹图、名人作品、名人故事，为文博工作者、科研工作者、文化教育工作者及社会公众提供关于江西省古代名人的权威、丰富、富于表现力的知识展示、探索、学习及互动服务，帮助全方位地深入了解江西省古代名人其人、其事，走进江西古代名人精神世界，提升博物馆研究、展示、教育和传播水平。

平台具体建设内容包括以下两个方面：

（1）建设一个以江西省古代名人为主题的专题知识库，涵盖江西历代名人相关的地、事、物等知识实例数据、实例数据之间的关联关系三元组数据、与实例相关联的资源数据。

（2）建设江西省古代名人知识服务系统，包括线上网站应用与线下触控大屏应用两个部分。线上网站应用围绕知识库进行知识的可视化呈现，以知识百科、知识检索、名人生平、名人社会关系等功能全方位展示江西古代名人知识，侧重知识的全面性以及满足专业研究人员对江西古代名人生平、所处时代的重大事件、遗址、地理文化甚至名人故居等知识的了解和深度探索需求。线下触控大屏应用则侧重互动性设计和知识的关联展现，以提升观众对古代名人知识的兴趣为主。见图1。

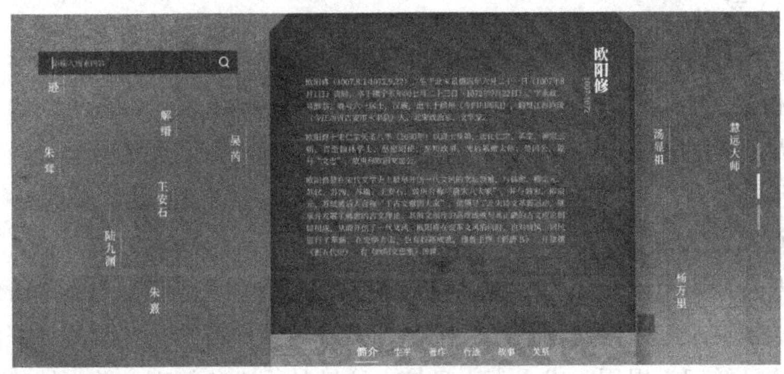

图1　知识图谱

（四）全面内控协同，服务智慧管理

江西省博物馆新馆智慧博物馆项目着眼从全局和根本上解决长期以来困扰信息化建设的“各自为政、条块分割、烟囱林立、信息孤岛”问题。通过构建四大应用支撑平台——基础应用支撑平台、大数据应用支撑平台、知识图谱应用支撑平台、GIS应用支撑平台，集成具体个性业务应用逻辑模块，为各类应用系统开发提供强大的应用共性功能模块支撑。这样既能显著提高开发效率，又能为各类应用系统集成提供统一标准接口。在此基础上，独立研发各类应用系统，但又对各类应用系统数据库系统进行统一管理，如此结构保证了系统上线后运行稳定，升级方便，又可快速地根据需要打通各类应用系统之间的数据交换通道。通过应用支撑平台，对业务信息门户、修复管理系统、OA系统、藏品管理系统、数字资源管理系统、展览管理系统、观众管理系统、志愿者管理系统、讲解员管理系统、资产管理系统等多个应用系统进行整合，实现业务流程跨部门集成、文物数据关联使用、用户身份和权限统一认证、业务数据分级呈现，切实解决“信息孤岛”问题，有效推进博物馆管理制度化、流程化、规范化，打造全面、高效的内控协同管理体系。

代表性应用系统功能如下：

1. 业务信息门户

业务信息门户通过统一的信息访问渠道、统一的用户认证、统一的功能入口，把内部和外部各种相对分散的信息组成一个整体。系统用户可通过该系统进入个人业务功能模块，进行日常办公，查看个人工作、数据、资料和通知公告。

2. 修复管理系统

定制开发修复管理系统，主要为技术部负责文物修复的工作人员服务，实现对修复仪器设备、化学药品、修复材料、修复过程的数字化管理、标准化记录，并对修护保护成果进行跟踪分析，进而支持文物修复技法提高，帮助博物馆建立健全科学的文物修复机制。

3.OA 系统

OA系统通过与钉钉集成，支持各部门在设定的工作流驱动下，对各项办公事务和公文进行全面、完善的协同管理，提升跨部门、动态团队的工作效率，满足组织机构办文、办事、沟通、协作、共享的管理需求，减轻工作负担，节省办公费用。

4. 藏品管理系统

江西省博物馆以全国第一次可移动文物普查技术规范和馆藏文物著录标准为基础，采集录入馆内文物信息，定制开发藏品管理系统，实现藏品征集、入馆、入藏、登记、提用、出入库、盘核、注销的标准化管理，并支持藏品信息统计和检索。

5. 数字资源管理系统

江西省博物馆积累了大量的数字资源，包括数字文档、平面影像、三维模型、建筑模型、地图数据、全景、音频、专题片等。通过定制开发数字资源管理系统，实现上述数字资源的统一存储、管理和利用。

6. 展览管理系统

将在办展过程中积累的大量素材和资料，包括展览大纲、设计图、影视资料、照片等，通过定制开发展览管理系统，实现展览活动的全生命周期管理以及上述素材资料的统一存储、管理和利用。

7. 观众管理系统

观众是博物馆的核心用户群。定制开发观众管理系统（见图2），为每个观众建立档案记录，监控观众客流量，收集观众基本信息、行为偏好、观众评价等信息；还可通过观众行为分析算法，对观众入馆情况、观众预约情况进行统计分析。

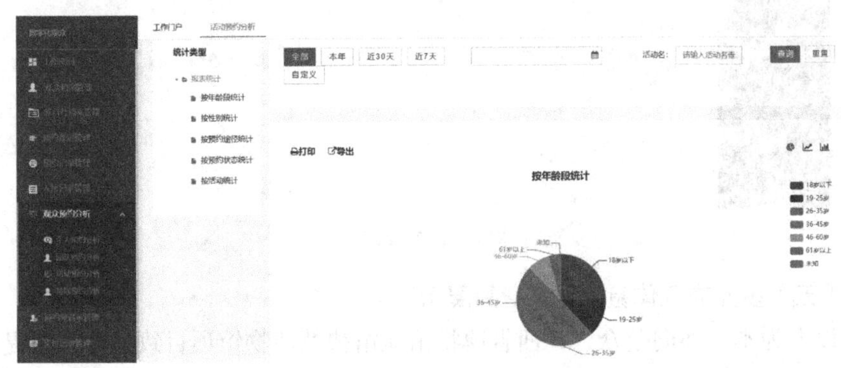

图2 观众管理

8. 志愿者管理系统

定制开发志愿者管理系统（见图3），实现对志愿者档案、考勤、服务任务、服务评价的统一管理和统计分析，促进志愿者管理规范化，吸引更多文博爱好者参与博物馆工作。

可选志愿者

姓名:　查询　重置

#		头像	姓名	服务岗位	性别	所在组
1	☑		黄乐颜	公共讲解,咨询服务,文明督查	女	小小志愿者
2	☐		樊嘉诚	公共讲解,咨询服务,文明督查	男	小小志愿者
3	☐		李沐彤	公共讲解,咨询服务,文明督查	女	小小志愿者
4	☐		胡文清	公共讲解,社教活动,宣传推广,公共服务	女	成人志愿者
5	☐		田磊	公共讲解,社教活动,宣传推广,公共服务	男	成人志愿者
6	☐		万晶晶	公共讲解,社教活动,宣传推广,公共服务	女	成人志愿者
7	☐		许希红	公共讲解,社教活动,宣传推广,公共服务	女	成人志愿者
8	☐		余盟	公共讲解	男	组一

图3 志愿者管理

9. 讲解员管理系统

定制开发讲解员管理系统，实现对讲解员档案、考勤、讲解任务、讲解评价的统一管理和统计分析，促进讲解员管理规范化，提升博物馆公众服务效果。

10. 资产管理系统

定制开发资产管理系统（见图4），以现代化信息技术手段实现对房屋、建筑物、机器、机械等固定资产的采购、入库、领用、分配、转移、报修和报废等过程的管理，显著减轻核算工作量，推动固定资产利用科学化。

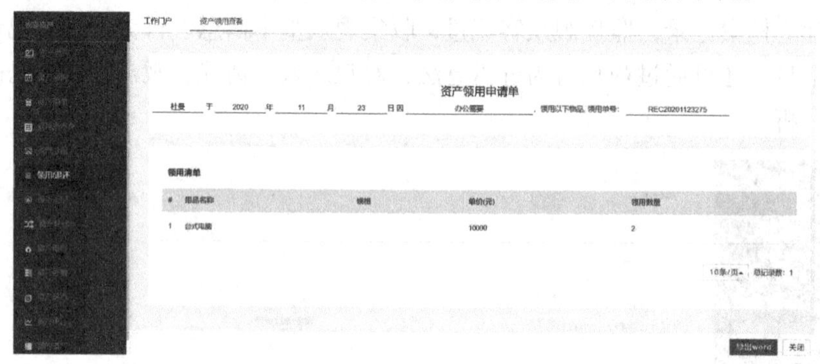

图4　资产管理

（五）多元交互体验，服务智慧展示

以人为本，面向公众，江西省博物馆新馆智慧博物馆项目致力为观众提供富有交互性和沉浸感的观展体验。综合应用各项信息技术，对江西省博物馆珍贵文物进行数字化采集制作，构建出丰富的文物数字资源库，支撑江西省博物馆公众服务、展览展示、运营传播等工作的进一步开展。在此基础上，定制化开发公众信息门户、官方网站、微信公众号、预约系统、智能导览系统、VR全景数字博物馆、微信小程序、App、宣传片等，打造贯穿观展全流程的线上线下一体化参观体验，并以拥抱新时代的宣传推广方式，不断扩展江西省博物馆受众群，增强江西省博物馆影响力、吸引力。

代表性应用系统功能如下：

1. 公众信息门户

公众信息门户与博物馆官方网站对接，当社会公众在官网中登录后，公众信息门户会把各种公众应用和数据资源统一到一起，为公众提供访问服务入口。公众信息门户包括统一的用户认证、统一的信息访问渠道、统一的功能入口，一旦用户登录认证，即可访问智慧博物馆的多个公众应用系统，如我的预约、我的足迹、我的课程、我的通知、个人信息等，为社会公众提供极大的便利。

2. 官方网站

江西省博物馆在2018年就对其官方网站（见图5）进行了大规模改版，强化了官方网站服务性、实效性、知识性、趣味性、体验性的特点，致力于为观众创造更舒适的浏览体验和更优质的互联网服务模式，提升博物馆文化的传播力。为满足国际化发展、适应移动端浏览习惯和提高智慧化服务水平等需求，在智慧博物馆系统项目建设过程中，江西省博物馆对官方网站进行再次升级，扩展原有网站的专题管理功能，并增加英文版网站和适应于移动端的WAP网站。新版官方网站对江西省博物馆文化特色、服务理念传递及新馆开放宣传起到重要作用。

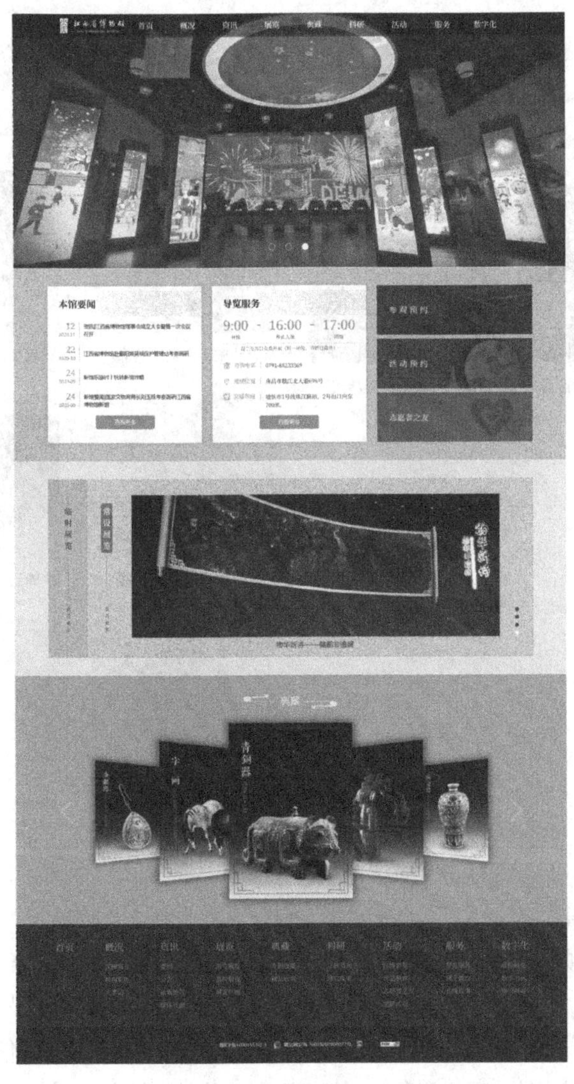

图5　官方网站

3. 微信公众号

微信公众号是江西省博物馆向社会公众展示风采的重要窗口、为社会公众提供服务的关键入口以及与社会公众互动交流的重要手段。因原有微信公众号内容、功能庞杂，互动性不足，在智慧博物馆系统项目建设过程中，江西省博物馆重新梳理公众号功能模块逻辑，划分资讯板块、服务板块和交互板块。资讯板块包括江博简介、常设展览、临时展览、虚拟展览和精品典藏；服务板块包括江博预约、智慧导览和文创微店；互动板块包括留言板和志愿者服务。新版微信公众号（见图6）强化了博物馆微信公众号的服务能力和互动水平，保障了博物馆各项工作的开展。

图6　微信公众号

4. 预约系统

定制开发预约系统（见图7），为观众提供各类预约服务，包括个人预约、团队预约、活动预约等。观众可通过官方网站、微信公众号等渠道完成个人信息注册后再进行预约，在自助预约机上进行人脸信息和证件信息采集，通过身份证或者人脸识别过闸机进馆，真正实现“无感入馆”。该系统在提升观众体验的同时，也为博物馆收集了系统的观众数据，支持了博物馆相关运营决策。

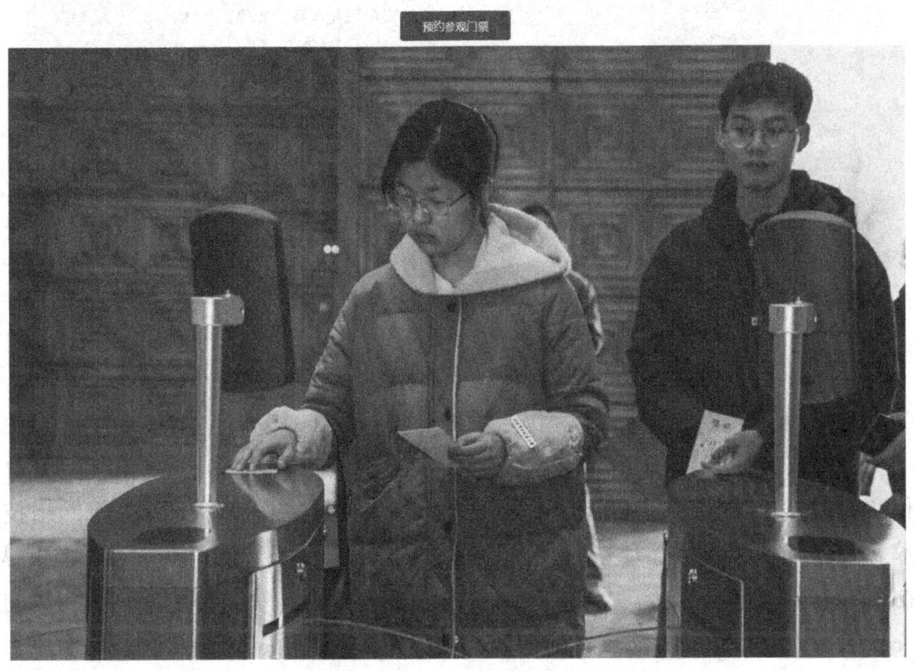

图7　预约系统

5. 智能导览系统

智能导览系统（见图8）通过显示分楼层的博物馆室内地图的方式，辅助观众了解博物馆；在地图上显示博物馆内的服务设施、精品藏品等，便于观众找到感兴趣的设施及藏品的地点；提供扫码讲解、智慧讲解等观众导览服务，观众扫描二维码即可免费享受“走哪听哪”的高品质语音导览服务。

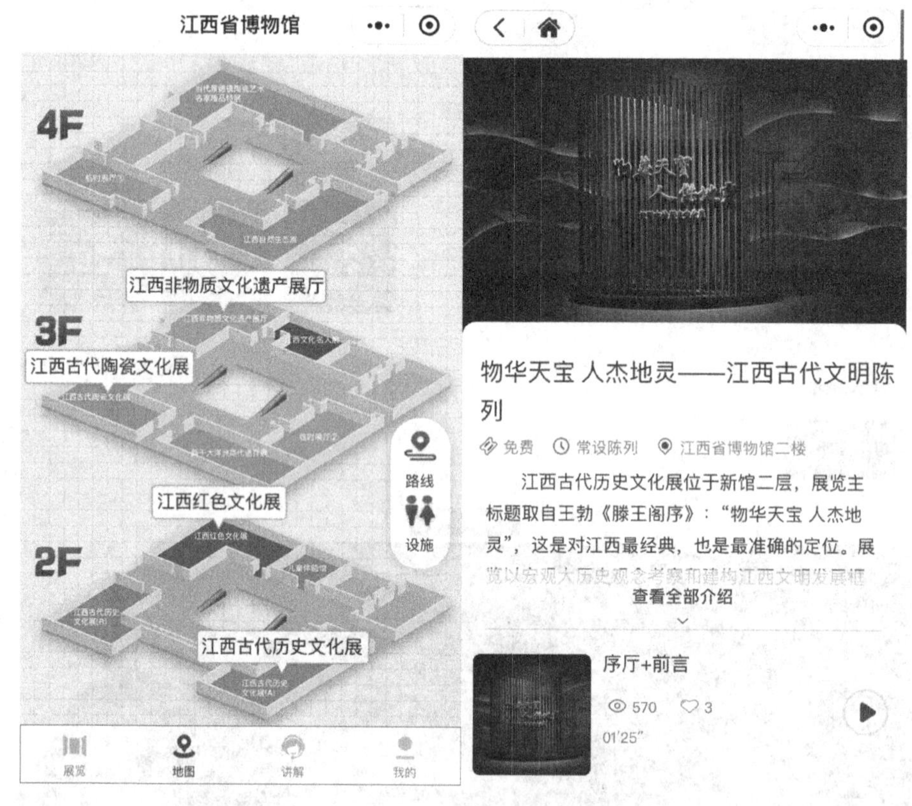

图8　智能导览

6. VR全景数字博物馆

传统实体博物馆的展览在时间上受到诸多局限，制约了博物馆社会教育和文化传播的功能。运用虚拟现实技术、三维图形图像技术、计算机网络技术、立体显示系统、互动娱乐技术、特种视效技术，定制开发VR全景数字博物馆，将实体博物馆以三维立体方式完整呈现在线上，突破传统实体博物馆的各种限制，丰富藏品展陈方式，扩展展陈内容，提升博物馆公众服务水平。

7. 微信小程序

定制开发微信小程序（见图9），实现部分日常管理服务业务，包括志愿者管理、预约和乐享卡管理等。微信小程序无需下载安装，具有用完即走、触手可及、便于分享的特点，适用于低频需求。小程序开发和维护的成本较低，江西省博物馆通过开发微信小程序辅助业务服务，能快速收集观众数据，提高服务水平。

图9　微信小程序

（六）谋划统一标准，集成智慧力量

智慧博物馆建设是一个复杂的系统工程，涉及复杂的业务流程、多样的数据类别、大量的技术应用、众多的参与主体和长期的建设过程。因此，我们以国家标准、行业标准为依据，以博物馆实际情况为基础，遵循系统性、可持续性和实用性原则，编制了覆盖江西省博物馆智慧博物馆建设方方面面的标准规范（见表1）。这些标准规范，以严谨的标准框架和内容体系，约束、指导江西省博物馆新馆智慧博物馆项目各项建设工作的长期顺利进行，保证成果质量，助力当期成果与未来远期成果互联互通，破解智慧博物馆落地实际难题，为我国智慧博物馆建设提供宝贵经验借鉴。

表1　标准规范

序号	标准规范
1	江西省博物馆文物数据分类编码规范
2	江西省博物馆文物指标体系
3	江西省博物馆平面影像数字化采集与处理规范
4	江西省博物馆文物线划图数字化采集与处理规范
5	江西省博物馆藏品信息登记著录规范
6	江西省博物馆新馆智慧博物馆数据登录规范
7	江西省博物馆文物三维数字化采集与处理规范

续表

序号	标准规范
8	江西省博物馆系统业务管理协同工作规范
9	江西省博物馆数据交换接口规范
10	江西省博物馆系统模块接口规范
11	江西省博物馆系统运行维护规范
12	江西省博物馆安全管理规范
13	江西省博物馆建设实施规范

四、特点优势

（一）理念领先

江西省博物馆新馆智慧博物馆系统项目以行业理念的引领者和创新者为目标，其设计理念是：

1. “一站式”：进一步破除“重建设、轻运营”的博物馆发展窠臼，致力于为馆内用户提供一站式、定制化办公组合，为观众提供一站式、无障碍的参观体验。

2. “事找人”：以事件驱动的方式将办公协作中产生的工作事件推送给用户，强化管理能力，提高工作效率。

3. “智慧大脑”：基于以人为本原则，以实时获取的库房、藏品、展览、观众等数据为中心，通过数据挖掘和分析展示，为博物馆运营提供智慧化支撑和科学决策辅助，推动博物馆运营管理科学化、公共服务高效化。

4. “宽带泛在互联”：通过覆盖全馆的各类有线、无线网络形成有效连接，提高智慧博物馆系统信息获取与反馈的能力，实现博物馆中物与物、人与物、人与人的全面互联、互通、互动。

5. “全面透彻感知”：依托基础设施，借助物联网技术、无线视频技术和传感网络技术等，实现随时、随地感知、测量、捕获和传递信息。

6. “智能融合应用”：打破博物馆“资源孤岛”和“应用孤岛”，致力构建目标统一的生态体系，统一调配全部馆内资源，实现“1+1>2”的效果。

（二）架构科学

综合利用移动互联网、云计算、大数据、物联网等技术，构建具有高扩展性、高健壮性、高可维护性、高开放性的多层级、平台化、模块化的总体架构，实现江西省博物馆新馆智慧博物馆系统项目建设内容的并发建设、增量建设，提高建设效率，保证建设质量，并可适应未来业务需求的变化和技术变化。

（三）技术先进

第一，江西省博物馆新馆智慧博物馆系统项目建设采用先进的工程化技术，具有系统性、计划性、周密性、完整性。

第二，江西省博物馆新馆智慧博物馆系统项目建设采用先进的数字化技术，包括二维扫描技术、摄影测量技术、图像处理技术、三维重建技术等，实现对文物纹理、色彩、结构的完美复制，以误差极小的二维、三维成果，支持文物研究、保护与展示。

第三，江西省博物馆新馆智慧博物馆系统项目建设采用先进的信息化技术，具体来说，采用微服务架构解决传统单体架构存在的应用规模受限、可靠性较低、应用难升级等问题，采用具有耦合度低、可重用性好、界面和应用逻辑可独立开发、可测试性强的基于前端开发的架构设计，采用GIS技术实现对空间属性信息的有效管理和直观展示，采用云计算技术实现对博物馆信息资源的统一安全存储和高效率数字化管理。

第四，江西省博物馆新馆智慧博物馆系统项目建设采用先进的智能化技术，其中，物联网技术和大数据技术共同支持了江西省博物馆大数据采集、挖掘和分析，知识图谱技术用于对江西省博物馆海量文化遗产数字资源进行重新组织、表达和展示。

（四）功能全面

江西省博物馆新馆智慧博物馆系统项目在充分挖掘江西省博物馆需求的前提下，建设基础应用支撑平台、大数据应用支撑平台、知识图谱应用支撑平台、GIS应用支撑平台，为业务系统开发提供支撑；建设业务信息门户、OA系统、修复管理系统、藏品管理系统、展览管理系统、观众管理系统、资产管理系统、江西省古代名人专题知识服务平台、预约系统、智能导览系统等28个应用系统，全方位满足博物馆多元化运营管理需求和展示服务需求。

（五）使用灵活

建设业务信息门户，把各种应用服务集群中的功能、数据资源和互联网资源等统一到一起，为博物馆用户提供个性化业务入口。包括统一的用户认证，统一的信息访问渠道、统一的功能入口，用户一次登录，即可获取所需的博物馆内各种类型的信息并处理，还可以根据个人要求设置、定制个性化的页面，具有高度的使用上的灵活性。

（六）维护便捷

江西省博物馆新馆智慧博物馆系统项目采用微服务架构，实现每个小型服务都跑在独立的进程中，一次服务只会关注一个特定的业务，从而业务依赖减少，代码量减少，易于开发和维护。

五、效益评价

提高运营管理效率，降低运营管理成本。江西省博物馆新馆智慧博物馆系统项目将“数据驱动”引入系统技术设计和功能设计上，通过业务信息门户、OA系统、修复管理系统、藏品管理系统、展览管理系统、观众管理系统、资产管理系统等业务系统建设，最大限度地减少管理工作中的人工参与，提升业务协同管理效率；通过感知设备和大数据可视化系统建设，对接上述业务系统，智能融合、科学分析、可视化呈现各类感知数据和业务数据，实现博物馆库房、藏品、展览、观众、资产等业务可视化、精细化、智慧化运营管理，提高博物馆运营管理能力，降低博物馆运营管理成本。

增加博物馆客流量，带动城市经济增长。江西省博物馆新馆智慧博物馆系统项目为观众提供涵盖参观前、到馆、体验、离馆、后续全流程的线上线下一体化服务。参观前，可通过网站、微信，了解博物馆概况、预约门票；到馆后，可通过二维码/身份证扫码入馆或人脸识别无感入馆，无须取票；体验时，可通过智能导览，规划参观路线、享受多种模式的讲解服务；离馆后，可将参观体验一键分享到朋友圈；后续，系统会自动根据公众的关注度，推送相关文创产品。这种“一条龙”服务，有利于改善观众观展体验，增强博物馆吸引力，增加实际到馆客流量及文旅相关产业产值，带动城市经济增长。

活化江西省博物馆文物资源，促进文化传播传承。江西省博物馆馆藏文物资源是一座取之不竭的IP宝库。通过文物资源的数字化，构建出丰富的江西省博物馆文物数字资源库。基于此，通过知识图谱、标签标注、数据挖掘、大数据分析、融合展示等技术，建立了衔接馆内外的江西省古代名人专题知识服务平台，充分挖掘了活化江西省博物馆馆藏文物资源的历史价值、艺术价值、科学价值，形成了各类文化符号、素材，融入了当代社会文创、影视、教育、图书、游戏等各个方面，促进了文化传播和文化传承，极大地提升了江西省博物馆的社会价值和经济价值。

六、当前研发进展

截至2020年11月，江西省博物馆智慧博物馆系统已完成全部基础硬件设施的采购、安装部署及测试，相关系统已进入试运行阶段。

已完成100件书画文物高清影像采集制作和400件珍贵文物三维采集与模型制作，正在进行档案资料与古籍善本的数字化采集，文物线画图、环拍影像以及宣传片正在制作中。

已完成四大应用支撑平台——基础应用支撑平台、大数据应用支撑平台、知识图谱应用支撑平台、GIS应用支撑平台的开发部署，并已应用于各类应用系统的开发。

已完成江西省古代名人专题知识服务平台、藏品管理系统、观众管理系统、志愿者管理系统、资产管理系统、预约系统、数字拓片成果处理软件、智能导览系统、直播录播管理系统、官方网站、微信公众号、微信小程序、App等系统的开发并进入试用阶段，业务信息门户、公众信息门户、修复管理系统、OA系统、数字资源管理系统、讲解员管理系统、展览管理系统、虚拟布展系统、图书管理系统、销售管理系统、商户管理系统、学术管理系统、应急管理系统、大数据可视化、VR数字博物馆等系统正在开发中。

长沙博物馆智慧博物馆建设

简　荡　高　红　王文彬*

长沙博物馆成立于1986年，拥有馆藏文物5万余件（套），涵盖了从旧石器时代至近现代印证长沙历史文化发展的各类实物，其中，能够展现长沙辉煌历史的商周青铜器、楚汉文物、唐代长沙窑瓷器和近现代文物，更是独具特色，享誉国内外。多年来，全馆干部职工凝心聚力，秉持“让公众认识长沙、热爱长沙”的发展宗旨，为打造一流博物馆共同奋斗。2015年12月28日，长沙博物馆新馆正式对外开放，全馆员工以“省会地标、长沙客厅、百姓乐园、文化圣殿”为发展目标，在陈列展览、开放教育、典藏研究、文物科技保护、智慧博物馆建设、综合管理等方面努力奋进。基本陈列“湘江北去·中流击水——长沙历史文化陈列”于2017年5月18日对外开放，荣获全国十大精品陈列“优胜奖”。五年来，长沙博物馆共举办各类特展52个、教育活动2800场，接待海内外观众556万人次，观众满意度达96%以上。2020年，长沙博物馆被评为国家一级博物馆。

一、基本情况

长沙博物馆原有信息化基础较为薄弱，新馆开放前，仅有网站、微信公众号等信息化传播平台，各类业务流程缺乏规范和信息化支撑，信息化建设的需求非常迫切。为顺应博物馆行业发展潮流，长沙博物馆在2013年新馆建设时期，便开始了智慧博物馆项目的筹备和策划，自2017年启动智慧博物馆项目建

* 简　荡：任职于长沙博物馆信息中心。
高　红：任职于长沙博物馆信息中心。
王文彬：长沙博物馆信息中心主任。

设前，已对全馆各类业务流程和工作进行了近5年的调研和梳理，对国内多家博物馆的先进建设经验也进行了较为深入的学习和了解。

2017年1月，长沙博物馆智慧博物馆项目建设启动，本次建设充分借鉴行业前沿理念，采用统一顶层规划、整体建设的方式，立足长沙博物馆自身职能定位与各部门核心业务，搭建以共享支撑平台为基础，覆盖全馆的硬件网络和各类专业软件系统。项目按照“业务流程规范为基础，信息渠道构建为主体、馆内资源共享为支撑、教育互动服务为亮点、日常协作提升为目标”的主体思路，既注重单项系统的业务流程，又根据实际需要实现多个系统之间的数据互通，努力实现集“智慧管理、智慧保护、智慧服务、智慧运营”四位一体的“超级连接”的博物馆新平台，力争实现“人与物”的多维度智能交互。

经过智慧博物馆一期、二期共5年的建设，长沙博物馆智慧博物馆已涵盖中心机房、核心局域网、全馆网络环境、展厅环境监测、人流密度统计、触摸体验等硬件设施，以及共享服务支撑平台、智慧协同OA系统、藏品综合管理系统、文物保护修复系统、导览系统、票务系统、集成展示管理系统、数字资源管理系统、学术研究平台、智慧教育服务系统、文创众筹系统、大数据分析系统、文物预防性监测保护系统、资产管理系统和文物高清三维虚拟展示等15大系统。这些系统分别在顶层设计、协同管理、藏品保管、文物和展品环境监测调控、文物保护修复、观众服务、教育活动、信息传播、虚拟体验、数据共享、学术研究、大数据运用等各专业领域，注重数据共享与业务互通，为全馆业务工作发展和观众服务提升提供更有力的推进。

二、建设内容

（一）典藏与研究

为落实“学术立馆”方针，长沙博物馆智慧博物馆项目建设有典藏管理系统、数字资源管理系统和学术研究平台，助力全馆文物收藏与研究。典藏管理系统从贴合藏品管理业务实际需求出发，遵循国家文物局《博物馆藏品管理办法》《博物馆藏品信息指标体系规范》及其他相关标准，制定具有本馆特色的藏品分类和编目规范，提供对藏品精细化和数字化管理的功能。数字资源管理系统能效聚合，来自智慧协同OA系统的策展资源、公务活动资源，来自智慧教育系统的学习资源，来自典藏系统的馆藏文物资源，来自文创众筹系统的设计方案资源通过接口同步到数字资源系统，打破壁垒，实现多个业务系统信息数据资源的贯通、汇集与利用。学术研究平台通过对知网资源库、馆藏图书资料、典藏资源、展览资源、数字资源系统的交流与学习主题库、80家文博网站信息等进行整合，实现统一界面、统一检索，为馆内文物研究和展览策划提供学术和实物资源支撑。

1. 典藏管理系统

系统有藏品管理、藏品统计、影像管理、库房管理、系统管理五大模块。藏品管理模块包含征集藏品、藏品入馆、藏品入藏、藏品登录、藏品检索、藏品提用、藏品出入库、藏品注销、藏品分类等，规范流程，有利于降低藏品管理风险。藏品检索功能为结合当前最新的检索技术而定制开发，支持快速检索、自定义检索、全文模糊检索、检索结果对比等功能。系统提供关键指标项的快速检索功能，同时提供藏品信息所有指标项的检索匹配。对于字符信息的指标项，系统支持模糊检索。用户可根据藏品名称、分类号、来源、时代、质地、级别等指标，快速检索藏品信息。用户也可以自定义检索指标项。所有指标项以列表的形式罗列作为查询条件，匹配符支持相等、不相等、相似、包括在等多种条件。通过自定义查询，可对藏品进行精确查询与检索。检索结果可进行对比，支持藏品信息的两两对比功能，包括藏品基本信息及图片。见图1。

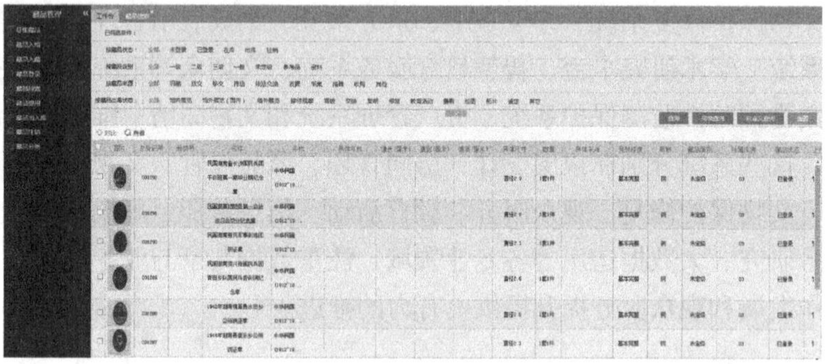

图1　典藏管理系统

藏品统计模块包含藏品统计、藏品数量变动统计、出入库数量统计、征集统计等，有效记录藏品管理产生的数据，藏品统计功能内系统预置报表有藏品库房统计（见图2）、藏品研究著录统计、藏品分类账统计、藏品年代统计、藏品质地统计、入藏时间范围统计、藏品完残状态统计、藏品完残程度统计、藏品来源统计、藏品类别统计（一普标）、藏品级别统计、藏品注销统计等。还可以自定义报表，通过用户自主选择行指标和列指标，生成定制统计报表。

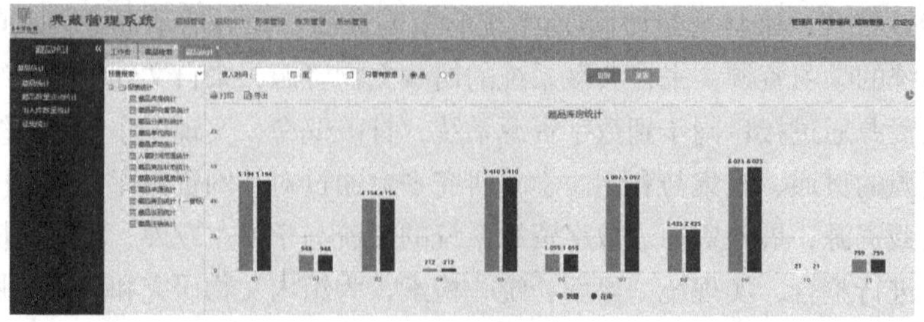

图2　藏品库房统计界面

影像管理模块包含影像管理、影像对比、影像统计、影像日志等功能（见图3），影像管理中藏品分类文件夹包括高清、普清、反转片、Cruse扫描、卡片、视频、三维、其他、音频、征集等影像文件目录。通过制定命名规范和体制来调整影像的命名、目录结构和藏品关联关系，如：

影像规范：000001_A_0001；总登号+方位+序号。

目录分两层：第一层：总登号_文物名称（默认下画线，也可以是中画线）；第二层：影像类型，普清、高清、反转片、Cruse扫描、卡片、视频、三维、其他、音频、征集。

按照命名规则和目录结构存放影像文件，系统可通过工具进行影像资源的批量导入，提升影像资源录入效率。

图3　藏品影像管理界面

库房管理模块（见图4）包含库房信息、库管员管理、人员出入库管理、人员出入库统计。库房信息可添加库房、添加柜架、设置层、设置屉、设置列、设置号，删除库房等，满足库房使用需求。库管员管理可对保管员进行设置。人员出入库管理功能可对各种事由产生的人员出入库事项进行新增、修改、删除、查看、管理附件、出库、导出记录等操作，其他部门人员在协同管理系统发起人员出入库申请通过后，入库数据进入典藏管理系统。

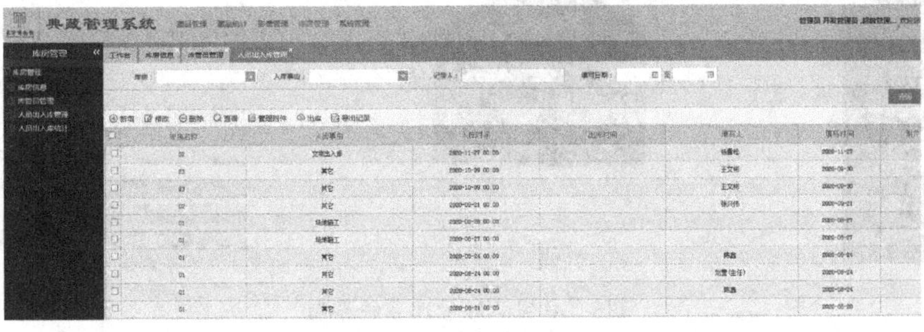

图4　库房管理界面

2. 数字资源管理系统

系统包括资源检索、资源录入、资源审核、资源下载申请审批、已审批资源、主题管理、标签管理、资源利用统计分析、我的收藏等功能（见图5）。资源检索功能（见图6）可通过输入关键字进行模糊检索，选择主题、类型、

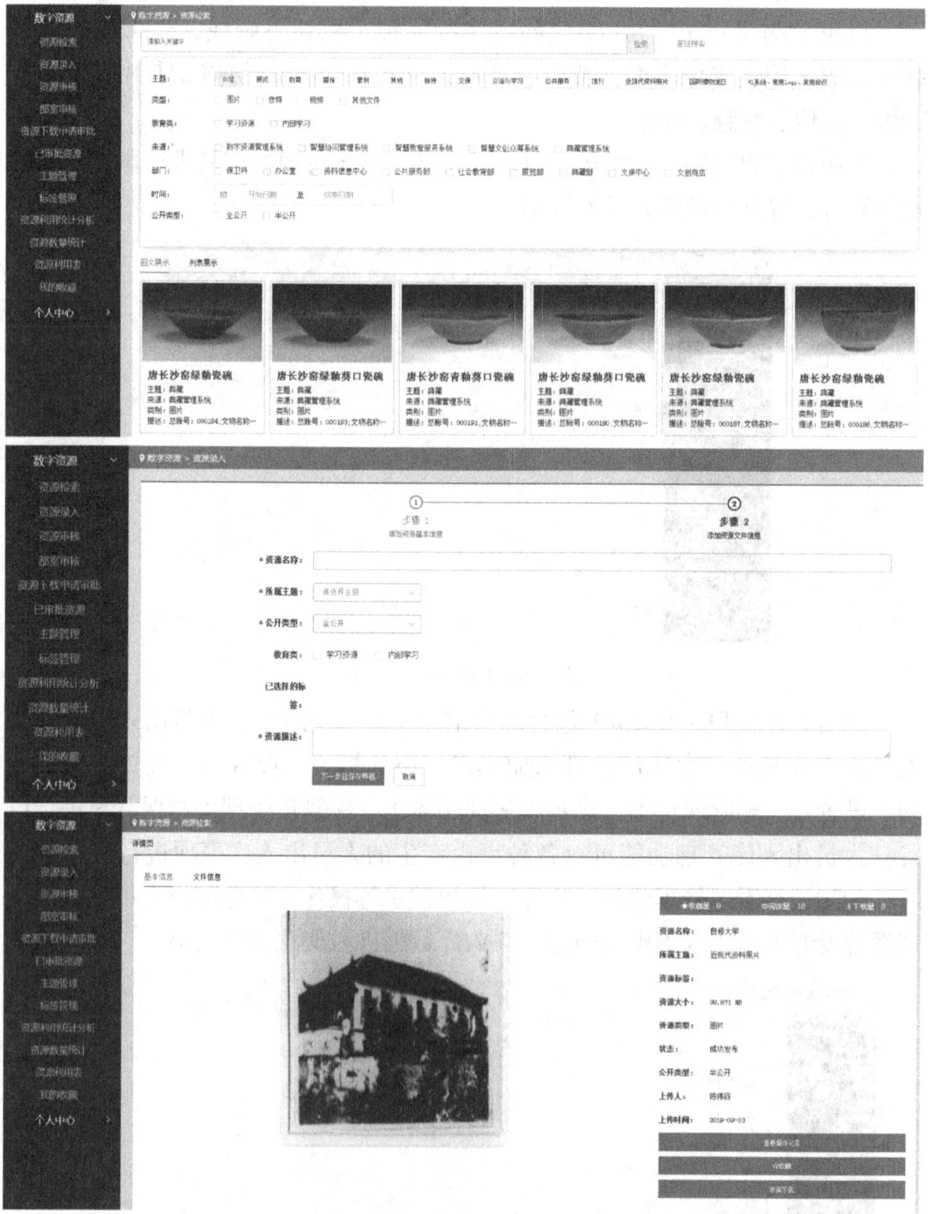

图5　数字资源管理系统界面

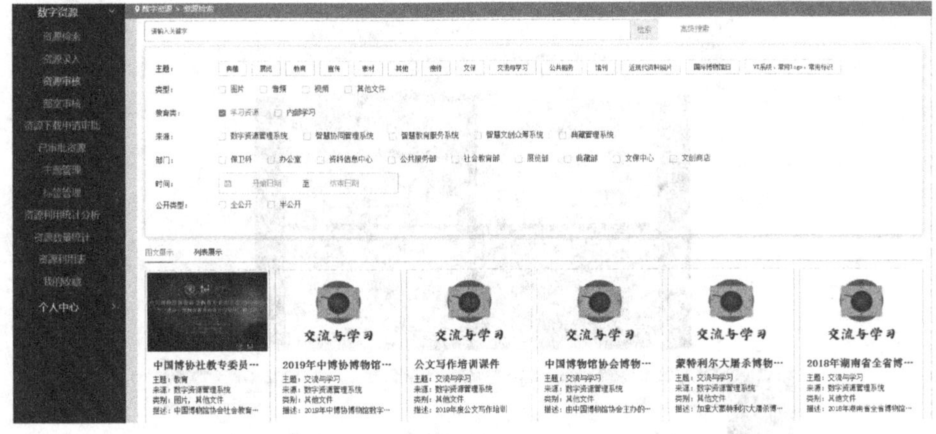

图6　数字资源管理检索界面

来源、部门、时间、公开类型、标签等来进行筛选，达到快速查找资源的目的。资源录入功能则通过统一资源格式和审核环节来规范资源内容，设有建立文件夹功能，方便上传者上传资源时，根据资源逻辑关系设立层级。上传人可根据资源重要程度对资源进行全公开或半公开的设定，全公开资源可供全馆人员下载，而半公开资源则只供阅读，若需下载，需要进入资源下载申请环节，审批通过后，才可获得下载权限。

主题管理功能可以建立主题库。目前有典藏、展览、教育、宣传、素材、交流与学习、馆刊、近现代资料照片等主题库，并且可以设立子主题库。以公共服务主题为例，下设夏令营和志愿者子主题库，有利于资源的细分。标签管理功能则为了便于跨主题库之间共性的提取，提供建立标签功能。例如建立学习资源和内部学习标签，方便在公共服务，教育，交流与学习等主题中对属于该类的资源进行标记，方便资源的利用。

3. 学术研究平台

学术研究平台包含知网全文、馆藏图书、典藏资源、网络信息、学术活动，个人中心、后台管理等模块（见图7）。首页展示用户检索的关键字在知网全文、馆藏图书、典藏资源、网络信息四个模块的检索结果，用户根据需求可分别进入平台进行详细查看。学术活动模块展示数字资源系统交流与学习主题库的内容。个人中心包含知识管理、成果上传、我的历史、我的收藏、学术统计等功能。知识管理可对知识进行手动上传，我的收藏功能方便使用者对感兴趣的知识进行收藏，学术统计功能（见图8）则对全馆用户和个人用户的学术成果进行统计呈现，方便学术工作管理。

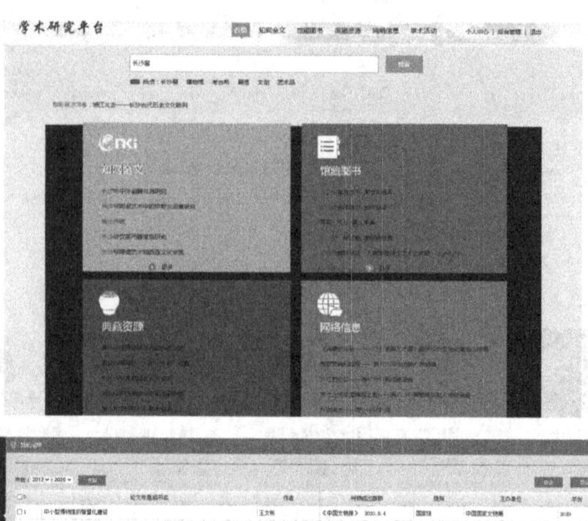

图7　学术研究平台

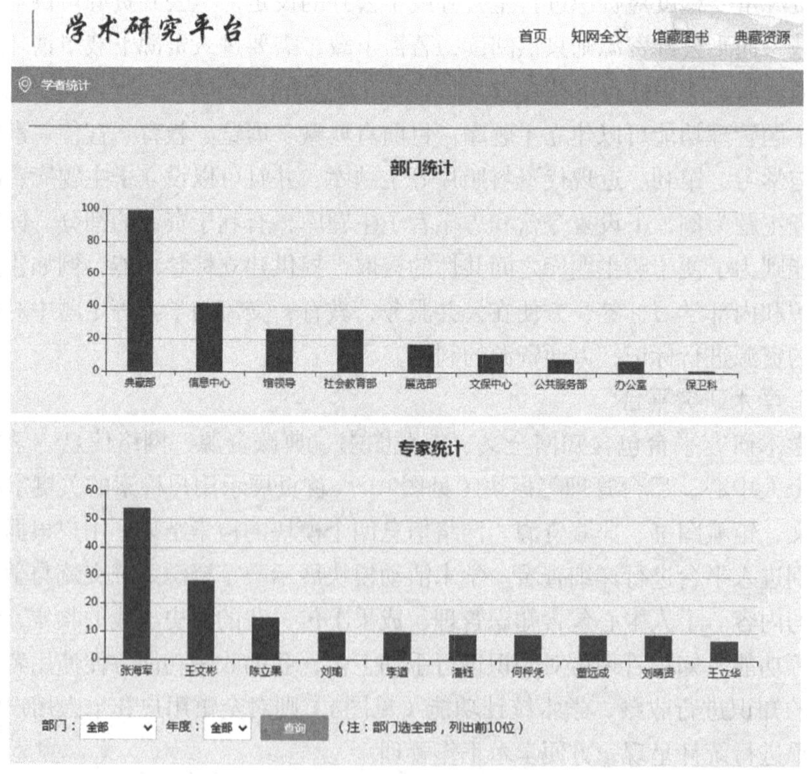

图8　全馆学术成果统计

（二）文物预防性保护

博物馆藏品保护工作向预防性调控环境，主动维护防止文物劣化腐蚀方面转变已成共识。长沙博物馆已有预防性保护系统监测平台，平台覆盖全馆展厅、库房，通过数据传送和整理分析实时展现馆内文物保存环境。基于此，智慧博物馆项目建立文物保护修复管理系统、数字化保护集成展示与智能管理平台。文物保护修复管理系统用来管理文物修复过程，完善文物修复保护方法，更新修复原材料，建立科学的文物修复保护体系。数字化保护集成展示与智能管理平台对楼宇自控监控数据、预防性保护系统数据、展厅人流密度数据等进行采集，进行大数据中心系统开发，实现实时监控数据统一展示、智能预警、公共突发事件指挥、智慧数据挖掘决策分析，提升文物预防性保护能力。

1. 文物保护修复系统

系统包含学术研究、保护修复、环境检测、检索统计、使用管理、系统管理等模块。学术研究模块可对仪器设备进行管理、记录检测分析结果、对项目和方案进行全过程管理。保护修复模块（见图9）对耗材进行管理，详细记录耗材特性（包括编号、名称、品牌、型号、类型、库存、购置时间、生产日期、保质期、到期提醒、管理人、用途等），可进行到期提醒。文物保护登记记录文物修复状态、藏品指标、病害等级、现状照片、病害照片等。保护记录登记，以列表形式，以文物为单位记录文物修复涉及的项目、保护方案、保护

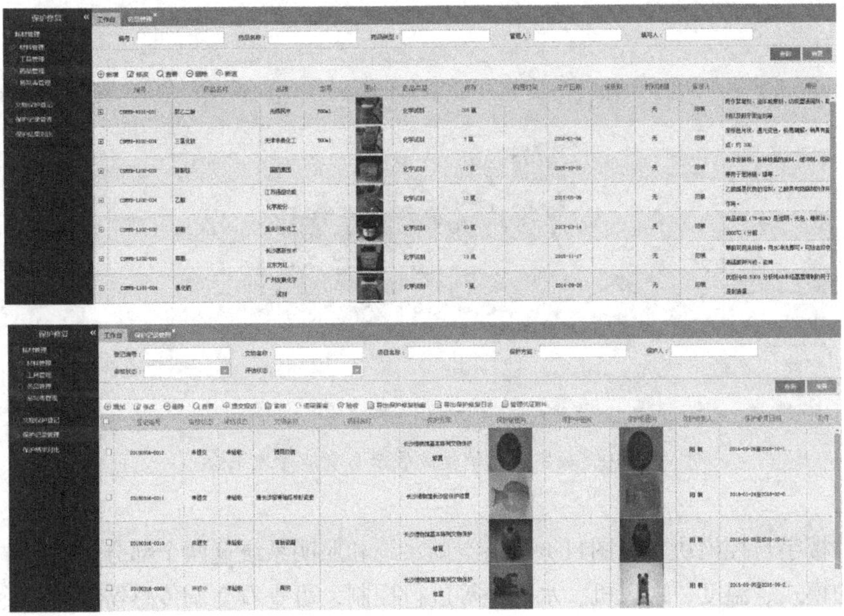

图9　文物保护修复管理系统界面

前中后状态下的图片、修复人等内容，经过审核后，可导出保护修复档案和保护修复日志。环境检测模块可实时查看预防性保护系统检测平台。检索统计模块可对修复记录进行检索，对文物保护修复分类和修复方案进行统计。

2. 集成展示与智能管理平台

数字化保护集成展示与智能管理平台（见图10）平台包含楼宇自控、大数据分析、文物预防性保护监测中心、公共事件、虚拟漫游、预警管理六个模块。文物预防性监测中心首页集成展示整体馆环境，包括馆外气象环境、馆内人流密度、展厅环境、展柜环境、预警情况、预警事件列表等内容，可查看楼层环境，包括各展厅以及库房的环境数据，也可查看展柜微环境。系统对大环境数据监控为30秒刷新一次，对微环境数据与展厅人流5分钟刷新一次。

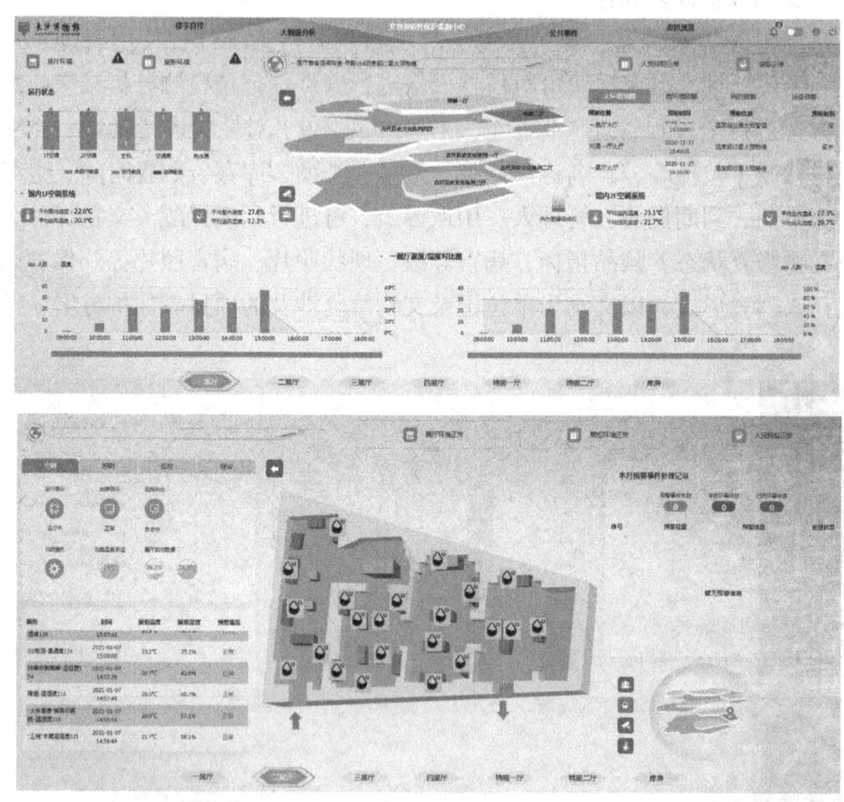

图10 数字化保护集成展示与智能管理平台

楼宇自控模块（见图11）包括空调系统和照明系统这两个部分，对空调系统的模式、温度、送风机、水阀等等进行控制，可查看空调传感器参数、冷热源系统、运行数据等。对照明系统进行模式控制。

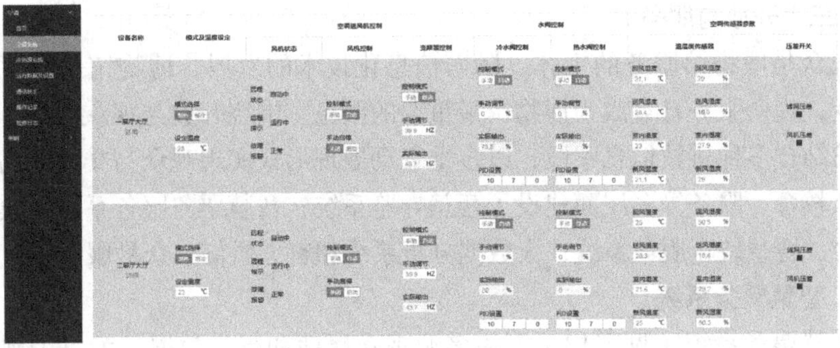

图11　楼宇自控系统

预警管理模块包含预警管理、预警流程、网络实时运营管理、系统管理、公共事件等功能。预警管理功能包括预警列表、预警设备、预警设置、预警级别、预警日志、展厅预警定位设置、检修情况等。系统预警处置分为自动处理、手动处理两种方式。自动处理，即系统检测到报警事件，将按照事先设置好的预警方案进行自动处理，处理完成生成预警日志；手动处理，即系统检测到报警事件，发送通知到指定负责人，同时系统发起工作流程。工作流程由预警负责人、预警验证人完成闭环，最后生成预警日志，由此减少了大量的人力进行巡检工作，不需要人工进行24小时值守，对预防决策，调控，复盘的精准度有了大幅度的提升。见图12。

图12　文物保护环境实时监测

（三）开放与服务

观众是博物馆服务的主体，随着信息化技术的发展，博物馆信息化理念的转变，观众服务日益成为博物馆最重要的服务。围绕开放与观众服务，长沙博物馆结合多种科技信息手段，以多维互动展现形式实现观众与文物的高度融合，从教育、服务等多层面建设了智慧导览系统、智慧票务服务系统、集成展示平台、智慧教育服务系统、大数据分析系统和官方微信公众号服务等。

1. 智慧票务系统

智慧票务系统（见图13）汇集多源观众属性和行为数据，为每个观众建立了档案，并记录观众的参观次数、预约等，可以统计客流量，使博物馆工作人员全面而准确地掌握观众基本信息，及时开展有关服务的效果评估。智慧票务系统包含团队管理、个人预约、游客售票查询、日常接待、会员管理、黑名单管理、统计报表、人流量监控和后台管理等九大模块。系统采用软硬件结合方式，打造智慧票务系统：硬件包含自助取票机、自助验票机、人流量监控，后台软件系统则进行统计售票情况并且通过观众预约以及取票，获取观众基本信息，同时分析出观众客源、年龄段比例、性别比例、个人入馆次数、售票统计、观众量统计以及检票入场数量等信息统计。长沙博物馆支持4种方式预约，即网站、微信、App、自助取票机，并且可通过电子二维码自助检票入场，这样既减轻了安保人员工作，同时也节省了纸质门票成本。系统后台设定出票阀值，以达到出票数量，控制参观浏览。

图13　智慧票务系统业务流程

（1）个人预约

为了更好地服务于个人观众，以及观众携带的未成年儿童，通过微信端，网站（见图14）进行个人预约时，针对12岁以下儿童可以随家长入馆，并计入到了未成年人统计中。

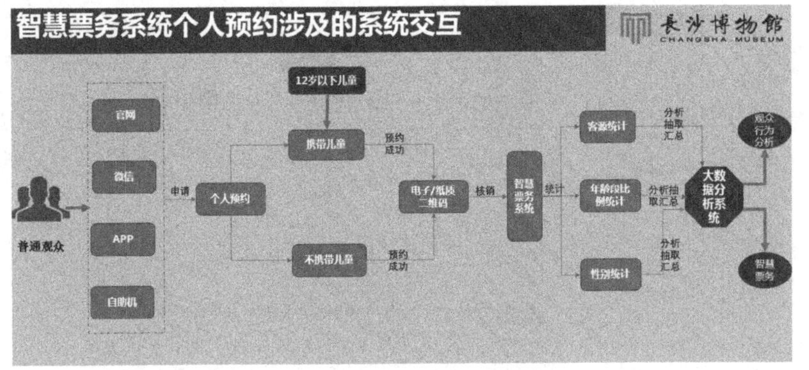

图14　个人预约涉及系统交互

（2）团队预约

长沙博物馆团队预约，划分为普通参观团队预约和需要讲解需求的团队预约，通过团队人数来进行控制团队预约讲解员功能需求。团队预约且预约讲解员的流程，涉及智慧票务系统、官网、智慧协同管理系统以及大数据分析系统（见图15）。官网进行团队预约时人数超过30人时可选择预约讲解员（见图16），同时，预约数据会进入长沙博物馆智慧票务系统后台，团队预约管理人员进行信息核对，同意分派讲解员，讲解员组长在智慧协同管理系统收到信息并进行任务分配，讲解员将在智慧协同管理系统App端进行任务接收，讲解员完成任务之后，须在智慧协同管理系统进行讲解总结，讲解组长进行评分，计入讲解员年底任务考核（见图17和图18）。团队预约贯穿整个智慧票务系统，官网，智慧协同管理系统以及大数据分析平台，实现了团队以及讲解员科学化管理，减少了人员去人工翻台账，核对数据，实现各个子系统数据的打通。

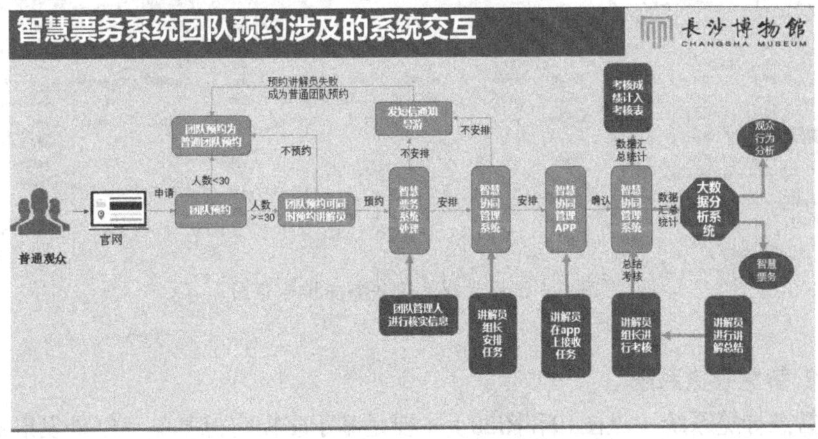

图15　团队预约讲解员系统交互

图16　团队预约讲解员网页示意图

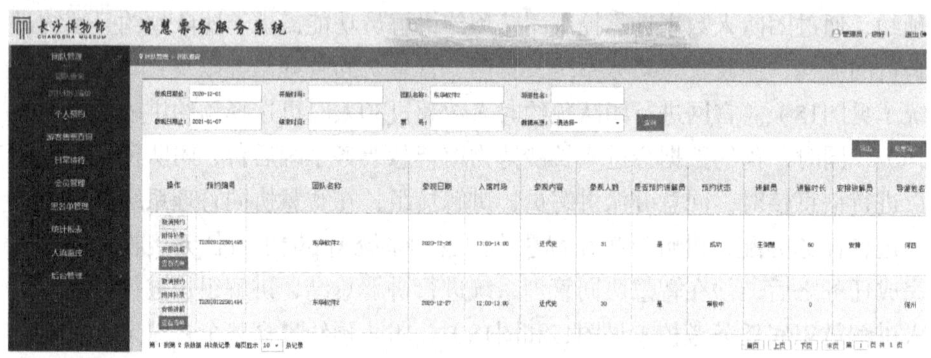

图17　票务系统团队查询页面示意图

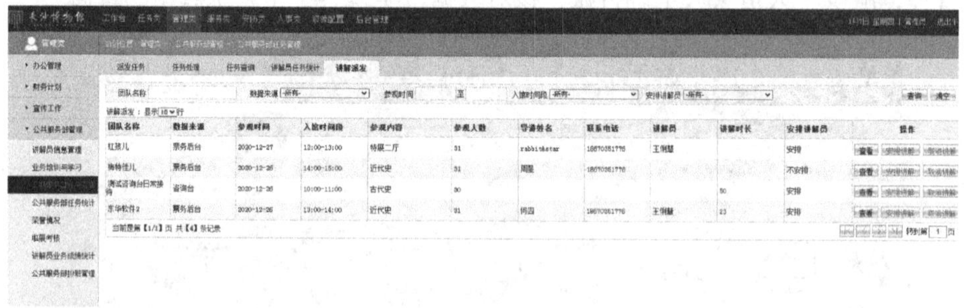

图18　协同管理系统任务安排示意图

2. 智慧导览系统

智慧导览系统（见图19和图20）主要是基于多模定位基站、红外发射器以及NFC标签技术。主动红外触发是通过主动触发，自动讲解，实时定位，采集观众喜好，进行观众行为分析；多模定位基站通过蓝牙定位，空间场景、被动推送、“闪灯”提示、自动触发讲解后台定位，进行观众行为统计，观众兴趣点统计，达到观众行为分析；NFC感应、信息搜集，高密度展柜进行互动展示，通过NFC感应，自主选择展品信息了解，进行观众兴趣点统计，达到观众行为分析。通过智慧导览三件套和微信公众号为观众展现了个性化的参观路线，基于长沙博物馆实景的全景漫游，通过VR等技术手段全方位展示馆内场景，使网络用户能够身临其境的体验长沙市物馆的精彩展陈。智慧导览系统则为观众带来更加便捷、智慧、有趣的参观体验，让观众以更加多元化的视角体验到更加丰富的博物馆智慧之旅。

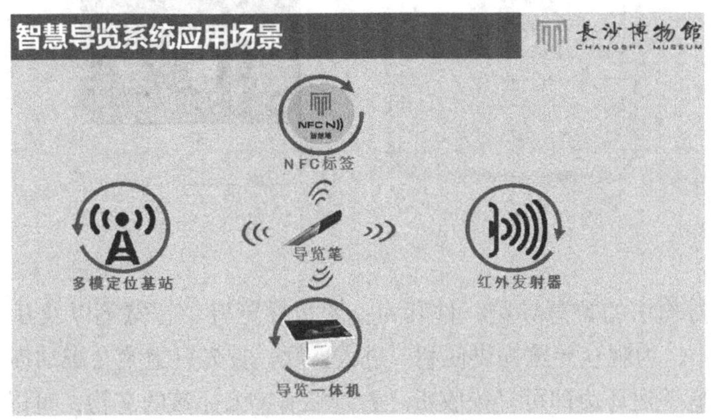

图19　导览应用场景

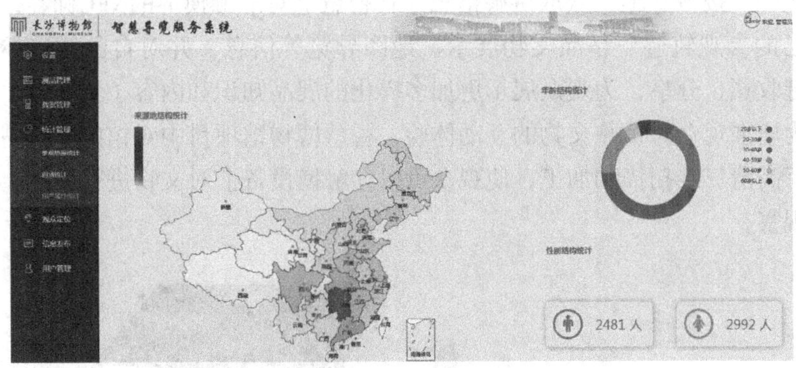

图20　智慧导览系统后台

智慧导览系统包含展品管理、数据管理、统计管理、观众定位，信息发布等五大模块，因讲解员的不足为观众参观提供便利。微信端提供的导览相关功能语音导览（见图21）主要为了解决长沙博物馆讲解员不足问题，可以使观众随时聆听自己喜爱的文物的讲解，全景漫游为观众带来长沙博物馆身临其境的体验（见图22）。

图21　语音导览　　　　图22　全景漫游

长沙博物馆的智慧导览三件套为：智慧导览机、智慧笔以及互动触摸屏（见图23），为观众导览提供便利。进入展厅，首先智慧笔会震动提示有语音讲解，将笔举到耳边即可轻松收听。看到贴有NFC标签的文物，可以对准NFC标签轻轻一点，即可立即获取语音信息（见图24）。最后还可以通过红外标志，轻轻一按智慧笔，获取讲解信息。将智慧笔对准触摸屏的NFC标签，可查看自己的参观轨迹、精品文物展示、地图导览等信息，并对自己感兴趣的文物一键收藏、分享，为观众展示更加多样化的展品知识和内容（见图25）。同时，为增强观众对馆藏文物的互动体验，智慧博物馆项目中对馆内50件精品文物进行高清三维扫描和加工，使观众可以在触摸设备上对文物进行详细、全角度的观察。

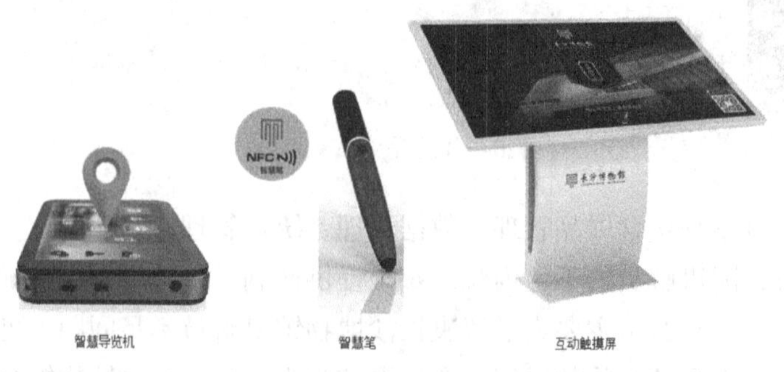

图23　长博智慧导览

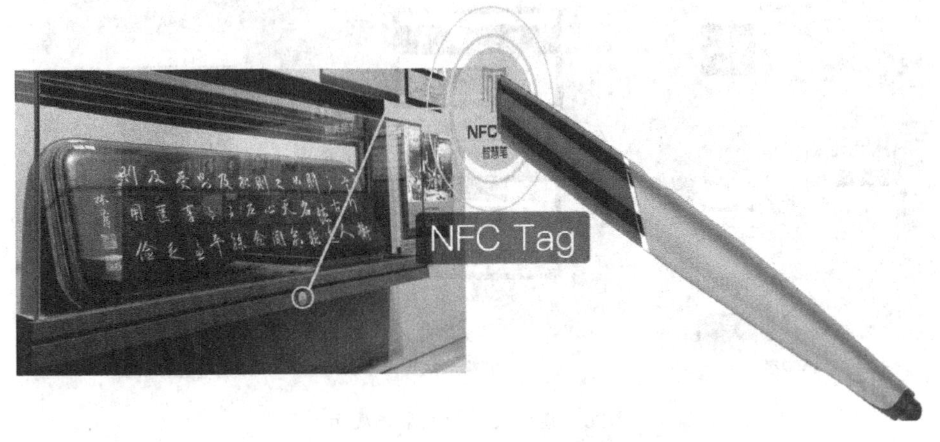

图24　智慧笔与NFC标签

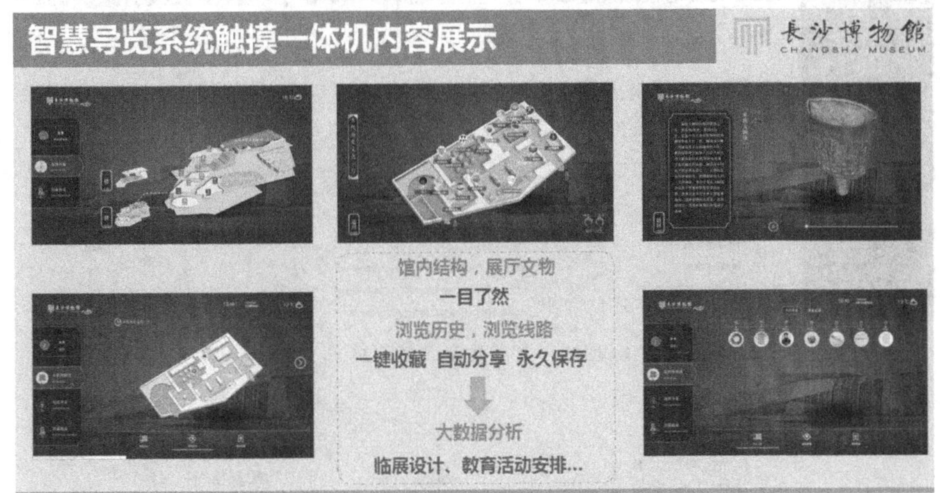

图25　触摸屏内容展示

3. 集成展示管理系统

集成展示管理系统为官网内容做支撑；为导览展示做支撑；为微信咨询做支撑。提供了面向公众的服务的长博资讯、参观预约、展览介绍、典藏征集、教育活动的开展、文创众筹、互动、志愿者招募、全景漫游集成、微信志愿者管理、智慧客流量统计。集成展示平台包含首页管理、菜单栏目、投票与问卷、配置管理、展览众筹管理、系统管理六大模块。提供三个端口访问：电脑端、手机App、微信公众号。见图26—图28。

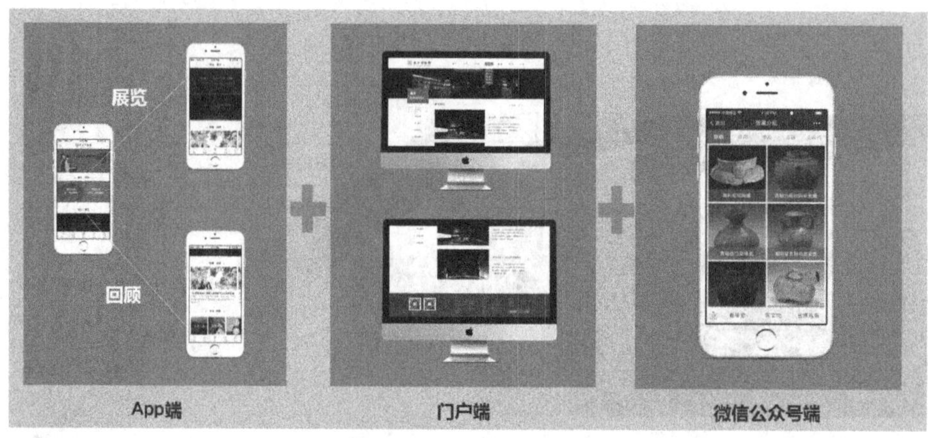

图26　集成展示管理系统展示

图27　集成展示管理系统

图28　官网

4. 微信公众号功能开发

基于当前社交媒体的用户习惯，长沙博物馆对微信公众号进行了深入的功能开发与集成，官方微信公众平台集“看展览、赏文物和长博指南”于一身，为观众提供了全面、精准服务。结合VR技术的全景漫游，基于基本成列展，采用720° 环拍技术进行全景展示，并将展品数字化展示，实现文物三维展示，力求展示博物馆真实场景，达到逼真不变形，在虚拟场景中，给观众提供丰富的菜单导航。当前精彩特展展出信息、语音导览、以及特展导览，微信公众号提供了预约参观入口以及教育活动预约入口，志愿者申请报名入口，以及志愿者微信端验证管理入口，观众可以通过留言簿，发表对长沙博物馆参观服务以及教育活动相关看法。长沙博物馆通过微调查，能够收集汇总观众问卷调查信息，进行分析统计。

看展览包含基本陈列、精彩特展、语音导览、全景漫游、特展导览；赏文物包含典藏概括、精品鉴赏、文创商品；长博指南包含参观预约、教育活动、留言簿、志愿者、微调查。微信公众号通过这些功能模块能够在参观预约、活动预约、导赏方面为观众提供了便利，提升了观众服务。

5. 智慧教育系统

智慧教育系统整合了讲座、活动、导赏、在线课程等各方面的资源，提供了线上预约，馆内参观导赏、听讲座、参与活动的多模式化观众互动，使观众更加了解博物馆，了解展览或者展品的相关历史故事、历史事迹，提升了观众的历史责任感、荣誉感和自豪感。系统包含活动管理、学习指南、在线学习、咨询管理、配置管理、报表统计以及后台配置七大模块，以及最新开发的教育活动小程序。智慧博物馆教育系统实现了统一发布，多渠道展示，线上预约便利化，报表统计进行实时统计教育活动的开展后的活动次数，参与人数、到场人数，参与教育活动的频次统计，客源分析，性别比例，年龄段比例，统计在线学习浏览量、学习资源下载量。为了打造教育系统的灵活性，长沙博物馆团队，将学习资源页签进行自定义配置，为以后教育活动的扩展提供良好的基础，使教育活动划分可以更加灵活。专门为教育活动开发微信小程序，包含活动预约、学习资源、在线学习三大板块，为观众参与馆内教育活动提供更加便捷的入口和体验。见图29—图32。

图29　教育小程序

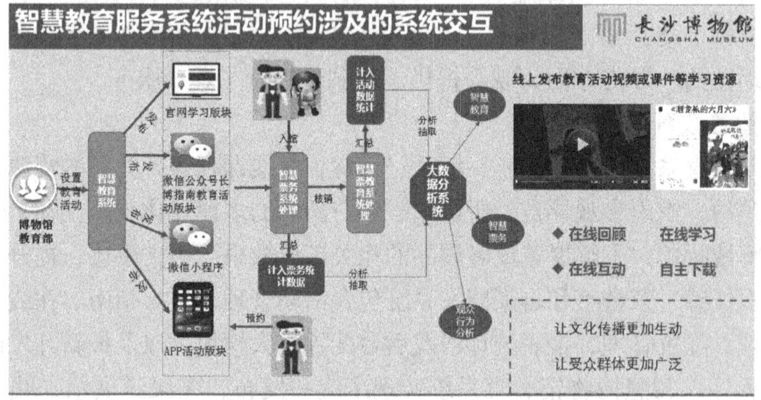

图30　智慧教育活动业务流程

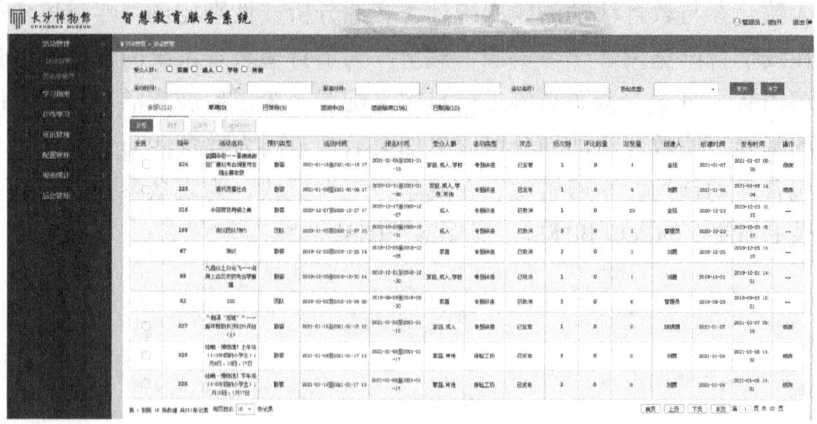

图31　智慧教育系统

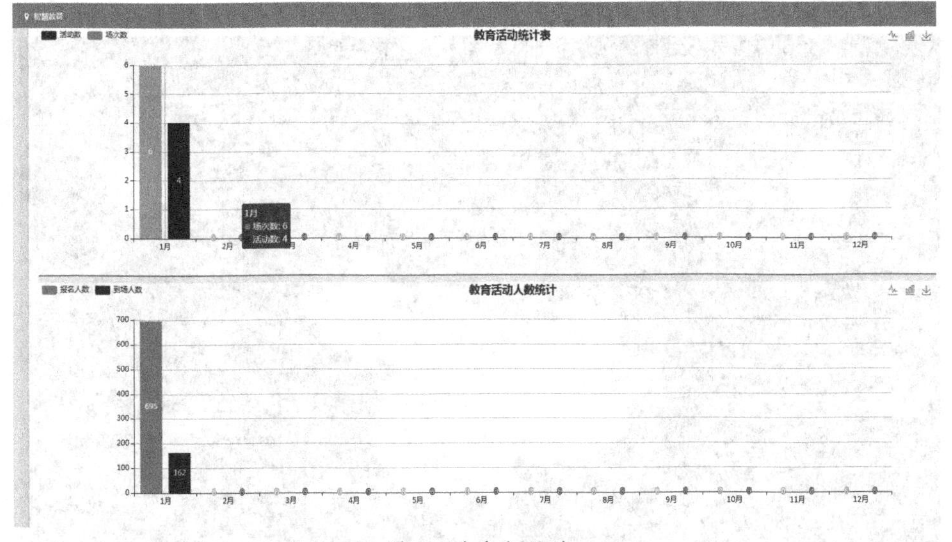

图32　大数据统计

6. 大数据分析平台

博物馆的管理、服务、保护等系统在运行过程中形成了大量的数据，如何充分挖掘利用这些数据，实现价值最大化，是大数据分析系统所要达到的目标。在系统数据池中沉寂着海量多元异构的数据，包括观众、票务、展览、教育活动、微环境等等，通过对各个子系统沉积的数据进行抽取、筛选、分析，进而展现的形式，实现了对数据的升华和成果展示，给馆内的整体运营管理、文物保护管理、文物利用、观众服务等事项提供了决策依据。见图33—图35。

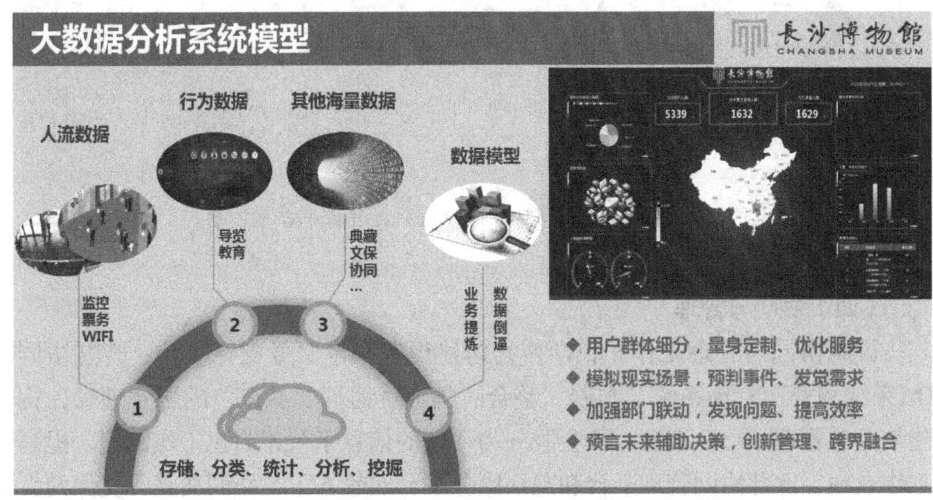

图33　大数据分析模型

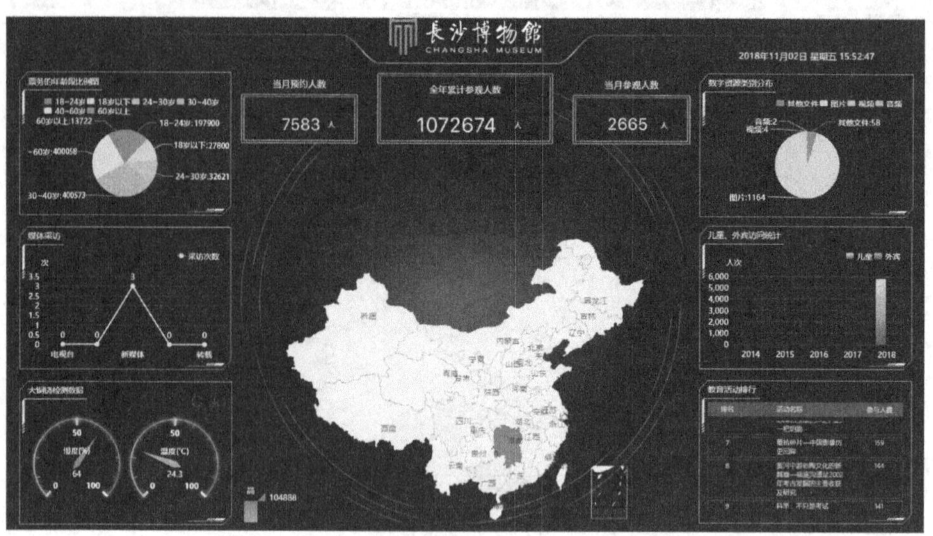

图34　大数据展示

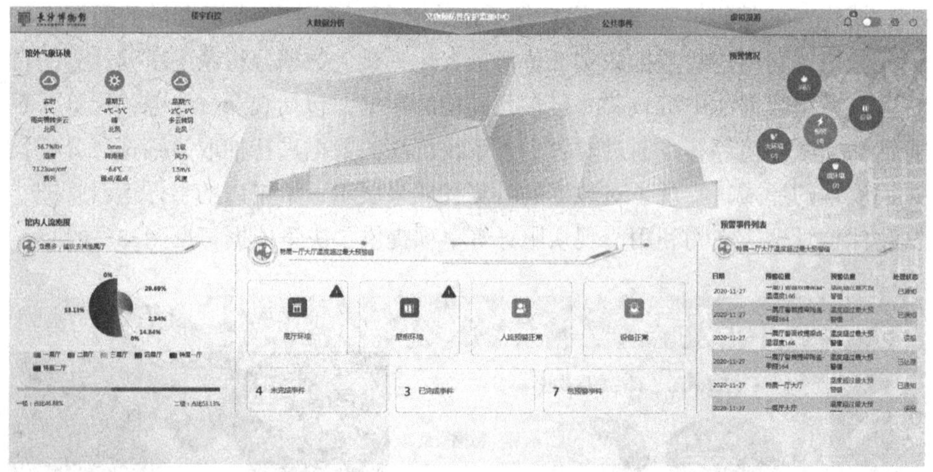

图35　文物预防性保护监测大数据平台

（四）协同与管理

围绕协同与管理工作，长沙博物馆建设有共享服务支撑平台、智慧协同OA系统和资产管理系统。本着“整合、集成、协同、共享”的服务理念，构建集业务管理、行政审批、社会服务为一体的信息平台，简化工作流程，提高工作效率。内部协同管理平台和观众服务平台双管齐下，协同典藏、文保两大资源，促进典藏文物综合管理，全面协同一站式管理应用平台。立足文博信息建设全局，充分整合、发挥业务系统和信息资源的优势，建立高效的运行和维护机制，执行统一规划和统一标准，促进互联互通、资源共享。

1. 共享服务支撑平台

长沙博物馆共享服务支撑平台基于SOA架构（见图36），集中封装、管理和调度公共服务，对长沙博物馆智慧博物馆各个子系统进行了融合，将所有子系统的审批、待办、消息均统一至共享平台中，打破了各个子系统之间的孤立状态，实现了互联互通。同时，通过将各个内部模块进行融合，促进了智慧博物馆系统的深度使用，达到软件系统集成的良好效果。长沙博物馆系统实行统一登录管理，并且根据不同职工类型，不同工作范围，将不同功能的角色赋权给各个用户，既保证了各个系统的安全使用，又实现了同一账户畅游整个长沙博物馆智慧博物馆系统中。

共享服务支撑平台包含统一登录入口、统一消息推送、个人行程安排、内部通讯录查询、待办事务处理、后台管理六大部分（见图37）。

通知公告：日常通知，会议通知、纪要等信息推送过来的通知，点击信息项弹出对话框即可查看详情信息。

待办工作：系统中凡是有审批权限用户，需要用户进行审批、签收、结项、确认的工作都会推送到该模块，点击信息项可以进行处理提交。

待阅事项：接收人员在此模块查阅日报、月报、年报、故障、来访工作协助等相关详情信息。

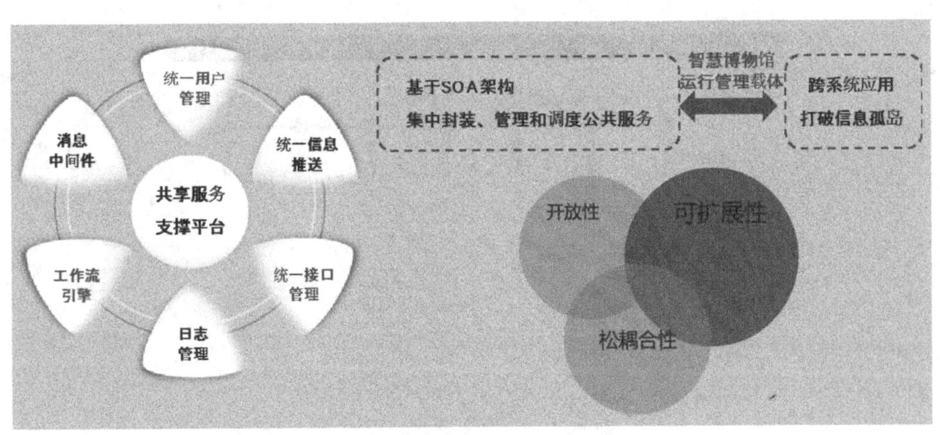

图36　共享服务支撑平台架构

图37　共享服务支撑平台系统展示图

2. 智慧协同 OA 系统

长沙博物馆秉承管理与服务并行的发展目标，建设了智慧协同管理系统，旨在通过可视化技术，优化长沙博物馆业务管理工作，建立良好的规范、统一的信息化办公管理系统，从而改变办公模式，降低运营成本，将科学化的管理运用到博物馆的运转当中。智慧协同管理系统主要以业务流为导向，使用进度导航（见图38）形式，将业务流程更加形象清晰的展现在馆内职工面前。智慧协同管理系统包含工作台、任务类、管理类、服务类、安防类、人事类、配置类八大模块。

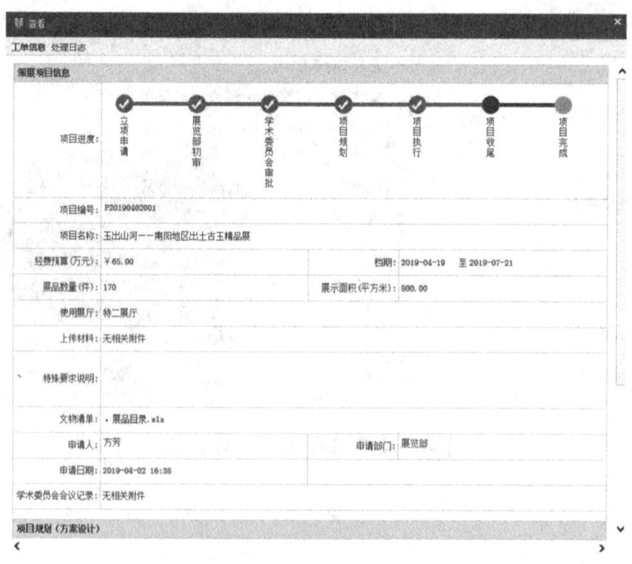

图38　业务进度导航示意图

智慧协同管理系统梳理了博物馆各个日常办公事项，共支持日常办公业务流程40余项，涉及馆领导审批流程多达21项（见表1）。其目的在于解决博物馆内部沟通、协调、反馈三大难，同时规范博物馆各部门内部管理，提高办公效率，达到无纸化办公。

表1　智慧协同管理系统功能表

工作台	包括：办公辅助平台，包含通知公告、待办、待阅、快速发起工作流等信息
任务类	包含：日常任务、协同任务、策展项目、接待管理、公务活动管理、通用申请
管理类	包含：办公管理、财务计划、宣传工作、公共服务部管理、志愿者管理、文物征集、藏品提用、巡检管理、设备维修
服务类	包括：通讯录、会议管理、公共场地、自助服务、工作日志、我的工作、我的文件
安防类	包括：安防管理（大宗物品进出申请、文物进出查询、非开馆期间进馆申请、人员进出库房申请、人员进出场地申请、消防隐患整改通知、督查登记、办公区情况登记、展厅情况登记、节假日值班管理、场地施工登记）、安防宣教管理
人事类	包括：人事管理，请休假统计
配置类	包括：资源配置、后台管理

智慧协同管理系统经历了几个月的需求调研，汇集长沙博物馆9大部门业务群，形成了4轮需求调研报告，24份需求调研纪要，14份需求调研报告，旨在达到协同管理流程化、协同流程标准化、协同业务便利化的目的。见图39。

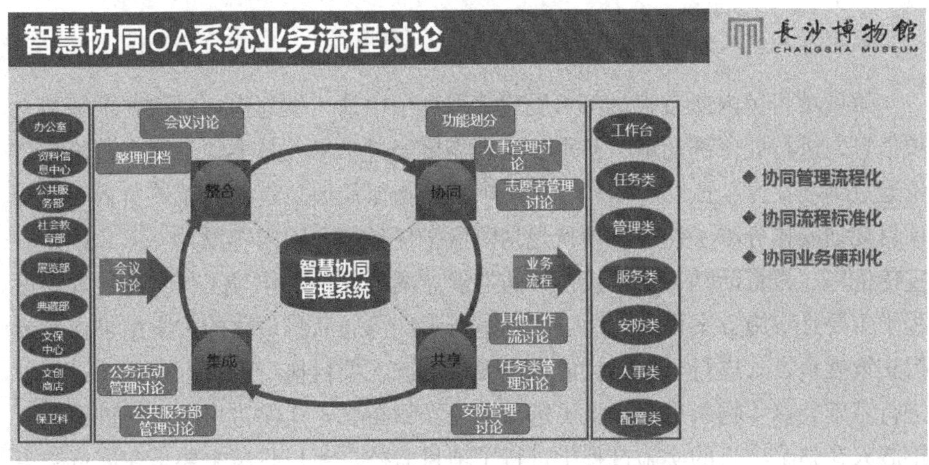

图39　智慧协同管理功能划分

（1）策展项目

陈列展览是博物馆最基本的职能之一，是博物馆开展公共文化服务的直接载体和最佳切入点，陈列展览水平直接影响到博物馆文化传播和社会教育职能的体现，进而影响到博物馆的竞争实力和社会形象。博物馆举办的陈列展览尤其是临展和特展，不仅数量多，而且类型多样，内容精彩纷呈，构成了文化领域中绚丽多彩的文化亮点。要科学运作并保质保量地推出这些陈列展览并非易事，需要借助科学方法、系统方法和创造性思维，对陈列展览所涉及的诸多层面和环节事先进行富有创意且具有可行性的运筹谋划，以及对策划方案的狠抓落实。为了更好地保留临展和特展的创造成果，为了形成完整的并有规划性的策展思路，我们建设了策展项目管理功能。见图40。

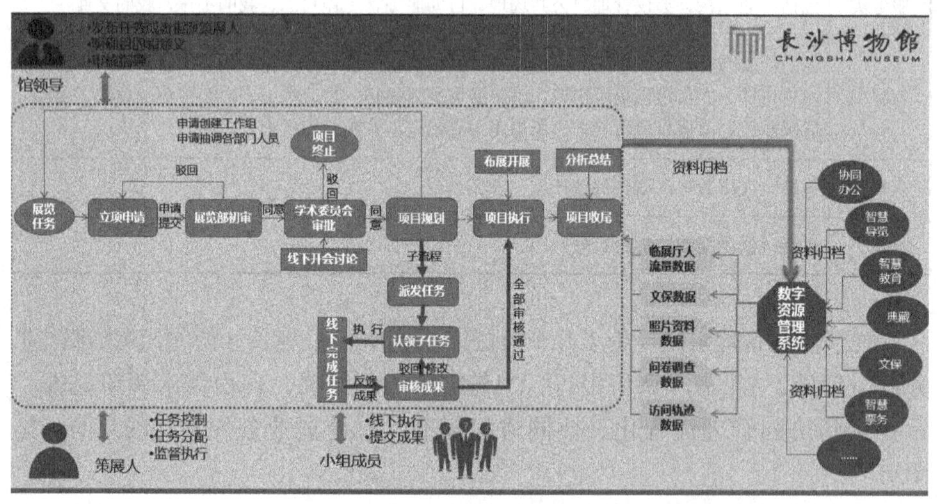

图40　策展项目流程图

策展项目馆内所有人员都可发起策展立项申请。发起申请时按要求填写立项信息，进行展览部初审，初审过后则需要经过学术委员会线下开会讨论，讨论通过则项目立项成功。馆领导启动项目，指派策展负责人。策展负责人进行项目规划安排分派子任务。项目规划阶段子任务包含：内容设计、形式设计、宣传推广、教育活动、讲解接待、布撤展方案、开幕工作等工作。项目规划过程中主要是实施方案设计，通过线下进行多次沟通后将最终的方案结果在系统提交策展负责人进行审核。完成方案设计后进入项目执行阶段，在这一过程中进行基础装修（物料进出、人员进出）、文物布展（文物进出、人员进出）。策展人在整个项目的实施过程中进行了项目监控。项目收尾主要是在展览结束时进行撤展工作和工作总结，各项成果则会归档到数据资源系统，为以后策展工作提供理论和实践依据。

（2）志愿者管理

志愿者服务是现代博物馆的特征之一，面对大量热心的志愿者群体，长沙博物馆在志愿者招募、考核、管理等方面，进行了深入的思考与讨论，力争以信息化手段实现志愿者工作开展的更好支撑。长沙博物馆志愿者管理系统，包含了简历管理、考勤管理、考勤统计、考勤报表、培训管理、巡查记录查询、排班管理、排班意向记录、排班意向报表等功能模块、简化和优化志愿者相关工作等。

志愿者简历管理通过官网或者微信报名时需填写表格和问卷调查；志愿者管理员进行简历筛选批量打包成一个工单递交给领导审批；部门领导审批通过则完成第一步筛选工作；通过短信通知申请人面试；面试通过之后馆领导批准，申请人成为实习志愿者，馆内进行新人培训；培训完后会安排培训考核，志愿者管理员将考核结果导入系统；在实习完成后，志愿者管理员确认选择实习志愿者可转正的名单。系统自动生成志愿者编号和信息。志愿者名单提供批量导出。见图41。

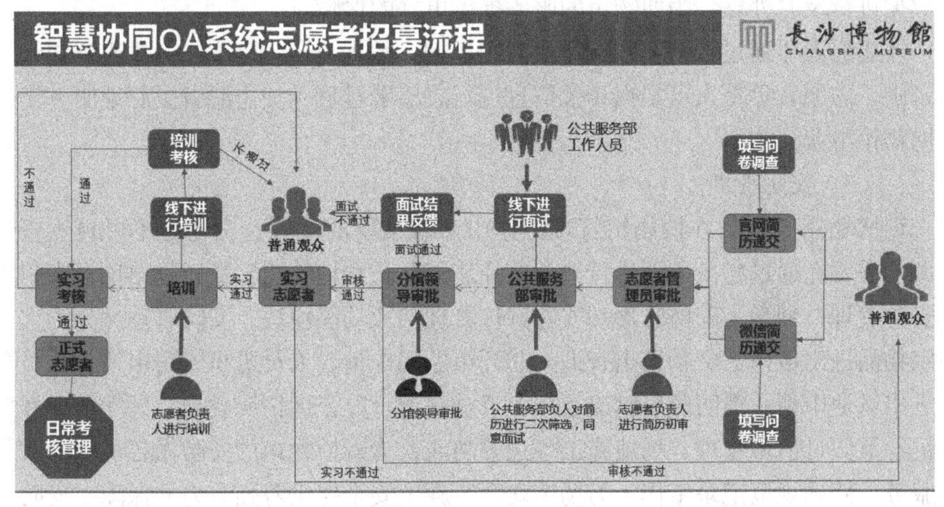

图41　志愿者招募流程

志愿者日常考核管理主要进行志愿者排班、考勤、场馆巡检等方面组成，为工作人员提供志愿者日常考核智慧化管理，由排班意向记录、考勤打卡、志愿者排班、巡查记录、考勤统计、排班意向报表、巡查记录查询七大模块组成。见图42。

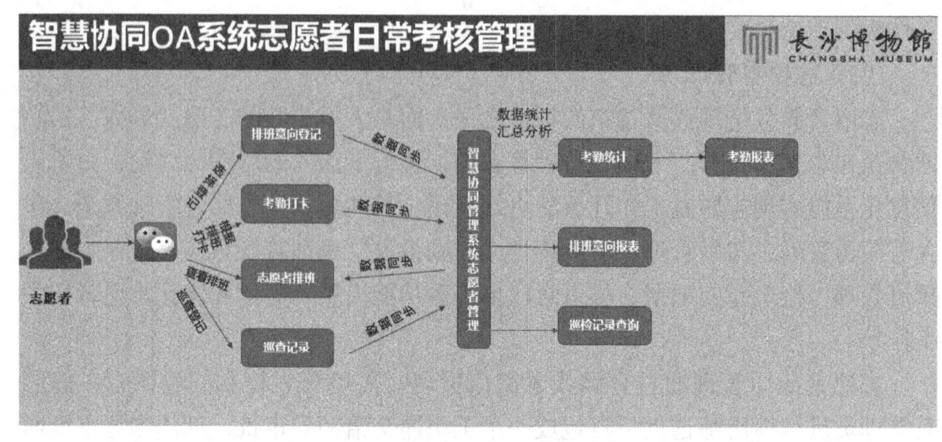

图42 志愿者日常考核管理流程图

志愿者巡查由志愿者组长通过微信端进行登记。志愿者信息中为组长的人员，则可以有巡查的权限。手机端按照每个展厅等地点进行巡检，以勾选的方式勾选展厅的安保、卫生、设备是否正常/异常。如果异常则填写原因提交，数据同步到智慧协同管理系统巡检记录查询模块，工作人员可根据提交的异常数据进行及时处理，为博物馆的服务提供更好的保障。

志愿者可通过微信端进行排班意向登记，数据会同步到志愿者排班意向记录中，志愿者负责人可根据相关信息进行志愿者排班，使志愿者更好地服务于博物馆事业。

（3）安防管理

博物馆的安防在博物馆管理工作中占着重要的位置，文物是不可再生资源，需要在通过各个方面进行严防严控。因此长沙博物馆智慧博物馆项目中将安防管理，划分为安防管理和安防宣传管理两大功能模块，安防管理又分为大宗物品进出申请、文物进出查询、非开馆期间申请、人员进出库房申请、人员进出场地申请、消防隐患整改通知、督查登记、办公区情况登记、展厅情况登记、节假日值班管理、场地施工登记等功能，为着博物馆的安防做各种辅助式服务，做到规范记录工作，为场馆安全、施工安全提供着强有力的保障。安防宣传管理则为安防教育宣传相关内容，目的在于提高员工的安防意识。

人员进出库房申请，因涉及到库区，申请人需要通过典藏部门领导同意，通过保卫科领导同意，然后经过馆领导审批才能出入库房；进出库房又要严格按照人员是馆内人员还是馆外人员进行划分，不同人员所需要提交的信息不同，针对外单位人员进出库房是需要严格的身份证信息登记；进出库房申请的库房信息定时同步于典藏管理系统库房管理信息。见图43和图44。

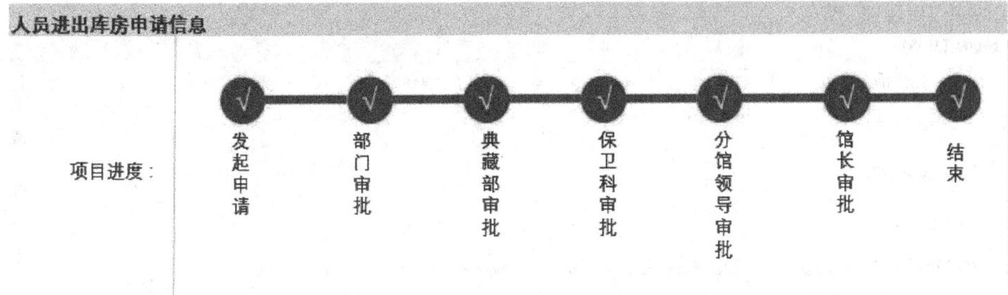

图43　本单位人员申请流程导航

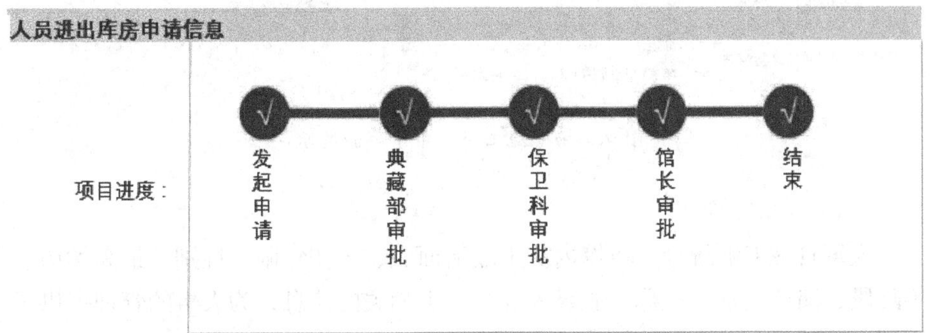

图44　外单位人员申请流程导航

场地施工登记，因为博物馆的特殊性，进入博物馆进行场地施工时需要确认是否动火，是否高空作业等相关情况，不同情况又需要不同的手续，需要提交层层申请，经过多方讨论与调研最终形成了长沙博物馆场地施工登记流程。见图45和图46。

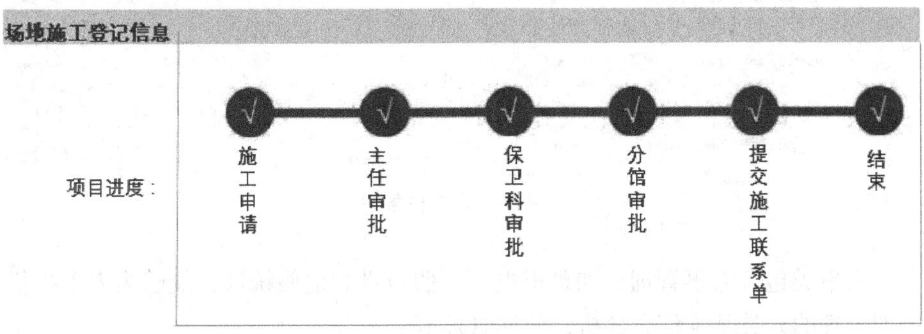

图45　场地施工登记流程导航

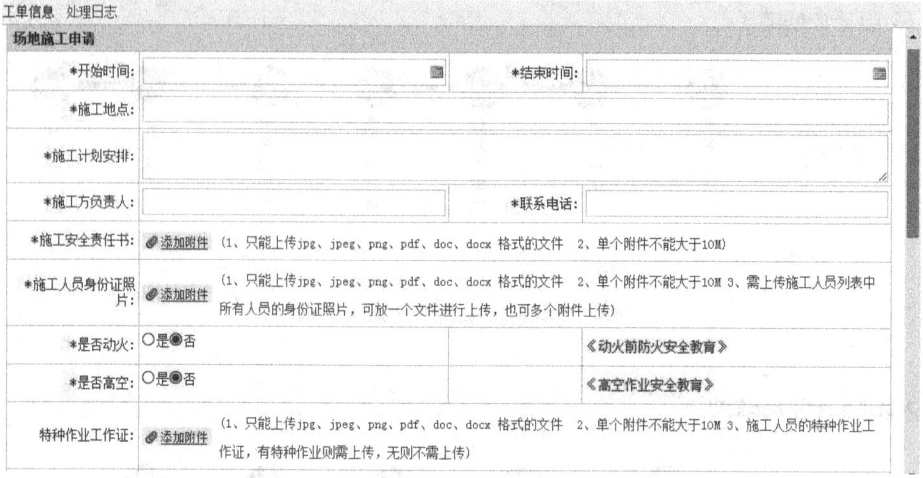

工单信息 处理日志

场地施工申请

*开始时间： *结束时间：

*施工地点：

*施工计划安排：

*施工方负责人： *联系电话：

*施工安全责任书： 添加附件 （1、只能上传jpg、jpeg、png、pdf、doc、docx 格式的文件 2、单个附件不能大于10M）

*施工人员身份证照片： 添加附件 （1、只能上传jpg、jpeg、png、pdf、doc、docx 格式的文件 2、单个附件不能大于10M 3、需上传施工人员列表中所有人员的身份证照片，可放一个文件进行上传，也可多个附件上传）

*是否动火：○是◉否 《动火前防火安全教育》

*是否高空：○是◉否 《高空作业安全教育》

特种作业工作证： 添加附件 （1、只能上传jpg、jpeg、png、pdf、doc、docx 格式的文件 2、单个附件不能大于10M 3、施工人员的特种作业工作证，有特种作业则需上传，无则不需上传）

图46 场地施工登记申请页面展示

（4）人事管理

人事管理能够统计分析馆内员工政治面貌、工作年限、性别、最高学历、年龄段、岗位类别、职称、职级等等与人事相关的信息，为人事的管理提供了便利。见图47。

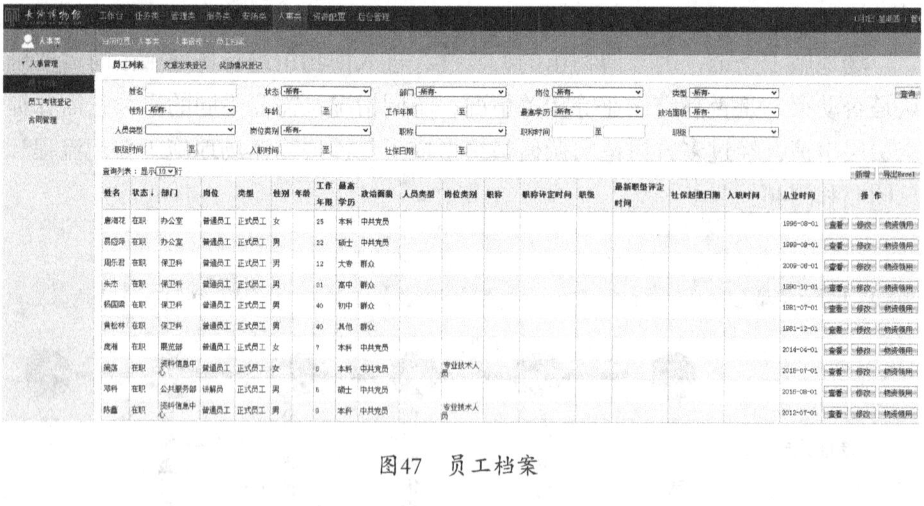

图47 员工档案

人事类包含人事管理、加班审批、请假审批和请假统计，能够为人事提供更加合理的人员基本信息分析，假期管理等。

加班审批、请假审批和请假统计都是为了请休假服务，可根据请假统计图分析馆内员工休假加班情况以及加班具体时间，请假具体时间。见图48。

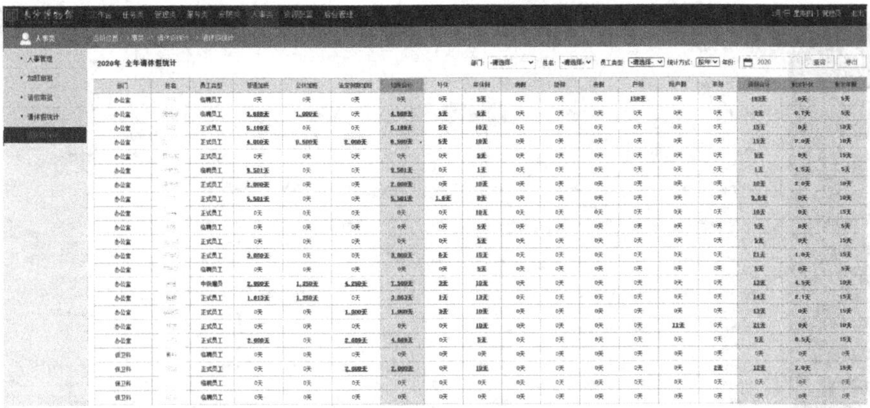

图48　请休假统计

（5）资产管理系统

博物馆资产管理系统（见图49）管理着博物馆所有易耗品、日常用品、印刷品等相关资产，管理着从资产购入开始到资产退出的整个生命周期，对资产实物进行全程跟踪管理。解决了资产管理中账、卡、物不符，资产不明设备不清，闲置浪费、虚增资产和资产流失问题。博物馆资产管理系统主要包括资产管理、仓储管理、资产变更、盘点管理、折旧管理以及基础设置6大模块（见图50），为博物馆的资产管理工作提供全方位、可靠、高效的动态数据与决策依据，实现资产管理工作的信息化、规范化与标准化管理，全面提升博物馆资产管理工作的工作效率与管理水平，使资产管理变得轻松、准确，快捷和全面。

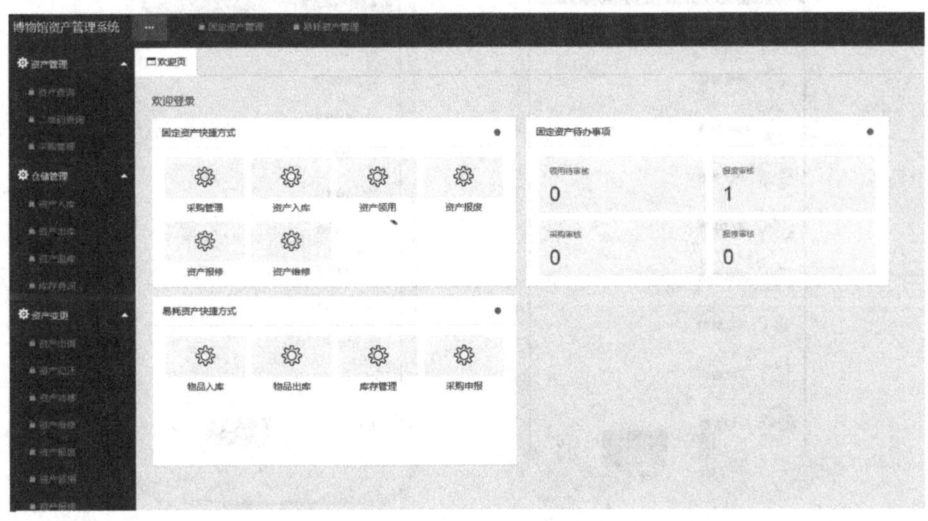

图49　博物馆资产管理系统

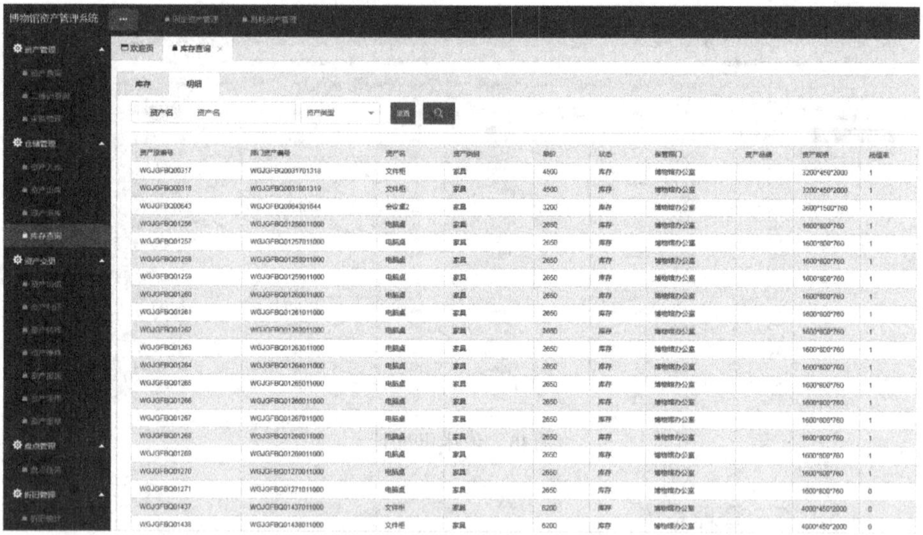

资产原编号	部门资产编号	资产名	资产类别	单价	状态	保管部门	资产品牌	资产规格	残值率
WGJGFBQ00317	WGJGFBQ0031701318	文件柜	家具	4500	库存	博物馆办公室		3200*450*2000	1
WGJGFBQ00318	WGJGFBQ0031801319	文件柜	家具	4500	库存	博物馆办公室		3200*450*2000	1
WGJGFBQ00643	WGJGFBQ0064301644	会议桌2	家具	3200	库存	博物馆办公室		3600*1500*760	1
WGJGFBQ01256	WGJGFBQ01256011000	电脑桌	家具	2650	库存	博物馆办公室		1600*800*760	1
WGJGFBQ01257	WGJGFBQ01257011000	电脑桌	家具	2650	库存	博物馆办公室		1600*800*760	1
WGJGFBQ01258	WGJGFBQ01258011000	电脑桌	家具	2650	库存	博物馆办公室		1600*800*760	1
WGJGFBQ01259	WGJGFBQ01259011000	电脑桌	家具	2650	库存	博物馆办公室		1600*800*760	1
WGJGFBQ01260	WGJGFBQ01260011000	电脑桌	家具	2650	库存	博物馆办公室		1600*800*760	1
WGJGFBQ01261	WGJGFBQ01261011000	电脑桌	家具	2650	库存	博物馆办公室		1600*800*760	1
WGJGFBQ01262	WGJGFBQ01262011000	电脑桌	家具	2650	库存	博物馆办公室		1600*800*760	1
WGJGFBQ01263	WGJGFBQ01263011000	电脑桌	家具	2650	库存	博物馆办公室		1600*800*760	1
WGJGFBQ01264	WGJGFBQ01264011000	电脑桌	家具	2650	库存	博物馆办公室		1600*800*760	1
WGJGFBQ01265	WGJGFBQ01265011000	电脑桌	家具	2650	库存	博物馆办公室		1600*800*760	1
WGJGFBQ01266	WGJGFBQ01266011000	电脑桌	家具	2650	库存	博物馆办公室		1600*800*760	1
WGJGFBQ01267	WGJGFBQ01267011000	电脑桌	家具	2650	库存	博物馆办公室		1600*800*760	1
WGJGFBQ01268	WGJGFBQ01268011000	电脑桌	家具	2650	库存	博物馆办公室		1600*800*760	1
WGJGFBQ01269	WGJGFBQ01269011000	电脑桌	家具	2650	库存	博物馆办公室		1600*800*760	1
WGJGFBQ01270	WGJGFBQ01270011000	电脑桌	家具	2650	库存	博物馆办公室		1600*800*760	1
WGJGFBQ01271	WGJGFBQ01271011000	电脑桌	家具	2650	库存	博物馆办公室		1600*800*760	0
WGJGFBQ01437	WGJGFBQ01437011000	文件柜	家具	6200	库存	博物馆办公室		4000*450*2000	0
WGJGFBQ01438	WGJGFBQ01438011000	文件柜	家具	6200	库存	博物馆办公室		4000*450*2000	0

图50　博物馆库存管理

（6）协同办公管理移动应用（App端）

协同办公管理App端分为安卓版本和苹果版本（见图51），支持通知公告、规章制度、待办、已办、消息推送；支持办公应用：巡检登记、故障申报、会议查询、请假申请、加班申请、工作日志、行程安排；提供内部和个人联系人资料信息的查询。

图51　协同办公管理移动应用

三、成果总结

（一）提升全馆业务工作规范性

智慧博物馆各系统的建设过程，也是长沙博物馆各部门业务工作流程梳理、建立和规范的过程，通过对各部门业务工作需求的多次梳理和流程搭建，提升了全馆各项工作的操作规范性，提供了更加科学、高效、明晰的工作环境，为博物馆的管理和业务水平提升打下良好基础。

（二）加强文物保护和管理利用

长沙博物馆智慧博物馆建设的核心之一便是注重文物的保护和科学管理，通过多个系统的建设和互通，加强馆藏文物全生命周期的科学化管理，为全馆员工进行文物和历史研究、展览策划等工作开展提供充足翔实的信息，为未来深入挖掘文物藏品信息，实现“让文物活起来”的目标打下坚实的基础。实现文物保存、展示环境的实时监测和调控，以及文物修复全流程的把控，加强长沙博物馆文物保护的时效性、科学性。

（三）提升管理水平和工作效率

长沙博物馆智慧化的建设，充分考虑了各类数据的整合与可视化呈现，强调各类业务大数据的提炼针对性，以图形化、可视化的直观形式，为馆领导和各部门业务工作的改进提供科学的决策依据。覆盖全馆各部门的业务系统，极大地提升各自业务工作的效率。

（四）积累中小型博物馆智慧化建设的经验

长沙博物馆智慧化建设，一方面很大的提升了全馆工作的信息化水平，另一方面，则为本地区、全省乃至全国各类中小型博物馆，尤其是很多原先缺乏信息化基础和建设经验的博物馆，提供了可供参考的经验和路径。

长沙博物馆智慧博物馆系统自全面上线以来，在博物馆藏品管理、观众服务、教育活动、内部管理、数据资源整合共享、传播推广等各方面，发挥了非常好的提升和推进作用。未来的建设中，长沙博物馆将以智慧博物馆现有成果为依托，立足馆藏文物特色和发展宗旨，利用数字人文、知识图谱等技术，继续深化对馆藏文物和长沙历史文化的挖掘与建设，利用信息技术，打造更加高水平的文物保护、传播和服务综合技术平台。

智慧金沙的实践与思考

——成都金沙遗址博物馆的智慧化建设

姚　菲　吴　彬*

引言

随着科技的日新月异，越来越多的前沿性科技成果逐渐被应用到博物馆领域。2014年，成都金沙遗址博物馆被国家文物局列为全国7家智慧博物馆试点单位之一，将智慧化建设全面引入文物保护、博物馆管理、观众服务、业务开展等各个方面，为博物馆未来的创新发展开拓出全新途径。

一、智慧融合服务体系为观众提供便捷、多元的参观体验

官方网站是博物馆对外传播的窗口，也是大部分观众参观前的第一站。金沙遗址博物馆新版官网，包含有大众版、学术版、青少年版和英文版四个板块（见图1）。大众版包含有门票购买、虚拟观展、文物信息、高清照片和资讯等，还有深入解读金沙文化内涵的文物视频、宣传片；学术版主要为博物馆会员提供与古蜀文明相关的研究成果等资源；青教版针对博物馆社会教育为孩子们呈现“小金历险记”、“萌娃讲金沙”、古蜀文物系列等课程视频，还有剧情互动游戏等内容，形成“互联网+教育”的新平台。观众通过金沙遗址博物

* 姚　菲：成都金沙遗址博物馆副馆长，副研究馆员，中国博物馆协会数字化专业委员会委员，研究方向为博物馆信息化、宣传推广与社会教育。

吴　彬：成都金沙遗址博物馆科技与信息中心副主任，文博馆员，研究方向为考古学及博物馆学、博物馆信息化。

馆官网，便可以在参观前便捷地获取关于古蜀金沙的海量信息。

图1　金沙遗址博物馆网站（大众版、青少年版、学术版）

智能售检票系统（见图2）全面实现博物馆售检票业务的网络化、信息化、智能化管理。将线上票务营销及线下业务管理同步，全面提升了博物馆门票销售服务方式。系统全面对接博物馆各线上窗口及其他分销平台，观众可通过微信、支付宝、官方网站等购买门票，直接扫码或扫描证件入馆，节省了观众排队等待时间。新冠肺炎疫情期间，金沙遗址博物馆对智能售检票系统进行了全面升级，对免票观众提供快捷预约渠道，同时将测温、身份信息读取与检票入馆集成，保证每位入馆观众信息可查询可追溯，保障安全的同时让观众可以快速入馆。

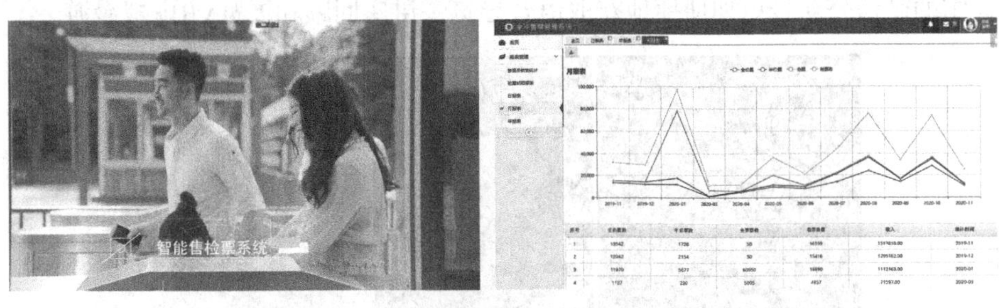

图2　智能售检票系统

对于到馆观众，金沙遗址博物馆打造了多元化的导览服务。基于多模定位传感网络、虚拟现实、增强现实等技术，开发了智慧金沙导览服务系统，为游客开启高品质、沉浸式的轻松“文化之旅”。该可以实现观众的精确定位、信息推送（见图3）和自动讲解功能。当观众走到展品周边1.5米以内，就会自动进行讲解和展品信息推送，迅速让展品“找到”观众，甚至开口“自我介绍”。

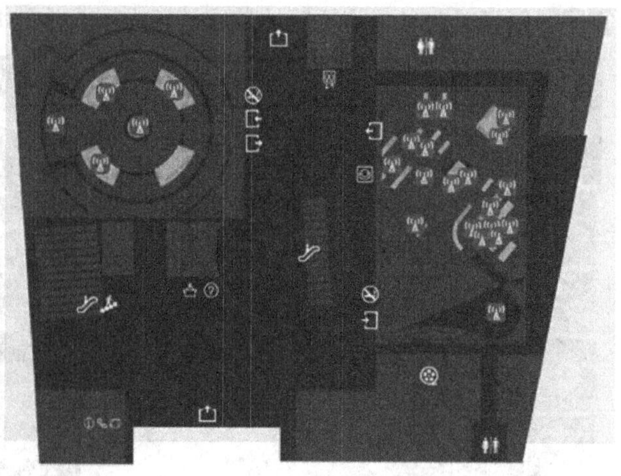

图3　智慧导览系统的定位服务功能

如何让不同年龄阶段、知识结构和文化背景的观众看得懂，记得住，是一个不小的挑战。金沙针对受众群体的特点，制作了不同形式、不同风格的数字资源与内容（见图4）。现在，到金沙参观的观众可以通过租借专用导览设备“智慧旅游终端”，或下载金沙智慧导览App获取语音讲解、互动体验等形式多样的导览服务。手机App和终端机均包含有中、英、日、韩、法、德、西班牙七种语言的92个点位文物导览服务，部分精品文物加入了专家版、四川话版和青少年版语音讲解，还有文物二维、三维信息展示、增强现实（AR）、动画视频等丰富的多媒体资源。技术代替文物开口说话，让昔日冷冰冰的文物也有了温度。除了通过手机App和租借设备，观众还可以通过博物馆的微信公众号更加便捷地获取语音导览、讲座回顾和展览VR虚拟漫游。

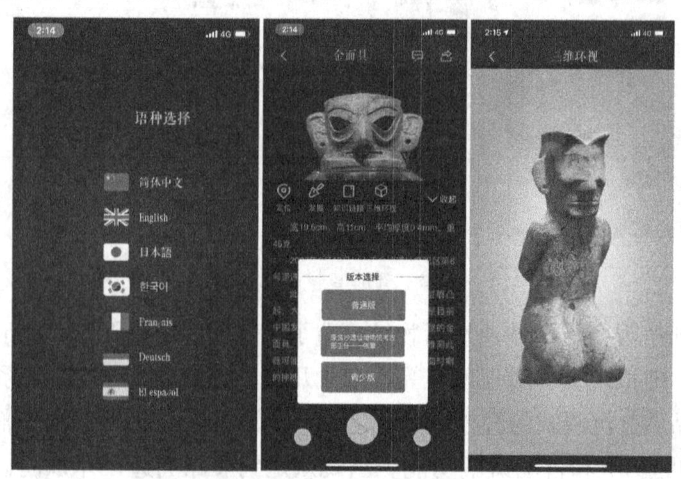

图4　智慧导览系统多样化的导览内容

二、数字化技术以全新方式阐释展览，提升展览吸引力和沉浸感

“走进金沙”常设展于2007年对外开放，展览中应用了半景画多媒体系统、定向查询系统、触摸屏查询系统、多媒体播放系统与沙盘、模型、建筑构件相结合的场景复原、幻影成像、电子翻书、“金沙迷雾”投影系统及4D电影等当时先进的数字化展示技术。

近年来，随着虚拟现实、增强现实等技术的发展与进步，金沙也对基本陈列进行部分提升优化。在保留了目前商周时期最大的滨河祭祀场所的遗迹馆，推出了“再现金沙”VR眼镜（见图5），应用虚拟现实（VR）技术、方位跟踪、广角立体显示等技术，构建了一种逼真的、实时的、三维虚拟环境。观众戴上VR眼镜就能穿越回3000年前的古蜀国，了解金沙遗址祭祀区形成、兴盛到衰落以及现代考古发掘的过程，真切地了解遗址的来龙去脉。从目前来看，这一技术已相当普及，但在当时却是比较领先的尝试，首先解决了VR日常维护问题，采用落地固定的方式，避免使用过程中移动及眩晕产生的不适；其次运用VR技术大大丰富了实体展示空间中的参观体验，向观众传递了大量“无形”的历史信息。

图5　“再现金沙”VR眼镜

在交互设计方面，通过增强现实（AR）技术实现对真实展厅场景的“增

强”，实现虚实结合，并于观众即时交互。观众用手机对展厅的实际展示场景、文物进行扫描，了解陶器、玉器制作工艺、古蜀生态环境复原、使用石磬祭祀及古蜀文明起源发展等历史信息，将静态展示与活态互动方式结合生动形象的解读金沙文化及古蜀文明。见图6。

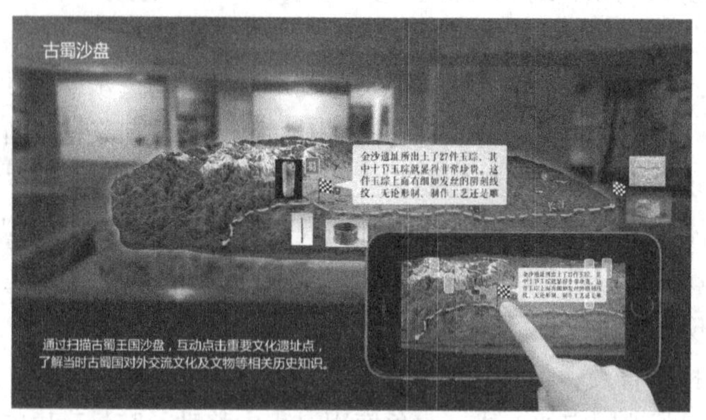

图6　“创意金沙”AR体验

在2018年“金色记忆”特展中，“AR寻宝——来与文物合个影”活动不仅应用AR技术向观众生动地呈现文物的背景信息，还能通过交互与文物合影拍照，赢得了观众的追捧；在“玛雅的世界”特展中，“玛雅秘境”App与探究镜结合，应用AR技术，通过新颖的形式和有趣的内容讲述玛雅文化背后的故事，观众在体验新鲜感的同时，也了解到关于玛雅神话、体育等相关领域的知识（见图7）。在“九连墩的故事”特展运用室内定位技术，开发了游戏导览系统。定制了“回到周朝你是谁”“成语故事猜猜看”“战车冲锋”“编钟奏乐”“看图猜文物”五款契合展览主题的互动游戏，观众可通过现场触摸屏或手机进行体验，在参与游戏的同时了解本次展览相关知识。

图7　“玛雅秘境”AR体验

三、深挖展品背后故事，让线上展示更加灵活和丰富

网上虚拟展示是借助三维全景数字化采集技术，通过专业全景相机，结合全景云台捕捉整个展览场景的图像信息，并将现场捕捉采集的图像通过计算机数字化输出为360° 全景景观图（见图8）。金沙遗址博物馆通过把拍摄好的全景素材上传到展览可视化管理系统，在系统中进行自动合成与制作，添加图片、音视频，并将全景发布到各网络平台，把二维的平面图像模拟成真实的三维空间，呈现给观众。观众可放大缩小，各个方向移动观看场景，以达到模拟、漫游和再现展览真实环境的效果。近年来，金沙遗址博物馆通过该系统制作了博物馆常设展和临时展览的虚拟全景，形成了完善的线上观展体系。

图8　展览360° 全景展示

2020年3月6—8日，金沙遗址博物馆以“云游金沙”为主题进行虚拟直播（见图9）。此次直播采用文物数字化保护的重要成果——“走进金沙”全景VR影像+人工讲解的创新形式，博物馆研究人员从古蜀人的生产生活、宗教信仰和考古发现三方面出发，带领观众虚拟漫游展览现场。在直播中讲解人员可随时点击360° 全景中的热点或插入图片，让观众更详细直观的了解文物。主播声情并茂地为观众直播精品展览和文物，并在直播间中与观众积极互动。虚拟直播通过灵活的形式有效整合博物馆的虚拟漫游及多媒体资源，创新了网络直播形式，实现了技术与展览的聚合，实现了技术及数字资源的有效利用。

图9　云游金沙虚拟直播

2020年2—5月，金沙围绕常设展“走进金沙”、特展“金玉琅琅——清代宫廷仪典与生活”、文化景观等内容，根据媒体平台的需求和特点，策划了20余场内容丰富，主题鲜明的直播活动，全网观看量超490万。

金沙遗址博物馆顺应新媒体发展趋势，以文物研究和数据为基础，生产了许多受观众喜爱的短视频内容。三维动画《细说铜立人》，通过精细的文物三维数据与重新建模，再现三展厅的展示场景，并用特写镜头描述青铜立人的头冠、五官、服饰、手势、脚部细节，以动态的形式解读青铜立人背后的故事（见图10）。手绘动画《漫说考古》，通过二维动画卡通的形式展示什么是考古学、如何考古、考古学小知识、考古学种类和断代等内容，将遗址博物馆涉及到的考古学知识传递给观众。配合2018年金色记忆特展，制作了二维动画《黄金工艺值多少》，与虚拟展示相结合，向观众阐释中国金器工艺发展演变的过程。

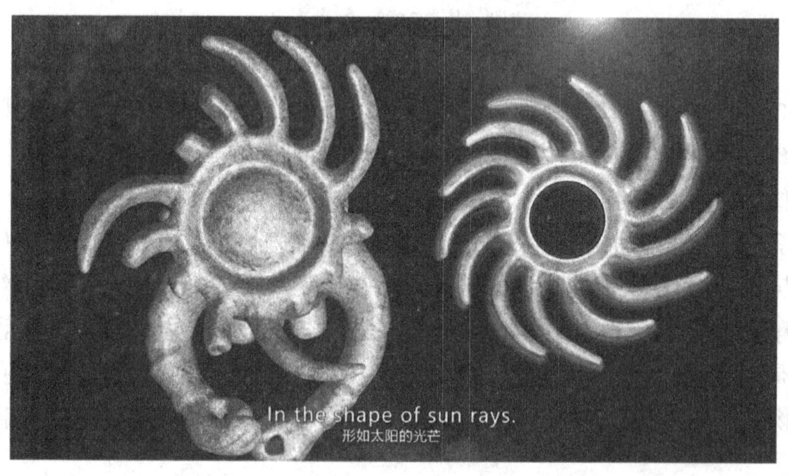

图10　三维动画《青铜立人》

四、综合信息系统创新管理模式，实现数据联动共享

智慧博物馆的建设远不止于数字化的展示和传播手段，在智慧保护方面，金沙遗址博物馆完成了对博物馆的虚拟三维场景（46000余平方米）和实景三维场景（390余站）的制作与采集、对精品文物（66件）的三维模型数据采集、对珍贵文物的高清图像拍摄（1.8万余张）、对场馆的高清航拍影像视频的拍摄等各类重要数据的采集（见图11），同时还建设了文物预防性保护监测平台，不仅为文物保护建立了全面的数据档案，也为智慧服务工作提供了丰富的创作素材。

图11　遗址和文物的数据采集

在智慧管理方面，金沙遗址博物馆构建了开放、整合的综合信息管理平台，包括藏品信息管理、陈列展览可视化、会员和志愿者管理等14个子系统，归纳展示了博物馆的各类核心业务信息，使管理工作更加科学、智能、高效（见图12）。

图12　综合信息管理门户

总结此前已有数字化建设的现状，各系统软件之间没有互联互通，信息孤岛严重等问题。在智慧博物馆建设理念的指引下，按照文物数字化保护应用总线数据交换规范，以文物数字化保护应用总线为平台，建成可视化数据中心、统一认证和门户系统。

统一门户对所有信息化系统进行集中管理，用户在登录统一门户后就可以直接访问不同子系统的管理平台（见图13）。文物数字化保护应用总线整合数据交换标准和接口，各子系统通过总线进行数据互联互通，目前实现了文物预防性保护环境监测平台及所有子系统与可视化数字中心的互联，藏品管理系统与官方网站、智能导览系统的互联，等等。

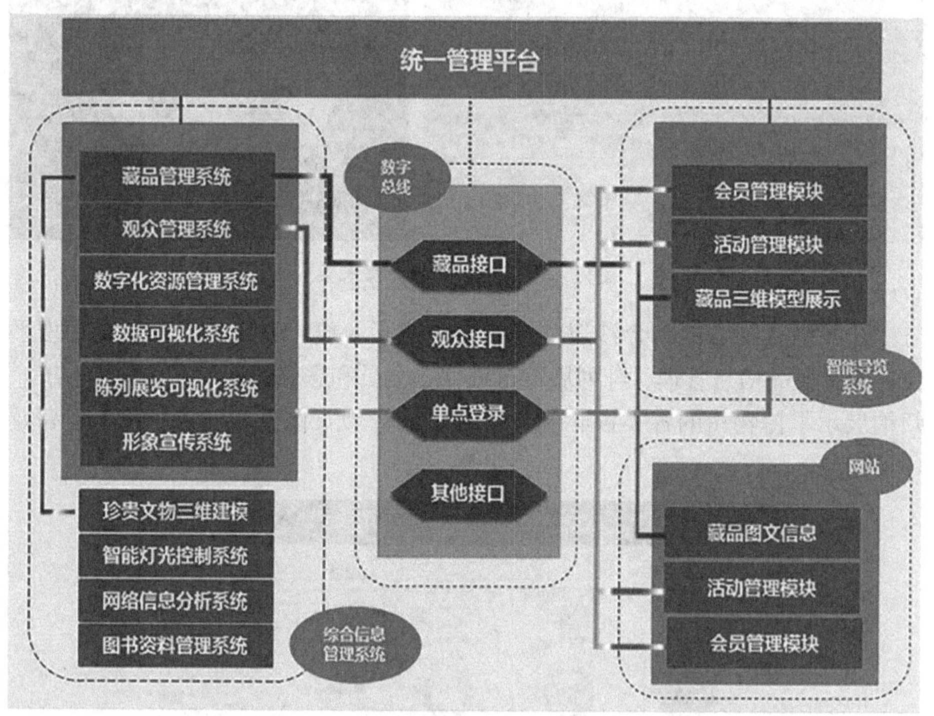

图13　系统与数据交互

在文物数字化保护应用总线的基础上，可视化数字中心（见图14）统一获取各个子系统的统计数据进行可视化展示。博物馆大数据界面展示了藏品、展览、客流、服务、传播等各种业务信息，而每个子页面则对每个分项进行更加深入的解读与分析。这样不仅让游客对金沙遗址博物馆有更多的了解，同时，博物馆也可通过这些统计数据获得辅助决策的支撑。

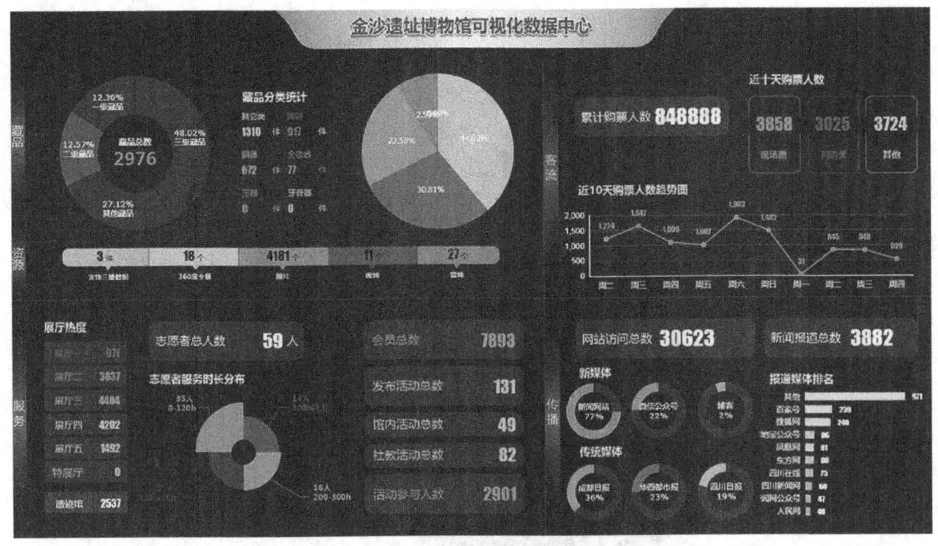

图14　“智慧金沙”可视化数据中心

这些系统的搭建和数字化信息资源的整合，也为观众提供了更为便捷的信息获取方式。藏品信息管理系统中的文物信息可以通过文物数字化保护应用总线实时共享到网站等平台；观众在会员系统注册成为博物馆会员，就可以通过微信、官网等多个平台进行活动报名、下载课程视频和研究文章等；智能票务系统不仅实现了博物馆票务管理的信息化，也使观众参观更加便捷，观众通过网上购票、线下扫码即可入馆。

五、文物数字化保护成果活态化应用，促进金沙文化的深入交流与传播

2019年9月，“神秘的古蜀王国——三星堆、金沙文化特展”在摩洛哥拉巴特中国文化中心开幕，展览中运用3D打印技术制作的文物艺术品惟妙惟肖，使当地民众近距离一睹“禁止出国文物”的风采；金沙“智盒”装置运用AR技术，让文物的三维立体细节触手可及；金沙智慧导览AR互动运用增强现实技术，观众扫描现场图版，即可生成中英双语三维动画，了解陶器、玉器制作工艺、古蜀生态环境复原、使用石磬祭祀及古蜀文明起源发展等历史信息，生动形象地解读金沙文化及古蜀文明；“再现金沙”VR眼镜，可以让观众迅速穿越回3000年前古蜀金沙时期，感受祭祀区的形成与演变过程。而在此前，古蜀文明也多次以图片、AR、VR、网上虚拟展厅等多媒体方式为载体，出展奥地利、墨西哥、澳大利亚等多个国家和地区，向世界展示金沙文化（见图15和图16）。

图15　文物数字化成果走进摩洛哥

图16　文物数字化成果走进摩洛哥

展览中的“智盒”艺术装置来源于一款数字文创产品，它是一个印有金沙精品文物图案和纹饰的立方体，其名字和外形搭配巧妙，给人有一种空间和思维无限延伸的感觉，正如博物馆作为“收藏与展示艺术品的场所”，其代表的文化内涵也是无边际的。观众用智能终端可以扫描智盒，借助AR技术体验掌上把玩文物的感受，获得文物的更多信息。类似数字资源的应用，催生了展览与文化创意的新应用。

经过近几年的探索实践，金沙与其他试点单位共同为行业做出了较好的示范作用，“智慧金沙”成果也得到了业界和公众的认可。如案例在《中国智慧博物馆蓝皮书·2016》《智慧博物馆案例（第一辑）》中以论文的形式发表，并入选了“互联网+中华文明”行动计划优秀成果。“智慧金沙”的应用系统自上线以来，多次获得国际国内奖项和荣誉。三维动画《细说青铜立人》荣获由国际博协视听、新媒体与社交媒体委员会主办的F@IM2019视听文化节博物馆短视频银奖；“智慧金沙——综合管理与服务平台”荣获第二届国际数据遗产最佳实践案例竞赛中获得了技术创新奖（见图17）；在“2019人民之选——中国博物馆创新锐度TOP10”的评选中荣获智慧博物馆践行奖。

图17 “智慧金沙”建设成果与荣誉

尽管金沙遗址博物馆在智慧化建设方面取得了一定的成绩，但也存在很多问题。首先，业务管理系统还缺乏完整性、整体性和共享性。智慧管理平台应涉及全业务的需求，反映业务由起始、运行、到结束的闭环，同时，业务数据需要共享，避免相同业务流程服务组件的重复开发，以推动业务的整体发展。其次，数字化展示和文物的内容解读还有待提升。遗址类博物馆如何充分运用考古工作成果，体现特色，让遗址和文物真正“活”起来，是需要认真思考的。在数字化服务方面，公众参观前、中、后的线上服务体系已初步构建，但定制化的系统不能满足技术的快速发展与公众日益增长的文化消费需求，需要不断优化和提升。金沙遗址博物馆将继续沿着智慧博物馆的发展模式不断促进博物馆理念、服务和技术创新，使博物馆实现更好的跨界融合，实现通过互联网更好地传承和弘扬中国优秀传统文化的宏伟目标。

成都市的智慧博物馆建设

成都博物馆协会

引言

成都是全国首批历史文化名城，也是中国文化遗产标志“太阳神鸟”的诞生地和出土地。成都市委市政府历来高度重视博物馆事业发展，持续推进和完善博物馆体系建设，现已初步形成国有博物馆、非国有博物馆、高校博物馆、综合博物馆、专题博物馆、行业博物馆等门类齐全、富有特色的博物馆发展体系。截至2019年12月，成都登记注册的博物馆共计100余座，其中，非国有博物馆数量和质量位居全国同等城市前列。近年来，随着云计算、物联网、移动通信、大数据等技术的迅猛发展和日趋成熟，成都在智慧博物馆建设领域展开了积极探索与实践，并取得良好成效，成为“国家公共文化服务体系建设示范区”和首批国家智慧城市试点单位。

一、智慧博物馆建设的实践进程

智慧博物馆建设涉及到云计算、物联网、移动通信、大数据等新一代信息技术在博物馆征集、保护、研究、传播、展示和管理活动中的应用，是一项体量巨大的系统工程。如何实现博物馆智能化？这要求博物馆能够紧跟时代发展脉搏，进行积极探索和大胆实践。2011年至2019年，成都市先后投入逾一亿元经费进行智慧博物馆建设，其历程大体分为三个阶段：

（一）智慧博物馆建设启动阶段（2011—2013年）

2011年，为适应文物与博物馆（以下简称“文博”）行业信息化发展的需要，扎实推进全市文博行业的数字化、信息化、智慧化建设，成都市结合文化体制改革，在全国同级别城市中率先成立了成都市文化局（文物局）直属独立机构——成都市文物信息中心。该中心成立后的第一项重点工作就是从顶层设计和整体规划入手，及时启动并完成了成都智慧博物馆体系总体规划编制工作。规划重点从公众服务、综合管理和现代化博物馆运营三个角度，以智慧服务、智慧管理、智慧保护及智慧运营为切入点，提出了成都智慧博物馆建设的总体方向和具体内容。见图1。

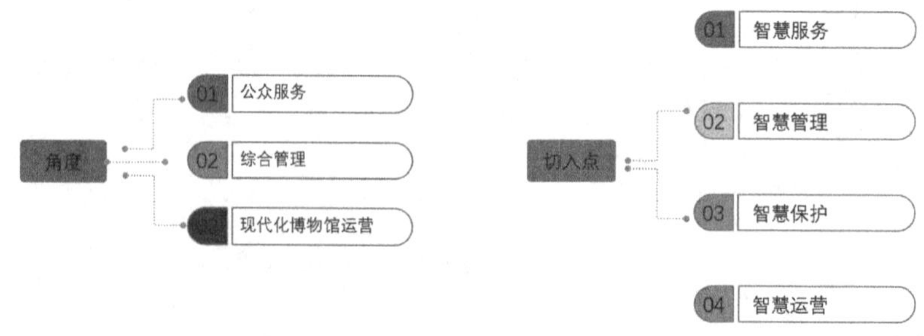

图1　成都智慧博物馆体系总体规划

在统一规划和国家课题组认可的基础上，成都市迅速启动了智慧博物馆相关建设项目。根据总体规划，从具有通用性、平台性以及基础性的信息化软硬件系统建设为重点，按照“总体部署，分步实施，统一标准，保障共享，整合资源，集约发展，实用可靠，适度先进，突出重点，先急后缓”原则，分期分批开展工作，主要工作内容和成果有以下几个方面。

1. 以建设“锦点”“青青锦点”等文化文物资源数字化平台为抓手，向公众传播优秀历史文化

2012年启动成都数字文化文物信息平台——锦点网项目建设（见图2）。历时一年，建成成都文博行业数据资源中心，并成为国家文物局数据中心西南地区灾备基地；开发完成面向公众服务的一站式门户网站——锦点网及面向文博行业内部业务流程管理的成都文化文物综合信息管理系统。该信息平台积聚全市文化文物12大类基础资源数据、博物馆虚拟三维场景、实景三维场景、三维文物、博物馆高清航拍影像、视频以及2.5D效果图等各类数据资源40T。项目建成后得到行业内部和公众的高度认可及媒体的普遍关注，中国文化报、中国文物报、四川日报、新浪网等主流媒体纷纷进行了专题报道。为进一步促进成都市优秀历史文化资源在广大青少年中的教育和传承，随后启动了成都数

字文化文物信息平台青少年版——“青青锦点”项目的建设工作（见图3）。“青青锦点”从青少年视角出发，应用现代技术手段对成都地区主要博物馆和文物、文化坐标、民风民俗等内容进行了生动呈现和趣味体验，并通过与成都市教育局的合作，无缝对接成都市教育局学号管理系统，实现全市140万中小学生信息认证。该项目寓教于乐且互动性强，作为成都市中小学生课外教育的有益补充，有效实现了成都丰富历史文化知识向青少年群体的快速传播。截至2019年12月，“锦点”“青青锦点”访问量突破700万人次。

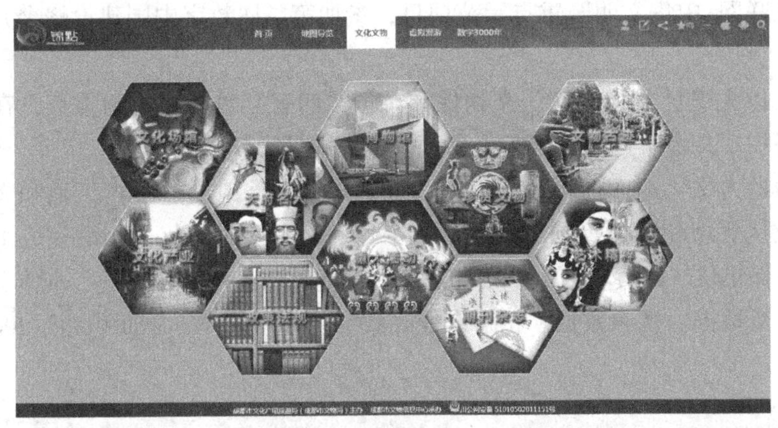

图2　锦点网

图3　青青锦点

2. 以文化地标数字化应用展示系统、“锦城家珍”数字博物馆为载体，展示成都历史文化风采和当代形象

2013年，成都市启动文化地标数字化应用展示系统建设。通过分期分批建设，共建成1200余处文化地标点位，实现“两江环抱，三城相重”古城格局

区域内的历史文化地标点位和中心城区重点地标点位全覆盖。其中，2016年，“锦城家珍”数字博物馆建设启动。项目组从全市25万余件馆藏文物中，遴选了最能体现成都文化内涵、最具成都地方特色且保存完整、形制精美的500件馆藏文物，运用虚拟现实技术、三维图形图像技术以及计算机网络技术等数字信息技术手段，通过搭建线上数字专题展厅，打破博物馆“围墙”，将这些馆藏精品文物按时代、类别、形制进行分类呈现和动态展示，生动讲述文物背后的历史故事，深受民众喜爱。2019年5月，该系统建设项目入选国家文物局“互联网+中华文明”重点示范项目，参加第二届数字中国建设峰会并获得好评。

3. 以大遗址数据采集、文物保护单位“四有”数据采集为重点，在文化遗产保护、文物研究及管理与应用等领域开展探索与实践

为助力文化遗产保护技术升级，成都市针对大遗址、考古工地和文物保护单位从管理和保护等领域开展了数字化探索。历时两年，相继完成了全市27处文保单位“四有”数据采集和45处大遗址机载三维激光航测、本体三维数据、全景数据、视频数据、正射影像等数字化采集工作，总面积超过200平方千米。

图4　新津宝墩遗址航拍影像

通过启动和实施以上系列信息化项目建设，为成都探索智慧博物馆体系建设积累了丰富经验，奠定了良好基础。

（二）智慧博物馆建设探索实践阶段（2014—2016年）

2013年，国家文物局在全国范围内启动了博物馆信息化、智慧化建设调研工作，提出了智慧博物馆基本概念和总体建设原则。2014年，成都市各馆根据

国家文物局的总体要求，按照成都智慧博物馆体系建设总体规划，结合业务需求和发展要求，全面开展智慧博物馆建设。

1. 国有博物馆的探索实践

成都武侯祠博物馆、成都杜甫草堂博物馆、成都金沙遗址博物馆、成都博物馆、成都永陵博物馆等博物馆先后完成了博物馆智慧化规划，并积极推进智慧博物馆建设。

（1）夯实建设基础

开展全国文物调查及数据库管理系统建设和全国第三次不可移动文物普查，建立涵盖全市域馆藏珍贵文物的基础数据库和不可移动文物基础数据库。其中，武侯祠、金沙遗址、杜甫草堂三家国家一级博物馆在做好藏品信息数据采集与登录工作的基础上，还建立了“馆藏图书数据库”“馆藏艺术品数据库”“馆藏音像制品数据库”“三国文化数据库”等，开展了馆藏文物资料的图像信息采集工作，对珍贵照片、底片及档案进行扫描、存储、建档，这一系列举措对藏品的数字化管理奠定了坚实的基础。见图5。

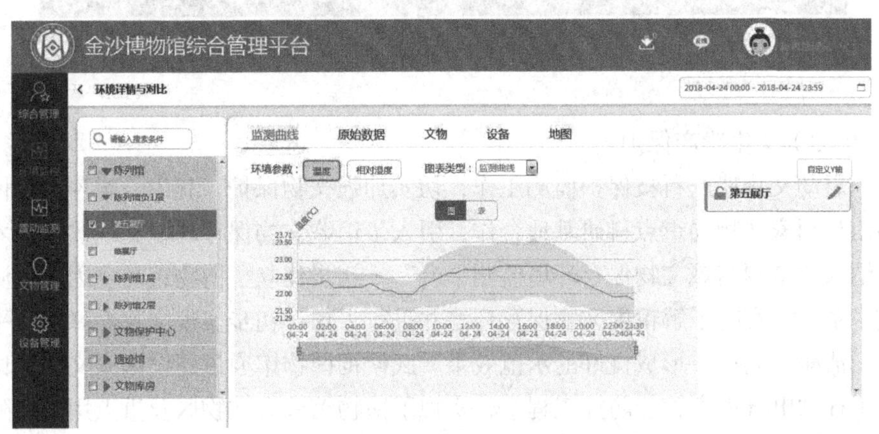

图5　金沙遗址博物馆综合管理平台

（2）数字化创新应用

结合数字化信息技术手段提升博物馆展陈，优化观众服务。各馆在数字化方面的应用主要包括了虚拟成像、高清三维扫描在文物展示中的应用，游戏动漫和三维影视技术在历史文化故事讲述中的应用，三维多媒体技术在展陈方式中的应用，多语种导览系统在游客参观服务中的应用，等等。如金沙遗址博物馆使用虚拟成像技术逼真还原古蜀先民制玉的全过程，借助高清三维扫描实现文物三维动态展示，通过游戏动漫和三维影视技术制作4D特效电影；武侯祠博物馆将裸眼3D技术、虚拟成像技术等运用到川剧变脸、水墨画等表现形式中生动讲述三国故事，成为春节大庙会活动的一大亮点；杜甫草堂博物馆使用动漫技术制作水墨风格短片，诗意再现杜甫生活场景的四季景色；成都博物馆采用三维多媒体技术开发建设虚拟陈列系统、交互式文物知识测试系统，极大丰富了展陈模式，为游客带来全新的体验和感受。见图6。

图6　成都博物馆茶馆人生幻影成像

（3）文化遗产保护

启动文化遗产科技保护监测工作，切实加强文物保护。其中，金沙遗址博物馆与国家文物局重点科研基地合作，引入了馆藏文物保存环境无线监控技术并纳入“全国馆藏文物保存环境监测平台”，初步建立了博物馆环境因素监测技术系统，实时了解馆内文物保存环境并进行干预，初步实现文物微环境“平稳、洁净”调控，形成良好的示范效果。武侯祠博物馆通过建设国家文物局试点工程“电气火灾智能防控工程”，实现了博物馆核心文物区及重点用电保障区实时监管和预警，从而有效提升了博物馆内古建文物本体防护能力。

（4）门户网站优化

持续完善并优化官方网站，有效发挥博物馆官网宣传服务功能。其中，金沙遗址博物馆、武侯祠博物馆和杜甫草堂博物馆结合己方博物馆风格和特色从界面设计、内容优化、观众体验等多方面对网站进行优化升级，极大改善并丰富了网站功能及观众体验，与百度合作共建“百度百科数字博物馆”，则进一步扩大了受众面及影响力。

（5）运行环境优化

优化博物馆信息化系统基础运行环境，对接市级文物数据中心，打通数据通道。各馆结合自身实际业务需求，完善和提升自有数据机房及配套设施，初步实现全市文物资源数据和信息化应用系统科学部署、高效运行、专业管理、互联共享。

2. 非国有博物馆的探索实践

成都市非国有博物馆智慧博物馆建设实践起步相对较晚，在成都市文化广电旅游局和成都博物馆协会的指导和支持下，分别根据各馆特色和运营需求，有针对性地开展博物馆数字化探索。例如，崇州天演博物馆利用数字化保护经费实施文物数字化保护与展示建设；成都市郫都区臻古堂家具博物馆举办“一针一线总关情”智慧服装蜀绣主题展；成都乌木艺术博物馆以“乌木王国”为主题做数字化展示；成都华希昆虫博物馆开发昆虫视觉体验数字文创产品；成都宬玘陶瓷博物馆结合自身特色开发博物馆智慧导览小程序。通过以上探索实践，进一步扩大了博物馆的知名度和影响力。

成都市通过智慧博物馆建设的探索实践，拓展了博物馆服务范围，增强了文物管理、研究与保护能力，有效提升了全市博物馆综合管理和公众服务水平。

（三）智慧博物馆建设深化提升阶段（2017—2019年）

通过以上两个阶段的探索实践，成都市在智慧博物馆建设方面积累了一定经验，夯实了基础，并有效推进了市属各国有博物馆智慧博物馆建设的步伐，运行维护能力持续提升。

1. 深化文物数据资源建设，拓展数据内容的广度和深度

文物数据资源是智慧博物馆建设的核心和基础。成都各文博单位积极开展各类文物资源数据建设工作，为行业大数据应用奠定了基础。截至2019年12月，金沙遗址博物馆完成了博物馆虚拟三维场景4.6万平方米、实景三维场景390余站的采集与制作，46件精品文物进行三维数据采集与加工，2976件（套）文物高清图像拍摄（共采集图片1.8万张），博物馆高清航拍影像、视频以及2.5D效果图等各类数字化采集，进一步提升了文物管理、保护、研究和展示、利用水平。成都博物馆从馆藏20万件文物中遴选代表性文物开展基础数据和扩展数据采集，完成了近6万件文物的数字化高清照片拍摄、50件文物三维数据采集工作，为智慧博物馆建设打好了数据资源基础。武侯祠博物馆通过三国历史文化遗存数据库建设，采集并存储了成都地区三国文化遗址、遗迹点位及建国以来三国遗迹考古资料，汇编100多个遗存点位的考察成果，收录电子图书16916种、博士论文逾100000篇、三国历史方面的音视频107集，这些成果的形成对三国时期社会、经济等方面的研究提供了极其珍贵的参考资料。

2. 紧扣博物馆核心业务，开展文物保护智慧化建设

文物保护是博物馆的核心业务，各馆结合收藏文物特点积极开展专项文物

保护系统建设。成都博物馆利用物联网技术建设馆藏文物保存环境监测系统，实现了对馆内环境质量的及时感知与预控管理。武侯祠博物馆通过建设彩塑及壁画保护修复系统，为塑像壁画等文物的保护、修复和数字化展示奠定良好基础；建设文物区三维管线普查探测及综合管理系统以及可持续更新的管线空间数据库，实现对文物区地上、地下管线数据常态化、精细化及动态化、标准化的管理与维护，极大提高管线管理水平，切实加强了对文物的安全保护。金沙遗址博物馆通过建设文物保存环境监测系统二期工程，有效提升了遗迹馆、陈列馆监控密度，扩大了监测指标和范围，实现了对遗址和藏品保存环境的实时监测，并可根据展厅和展品的实际要求进行精准调控，进一步提升了文物保护水平。

3.依托科技力量的创新应用，优化观众观展体验

在深化智慧博物馆建设的实践中，各馆按照“实用可靠，适度先进”的原则，深入研究分析观众需求，借助成熟和先进的科技手段，生动展现和演绎文物的文化内涵，讲述文物背后的故事，深受社会公众喜爱。金沙遗址博物馆通过升级官方网站、研发智慧导览系统和与百度、腾讯、人民日报等机构的资源及宣传合作，构建云观展平台，推出AI博物馆，为观众提供丰富的观展体验。武侯祠博物馆建设实施的“成都武侯祠数字文化之旅”项目，通过对古建筑和重点文物采用三维数字化建模技术，实现建筑内部实景漫游和文物虚拟互动，极大提升了观展的趣味性。成都博物馆利用自媒体和新媒体技术，构建以PC+手机为主要载体，以图文、视频、直播、VR等传播形式的新媒体传播体系，与国家主流媒体和知名自媒体开展合作，以博物馆传统文化为核心策划并制作了系列数字创意作品，让博物馆与观众的联系变得更加紧密。

从启动到探索实践再到深化提升，历时十年，成都智慧博物馆建设取得了卓越成效，总体水平居于国内领先行列，基本形成了国有和非国有、市属和区县博物馆协调共进且独具成都特色的智慧博物馆群落和联盟体系。

二、智慧博物馆建设面临的困难和问题

（一）在智慧博物馆的认识和理解上不够全面

国家文物局在博物馆智慧化管理、智慧化保护、智慧化服务等方面已提出了具有前瞻性、全局性的指导意见和建设要求，对成都智慧博物馆的建设实践发挥了极大促进和推动作用。但是，各级各类博物馆在具体探索实践中对智慧博物馆的概念、规划、建设、管理、运营等方面的认识和理解还存在一定差距，导致在实施过程中不同程度出现需求不够清晰、设计不够精准、建设不够全面、管理不够到位、运营效果不够理想等困惑和难题，未能全面高标准达到

智慧化建设的总体目标。

（二）在建设的共性技术及标准上不够统一

目前，国家从业务层面已制定了相关标准规范，但信息化建设方面的标准规范有待进一步建立和完善。成都在智慧博物馆建设实践中，深切感受到国家统一的技术标准规范的出台对推进智慧博物馆建设的极端重要性。所幸国家文物局已在着手研究和推动相关标准规范的制定，期盼早日颁布，以利全国智慧博物馆实践的整体推进和高质量发展。

（三）在运行维护和管理方面不够到位

在智慧博物馆探索实践中，有些单位重建设、轻维护，导致项目建成后不同程度的出现系统技术维护不到位、内容更新不及时、管理机制不健全、运营效果不理想等现象，从而难以实现智慧博物馆建设的初衷和目标。

（四）在经费投入和专业人员方面存在不足

实施智慧博物馆建设对于博物馆在软硬件开发、内容建设、管理维护、市场运营以及人才培养等方面提出了更高的标准和要求。但是，在实施的过程中各馆大都面临着两个问题：其一是在经费投入和筹措上都存在不同程度的困难，难以及时有效的保障项目建设的高质量和可持续性发展；其二是智慧博物馆体系建设涉及的专业领域和技术门类众多，各馆普遍缺乏相关专业的技术人员，难以为项目建设和后期运行提供充分的人才保障。非国有博物馆和区县博物馆在这两方面的困难则更为突出。经费和人才两方面的问题制约了智慧博物馆的建设进程。

三、加快智慧博物馆建设的思考

通过对成都智慧博物馆建设历程的回顾和总结，关于如何加快智慧博物馆建设，形成如下思考，概括起来，即要正确处理好五个关系。

（一）正确处理总体规划与分步实施的关系

智慧博物馆建设是一项系统工程，需要具有全局性和前瞻性的统筹规划和顶层设计，以确保智慧博物馆建设的科学性和先进性。同时，智慧博物馆建设也是一项长期性工作，须在总体规划基础上科学的划分建设阶段，并分期分批、合理有序和高效务实的推进各项工作。

（二）正确处理领先技术与合理应用的关系

近年来，互联网、大数据、人工智能、区块链以及5G等新技术发展迅猛，为各行各业注入了更多活力，在智慧博物馆建设实践中，要处理好领先技术和合理应用的关系。按照博物馆智慧化建设需求和发展要求，选择成熟且适度领先的技术进行建设，以保障项目的建设质量和持续运维能力。

（三）正确处理突出重点与全面推进的关系

智慧博物馆建设从总体上讲应统筹推进，但更要突出重点，充分利用好有限的建设经费，在国有博物馆与非国有博物馆、市属博物馆与区县博物馆、综合类博物馆与遗址类博物馆之间分别确定重点开展工作，最终实现全面推进。博物馆自身则应结合馆方需求和现实条件，从管理、保护以及服务等方面，分期分批开展重点项目建设，为博物馆向全面智慧化发展提供持续不断升级的动力。

（四）正确处理国有博物馆和非国有博物馆的关系

《博物馆条例》明确规定，国家在博物馆的设立条件、提供社会服务、规范管理、专业技术职称评定、财税扶持政策等方面，公平对待国有和非国有博物馆。在智慧博物馆规划建设方面，应同步指导、支持、保障非国有博物馆智慧化建设。同时，应积极研究和探索国有和非国有博物馆智慧化建设管理融合互通的模式和方法，增强非国有博物馆智慧化建设的能力，更好的实现国有博物馆和非国有博物馆共同为社会公众提供多元化智慧服务的目的。

（五）正确处理非常态发展和常态发展的关系

从2020年开始在全球暴发的新冠肺炎疫情，正在深刻影响着许多人的思维和消费习惯。国内外博物馆过去常态运营和发展的固定模式正遭受着史无前例的冲击和颠覆。这种状态还在不可预测的发展着、延续着。在这种情况下，国家和各地区已采取多种政策、措施和手段加以应对。就全国的文博事业而言，加快博物馆智慧化建设的进程显得十分重要。各级各类博物馆应树立高度的危机感和紧迫感，努力争取各种支持，加快智慧博物馆建设，通过新理念、新技术、新手段、新模式和新服务，努力扩大运营和生存空间，为今后的发展奠定基础。

附录

智慧博物馆论著摘要（2019—2020）

1.智慧博物馆顶层设计方法

作者：李华飙

刊物：《中国科技信息》2020年24期

出版日期：2020-12-15

摘要：智慧博物馆顶层设计是对智慧博物馆的发展形态和发展路线的总体设计，不仅取决于信息技术，更取决于设计理念和设计方法。本文提出了智慧博物馆的顶层设计方法，包括设计流程、业务架构设计、技术架构设计、数据架构设计等，同时提出了智慧博物馆运行机制设计方法，顶层设计组织方法和评价方法，供同行参考。

2.“互联网+”旅游时代下博物馆的智慧管理模式探究

作者：朝木日丽格

刊物：《当代旅游》2020年18卷33期

出版日期：2020-11-28

摘要：互联网时代改变了许多行业的管理模式，旅游业的发展和现代数字技术的发展给博物馆带来了新的发展机遇，也使得博物馆的管理方式发生了巨大的改变。在互联网环境下，博物馆管理人员能够通过使用信息技术，使得博物馆各项事务的管理能够更加有序地进行。智慧管理对于博物馆而言，主要是指通过使用物联网、云计算、大数据、数据库等技术，构建全面的博物馆管理系统，提高博物馆智慧管理水平。本文将探究“互联网+”旅游时代下博物馆的智慧管理概念、意义及优势，得到一些智慧管理的有效措施。

3.博物馆藏品智慧保护初探

作者：雷磊

刊物：《博物馆管理》2020年04期

出版日期：2020-11-15

摘要：随着信息技术的发展，藏品智慧保护已成为智慧博物馆建设的重要内容。本文在对智慧保护现有学术成果进行梳理的基础上，结合博物馆藏品保护实践经验和工作需求，进一步丰富和完善博物馆藏品智慧保护的涵义，探讨藏品智慧保护的业务流程，提出藏品智慧保护的具体措施，初步构建藏品智慧保护业务体系，并分析和总结藏品智慧保护体系的功能和意义。

4.我国智慧博物馆研究综述

作者：钟国文　张婧乐

刊物：《科学教育与博物馆》2020年6卷05期

出版日期：2020-10-28

摘要：智慧博物馆是博物馆发展的新模式和新形态，已成为博物馆界关注的热点问题，目前国内外在智慧博物馆方面已有较多研究成果。本文就智慧博物馆的代表性研究成果进行综述，梳理其研究主题，总结其研究特点，找出其研究存在的问题，思考未来发展方向，以期对我国智慧博物馆发展建设有所裨益。

5.智慧博物馆建筑设备评价指标体系研究

作者：王云鹏

刊物：《中国设备工程》2020年17期

出版日期：2020-09-07

摘要：近年来，随着智慧博物馆建设步伐的加快，智慧建筑设备作为智慧博物馆中的基本体系得到蓬勃发展。本文基于目前比较成熟的智能设备技术架构，围绕智慧博物馆的底层核心系统之一的建筑设备系统进行研究，在对智慧建筑设备的技术架构进行总结的基础之上，利用层次分析法构建出智慧博物馆的建筑设备评价指标体系，试图为我国智慧博物馆在智慧建筑设备方面的标准评价提供参考。

6.济宁市博物馆智慧化让文物“活”起来

作者：魏永震

刊物：《中国民族博览》2020年16期

出版日期：2020-08-30

摘要：文化是一个国家的根基，是一个民族的灵魂。“没有高度的文化自信，没有文化的繁荣兴盛，就没有中华民族伟大复兴。”近些年来，随着经济的高速发展，人民的精神文化需求日益增长，人们在旅游休闲的同时更加注重文化休闲，博物馆成为广大民众的首选之地。在当前博物馆发展及各项工作过程中，通过对数字化媒体技术进行应用，可促使博物馆得以更好地发展，具有十分重要的意义及价值。本文探讨了大数据思维与博物馆实际的结合以及博物馆智慧管理的理念和实现。从硬件设备、服务模式、互联互动等方面探究济宁市博物馆智慧化的改革之路。

7.博物馆藏品智慧盘查的探索

作者：田名利

刊物：《中国博物馆》2020年03期

出版日期：2020-08-15

摘要：智慧盘查是博物馆藏品在传统盘查和数字化管理基础上，利用物联网无线射频识别技术，将RFID电子标签与博物馆藏品实现有效结合，高效智能安全地实现藏品非接触式识别盘查的创新手段。可极大提高工作效率，降低劳动强度压力，减少文物藏品风险隐患，确保国有文化资产长久安全。

8.关于智慧博物馆建设的若干思考

作者：王春法

刊物：《博物馆管理》2020年03期

出版日期：2020-08-14

摘要：智慧博物馆是在数字博物馆充分发展基础上形成的、以信息网络技术最新成果为支撑的博物馆新业态，是世界博物馆发展的新趋势。智慧博物馆与实体博物馆互为表里，相辅相称。本文从理论研究和实践探索两方面，对智慧博物馆建设的关键概念、功能框架、技术路线、支撑条件、标准体系等进行系统探讨，以进一步明确智慧博物馆的发展方向，提升智慧博物馆建设的质量和水平。

9.AR智慧旅游平台构建研究——以辽宁省博物馆为例

作者：张纹语　李琳　李秀彦

刊物：《旅游纵览》2020年15期

出版日期：2020-08-08

摘要：我国旅游行业正朝着“智慧旅游”的方向发展，本文将AR智慧旅游平台与博物馆旅游相结合，顺应当今旅游业智能化、文旅相融的发展趋势，发挥互联网在旅游业发展中的优势。以辽宁省博物馆为研究对象，通过问卷法、深度访谈法对辽宁省博物馆AR智慧旅游平台构建设计进行研究，发现博物馆智慧旅游平台存在的问题，设计AR文物欣赏、智慧游览、智慧导购在内的专属于辽宁省博物馆的智慧旅游平台。

10.智慧博物馆大数据模型的构建

作者：李华飙

刊物：《电子技术》2020年49卷06期

出版日期：2020-06-20

摘要：分析表明，博物馆数据现状总体面临着数据资源分散、缺乏高质量的编目标注信息、数据管理难等常见问题，导致了数据利用率低的现象。建议成立专门机构集中管理博物馆数据资产、统一设计博物馆大数据模型、提高数据分析能力是三种提升大数据能力的措施，其中统一设计博物馆大数据模型是承上启下的关键环节。阐述从技术到业务、从业务到技术两种大数据模型设计方法，两种方法没有好坏之分，可以结合起来使用。构建博物馆大数据模型的三个关键点是构建数据标准体系、构建分级分类的数据存储模型、研究基于人工智能的数据处理加工技术。综合采用上述措施、设计方法和技术关键点，从而有效保证博物馆大数据能力的持续提升，助于提升博物馆的管理服务水平。

11.物联网在智慧博物馆藏品管理中的应用探讨

作者：杨超

刊物：《中国文物科学研究》2020年02期

出版日期：2020-06-15

摘要：物联网被誉为继计算机、互联网之后第三次信息产业革命浪潮，已在多个领域得到了成熟应用。在博物馆藏品管理方面，物联网通过“全面感知、万物互联”赋能博物馆智慧化，介绍了物联网在智慧博物馆领域的应用概况，分析了博物馆藏品管理的需求，对物联网在博物馆藏品管理中的应用实践提出了建议，最后分析了应用中存在的问题及实现要点。

12.基于CNKI文献计量分析的博物馆智慧化科研管理研究

作者：王开　王云鹏

刊物：《中国管理信息化》2020年23卷11期

出版日期：2020-06-01

摘要：中国知网的文献计量分析数据显示，“博物馆管理”在博物馆领域研究比重一直较低，科研管理作为博物馆管理运作的基础之一，如何与博物馆的智慧化建设相结合是亟待解决的问题。博物馆科研管理普遍存在服务职能不足、信息闭塞、行政程序烦琐、对自身藏品研究不深入等情况，制度上的调整能够解决部分问题。构建具有博物馆行业特性的科研管理平台可以进一步提高博物馆的科研管理效率和科研实力。

13.智慧博物馆背景下藏品管理工作的研究

作者：孙晓艳

刊物：《科技传播》2020年12卷10期

出版日期：2020-05-25

摘要：智慧博物馆的建设和发展，为文物资源的发展注入了新的理念，使文物修复保护与管理更加智能化、智慧化，有力地推动了互联互通、开放共享、协同合作的博物馆行业大数据体系建设。文章结合博物馆文物管理的特点，以博物馆智能化、智慧化建设为基础，从智慧文物管理、智慧保护修复、智慧展示与服务及智慧文物管理问题分析等几个方面阐述文物智慧化管理形式。

14.从智慧博物馆到AI博物馆的发展趋势——以湖南省博物馆为例

作者：胡昊玥

刊物：《美与时代（城市版）》2020年05期

出版日期：2020-05-25

摘要：在现代信息科学技术飞速发展的今天，人类社会经历着一次又一次的变革，由于“智慧地球”这一概念的普及，智慧博物馆也成为一种博物馆新形态。同时，AI技术迅速发展，这个被誉为“第四次产业革命”主导的智能技术，悄然进入我们的生活。文章以重建后的湖南省博物馆（以下简称“湘博”）为例，采用比较分析法和实地考察法，从展馆导览服务、文物展示、观众互动等方面尝试提出AI应用实践，并分析AI技术给湘博带来的机遇。

15.浅析大同市博物馆藏品管理智慧化系统

作者：贾霞

刊物：《文物世界》2020年03期

出版日期：2020-05-15

摘要：藏品管理是博物馆的基础和核心业务，藏品管理水平的高低决定着博物馆的发展。计算机的应用和网络技术的发展给不同领域带来了便捷，博物馆也必然需要融入这一时代潮流。本文介绍了大同市博物馆基于RFID技术的藏品管理智慧化系统及其方案实施和系统意义。

16.我国智慧博物馆的建设思考

作者：刘怡松　詹绍文

刊物：《大众文艺》2020年09期

出版日期：2020-05-07

摘要：智慧博物馆如今成为博物馆的发展趋势，它在传统博物馆的基础上加入了大数据云计算等新兴技术手段，同时融入了“以人为本”的价值取向，更好地满足了公众的消费需求。然而智慧博物馆在发展过程中存在无统一标准、缺乏专业人才等一系列问题，鉴于此，文章对智慧博物馆未来的建设与发展进行思考，并提出相应的对策建议。

17.智慧博物馆的展陈模式创新探讨

作者：杜静宜

刊物：《大众文艺》2020年09期

出版日期：2020-05-07

摘要：受大数据、物联网、云计算等新兴技术发展的影响，传统博物馆正在向“智慧博物馆”转型。本文以“智慧博物馆”的展陈创新为视角，总结出智能导览、数字化互动展陈、“虚拟+现实”展陈、“云”展陈等四方面智慧展陈手段，并展开论述。

18.智慧博物馆展陈技术的研究分析

作者：陈孝全

刊物：《科学教育与博物馆》2020年6卷Z1期

出版日期：2020-04-28

摘要：技术是推动博物馆发展的重要动力，展览陈列是博物馆发展的重点，本文简要分析并实证举例了在博物馆展览陈列中使用的虚拟现实、3D打印、屏幕与光影、智能动感影院、人工智能等技术，并对五种展陈技术展开应用意见和应用场馆调查分析。在调查中不但对技术应用调查总结了企业观点和观众观点，而且对技术应用场馆调查总结了国内外若干典型场馆的技术应用情况，调查结果可为推行智慧博物馆建设的展览陈列技术升级改造提供参考。

19.智慧博物馆的公众服务中台架构设计

作者：周子杰

刊物：《信息系统工程》2020年03期

出版日期：2020-03-20

摘要：论文以博物馆信息化建设为视角，探讨在智慧博物馆建设过程中面临的常见问题，列举了博物馆智慧服务涉及的各项内容。在介绍中台架构的起源和优势的同时，分析了智慧服务中的共享业务并以中台的思路设计出博物馆智慧服务的业务中台、数据中台和技术中台的技术架构，以期对博物馆未来信息化架构设计提供一些思路。

20.信息系统在博物馆智慧转型发展中的作用

作者：张宝圣

刊物：《文物世界》2020年02期

出版日期：2020-03-15

摘要：信息系统作为智慧博物馆建设中的重要角色，一方面要将博物馆资源数字化，另一方面还要将实现数字化的博物馆资源转变成智能智慧博物馆资源。目前，大多数博物馆的信息系统只实现了博物馆资源的数字化，而远没有将这些数字化的宝贵资源实现智慧利用。因此，博物馆应该进行更加详细的需求分析，规划出实现智慧化的方案，对信息管理系统的功能和目标进行重新评估，完成馆内各类信息管理系统优化升级，使信息系统在博物馆智慧转型中发挥先锋作用。

21.智慧博物馆的建设经验及其对智慧科技馆建设的启示

作者：蔡文东　莫小丹

刊物：《中国博物馆》2020年01期

出版日期：2020-02-15

摘要：我国智慧博物馆的建设得益于精心的顶层设计、有力的政策支持、充足的经费保障和高效的研讨交流。对于智慧科技馆的建设可充分利用国家公共文化服务体系建设的相关政策，争取专门经费；定期召开内容丰富的研讨会、峰会等，交流智慧科技馆的建设经验。

22.基于新媒体的智慧博物馆导视系统设计研究

作者：陈东阳　黄灿

刊物：《新媒体研究》2020年6卷02期

出版日期：2020-01-25

摘要：为探索智慧博物馆的新境界，研究如何将新媒体技术用于导视系统中，文章通过对当前智慧导视系统的研究和分析，归纳得出新型导视系统中的优势与不足。所得出的结论将有助于新媒体导视系统的应用，使导视系统设计走向多元化并进一步提升博物馆的参观体验。

23.如何利用一级博物馆运行评估体系对博物馆进行智慧化日常管理——以吉林省博物院评估定级回顾和运行评估日常管理为例

作者：王洋

刊物：《中国民族博览》2020年02期

出版日期：2020-01-23

摘要：文章以吉林省博物院一级博物馆评估定级回顾及运行评估日常管理为例，在工作中切实将理论应用于实际。总结2008年以来我国博物馆评估发展变化及现状，以期从博物馆的定性到评估的标准体系及运行管理等细节方面加以阐述，将评估和运行融入到日常工作和管理中，与同行共同论述一级博物馆评估定级的标准和运行评估的日常管理，科学地将一级博物馆运行评估应用于各馆实际工作中。

24.“大数据”背景下智慧博物馆发展现状及对策

作者：岳娜

刊物：《中北大学学报（社会科学版）》2020年36卷02期

出版日期：2020-01-20

摘要：大数据的发展为博物馆的信息化和智慧化提供了技术支撑，也为博物馆的创新与发展带来启示。“大数据”大量、高速、多样、低价值密度、真实的特征，使博物馆“智慧化”的转变成为趋势，同时也面临着一些问题：数字化建设程度不高、对新技术的关注度与利用率低、技术与软件间存在的衔接困难、管理松散。基于智慧博物馆发展过程中存在的问题，本文对智慧博物馆未来发展提出了改进建议：一是设计智能化管理架构，加强博物馆管理；二是充分利用新技术，打造智慧博物馆；三是深挖场馆内涵，建立以观众为核心的智慧服务系统；四是加强LAM三馆的融合。

25. “互联网+”背景下智慧博物馆建设分析

作者：韦文恒

刊物：《文化创新比较研究》2020年4卷01期

出版日期：2020-01-01

摘要：随着互联网的发展，与博物馆相关的智慧建设迎来新的机遇。该文从概念、组成、作用简述智慧博物馆内容，从时代、职能、城市发展三方面阐述建设的必要性，并从互联网应用、加强资金投入、完善基础设施等方面阐述具体建设路径。

26.浅析智慧博物馆

作者：王楠

刊物：《文物鉴定与鉴赏》2019年24期

出版日期：2019-12-23

摘要：分析博物馆受新技术的影响，如人工智能、大数据、云计算以及移动互联网等现代化技术，阐述了现如今博物馆的发展趋势，从而引出智慧博物馆的概念，并且探讨了这些新型科技对智慧博物馆的建设和发展带来的机遇与挑战。

27. “互联网+”时代下博物馆的智慧管理研究

作者：吕铁　陈亦峰

刊物：《科技经济导刊》2019年27卷35期

出版日期：2019-12-15

摘要：博物馆作为一种人类与文化遗产交流的实物场所，为公众提供了历史文化遗产、文物相关知识学习的服务，具有很强的科学性、历史性与价值性。但在“互联网+”的时代趋势下，科技信息化技术深入推广与普及下，其需要借助这些新兴技术来满足人们不断增长的物质文化需求。

28.大数据背景下智慧博物馆数据源探析

作者：林新宇

刊物：《首都博物馆论丛》2019年01期

出版日期：2019-11-30

摘要：本文概要介绍了大数据的概念及大数据处理平台，借鉴其他行业的大数据典型应用情形，从智慧博物馆所需的数据对象出发，对首都博物馆现有数据源的不足及今后的开发方向进行了分析与探讨，从大数据的角度梳理了可纳入采集的信息，并以展览为例进行了说明。

29.浅析智慧博物馆建设中的机遇与挑战

作者：李莉莉

刊物：《中国民族博览》2019年14期

出版日期：2019-11-23

摘要：随着时代的不断发展，博物馆的重要性越来越明显。在建设文化强国的今天，博物馆起到了非常重要的作用。在博物馆中包含着我国悠久的历史文化，能够对广大人民起到有效的教育作用。随着信息技术的不断发展，智慧博物馆的建设越发受到人们重视，也是博物馆未来的发展趋势。在建设智慧博物馆的过程中，会面临许多机遇和挑战，我们应了解智慧博物馆建设中存在的问题，及时制定有效的解决对策。

30.探究智慧博物馆形势下馆校合作新趋势

作者：牛志华

刊物：《文化产业》2019年20期

出版日期：2019-10-25

摘要：在全球互联网交互融合的大背景下，互联网对博物馆产生了重大的影响，博物馆教育应作出适宜的改变。从博物馆与学校合作方面入手，分析智慧博物馆形势下馆校合作的现状及合作方式，探究未来博物馆教育发展的对策。提出在智慧博物馆新形势下，馆校合作要在技术上不断跟进，在教育理念中不断创新，将智慧博物馆教育课程落实到位，实现博物馆资源教育价值。

31.基于共享式的业务架构设计——以广东省博物馆智慧博物馆平台为例

作者：黄青松

刊物：《文博学刊》2019年03期

出版日期：2019-09-30

摘要：随着科技进步，运用物联网、云计算、大数据、人工智能等新兴技术提升博物馆现代化管理能力、赋能博物馆业务快速发展，已成为智慧博物馆建设的重要发展趋势。由于无成例可资借鉴，各个博物馆在进行智慧博物馆建设时，通常面临着智慧博物馆怎么建，方向是什么，路线图是什么的难题。问题的破解之道在于梳理博物馆业务，明确建设需求，制定科学合理的顶层设计。业务架构设计是顶层设计最重要的组成部分，本文以广东省博物馆智慧博物馆平台为例，探讨智慧博物馆建设业务架构设计的相关问题，阐述如何建立共享式的业务架构，以期为博物馆行业提供智慧博物馆平台建设的实践案例和理论支持。

32.基于BIM的博物馆智慧运维需求研究

作者：王鹏

刊物：《中国住宅设施》2019年09期

出版日期：2019-09-30

摘要：通过上海博物馆东馆新建工程项目，建立智慧博物馆的顶层设计并梳理核心业务层需求信息，集成建筑内各类系统的参数与控制方法，为建筑交付运维阶段提供了BIM技术支撑，同时为智慧博物馆建设及BIM应用实施做了有效的推进。

33.智慧博物馆建设研究

作者：熊鹃

刊物：《科教文汇（上旬刊）》2019年09期

出版日期：2019-09-10

摘要：博物馆作为历史文化的主要载体，需要借助新兴的信息技术来满足公众日益增长的物质文化需要。在这种背景下，全球掀起了一阵智慧博物馆建设的浪潮。近些年来，我国在智慧博物馆的建设方面也做了很多尝试，但总体而言仍处于一个起步阶段。为了更好地探索智慧博物馆的建设，本文首先对我国智慧博物馆建设的宏观环境进行分析，以了解智慧博物馆的建设现状。同时，探讨智慧博物馆应具备的基本元素和特征，为智慧博物馆的建设提供借鉴和参考。

34.智慧博物馆与AI博物馆——人工智能时代博物馆发展新机遇

作者：李姣

刊物：《博物院》2019年04期

出版日期：2019-08-28

摘要：现代信息技术的快速发展，引起了人类社会一次又一次的变革。智慧地球的理念迅速普及，智慧博物馆概念在博物馆领域应运而生。在物联网、移动互联、大数据、云计算等信息技术的推动下，智慧博物馆探索建立智慧服务、智慧保护、智慧管理的应用模式。目前智慧博物馆的发展还是初级形式。人工智能被誉为“第四次产业革命”，世界各国纷纷将其作为国家重要发展战略，博物馆在即将到来的人工智能时代也将面临新的发展机遇和变革。国内外博物馆已开始探索在导览服务、游客管理、陈列展览、文物管理、文物保护修复及鉴定等方面与人工智能技术的结合。智慧博物馆从初级形式向高级形式——人工智能博物馆发展将是必然趋势。

35.智慧博物馆建设的思考——以江西省博物馆为例

作者：丁航

刊物：《东西南北》2019年15期

出版日期：2019-08-01

摘要：本文从智慧博物馆的概念出发，分析了智慧博物馆的特点，并对其理论建设和实践进行了深入思考。结合江西省博物馆建设实例，提出了智慧博物馆应以实现“人”“机”互动为核心，构建现代信息管理体系，开展智能化的信息管理系统、观众行为管理系统、移动导览系统、展馆3D游览、开放性的资源建设，创造现代化的智慧博物馆。

36.基于智慧导览的博物馆观众调查、分析与探索——以南京博物院“法老·王”“帝国盛世”特展为例

作者：郑晶

刊物：《东南文化》2019年03期

出版日期：2019-06-30

摘要：智慧导览已在当今社会的多个领域得到广泛应用，南京博物院的特展“法老·王”和“帝国盛世”应用了智慧导览技术来丰富观众参观体验，不仅拓展了观众获取知识的深度与维度，而且在此基础上开展了博物馆观众调查。这两个展览通过智慧导览方式，结合信息叠加、数据识别、热点分析与调研问卷等，进一步探索了观众的需求，并分析了相应的结果，从而为今后博物馆教育观念与服务方法的创新提供了有益的参考。

37.5G时代的智慧博物馆建设

作者：周继洋

刊物：《中国建设信息化》2019年09期

出版日期：2019-05-15

摘要：智慧博物馆建设包括三个方面，分别是针对公众层面的“智慧服务”，针对展品层面的“智慧保护”以及针对运营管理者层面的“智慧管理”。国家及相关部门高度重视智慧博物馆建设，《关于进一步加强文物工作的指导意见》《国家文物事业发展“十三五”规划》《“互联网+中华文明”三年行动计划》《关于加强可移动文物预防性保护和数字化保护利用工作的通知》等文件都提出要充分利用数字化手段实现文物

38.中国国家博物馆智慧国博建设的思考

作者：王鹏远

刊物：《中国博物馆》2019年02期

出版日期：2019-05-15

摘要：智慧博物馆是以博物馆业务需求为核心，以不断创新的技术为支撑，线上与线下相结合的新型博物馆发展模式，这个新模式将提升博物馆的核心业务水平与观众的体验感受，实现博物馆的智慧服务、智慧保护与智慧管理。智慧国博建设将实现从过去的以藏品为中心向同时以藏品和人为中心的转变，让中国国家博物馆管理服务的信息化、智能化水平实现跨代跃升，实现从传统博物馆向智慧博物馆的跨越式发展。

39.以“需求导向”引领智慧天文馆建设

作者：忻歌　陈颖　鲍其泂

刊物：《自然科学博物馆研究》2019年4卷02期

出版日期：2019-04-25

摘要：近年来，各种信息技术运用于博物馆，产生了数字化博物馆、信息化博物馆、智慧博物馆等概念。但在这一过程中，经常看到“技术导向”的建设思路导致与博物馆的功能需求不相适应的现象。本文通过对博物馆观众和管理人员的调研，结合国内外博物馆智慧化案例的分析，围绕“智慧博物馆”的功能需求和发展趋势，探讨如何通过“需求导向”引领和推动智慧博物馆的建设，形成了以“更透彻地感知、更全面地互联、更深入的智能”为建设目标，以智慧管理、智慧运行、智慧服务、智慧教育等四个维度为框架构建智慧型上海天文馆体系的初步思考。

40.数字化背景下的智慧博物馆建设探究

作者：朱远俊

刊物：《中国民族博览》2019年04期

出版日期：2019-04-15

摘要：数字化在行业中的应用已是大势所趋。博物馆作为连接历史与现代

化的桥梁，紧跟时代发展的洪流，充分利用现代科技，发挥博物馆的联结纽带功能，是当前博物馆建设工作的重中之重。本文主要在数字化的背景下，探索如何建设智慧博物馆，通过分析智慧博物馆建设趋势以及建设过程中存在的问题，提出在数字化背景下优化博物馆建设的措施，仅供参考。

41.智慧博物馆理论探析

作者：冯正国

刊物：《博物馆研究》2019年01期

出版日期：2019-02-20

摘要：博物馆自诞生发展至今，虽然仍具有收藏和展示的两大基本功能，但其管理理念和运行模式却在不断发生变化，尤其是随着新博物馆学的倡导与发展，从重视物（藏品）到注重人的转变，博物馆成为一个文化空间，其在语义层面是使知识可以被参观者和专业人员共同使用和创造，博物馆在社会教育和服务社会方面不断提升自身水平，进而对社会的良性运行和协调发展起到了积极的促进作用。

42.智慧博物馆建设中的机遇和挑战

作者：王春法

刊物：《中国国家博物馆馆刊》2019年01期

出版日期：2019-01-15

摘要：智慧博物馆研究是博物馆的学术前沿问题。近年来，随着"以人为本"理念的深入和新技术的普及应用，博物馆逐渐摆脱传统实体的单一形态而向数字博物馆、虚拟博物馆、智慧博物馆的多元方向发展。尤其是信息技术的迅速发展，具有人本性、资源整合性和数据再生产性等特征的智慧博物馆建设成为世界博物馆发展的一种趋势。

※以下论著《中国智慧博物馆蓝皮书·2018》未收录，特此补遗。

43.信息时代智慧博物馆动态服务系统研究——以湖南省博物馆为例

作者：汤新星　张蓉　王健　李嘉

刊物：《湖南包装》2018年33卷06期

出版日期：2018-12-31

摘要：智慧博物馆是在信息技术飞速发展背景下产生的一种博物馆新形态。文章以重建后的湖南省博物馆为例，从展前预览、展中体验、展后传播整个过程全面解析了智慧博物馆的动态服务系统，并从感官性、互动性、情境性和叙事性4个方面深入探讨了智慧博物馆动态展示的设计要点，从而提出未来博物馆应成为人人参与并具有鲜活生命力的场所的观念。

44.试从传播学角度谈智慧博物馆

作者：王文彬

刊物：《文博学刊》2018年04期

出版日期：2018-12-30

摘要：博物馆是重要的文化传播机构，智慧博物馆的建设是基于博物馆主要功能和信息技术，对信息组织与传播模式的全面提升和深刻变革。博物馆的信息传播主要有“博物馆与观众”“博物馆部门之间”和“博物馆决策层与业务层”三个主要传播渠道。从内部来讲，智慧博物馆是对决策层信息采集、管理和分析能力的提升，以及博物馆各部门业务信息的传播渠道的贯通和优化，进而保证博物馆工作更加“智慧”与科学；对外来讲，则是博物馆作为“信源”一方，加强与社会观众的双向互动，进而实时感知最新的需求变化，提升博物馆知识生产的能力，确保博物馆各类信息的传播效果，以实现核心职能。

45.智慧型组织范式下高校博物馆大学生志愿者管理

作者：胡筱

刊物：《办公室业务》2018年22期

出版日期：2018-11-25

摘要：随着中国高校界对文化教育的日益重视，越来越多的博物馆生根于高校之内。本文以苏州大学博物馆为例，从管理育人的角度切入，针对高校志愿者管理的难点，借鉴了企业智慧型组织的范式，探索实践了一套相对完整的高校大学生志愿者的管理方法。

46.“智慧博物馆”标准化模型制定刍议

作者：姜大远

刊物：《福建艺术》2018年09期

出版日期：2018-10-15

摘要：谈到智慧博物馆，不得不让我们想起另一个词汇——人工智能，那么怎么才能让博物馆具有像电影或者小说里的“类人智慧”那样的能力，独立感知、独立思考、独立判断，甚至是独立执行呢？笔者认为，目前人工智能的前沿理念，人工智能被分为两种重要分支："行为模拟型人工智能（面向行为）"和"经验累积型人工智能（面向判断）"。而此次提及的智慧博物馆标准化模型就是针对的"经验累积型人工智能"提出的。

47.浅谈AR技术在智慧博物馆中的应用

作者：朱仲华　郭云菁

刊物：《文博学刊》2018年03期

出版日期：2018-09-30

摘要：本文首先分别介绍了AR技术和智慧博物馆的概念，而后从三个方面阐述AR技术应用于智慧博物馆的意义，之后再从跟踪定位注册技术、显示技术、人机交互技术等三方面详细介绍AR的关键技术，并深入讨论AR技术在智慧博物馆的个性化展览和智能化导览中的应用，提出AR技术应用于智慧博物馆需要注意的三个问题，即形式大于内容、AR技术优劣不等、观众接受度不高。

48.智慧博物馆建设的理念导向和实施路径

作者：徐家赫

刊物：《世纪桥》2018年09期

出版日期：2018-09-20

摘要：智慧博物馆以信息传感技术为基础，通过建立科学的信息管理和服务体系，实现人与物的互动，为观众提供更具个性化的博物馆信息服务。当前智慧博物馆的建设要树立高度的共享意识和服务意识，利用数字化、信息化和移动互联网技术，提高其对观众的吸引力和感染力。移动互联网的发展对智慧博物馆建设提出了更高的要求，各地博物馆纷纷作出新的尝试和探索，构建双向互动的智慧博物馆运行模式和全方位的智慧博物馆服务体系。

49.智慧博物馆智能感知的应用研究——以可见光通信技术为例

作者：海鸥

刊物：《遗产与保护研究》2018年3卷08期

出版日期：2018-08-28

摘要：针对智慧博物馆建设中的智能感知需求，文章提出了一种基于可见光通信技术的博物馆信息感知系统，利用照明LED灯传输感知信息并智能分析人流量及聚集情况。系统无须额外布线及安装通信终端，实现了"照明通信两用”，提高了博物馆的智慧化程度，且降低了建设成本。

50.从0到1博物馆的智慧之路

作者：魏峻

刊物：《中国博物馆》2018年02期

出版日期：2018-05-15

摘要：21世纪是一个充满变化的时代，博物馆在智慧方面的转型，是我国博物馆未来发展的一个必然。“智慧+”具有六大特征，包括跨界融合、重塑结构、创新驱动、以人为本、连接一切、开放生态。智慧博物馆主要由博物馆、互联网、大数据、云计算四方面构成。智慧博物馆启动之初，有一种观点认为它是数字博物馆的一种升级版。

51.动态陈列方式在智慧博物馆展示设计中的应用

作者：汤新星　张蓉　李嘉

刊物：《湖南包装》2018年33卷02期

出版日期：2018-04-30

摘要：智慧博物馆是现代信息技术飞速发展下诞生的一种新形态的博物馆。相比传统博物馆以静态陈列为主的展示方式，智慧博物馆的陈列方式更具动态性、交互性和趣味性等特点。文章着重探讨动态陈列方式在智慧博物馆展示设计中的应用，从信息技术的采用、感官体验的融入以及受众参与互动等方面作为切入点提出智慧博物馆动态陈列的设计要点，进而为智慧博物馆的展陈设计提供新的设计思路。

后记

2020年是极不平凡的一年，全国人民克服疫情影响，“十三五”圆满收官，“十四五”全面擘画，全面建成小康社会取得伟大历史性成就，决战脱贫攻坚取得决定性胜利。综合国力的提升带来文化软实力的提升，物质文明水平的提升带来对精神文明需求的提升，经济结构的转型需求带来各行各业的产业升级，科技与文化的融合发展、智慧赋能的城镇化建设、传统文化的复兴与传承，都在21世纪第二个十年结束之际交互作用，竞相辉映，成为智慧博物馆发展的时代背景。

智慧博物馆作为博物馆的未来发展趋势，在信息革命、科技革命背景下，不仅是全球博物馆的美好愿景、前沿概念，而且在中国博物馆行业共同努力下，逐渐成为了一个发展战略，形成了多个前沿阵地。

党的十八大以来，习近平总书记高度重视传承弘扬中华优秀传统文化，多次作出重要指示，“让文物活起来”已成为文博行业的新导向。数字化的公共文化体系建设、文化与科技融合则是新时期文物“活”起来的重要方向。

2016年，国家经济社会发展“十三五”规划中提出要加快公共数字文化建设，加强文化产品、惠民服务与群众文化需求对接。《“十三五”国家战略性新兴产业发展规划》从创新数字文化创意技术和装备、丰富数字文化创意内容和形式、提升创新设计水平、推进相关产业融合发展四个方面明确了数字文化创意产业的整体布局和发展路径，并指出到2020年形成文化引领、技术先进、链条完整的数字创意产业发展格局。

2019年8月，科技部等六部门联合印发《关于促进文化和科技深度融合的指导意见》，提出在2025年要基本形成文化和科技融合创新体系，实现文化和科技深度融合。

为顺应“互联网+”时代博物馆智慧化发展的新趋势，加强智慧博物馆学术交流，促进智慧博物馆建设工作开展，中国博物馆协会登记著录专业委员会基于登记著录工作与藏品数据资源建设的研究，同智慧博物馆的密切关联，于2015年承担了“国家公共文化服务体系制度设计课题——博物馆（美术馆）藏品数据资源与公共文化服务”。在此研究成果的基础上，登记著录专委会进一步致力于智慧博物馆建设发展的研究，为助推智慧博物馆建设发展加强学术探讨。

2016年，专委会和有关文博单位共同发起组织举办了智慧博物馆系列论坛，论坛在2016年（成都）、2017年（敦煌）、2018年（福州）、2019年（常州）先后连续举办四届，汇聚国内博物馆界专家和信息化专业人士共同研讨智慧博物馆建设进程中的关键问题，不断推进博物馆保护、管理、服务的智慧化进程。专委会集结论坛学术成果，先后编辑出版了《中国智慧博物馆蓝皮书·2016》和《中国智慧博物馆蓝皮书·2018》，对中国智慧博物馆的产生背景、主要概念、基本框架和实践发展等问题进行了系统回顾和深入研究，真实记录和反映了中国智慧博物馆的发展历程和前进脚步。在推动智慧博物馆学术探讨的同时，专委会亦注重人才培养，于2016年、2019年和2020年先后与中央文化和旅游管理干部学院合作举办了三期智慧博物馆（美术馆）高级研修班，理论联系实际，促进了智慧博物馆专业队伍建设。尤其是2020年，受疫情影响，第三期智慧博物馆（美术馆）高级研修班采取线上授课形式，广泛吸引数千名学员报名学习（学员有博物馆、美术馆从业者，文化科技企业人员，在校师生及境外人士等）。通过在线授课、师生互动等智慧化、多媒体化的教学方式，加深了业界对智慧博物馆领域前沿技术、实践案例、理论更迭的认知。

2020年，在中国博物馆协会的直接指导支持下，登记著录专委会努力克服疫情肆虐造成的交流不便等困难，完成了全国智慧博物馆建设的调研工作，形成了《我国智慧博物馆发展调研报告（2019—2020）》。该报告对全国1090家博物馆在服务、管理、文保、社教、数字展示、信息化统一平台、数字资源建设、信息化基础设施及经费投入等方面的情况做了统计梳理和分析研判，并整理汇总了2016年以来智慧博物馆方面的政策法规和优秀实践案例。

《中国智慧博物馆蓝皮书·2020》汇聚了智慧博物馆的新技术、技术体系架构设计、数据资源管理、基本标准制定、国际传播、数字化展示服务等方面的最新研究成果，收录了系列高级研修班课程中具有学术价值的教案，同时将《我国智慧博物馆发展调研报告（2019—2020）》纳入其中，形成了继《中国智慧博物馆蓝皮书·2018》之后关于智慧博物馆理论与实践发展的最前沿、最全面的成果结晶。

本书的编辑出版，得到了中国博物馆协会的指导支持、业内博物馆及研究机构众多专家学者的参与相助，尤其是北京天图设计工程有限公司、天津恒达文博科技股份有限公司给予了大力协助，在此一并致以诚挚感谢！由于时间仓促，本书内容难免有错谬疏漏之处，欢迎各界读者和有关专业人士给予批评指正。中国博协登记著录专委会愿以此蓝皮书为平台，不断与广大博物馆界同人和读者朋友增进交流、加强切磋，共同助力智慧博物馆建设走向深入。

《中国智慧博物馆蓝皮书·2020》编委会

2020年12月